The Life of The Mind

心智生命

漢娜・鄂蘭

蘇友貞 譯

Hannah Arendt

沒有任何時候比一個人什麼都不做之際，
更為活躍；一個人獨處之際，則最不寂寞。
——加圖（Cato）

我們每人都像在夢中看事，
自以為事事皆明，
醒時才知未諳一事。
——柏拉圖，《政治家篇》

第一部——思考 THINKING

第二部——意志 WILLING

譯者序

蘇友貞

這是一部沒有寫完的書。

如本書編者瑪莉·馬凱希（Mary McCarthy）在〈編者後記〉中所詳細記載的，一九七五年十二月四日鄂蘭突然去世的前幾天，她才剛寫完本書的第二卷「意志」部分，而那待寫的第三卷「判斷」，卻只有一張寫著標題及兩句題詞的稿紙，靜靜地留在打字機的捲筒裡。鄂蘭的英年早逝，使得本書思考、意志、判斷三足鼎立的完美建構，徒留缺憾。鄂蘭認為思考、意志與判斷是人類心智生活中三項最基本的活動。這與她早先另一探討行動生活的巨作《人的條件》（*The Human Condition*），將人類活動劃分為勞力、工作與行動（labor, work, action）的架構互相對應。

鄂蘭學者瑪格麗特·卡諾凡（Margaret Canovan）認為這偏愛三分法的傾向，正示範了鄂蘭慣有的、以新分類法來發掘疏漏角落的思維方式，而這三分法亦顯現出鄂蘭在思考上的自由不羈，對她而言，傳統的二分法過於簡化，又過於局限。

當然，本書對心智活動的三分，也隱約地對應著康德的三個批判。「思考」對應著《純粹理性批判》，尤其是康德對理性與知性的區分，以及理性超越求知而專注於意義追索的概念，在鄂蘭對思考的討論中占著極為重要的地位。「意志」雖未曾出現在康德的理論系統中，但如鄂蘭在第二卷所明言的，意志就是康德的實踐理性，《實踐理性批判》對應著亞里斯多德的「*nous prakikos*」，是規約著如何選取達到目標的手段。未寫的「判斷」部分自然又將大量取材於康德的《判斷力批判》，因為康德是唯一將判斷視為一心智機能，而為之著書立說的哲學家。本書附錄中的《論康德政治理論》講稿，將康德《判斷力批判》中的審美判斷，完全應用到政治判斷之上。這已然透露了此未寫章節的可能面貌。

但如卡諾凡所指出的，以分類及範疇來彰顯特性，確實是鄂蘭思考與著作的重要模式。比如在《人的條件》一書中，鄂蘭用以攻擊馬克思思想的主要論點，就是建立在分類的錯亂上。她認為馬克思將屬於「行動」的政治活動，錯置於「工作」的範疇，因而產生了對兩種活動的對象處理錯誤，將複數且有不同個別意志的人類，當成製造工作中那全無本性的材料來處理。而鄂蘭以分類及範疇從事描述及定義的方法，也一再出現於本書中。如從時間（思考的現在向度與意志的未來向度，思考的週期時間觀與意志的線性時間觀）、領域（思考與意志的私有性與判斷的公開性）、動態（思考在平靜中發生，意志在平靜時停止）、數量（思考與意志的單數與判斷的複數），以及範圍（思考對象的普遍性與判斷對象的個別性）等不同範疇中，來區劃每一個別心智活動的特性。未寫的「判斷」一卷，如今僅以附錄中的《論康德政治哲學》講稿聊以提供一些線索。但即使是在這筆記式的勾勒中，我們仍然找尋得到與其他兩卷十分一致的平行脈絡，如對判斷的公開性與可溝通性的陳述，就直接對應著思考的私有與隱密。對進步及尊嚴在判斷心能中的對立，也呼應著其他兩種心智機能在時間中的定位：意志的未來向度，以及思考的擠身於過去與未來之間、那顛顫且稍縱即逝的現在。

《心智生命》這本書除了是鄂蘭思想臻於成熟的最後作品，它在鄂蘭一生以政治理論為研究重心的生涯中，也別具一格，注意力由外轉內，從政治的眾人事務移向個人私密的內在活動，故也是她所有著作中哲學性最強的一部。但鄂蘭到底是一位以「眾人事務」為懸念的思考者，正如她在導論中所述，引發她對心智活動之興趣者，其實是來自對邪惡本質與根源的反省，以及她所懷疑的、邪惡與缺乏思考之間的可能連繫。

這基本的議題，早就被她潛心思考（甚至早於出席艾希曼的審判）。在一九五四年與本書編者瑪莉．馬凱希的書信中，她就已討論到思考在規避惡行上所可能扮演的角色。

面對馬凱希「為什麼我不應該謀殺我祖父」的問題時，鄂蘭在信中回答道：「這可從兩個不同的觀點回答，一是宗教，一是常理。宗教告訴你，你會下地獄，常理則告訴你，因為你自己不想被殺。但是如果你不相信地獄，也不在乎被殺，那這兩個答案就都行不通。哲學對此的答案來自蘇格拉底：因為我必須與自己相處，且一生不能與自己或離，所以我不願殺人，因為我不願意和一個謀殺者共度一生。但這個答案也已不再有效，因為人已少與自己相處了，若無自己為伴，他獨處時，就只是孑然一身地寂寞著。」

在本書討論思考的部分，鄂蘭對「孤獨」與「寂寞」做下了最清楚的分野，前者是人從事思考的狀況（在蘇格拉底的「二合一」中，一個人雖獨處卻有自己為伴），而後者則是沒有思考活動存在的孑然寂寞。在這封給馬凱希的信中，她已暗示著思考與選擇避開惡行之間的關連。而在她最具爭議性的著作《平凡的邪惡：艾希曼耶路撒冷大審紀實》（*Eichmann in Jerusalem: A Report on the Banality of Evil*）中，這關係更被強化；她拒絕將邪惡浪漫化，而創造了至今在談邪惡時不可能不被引用的詞，也就是「平庸之惡」（banality of evil）。將邪惡由驚天動地的龐然降低至庸碌的無奇，鄂蘭旨在點化出，邪惡的後面並沒有任何強大神祕的力量，而只是出於人不願與真實照面的懶惰，所謂與真實照面，也就是思考這心智活動。鄂蘭將納粹的劊子手艾希曼描寫成一個平庸且唯命是從的小官僚，而非一摧枯拉朽的撒旦。這樣的態度，直至今日還被許多人，尤其是猶太人，激烈地抨擊著，他們認為她將邪惡瑣碎化了。其實，她的立論不但未將邪惡瑣碎化，反而是為邪惡提出了一個真正令人戒慎恐懼的定義。就因為邪惡是如此地平庸，所以它可能存在於每一個人的內裡：邪惡是凡人不經思考與判斷的行為結果，而不是被魔鬼附身或鬼使神差的造化。所以在她筆下，艾希曼毫無異人之處，他出奇地平凡，只是一個負責執行納粹命令的嘍囉。然而使他能一意執行屠殺命令而面不改色的原因，就在於反省與思考的缺乏，也就是說，他完全沒有判斷現實的意願與能力。

缺乏思考（thoughtlessness）指的是盲目地依從傳統，使用陳腔濫調，死守宗教或是政治上獨斷的意見。這雖是一種懶惰的存在方式，卻也是一種極為安全的生活方式，因為它迴避了思考所可能帶來的顛覆的危險。思考因時時對真實做批判性的評估，所以夾帶著巨大的破壞潛力。它可隨時拆解人們安心擁抱了經年的規則、口號、教條、風俗、習慣，以及固持信念所給予人的確定感。缺乏思考不僅可在個人（單數）的層面，亦可在眾人（複數）的層面討論。在《人的條件》一書的序言中，鄂蘭就曾談到思想與知識的分離，以及普遍缺乏思考的現象，可能是現代世界諸般病態的根源。

從對缺乏思考的探索切入，鄂蘭透澈地從哲學傳統中尋找線索，為這三項心智活動寫像。從所謂的理念歷史中找出這些心智活動的演繹軌跡，以及每一轉折裡的缺失及獲得。

本書的中譯，是我所從事過的文字工作中最為艱難者之一。不僅是書中概念與義理的龐雜，更牽涉到了鄂蘭哲學隱晦的特色以及她獨樹一幟的英文文體。馬凱希在〈編者後記〉中，對鄂蘭的英文寫作有著頗為幽默與溫馨的描述。鄂蘭的母語是德文，直到三十五歲流亡美國後才開始學習以英文寫作，所以她的英文基本上是德意志式的——充滿了以破折號、冒號及關係代名詞接續而成的蜿蜒長句，往往一個句子的主詞與它的動詞有半頁甚至將近全頁的隔離。這對承載複句能力極弱的中文而言，忠於語勢的翻譯根本是不可能的。所以在中譯裡，句子常需被拆解成簡單句與合句，犧牲了鄂蘭急切與寬拓的文風，以求義理的清晰及中文的可讀。另一個難處，是鄂蘭輕易轉換於不同語言間的習慣，這也許是上世紀初歐陸知識份子都有的習性，倒也不是出於刻意的賣弄與造做，而是因為對不同語言熟稔的程度，使他們對表意中的微妙區別，有著極度的敏感。面對這種書寫方式，我時時需要有六本字典在手邊翻查。為保留原書不同語言交織成的文風，我採取了以下的處理原則：原書中以英文寫出而以括號附帶原文者，我將以中譯英文，而照原書的方式將原文保留於括號中，但若原書直接使用原文（可能是拉丁文、希臘文、德文或是法文），我則照章將原文穿插於文句中，但為中文讀者閱讀之便，我另加括號附上中文的意思。嚴格說來，這是改動了原書的組織形式，應該算是譯注。

鄂蘭生前曾對朋友談到這本書的寫作，她認為「意志」這卷最難寫。在中譯上，意志也是最難翻譯的一卷。它的難處不只來自意志與自由議題在哲學上的紛繁；比如十分反直覺的 will 與 nill 的持續衝突，nill 並非是對意志力的註銷，或是海德格所說的不行使意志的意志（will-not-to-will），nill 是有著與 will 同等能量的、對不欲所行使出的意志力，對此，我只能以造一個新詞「逆意」來表達它的能量及方向；此外，當然還有意志在中英文語言中表意方式的不同。意志（will）這個字在英文中的繁複用法與意義，在中文裡完全沒有直接的對應。首先，will 在英文裡可以同時是名詞或動詞，指涉著意志力或行使意志力的動作。另外在做為名詞時，亦有大寫與小寫的分別，以區別一般性及概念上的意志（Will），及每一個人內在的個別性的意志（will）。此外，做為名詞，will 還有遺囑的意思——也就是對未來唯一確定的事宜（死亡）所做的指示。而 will 這個字的現在分詞 willing，亦已被慣用為形容詞（willing，是願意的意思）。在字根 will 的演變下，所有這些與意志相關的意義，在英文裡都有著簡潔的視覺與意義上的連接。但轉移到中文裡，這些方便的符號上的相互指涉，就完全消失了。更重要的是，will 在英文中做為助動詞的時候，是一用以表未來時態的助動詞，所以意志心能在時間上的未來向度已包含在語言裡，不說自明，但在根本沒有時態或助動詞的中文裡，除非另外明言，這個向度並不存在於語言中，所以也可能並不存在於中文的思維裡。

本書的譯名「心智生命」，也需要某些說明。中文文獻中，「The Life of the Mind」有以「心靈的生活」之名提及。我選擇「心智」而捨棄「心靈」的原因，是由於心靈一詞容易引起「靈魂」的聯想，而在本書卷一中，鄂蘭曾刻意地區劃著靈魂（soul）與心智（mind）之間的不同。將「life」譯為「生命」，而非「生活」，是因為生活的主詞只能是人，所以心靈或心智生活，只指涉著「人」的內在生活。生命的涉義較廣，它不僅可指從事心智活動的人的生命，亦可指那些活動本身的生命消長，也就是鄂蘭一心要描述的活動與現象本身。

這近十個月與鄂蘭文字角力的漫長過程，艱苦異常。翻譯這種事業用最平常的話來說，就是最吃力而不討好的事，也只有具某種怪異性格的人，才甘願做這既不風光又不太被重視的勞心勞力之事。它的報償是不同種類的。譯書期間正巧讀到鄂蘭寫給馬凱希的一封信，信中描寫她將自己的著作翻譯成德文（她自己的母語）時的挫折感：「我天天詛咒神明。」（I curse god everyday.）讀此，除了有著「甜蜜的復仇」式的快感，我也能藉此拍拍肩膀，激勵自己其實有鄂蘭做為苦悶的同儕，因此能在挫折中繼續奮鬥。

在對哲學只有興趣卻毫無正式訓練的情況下接受翻譯此書的重責大任，我的確有些自不量力。在此要特別感謝我的嫂嫂——康德學者李淳玲女士。在我學步式地翻完第一章後，願意閱讀我的手稿，並在讀完後給了我極有幫助的建議與最大的鼓勵，使我能稍有自信地背起小學生的書包，勇敢地向前踏入這哲學的叢林。

導讀

鄂蘭關於人做為「時間存有者」如何回應時代困境的最後思考

葉浩（國立政治大學政治學系副教授）

沒有任何時候比一個人什麼都不做之際，更為活躍；
一個人獨處之際，則最不寂寞。

——羅馬共和國政治家加圖（Cato）

以上是鄂蘭寫於《人的條件》（*The Human Condition*）最後一段的最後一句話，也是本書編者馬凱希（Mary McCarthy）挑選來印在本書扉頁的第一句話。鄂蘭藉此來重申，該書是按照西方思想傳統把「思想」（thought）排除在「活動生命」（*vita activa*）之外所寫的一本書，但如果我們把思想也當成一種活動，或單純以「活躍」（being active）的程度來計算，那它做為一種人類實際經驗的總量，可能會遠超過所有其他活動加起來。不過，那一段話主要是為了提醒讀者：每當人們生活在政治自由的社會時，思想總會發生；若是活在暴政之下，則相對於其他活動更加困難，而那些享有象牙塔內獨立性的少數思想家，更見證了這種內在活動的脆弱性——換言之，人們在不自由的時候，諸如勞動、製作這類的外在活動，遠比思想容易多了。這才是鄂蘭必須提及思想做為一種內在活動的理由。因為，暴政雖然無法摧毀由人類外在生命所構成的「世界」，卻足以毀掉一個人的內在生命，甚至是一整個人。[1]

由此可見，雖然就內容而言，《心智生命》（*The Life of the Mind*）的確補足了《人的條件》未能處理的內在活動，兩本合併才能構成一套關於人類內在及外在生命的完整看法，或說「人論」，但相較於鄂蘭思想完整性的呈現，更重要的是那也關乎一個人的完整性。誠然，《人的條件》出版後三年，她在聆聽一九六一年以色列法庭審判艾希曼（Otto Adolf Eichmann）的過程當中確立了這種完整性的重要性：欠缺思想這一種內在活動的平凡人，能犯下滔天大罪！這一位納粹政權底下負責執行希特勒「猶太人問題最終解決方案」的高級官員被判死刑，隔年五月處以絞刑。鄂蘭的觀察刊載於一九六三年二月及三月的《紐約客》（*The New Yorker*）雜誌上，並以「平庸之惡」（banality of evil）來稱呼艾希曼的罪行。輿論批評那種說法猶如是為負責運送六百萬猶太人赴死的納粹魔頭開脫，猶太人社群更是憤怒不已。但鄂蘭不畏人言，甚至在兩個月後以更詳細的專書形式出版，書名為《艾希曼在耶路撒冷：一則關於平庸之惡的報導》。[2]

就某程度而言，《心智生命》是那一場紀實報導的延續。該書基本上是鄂蘭在英國「季佛講座」（Gifford Lectures）的講稿。季佛講座是英語系國家極富盛名的學術講座，一八八七年創立至今，由聖安祖（St Andrews）、格拉斯哥（Glasgow）、亞伯丁（Aberdeen）、愛丁堡（Edinburgh）這四所蘇格蘭古老大學輪流主辦，旨在推動廣義的「自然神學」（natural theology），尤以關於上帝、人性、信仰及道德等議題的理性思考為主要關懷。曾對人性之「惡」（evil）提出獨特的看法，正是鄂蘭於一九七二年受邀的理由。而在此之前，已有卡爾．巴特（Karl Barth）、田利克（Paul Tillich）、尼布爾（Reinhold Niebuhr）、史懷哲（Albert Schweitzer）等神學家，以及威廉．詹姆士（William James）、柏格森（Henri Bergson）、杜威（John Dewey）、懷海德（Alfred North Whitehead）、艾爾（Alfred Ayer）等哲學家進行過演講。喜獲邀請的鄂蘭，有了強烈動力來統整她在艾希曼事件過後關於惡的各種思考，尤其是（一）「思想闕如」（thoughtlessness）做為一種惡與道德實踐的關係，以及（二）在我們所身處的這一個被尼采（Nietzsche）宣告「上帝已死」之世俗年代，「思考」（thinking）究竟意味著什麼，又該如何才能保持這一種內在活動的可能性。

鄂蘭將講座主題訂為「心智生命」並計畫在一九七三年和一九七四年分別以「思考」

和「意志（的行使）」（willing）為子議題來進行系列演講。惟，健康因素讓她把後者延至一九七六年，且於一九七五年十一月突然過世，終究未能再赴蘇格蘭。所幸她在此前完成了講稿。《心智生命》是這兩份講稿的集結，原以獨立的兩冊分別於一九七七年和一九七八年出版。打字錯誤加上時而難辨的手寫字跡，讓身為她摯友的馬凱希及其他參與編輯者煞費苦心。[3]至於鄂蘭在撰稿期間意圖為心智生命增添關於「判斷」的書寫，則未能進入正文。為了讓讀者理解作者關於這議題的基本論點，馬凱希從鄂蘭在社會研究新學院（The New School for Social Research）的「康德政治哲學」課程講義中擷取了部分內容，做為附錄。

尤須注意的是，現行通用的《心智生命》就是合併版，也因此有兩篇導論。然而人們往往將焦點置於關於思考的卷一之上，甚至以為它的導論是針對全書而寫。二手文獻更是少有關於卷二的討論。當然，卷一處理的主題是鄂蘭思想的重中之重，但忽略關於意志的卷二及其導論則容易導致不能完整掌握她對時代困境的理解，亦即那些以「沉思」（contemplation）做為生活方式的「職業思考者」如何誤解了「內在生命」與「外在生命」的真正關係，例如把個人「意志」的行使當作是「自由」的實踐，而不是「行動的泉源」（the spring of action）。這種誤解本身既阻止了他們從事真正能回應自身處境的「思考」，也導致受其影響的人們深陷於相當世俗化的現代世界觀之束縛，難以掙脫，更難以採取行動來改變。換言之，那看似單純在爬梳寥寥數位中世紀神哲學家及德國哲人的思想史，反映的不是她個人的學思歷程及學識限制，[4]而是她切入問題核心的角度。其目的是為了在這猶如鐵板一塊的世界觀中撬開一個讓人重新「思考」甚至是採取「行動」來改變的可能性。此舉即是鄂蘭的個人意志之展現，或按她的術語來說，也就是讓她「成為一個獨立個體」（*principium individuationis*）之實現。

不可否認，思考是貫穿全書的核心議題。那究竟何謂「思考」呢？首先，相信讀者已察覺到，怪罪艾希曼因為不思考而鑄成大錯的鄂蘭所說的思考，是不需要專業哲學訓練的一種能力，且後者甚至會造成阻礙。那的確是指一般人都能做的事。此外，也正如鄂蘭在《艾希曼在耶路撒冷》的〈後記〉當中所說，她承認那喪失思考能力的艾希曼並不愚蠢，因為他深諳為官之道及納粹法律，清楚清楚後者早已顛覆了固有的道德標準。真正缺乏的是一種現實感，包括「從來不懂他在做什麼」（never realized what he was doing），只會服從命令，但對執行命令的後果，尤其是對他人造成的影響欠缺思慮，甚至麻木不仁。[5]

鄂蘭在重申艾希曼以上的「平庸」事實之後也指出，那並不等同我們必須接受辯方以國家機器的「小齒輪」來為他脫罪的策略。甚至，她在承認法律本難以要求人人總是必須聽從良心召喚的同時，也強調：史無前例（unprecedented）本意味著沒有前規則可循，人們生活在那種情境底下別無他法，唯有仰賴自己的判斷力才能分辨是非。[6]而這正是鄂蘭此時所謂的思考，即使在史無前例的極權主義底下，人仍然具有這種能力，不該棄之不用或假裝沒有。

值得注意的是，審判艾希曼的以色列法官及旁聽的鄂蘭也同樣面對史無前例的狀況，也同樣在思考。倘若依循舊例，那艾希曼難以被判處死刑，關於「惡」的想法也不會被迫重新思考。鄂蘭原本跟所有人一樣，以為耶路撒冷法庭上現身的會是一位極度聰明且陰險狡詐的撒旦化身，但艾希曼真的不是。因此她陷入長考。在旁聽席上如此，撰寫《紐約客》及〈後記〉時也是，她不因循過往人們對惡的理解，不管那是奧古斯丁（Augustine）提出的基督教「原罪」（original sin）概念或康德（Kant）據此轉化而來的「根本惡」（radical evil）。鄂蘭曾在《極權主義的起源》（*The Origins of Totalitarianism*）中使用過後者，也大可繼續以此來解讀艾希曼的言行。但眼中所見打斷了她長期以來對惡的看法。冒天下之大不韙也要指出「平庸之惡」，是為了誠實回應耶路撒冷法庭帶來的新處境。

同樣值得注意的是「平庸之惡」對鄂蘭來說不是理論，而是事實描述。在她那一篇寫於一九七一年的文章〈思考與道德考量〉（Thinking and Moral Considerations）當中，她重申這一點並將焦點置於「何為思考？」之上，也指出蘇格拉底那一種詰問交談者到對無法回應的「助產術」（midwifery）型思考，既能催生一種反思，亦即讓人意識到此前信以為真的想法不過是未經檢視的意見，也可解放人類的「判斷機能」（faculty of judgment），因此本質上相當「政治」[7]——畢竟，那意味著挑戰甚至是摧毀整個社會的普遍想法或價值觀念，必須重新思考一切，或至少是鄂蘭稱之為「前見」（prejudgment）的一切。[8]對鄂蘭來說，艾希曼的平庸之惡正是體現在當他明知納粹法律翻轉了過往的道德法則（例如「不可殺人！」）時，也不曾做過上述的思考與判斷，猶如道德在本質上跟語言習慣無異，政府可說改就改，且改了就是必須接受的「新判斷守則」（new code of judgment）。[9]簡而言之，「判斷」做為一個動詞，乃思考的「副產品」，而當作名詞時，指的是社會常理。

作用之外，鄂蘭也以古希臘神話中白天織布、晚上拆線的潘尼洛佩（Penelope）來比喻「思考」這一種活動。藉此，她統整了底下關於思考能力與惡之關聯性的三個命題：（一）如果兩者有關連，思考能力必須有別於求知渴望，亦即那是人人都有的能力，不專屬於那些選擇「*bios theoretikos*」（指致力於追求知識和真理的沉思生活）為業的少數人；（二）如果人類的思考機能確實如康德所說，對自己所取得的任何結果都有一種天生的反感，遲早會顛覆它，也因此不可能取得關於善惡的最終定義；（三）如果思考的對象必定是那些不在場（例如記憶或想像中）的事物，那它真的會像海德格（Heidegger）所理解，是一種脫離日常生活軌道（out of order）的活動，既不針對眼前的東西或手邊的事情，也不是為了立即解決某一具體問題而進行。的確，等待丈夫奧德修斯（Odysseus）返鄉的潘尼洛佩若真的把布織好了，那她將得改嫁給無賴，然後過起另一種正常人生活。

以上是關於思想運作的形式，但鄂蘭也藉討論「良心」與內在對話的關係讓讀者一窺她所謂的思考之內容。事實上，《人的條件》即提過西方哲學自蘇格拉底以降就把思想理解為

「內在對話」，而她在此關注則是良心（conscience）與意識（consciousness）的關聯性並聚焦於兩者的共同指向：兩個我的存在。她首先提醒我們，「意識」在字源上是指「跟我自己去認識」（know with myself）的意思，而蘇格拉底則將此複雜化為一個人如何跟自己相處的問題。思考於是不只是柏拉圖所說的「我跟自己的無聲對話」，也涉及了如何讓這兩個我達成和諧或「二合一」（two-in-one）狀態的一種過程。蘇格拉底似乎很有信心，內在的兩個自己會對話，也想和平相處。因此，做壞事的人沒辦法當自己的朋友，而且人會寧可遭受不義，也不願意作惡，否則將難以在獨處的時候平靜。畢竟，人可以不跟他人相處，卻必須與自己共處，無從逃避另一個我的質疑。這一種關不掉的內在聲音，構成了一種阻止人為惡的力量。再一次，這是人人都有的能力，且與哲學思考或專業訓練無關。當鄂蘭說艾希曼不聽良心的召喚時，指的是這種外人看不見也聽不到的內在對話。

收錄於二〇〇三年才出版的文集《責任與判斷》（*Responsibility and Judgment*）當中的〈思考與道德考量〉，幾乎是《心智生命》的寫作綱領。或許也可說是最好的一篇導讀，且作者就是鄂蘭。而理解至此，當讀者翻開卷一導論時看到了海德格的一段話做為引言，應該不會覺得突兀。不過，它並未處理「意志」議題，所以只能算是第一冊的導讀。然而在這文集中的另一篇文章〈若干道德哲學問題〉（Some Questions of Moral Philosophy）卻花了不少篇幅在這議題。該文並非鄂蘭本人所撰寫，而是其學生傑洛·孔恩（Jerome Kohn）從老師在一九六五年及一九六六年於社會研究新學院開過兩門課的授課內容編輯而成。鑑於兩篇文章的高度重疊，我們能斷定鄂蘭在艾希曼事件過後對《心智生命》卷一導論所揭櫫的核心問題之思考，未曾停歇。

必須指出的是，〈若干道德哲學問題〉為以上的討論增添了三個維度，且對我們如何閱讀《心智生命》有重要意義。首先是對「獨處」（being alone）的不同內在狀態之區分。孤獨（solitude）指的是內在的兩個人處於二合一狀態，一旦中斷思考或被他人叫住時，會馬上變成一個並以單一身分來跟人互動。寂寞（loneliness）則是沒有「另一個我」（the other self）願意當我是「朋友」（鄂蘭在此借用了亞里斯多德的說法）的時候，不管那個人指的是自己還是另一個人，也因此不管那是獨自一人或在人群當中，都可能發生。孤立（isolation）則可再細分為兩種。當我們在閱讀或工作時，不想被別人打擾或沉浸於自己當中的孤立是一件很自然的事，也唯有如此才能把工作做完。但那也可以是一種指遭受別人遺棄的結果，尤其當遺棄我們的人是那些本應跟我們同在一個世界的人時。鄂蘭指出，後面那一種被動的孤立常見於被迫退出公共領域的政治人物身上，而如果那人能挺得住寂寞並將這種狀態轉化為一種孤獨模式，他將能體會到開啟本文那一句出自羅馬共和政治家加圖的名言，也就是反而能感覺到某種喧囂。

那當然是因為過去的從政經驗轉化為記憶所致，各種人事物不斷地浮現於腦海當中，閉上眼即可聽見曾經共事過的朋友與對手之聲音。而鄂蘭的真正洞見在於：與蘇格拉底在廣場上跟人對話來進行思考的希臘人模式剛好相反，人稱「老加圖」（Cato the Elder）所代表的一種羅馬人模式，從政治生活退隱之後亦可繼續思考活動，甚至讓它成為一種獨特的生活方式。老加圖獨處時仍是一個活躍的人，根據他個人的陳述，甚至以比從政時更加活躍。他享受孤獨時才能有的心智生命。那是一種外人看不見的兩人互動，外人聽不見的大聲對話。鄂蘭將它稱為「二合一的思想活動」（two-in-one activity of thought）。[10]

關於獨處的各種型態，啟發了許多社會學家和心理學家藉此來分析現代性做為一種人類處境，甚至進一步從事心理分析。不過，鄂蘭在此的重點是，人們的終極道德準則其實是存在於孤獨狀態時，對自我的一種觀照，說是觀照亦無不可。這一方面呼應了蘇格拉底的「人寧可遭受不義，也不願意作惡」之說，另一方面則解釋了艾希曼的內在生活欠缺一種二合一的思考活動。

不過，相較於西方哲學自柏拉圖以降似乎都同意「思考也是行動的一種形式」（to think is also a form of acting）的說法，甚至直接以「內在行動」（inner action）來理解思想，鄂蘭並不同意。對她來說，即使是老加圖那樣活躍的內在生命，也不該與行動混淆。[11]當然，「行動」（action）在《人的條件》當中專指外顯活動，而且，雖然可由一人以言說來發起，但那必須是他人聽得見並共同協力才能完成的一種事蹟，且必然涉及現實世界當中的某一具體改變。單純為了邏輯一致，鄂蘭不得不區分行動與活動。更深層的理由其實是當中涉及了另一種機能：意志。這是〈若干道德哲學問題〉為關於思考能否阻止惡的討論所增添的另一個維度。

鄂蘭首先指出的是，古希臘哲學當中並無「意志」概念。那是基督教時期才被發現的人類能力，且主要歸功於保羅（Saint Paul）和奧古斯丁。如果鄂蘭無誤，無論是告訴我們該做什麼才對的「理性」（reason），還是渴望獲得什麼的「欲望」（desire），其實都構成不了起而行的動力，唯有意志才行。也因此，它是一種介於理性與欲望之間的第三種機能，而且可以對前兩者進行仲裁，也可以對它們說是或說不。鄂蘭認為保羅是意志的最早發現者，但在他那裡，意志本身並無驅使人行動的力量。最初，那是在一種無力感的經驗當中才意識到的一種東西。人知道該守律法，但做不到，因此才需要上帝的恩典。如何從「知」到「行」是核心問題。鄂蘭強調，此時的意志指的是一種能識得肉體和心靈各異，且不受制於它們當中任何一個，而是可「自由選擇」（*liberum arbitrium*）的裁決者。現代人所謂的「自由意志」（free will）源自於此。到了奧古斯丁那裡，意志概念則轉化為一種心靈能力，而且擁有對身體的絕對權力，因此能下令使喚。不過，因為他也意識到人其實可以同時想要兩種東西，意志再一次分裂為二，甚至可以三或四。內在生命基本上成了一個不同意志彼此競爭的戰場。而仲裁，則成了一種彼此討價還價、各自斟酌再反覆商榷的「長考」（deliberation）過程。

至此，我們來到了總共四節的〈若干道德哲學問題〉第三節末端。鄂蘭告訴讀者，內在生命的主要展現方式，就在於讓人分裂為二。蘇格拉底的自我對話是一種，奧古斯丁發現的多重意志是另一種。前者基本上是一種平等朋友的關係，但後者若不能以號令者和遵命者的方式出現，那將意味著行動不會展開。然而道德律則的實踐不僅仰賴內在的二合一，或說人格的完整性（integrity），更需要加上「知行合一」的意志。底下是鄂蘭的沉思：

> 心智在思考活動中分而為二，而對話似乎是最適當的形式，但對意志而言就完全是另外一回事。意志理當推動我們去行動，為此之故我們就特別必須是一者（One）。換言之，分裂而反對自己的那個意志，比較不夠格擔負行動的任務，而在自身中分裂的心智，又比較適合擔負長考的任務。若意志如此，它可有何用？[12]

從上面引文，讀者可理解為何《心智生命》會有分別處理「思考」與「意志」的兩冊。「長考」的原文是「deliberation」。這概念在鄂蘭對心智生命的描繪中具有關鍵作用。正如她在前一頁自忖道，奧古斯丁的多重意志將導致許多實際案例會跟其他情況的長考難以區分，但長考並不等於意志。

於是我們在第四節中看到了鄂蘭一方面援引尼采對意志的討論，一方面將它連結康德美學的判斷概念，來做為解套。眾所皆知，尼采認為內在生命本就是煙硝味濃厚的戰場。有趣的是，鄂蘭在討論完老加圖那一句話之後，隨即轉向了尼采本人如何從一化為二。那是因為寂寞，沒有朋友。相較於從政治場域退回書房來享受回顧性哲思生活的老加圖，尼采是在寂寞的噩夢中發現到孤獨。因為不可能會有朋友，所以發現了內在自我的鬥爭。接著，尼采則化身為「自由意志」的代言人。他深諳兩種關於自由意志存在與否的爭論，一是視此為幻象的自然科學，二是相信人真的有自由意志。對他來說，即使前者是真的，也不會取消後者做為一種確實的支配性感受。這符合強調表象世界的鄂蘭立場。於是她進而指出，做為仲裁者的意志，不可能沒有判準。尼采的判準其實與古希臘哲學並無二致，那就是幸福。只不過，蘇格拉底的幸福是人與自己和平相處，但尼采的是「想當自己的主人」。[13]

鄂蘭提議，有兩種方式解讀尼采論幸福。置於傳統的奧古斯丁框架當中，內在衝突永遠會有勝有負，而勝者為主，敗者為奴。多重意志在此是一種強制、逼迫及抵抗的過成，最終則是一種征服的快感。鄂蘭認為這並未解決奧古斯丁遺留的問題。若沒有上帝的協助，征服的快感本身仍封鎖於內在，不會轉化為行動力。於是她從那種快感當中獲取了另一種解讀，那就是：意志即「權力意志」（will-to-power），其意欲的目標就是「去要」（to will），而能轉化為一種行動力的意欲，是因為自身相當充沛，不深陷於日常生活的瑣事當中，既不汲汲營營，更不會以滿足欺負弱小為樂。相反，那是一種餘裕（abundance）。[14]這種充盈的力量就是創造的衝動，也是行動的力量。如此一來，多重意志並不意味著奧古斯丁筆下若非有上帝恩典，最終會癱瘓心智的長考。

接受第二種詮釋的鄂蘭，感謝尼采讓人們關於意志的討論跳開了自然科學跟人文學開的爭辯，以及號令者和仲裁者的框架。但她也知道，將意志理解為行動的泉源，並未解決行動的方向及不同方向間的排序問題，而這種排序若非對道德至關重要，就是本身即是一種道德決定。正是在此，鄂蘭轉向了康德的判斷力概念。康德曾說：「判斷力的不足就是我們一般所謂的愚蠢，且那種缺點沒有藥醫。而心胸狹隘的駑鈍之人若是訓練有素，也能累積某程度的學識。」[15] 鄂蘭則進而指出，判斷力的不足可見於各種領域：「在智力領域或認知上的不足是為愚蠢，審美議題上會說缺乏品味，而待人接物上則是道德矇昧或錯亂。」[16]

如此一來，康德用來談論美感的「擴大心量」（enlarged mentality）也能適用。那原是用來說明一個人的判斷力如何藉擴大同情理解的範圍或增加換位思考的對象，來提高有效性的概念。猶記上文曾提及，「判斷」對鄂蘭來說有動詞及名詞之別，而後者指的是一個社會的主流想法、共識或說認為是常理的內容。將擴大心量概念挪用來道德領域之後，鄂蘭可以指向一個人如何跨出原有的偏狹觀點，走向客觀判斷，以及一個社會原先認定的常理如何擴大為更符合全體人類做為一個社群的方向。這方向當然也是人們行使「做為行動泉源的意志」時的判斷依據。

以上關於判斷的討論，是〈若干道德哲學問題〉為思考能否阻止惡或促成道德判斷的命題所增添的第三個維度。必須承認的是，由孔恩從上課內容編輯而來的該文，論證線條並不總是清晰，尤其最後四節頗為雜沓。然而筆者以為，將它和〈思考與道德考量〉兩相對照並加以梳理過思考軌跡後，反而比《心智生命》當中為兩卷分別撰寫的導論更能凸顯出該書的整體性。

無論如何，本文是提供讀者避免見樹不見林的一份導讀。剩下的篇幅旨在為這片林的輪廓及主要線條做點補強，而剛剛消失在鄂蘭採用了尼采意志說之的那一棵大樹或許可做為開始。那就是「deliberation」概念。它在《心智生命》卷二當中被譯為「斟酌」。鄂蘭以此為意志的對照，指的是一種工具性思維，亦即關乎如何從哪一種手段最好達到目的之仲裁。這種能力的行使，能在決定好要做的事情後發揮作用，包括設想從現在到未來的諸多事項之間的因果關聯性，功能上等同《人的條件》中人們在「製作」（making）過程的內在運作。它負責過程中的諸多選擇，但真正讓這過程開始的是意志。因為這過程涉及了一段時間之內如何以最有效的方式來達成目的之想像，也就是特定事物在一個時間軸上的先後順序，鄂蘭也在卷一中把它當作是「知性」（intellect）運作的一個維度，跟數學運算或邏輯推理相關且性質相通，而非「理性」（reason）運作的一部分。

進一步解釋，《心智生命》卷一高度仰賴康德了對「知性」與「理性」的劃分，並將前者與「求知欲」（desire to know）連結，旨在追求知識乃至抽象的普遍真理，後者則被理解成是為了回應生命中具體事件而採取的思考之「迫切需求」（urgent need），關乎意義（meaning）的追求。儘管引來不少康德學者的批評，此舉讓鄂蘭得以立起一個區隔思考與其他心智機能的分析框架，從而把批判科學與科技的海德格置於思考這一邊，所以才有了卷一導論的引言。

不過，海德格也以當代「專業思考者」的身分出現在卷二，從而在全書中可謂是「沉思做為一種生活方式」的化身。鄂蘭對卷一「思考是否為讓人避免行惡的條件之一？」大哉問之討論，必須在這脈絡當中理解。既然思考如海德所說，不能帶給人知識、智慧或行動力量，而是關乎意義的探索，那也就取決於他賴以暫時中止思考的那一個判斷及其判準。同理，意志的行使也仰賴判斷才能開始行動，容或個人差異。這種差異某種程度上涉及了判斷者採取了多大範圍內的常理，亦即附錄中「*sensus communis*」一詞所謂的「社群共感」。兩卷的共同指向似乎是：擅於思考的海德格對希特勒崛起的時代意義之理解，與鄂蘭所判斷的不同，而原因或許就在於前者賴以做出判斷的社群視野，並不包括猶太人在內，更別說「擴大」到整體人類做為一個共同體的「心量」。

尤須注意的是，卷一的大哉問相較於〈思考與道德考量〉的問題意識更加限縮了。因為追問的是思考能否在某程度上「制約」（condition）人們不去行惡，也就是不預設那是一個決定性的條件。這調整反映了鄂蘭對思考之功能及納入意志決斷範圍內的事物之開放性有了更深的體會。因此，她也追加了另一個問題：什麼促使人們思考？卷一對此的處理涉及了前希臘哲學、柏拉圖、蘇格拉底和羅馬人提出的答案。鄂蘭看似明顯站在蘇格拉底這一邊，支持做為一種與他人的對話及內在對話兼具的思考模式，但其實她並不完全同意後者將焦點放在追求抽象層次的普遍「真理」之上。她真正在意的是體現於蘇格拉底詰問法帶給人們的思考契機。前文提及的「助產士」在此更細膩地區分為三種促使人們「重新」思考原本信念的契機：（一）如牛虻（gadfly）般不厭其煩地追問，讓人不得不反省；（二）如助產士那樣讓人把原本自己的想法弄清楚，整理出屬於自己的一個說法；（三）如電鰻讓人暫時癱瘓，知道此前的想法其實行不通，必須重想，但一時又不知從哪裡開始。

最後一點讓鄂蘭對思想做為一種內在活動的描繪，增添了一個相當重要的時間維度。她在卷一導論已鋪了底下的哏。如果老加圖那句話是真的，那我們得問：當我們什麼都不做，只在思考的時候，我們究竟在做什麼？通常是被人圍繞的我們，一旦只剩下自己獨自一人時，我們在哪裡？筆者相信以上關於康德、海德格及蘇格拉底的討論已大抵說明了思考在做什麼，白天織布、晚上拆線的潘尼洛佩也會回來以隱喻的方式幫助我們。但更重要的是，做這些事的「意義」。猶記鄂蘭說法庭內的艾希曼並不知道他在「做什麼」，現在我們知道那指的是欠缺關於所作所為的真正「意義」之思考，而那意義至少必須包括意識到：此前的認知並不足以回應時代的轉變，必須重新思考。事實上，這正是鄂蘭撰寫《心智生命》的主要用意。從《極權主義的起源》中顧家賺錢的德國中產階級如何默默接受了翻轉道德的納粹法律，到《人的條件》當中那一個取代了真正意義上的行動之製作思維，及至《心智生命》所指出逐漸占領各種生命領域，只追求效率及利益的工具理性，鄂蘭的考量無一不是為了找回追求「意義」的動力，並以此回應時代的困境。

至於當我們一人獨處時究竟在哪裡，鄂蘭則提供了兩個答案。一是進一步深化她在《過去與未來之間》（*Between Past and Future*）前言中討論的那一則卡夫卡寓言的意義。卷一的最後一章致力於討論這寓言。其核心意義不變，那就是人必然是一種介於過去與未來之間的存在，必須在過往的記憶和對未來的期盼當中做出判斷。正如奧古斯丁所說，時間乃人在記憶和期盼當中所設想出來的一種東西，並非真實存在。換言之，若非人的意識，關於過往的記憶與關於未來的想像，不會有過去與未來。那一個間隙就是一人獨處時的地方，卷一最後所說的「靜止時刻」（*nunc stans*），也就是人被新的時代處境困境逼迫進入的「地方」，如同遭遇到讓蘇格拉底電鰻時陷入的一切得重新思考之狀態。事實上，那「靜止時刻」是鑲嵌在奧古斯丁藉以詮釋人做為一種「時間性存有者」（*homo temporalis*）的整體論述之核心概念。在卷二的最後，鄂蘭更直接採取了「時間性存有者」概念來提醒人生在世的根本處境，人做為人的根本條件。

只不過，此時鄂蘭依舊不願意接受奧古斯丁更廣大的神學形上學，並不同意人的本質是上帝受造物，那靜止時刻是為了等候上帝恩典澆灌。相反，那意味著人與生俱來的能力，以及伴隨而來的改變世界之力量。行使做為行動泉源的意志，意義就是為了改變世界。所有人都有這份力量，就像思考不專屬於專業哲人。但更重要的是，無論是在靜止的那一刻，或獨處時的那一個地方，我們在思考或行使意志時都會看到、聽到某些人的同在——另一個自己，或朋友，或至高無上的領袖，或受新法律所苦的他人，乃至於包括尚未出生的全體人類，並且必須據此來做出判斷。除了收錄於《責任與判斷》的幾個討論現實政治的個案，本書的出版也同樣涉及了這些判斷。從這角度來閱讀本書，本書跟《人的條件》才算是構成了一個完整的人論，而本書跟《責任與判斷》當中的時事評論則是分屬於政治理論及現實政治這兩個不同層次的回應。如此閱讀鄂蘭，其思想的系統性將呼之欲出。

1 Hannah Arendt, *The Human Condition* (2nd ed.)(Chicago: The University of Chicago Press, 1998), pp.324-325.

2 *Eichmann in Jerusalem: A Report on the Banality of Evil*，繁體中文版由玉山社出版，書名為《平凡的邪惡：艾希曼耶路撒冷大審紀實》。

3 修訂版已於今年（二〇二四）夏天問世，由德國的 Wallstein Verlag 出版。詳見 https://www.arendt-research-center.de/en/projekt/General-Information/index.html。

4 關於持此一立場的解讀，見 Liah Greenfeld 的文章 "The Life of the Mind of Hannah Arendt"，收錄於 Peter Baehr and Philop Walsh (eds.), *The Anthem Companion to Hannah Arendt* (London: Anthem Press, 2017)。

5 Hannah Arendt, *Eichmann in Jerusalem* (London: Penguin, 1994), p.287.

6 同上，p. 295。

7 Hannah Arendt, *Responsibility and Judgment* (New York: Schocken Books, 2003), p.188.

8 同上，p. 174。

9 同上，p. 159。

10 同上，p. 99。

11 同上，p. 105。

12 同上，p. 122。以上譯文引自漢娜．鄂蘭，《責任與判斷》，蔡佩君譯，台北：左岸出版，二〇〇八。頁一七九。

13 同上，p. 133。

14 同上，p. 134。

15 同上，p. 137。

16 同上，p. 138。

編者序

瑪莉・馬凱希｜Mary McCarthy

以漢娜・鄂蘭朋友及文學遺產執行者的身分，我將《心智生命》的手稿整理付梓。〈思考〉部分最初以演講的形式，發表於一九七三年亞伯丁大學（University of Aberdeen）的季佛講座（Gifford Lectures），〈意志〉開始的部分亦於一九七四年在同一場合發表。一九七四到一九七五學年以及一九七五年間，〈思考〉與〈意志〉的精節版亦曾被用做紐約新學院（New School）社會研究所的教材。這部作品的寫作歷史及編輯過程，我將在書末的〈編者後記〉中詳述。附於〈意志〉之後的〈批判〉部分，是採自鄂蘭一九七〇年在新學院教授康德政治哲學時所用的講稿。

代表漢娜・鄂蘭，我先要向亞伯丁大學的沃恩漢教授（Archibald Wernham）及克勞思教授（Robert Cross）獻上感謝，也感謝沃恩及克勞思兩位的夫人在講座期間所給予的殷切招待。更要感激大學學術理事的邀約。

做為編輯，我首先要感謝鄂蘭在新學院的助教傑洛．孔恩（Jerome Kohn）。感激他長期協助我克服文意上的難題，也感激他對參考資料仔細與詳盡的追蹤與檢查。同時要感謝他和賴瑞．梅（Larry May）為這本書所做的索引。

我也要感謝馬菓．魏斯庫希（Margo Viscusi）耐心為文稿打字，並對這份有數種筆跡且刪改無數的文稿提出種種具洞察力的問題。也感謝她的先生安東尼．魏斯庫希（Anthony Viscusi）出借他的大學教科書，對我查證書中若干不明確的引文大有助益。

亦要感謝我的先生詹姆士．魏斯特（James West），感激他大方提供自己的哲學教科書，並隨時和我討論手稿中的問題與偶爾出現的困惑，也感謝他對本書整體規畫與結構安排的建議，果斷地解決了幾個棘手的難題。

還有鄂蘭文學遺產的共同執行人洛特．寇勒（Lotte Kohler），感謝她出借鄂蘭的相關藏書讓出版社編輯參用，並感激她全程協助與投入。

更大的感謝該歸於蘿伯特．雷德恩（Roberta Leighton）以及她在喬汎諾維奇出版社（Harcourt Brace Jovanovich）的團隊，他們為這份手稿付出了超凡的努力與智慧。威廉．喬汎諾維奇（William Jovanovich）對本書所展現的個人興趣，我也獻上由衷的感謝。他曾三次親臨季佛講座。對他而言，漢娜．鄂蘭早已不僅僅是一位朋友。鄂蘭不但珍惜他的友誼，更珍惜他對文稿的建議與灼見。自鄂蘭去世以來，他亦對我鼓勵有加，不斷細讀我編輯過的文稿，並對如何引進康德演講的〈批判〉一節多所建言。最重要的是，他分擔了做各項大小決定的責任。

我還必須感謝我的朋友史坦利·蓋斯特（Stanley Geist）以及約瑟夫·法蘭克（Joseph Frank），協助我解決文稿中涉及的語言學問題。巴黎哥德學院（Goethe Institue）的華納·史坦蒙（Werner Stemans）亦在德文上給我極大的協助。

感激最初刊登〈思考〉的《紐約客》雜誌；感謝威廉·蕭恩（William Shawn）對文稿熱切的反應，鄂蘭若有知，想必也會深感欣慰。

最後，也是最重要的，我要感謝漢娜·鄂蘭，感謝她給予我編輯她著作的殊榮。

One / Thinking

第一部

思考

導論

思考不像科學能帶來知識。
思考不能醞造實用的智慧。
思考無法解開宇宙的謎題。
思考也不能直接給予我們行動的力量。
——馬丁．海德格

我為這個系列講座所訂的題目「心智生命」聽起來很浮誇，而要談論「思考」這樣的主題，對我而言又似乎有點僭越，因此我認為，與其在開頭一味地道歉，不如先給出一個合理的解釋。當然，這個題目本身並不需要任何辯解，尤其是放在季佛講座（Gifford Lectures）這樣聲譽卓著的框架內。使我不安的是，如今要演繹這個題目的竟然是我自己，因為我從無成為「哲學家」的野心，更無意自謂是康德所界定的「職業思考者」（*Denker von Gewerbe*）。[1]所以我必先自問，是否該把這個題目交回到專家的手裡。要徹底地回答此一問題，我首先必須明白陳述，自己為何會從安全的政治哲學理論領域裡跳出，貿然進入這些令人生畏的議題裡。

從現實經驗的層面來講，我對心智活動的關懷有兩個不同的起源。最直接的刺激，是旁聽艾希曼（Eichmann）在耶路撒冷受審的經驗。在報導該事件時，[2]我用了「平庸之惡」（the banality of evil）這個詞。在這語彙的後，我其實並沒有任何足以支撐這語句的命題或信條，我只是隱隱地覺得這個詞與我們傳統中（不論是在語意、宗教或是哲學的層面上）對邪惡的思維是背道而馳的。在我們既有的認知裡，邪惡總沾帶著魔鬼性，它是撒旦的化身，「從天堂墜落的光明」（《路加福音》10:18）；或是墮落天使路西法（Lucifer）——正如詩人烏納穆諾（Unamuno）所說：「魔鬼也是天使。」它最大的罪過是**驕狂**（「和路西法一般的驕狂」），而「驕縱狂傲」卻是最優秀者才可能具備的特質：他們不願意侍奉神，他們要成為與神同等的存在。我們也一直認為邪惡的人是因嫉妒而生惡念，他們怨恨事不順遂並非出於己過（如理查三世），或如該隱之怨，該隱殺其弟亞伯，是因「耶和華看中了亞伯和他的供物，卻看不中該隱和他的供物」。邪惡也可能肇始自懦弱（如馬克白），或是出自對純粹良善的強烈恨意

（如依雅各〔Iago〕所說：「我恨摩爾人。仇恨是我的座右銘。」或如克拉賈特〔Claggart〕痛恨比利．巴德〔Billy Budd〕「野性」的天真，被梅爾維爾〔Melville〕形容成是「本質上的墮落」），邪惡還可能是來自**萬惡之源的貪婪**。但是，我所親身經驗到的，卻和這些傳統的講法完全不同，我的經驗又是那麼不可否認地真確。最令我驚訝的是，行惡者所顯出的淺薄，使我們無法將他們那些不容置疑的惡行，追溯到任何有深度的根源或動機。雖然他們的惡行怪誕無比，但行惡者（至少此刻站在審判席上的那位效率十足的行惡者）卻是如此地平凡、普通，既不怪誕，更無任何魔力可言。我們在他的內在，簡直找不到任何理念與動機，而在他的過往行為、審判期間與預審時的表現中，只有一個值得注意的負面特徵：那不是愚蠢，而是**缺乏思考**。在以色列法庭及監獄的各種規則中，他的表現一如在納粹政權裡那樣出色。一旦這些規則消失，他就變得不知所措。他在法庭上充滿陳腔濫調的語言（正如他在公職生活中所展現的那樣），化為一齣令人毛骨悚然的笑劇。陳腔濫調、死守成規、公式化的語彙與行為等，都是庇護我們不與真實照面的社會功能，這些被社會認可的功能，暫停了現實事物對我們所強索的、必要與不止息的思考。如要全時地應付這思考的索求，我們必會筋疲力盡。而艾希曼和我們不同的是，他根本不知道有這種索求的存在。

在日常生活裡，我們少有時間，也無意**停下來**思考。這種缺乏思考的狀態，激起了我的興趣。行惡（不論是作為犯或不作為犯）是否可能不僅沒有所謂「卑劣的動機」（如法律所稱者），甚至根本沒有任何動機，亦並非出自興趣或意志的激發？不管我們如何界定邪惡，那用以裁定「惡棍終是惡棍」的惡念，會不會根本**不是**行惡的必要條件？而在討論善與惡的問題時，我們辨認是非的心智能力，是否和思考的心智能力相關？當然，我指的並不是思考可以製造良善的行為、「良善可以被教導」那樣的論調。可被教導的只有習慣與習俗，我們也非常清楚，當環境改變而產生了不同的行為標準時，習慣與習俗能快速地被消除與遺忘。（我們常在「道德」與「倫理」的課程裡討論善惡的問題，這已充分顯示了我們對此議題的無知。因為「道德」〔morals〕這個字的拉丁字源是習俗〔*mores*〕，而「倫理」〔ethics〕的希臘字源是「習慣」〔*éthos*〕。）所以，我所面對的缺乏思考，並不是來自對良善習俗的遺忘，或是無能了解善良的愚昧，更不是來自所謂的「道德瘋狂」。因為缺乏思考亦顯現在其他眾多的、無關道德決策與良知的事件裡。

此處的問題是：思考的活動（那不計結果與內容地去審察事件的習慣），是否是使人避免行惡的條件之一？更進一步地說，思考是否其實是支使人們抗拒惡行的條件？（至少良知〔conscience〕這個字，是有這樣的指向。如果良知的定義是「自覺與自知」，那麼良知就是在每一思考過程中能被實現的某種知識。）我們對良知的認識，難道不正支持著這樣的假設？因為只有真正的壞人、罪犯等，才需要有「好的良知」去規範，而只有良善的人才會感受到「壞的良知」。換一種說法，套用康德的語言：與事實的衝撞「使我擁有一個概念」（邪惡的平庸），我不得不提出「合法性的問題」（*quaestio juris*），並自問：「我憑藉什麼權利來擁有並使用這個概念？」[3]

最先激發我對此問題產生興趣的是艾希曼的審判。接著，我自現實經驗中所提出的道德問題，竟與傳統的智慧相互衝突，這衝突不只顯現在倫理學對邪惡的闡釋，更表現在哲學對思考為何物的廣泛定義，這些都再度激起了我寫完《人的條件》（*The Human Condition*）一書後的種種疑慮。「人的條件」這十分有智慧的書名是出版社決定的，我寫那本書的初衷，不過是想對「行動生活」做一個小規模的探究。我所關切的「行動」議題，是政治理論中最古老的關懷。但一直使我不安的是，我所採用的「行動生活」（*vita activa*）這個關鍵術語，其實是由那些致力於默觀生活的人所創造的，因此，所有的生命活動，也就必然是透過了他們的視角而被觀察。

從這樣的角度來看，行動生活是「勞動」的，默觀生活是安靜的。行動生活是公眾的，默觀生活則隱於「荒野」；行動生活致力於「鄰人的需求」，默觀生活專注於「神的啟示」。我在此所引述的話語，來自一位十二世紀的作者，[4]其實這樣的描述隨手可得，因為把默觀當成是心智最高狀態的想法，散布在西方哲學悠長的歷史之中。根據柏拉圖的觀點，思考是一種無聲的自我對話，唯一的目的在於打開心智的眼睛，就連亞里斯多德所說的「心智」（*nous*），也被當成一個用來觀察和凝視真理的器官。換言之，思考最終要達到的就是默觀，但默觀不是主動（activity），而是被動（passivity）。它是心智活動休止的終點。在哲學侍奉神學的基督宗教傳統中，思考成為沉思，而沉思終止於默觀。默觀是一種靈魂充滿欣喜的狀態，心智不再向外延伸找尋真理，而是以直覺靜待未來。（在此傳統影響下的笛卡兒，就將他那證明上帝存在的論述定名為《沉思錄》〔*Méditations*〕。）但到了現代，思考開始侍奉科學與制度化的知識，它雖然較有活動性，但在現代思潮堅持人的認知只限於一己之作的信念籠罩下，數學這個不仰賴實證經驗且任心智自我悠遊的學科，反成了科學中的科學，並掌握著開啟自然法與揭示表象後之世界的鑰匙。在柏拉圖的格言裡，靈魂中那無形的眼睛，以知識所予的確定，正是可看見無形真理的器官。對笛卡兒而言（尤其在他那著名的「天啟」發生的夜晚），「自然**法則**〔隱藏在表象及錯亂的感官印象之後〕和數學法則之間，存在著基本的一致性。」[5]也就是說，最高層次與最抽象的論證思考，和自然界現象之後的法則之間，存在著一致性。笛卡兒真正相信，以這類思考，加上霍布斯（Hobbes）的「以後果來認定」（reckoning with consequences），他終可發展出有關上帝存在、靈魂的本質以及類似議題的確切知識。

反諷的是，引起我對行動生命興趣的，是與它全然對立的默觀生命（Vita Contemplativa）中的全然靜止。這靜止的龐然氣勢，使得行動生命中不同活動間的分野都失去意義。在這具壓倒性勢力的觀照下，不管是操勞耕地、製造用品，或與人合作創業，都已失去了重要性。

就連以行動為其思想與著作中心的馬克思，「當他提到『行動』（Praxis）這個詞時，也把『人的行動』放置在『人的思考』的大前提裡討論。」[6]然而，我卻相信這個議題可從另一個角度審視。為闡明我對這個議題所有的疑慮，在那本討論行動生命的書的結尾處，我引用了一句西塞羅（Cicero）引自加圖（Cato）的有趣話語：「沒有任何時候比一個人什麼都不做之際，更為活躍；一個人獨處之際，則最不寂寞。」[7]如果加圖所說為真，我們當然免不了要問：只思考而什麼也不做的時候，我們到底從事著什麼樣的活動？被眾人環繞，卻其實是獨處時，我們到底身在何處？

顯然，這些問題的提出將面臨多種難處。初看，它們應屬於我們過去所說的「哲學」或是「形上學」的範疇，但是，這兩個詞或說這兩個研究的領域，已眾所周知地喪失了它們的信譽。如果這只是現代實證主義者或後實證主義者破壞的結果，我們尚可置之不顧。卡那普（Carnap）認為應把形上學當作詩來看待，這顯然牴觸著形上學者的自許。如卡那普這樣的見解，可能只是出於對詩的低估。被卡那普攻擊甚烈的海德格，也曾認為哲學與詩之間有著密切的關係，他認為兩者雖不完全相同，卻都有著同樣的思考源頭。而至今尚未被譴責為「只不過」是在寫詩的亞里斯多德，也持有同樣的意見，認為哲學與詩該歸於同處。維根斯坦（Wittgenstein）的著名格言「對不可言說之事，靜默以對」，是位於另一個極端的議論，但如果我們嚴肅對待維根斯坦所說的話，他指涉的並不只是感官經驗以外的事物，更應該是感官經驗的對象。我們所見、所聽、所觸摸，感官所承受，無一可用完全相同的文字表達。黑格爾所說極是，他指出「感官的『此境』（This）……語言永不可能到達」。[8]發現語言（我們思考的媒介）與現象（我們生活的媒介）之間的差距，不正觸發了哲學與形上學的誕生？只不過在早先，不論是以推論（*logos*）或感知（*noēsis*）的形式，思考都被認為是可到達真理與真實存有的途徑，到了後期，重心才從思考轉至感覺的印象，以及能使感官更敏銳的實現方式。很自然地，前者看不起現象，後者則看不起思想。

我們在形上學中所遇到的難題，並不完全是由那些認為形上學「無意義」的人所引起，更是由那些被攻擊的人自己所引起。神學的危機始於神學家「上帝已死」的談話，同樣地，哲學及形上學的危機，也發生在哲學家宣布哲學與形上學已死的時候。這些都是舊話了。（胡塞爾〔Husserl〕的現象學之迷人處，就在他那反歷史與反形上學的一句口號「回到事物本身」〔*Zu den Sachen selbst*〕，海德格「看來仍停留在形上學的軌道中」，卻早在一九三〇年代就已不斷聲張要「克服形上學」。）[9]

「現代宗教裡暗藏的普遍情緒是：上帝已死」，[10]最早說這句話的不是尼采，而是黑格爾。六十年前，大英百科全書就已十分篤定地將形上學定位成「哲學中最不受尊重的一個名字」。[11]如果再向前追溯這聲名狼藉的來源，在眾多毀謗者中我們就遇到了最出名的康德，這還不是被孟德爾頌（Moses Mendelssohn）稱為「全然的摧毀者」、寫《純粹理性批判》

（*Critique of Pure Reason*）時的康德，而是寫批判前的康德。在那些作品中，他已坦然寫著「愛戀形上學是〔他的〕命運」，又提到形上學「無底的深淵」、「滑溜的地基」，以及那理想國式的「流滿奶與蜜的國度」（*Schlaraffenland*），在那兒，「理性的夢者」住在一個像「汽船」的所在，以致「沒有一件蠢事不是附和著那無地基的智慧」。[12] 而把話說得最透澈的應是麥肯恩（Richard McKeon）了：在漫長且複雜的思想史上，這個「驚人的學問」從未製造出「對它功能的普遍信念……。也從未有過有共識的主題」。[13] 讀這冗長的詆毀形上學的歷史，我們應對「形上」這個字還能殘存至今感到驚異。但是我們又幾乎要同意康德老年時所說的話，在一手扼殺了那「驚人的學問」之後，康德預言人們必然會再度回到形上學，「就如在吵架後回到情婦身邊一樣。」[14]

我並不認為會有這個可能，也不希望有這個可能。在思索沒有形上學的好處前，我們也許應該先思索所謂神學、哲學與形上學已到盡頭的真正涵義。這絕對不是指上帝已死，我們對上帝是否已死的所知，和上帝是否存在的所知是同樣薄弱的。（如此薄弱，連「存在」這個字都有被錯置的嫌疑。）只是我們所慣有的思索上帝的方式已不能令人信服，如果要談死亡，真正死去的可能是傳統上思索上帝的方式。同理可應用到哲學與形上學的死亡，死去的並不是人類對意義恆在的追問，而是問題被定位與被回答的方式已失去了信服力。

真正死去的，其實是感官與超感官之間的基本區別，還有那可遠溯至巴曼尼德斯

（Parmenides）的觀念：凡不能付諸感官的事件——如上帝、存有、第一因（*archai*）、理念等——都必然比表象更真實、更富真理、更有涵義，它們不但是在感官知覺**之外**，更處於感官世界**之上**。逐漸「死亡」的不只是這些「永恆真理」的落實定位（localization），更是它們的特殊性。同時，碩果僅存的形上學的辯護者，以日益高亢的聲音警告我們，形上學消失中所暗藏的虛無危機。他們雖然不常提這個論點，但這卻是重要且有利於他們的：的確，超感官世界一旦被棄絕，與之對立的、在傳統認知裡的表象世界也立刻被消弭。實證主義者所了解的感官世界，在超感官世界死亡後，亦不可能倖存。沒有人比尼采更清楚這樣的結局了，他那富於詩意與隱喻的對上帝已死的描繪，[15]的確在這些議論裡引發了巨大的困擾。在《偶像的暮色》（*The Twilight of Idols*）一個頗富深意的段落中，他澄清「上帝」這個字在早先故事中的意義。「上帝」一字只不過象徵著形上學所了解的超感官世界，在此他不再用「上帝」這個字，卻以「真實世界」取而代之，他說：「我們已剷除了真實世界。還有什麼存留呢？難道是表象世界嗎？糟了！在拋棄真實世界的同時，我們也消除了表象世界。」[16]

「超感官的消除亦即是感官的消除，因而也是二者之間分際的消除」（海德格），[17]尼采這樣的洞見，因為看來如此明顯，我們簡直無法在歷史上明確地為它定位。任何以此二分世界為軸心的思維，都暗示著兩個世界的不可或離。所以，現代各種攻擊實證主義的繁複論點，早都已含括在德謨克利特（Democritus）所寫的、心智（超感官）與感官之間的精簡對話中了。心智說：感官的印象是虛幻的，它們隨著我們身體的變化而改變；甜、苦、顏色的存在，是依附著約定俗成的規則（*nomō*），而不是表象之後的自然法則（*physei*）。感官如是回答：「卑鄙的心智！你依靠我們供給你可資信賴的證據（*pisteis*）時，卻把我們推翻？我們的倒塌，就是你的滅亡。」[18]換句話說，這兩個世界之間岌岌可危的平衡一旦消失，不管是「真實世界」消除了「表象世界」，或是「表象世界」消除了「真實世界」，我們所習以為常的思維模式與依據就將全盤覆沒。在這種狀況下，凡事都失去了意義。

這些現代的「死亡」（上帝、形上學、哲學、實證哲學）有其重大的歷史意義，因為自二十世紀初起，這不僅是少數知識份子的關切，也成了眾人不經檢視就普遍接受的假設。這層政治意義倒不是我們需要掛懷的。在我們所要討論的範疇裡，最好將「死亡」這個議題擱置一旁，不論我們思考的模式如何受這危機的影響，我們所該強調的仍是一個非常單純的事實，那就是我們的思考**能力**並無受損，我們仍然是人類亙古以來思考的動物。我的意思是，人一直有著不受知識限制而去思考的傾向與需要。而思考，也不僅是取得知識與成就行動的工具。若在這樣的脈絡裡談虛無，可能只是不情願擺脫掉那些早已死去的概念與思維軌跡。在目前的情況下，我們多麼希望能像現代剛萌芽時期的那些人一樣，面對每一個議題「就好像從未有人談論過那個議題」（正如笛卡兒在他《靈魂的激情》〔*Les Passions de l'âme*〕的序言中所言）！但這卻是不可能的，並不僅由於我們已有了擴大的歷史意識，更主要的是，對於那些以思考為己志的人而言，思考活動的唯一文獻就是我們今日所謂的「形上學的謬誤」。對現代讀者而言，偉大的思想家流傳下來的文獻中，沒有任何一個系統或任何一個論述是有說服力，或是可信的。但我要在此申辯，那些文獻中，也沒有任何一件是應該被評估成胡言亂語而被摒棄的。相反地，這些形上學的謬誤，保存著思想者如何從事思考的唯一線索，有著極端的重要性，因為那是少數碩果僅存的對思考的直接言說。

在形上學與哲學消亡之後，我們的處境可能有雙重的優勢。它使我們得以用全新的眼光去觀察過去，沒有包袱，也不必被任何傳統引領，如是，我們可以絲毫不受牽制地處理豐富的第一手經驗。（「我們所得的遺產沒有任何附帶的遺囑。」）[19]若不是因為我們已漸失去了在超感官世界中悠遊的能力，這優勢應有更大的力量。換句話說，因為一切不可見、不可感知與不可觸摸的事物，都已被汙衊殆盡，我們在失去傳統的同時，也面臨著失去過去的危險。

雖然我們對形上學的研究主題，從未能有一致的看法。至少有一點是普遍被接受的：這些學問，不管是稱做哲學或是形上學，其所處理的都不是感官知覺的領域，它們的認知也超越了以實際經驗印證的常理推論。自巴曼尼德斯到哲學的終點，所有的思想家都同意，要處理那些學問，一個人必須將心智自世界抽離，不但要自遠於感官所帶來的印象，也要遠離感官對象所激發起的情感。一位異於「你我這樣常人」（但他當然也是一個常人）的哲學家，必須自表象世界隱退，他所活動的區域，自哲學之初，就只是一個小眾的世界。這些少數的「專業思想家」從事著人類能達到的最崇高事業，柏拉圖的哲學家「被稱為是上帝的朋友，如果不朽可被人類獲取，那必是賜給他們的」。[20]如今，這個大眾與小眾「專業思想家」之間的分野，已失去了它的可信度。這其實就是我們所擁有的第二個優勢。如果，我在前面所提及者為真，即分別善惡的能力的確和思考能力相關，那麼，我們應可要求所有人從事思考的練習，不管他是有學問或是無知，聰明或是愚蠢。康德一向對於哲學只適合少數菁英的看法，深感不安，他幾乎是唯一有這種樣看法的哲學家，他的不安是來自那看法中的道德涵義。他曾說：「愚蠢來自惡毒之心。」[21]這說法其實不對。缺乏思考並非愚昧，缺乏思考亦可見於有聰明才智的人。而邪惡更不是缺乏思考的原因。事實上，很可能是相反的，邪惡是因為缺乏思考而產生的。無論如何，這個議題不能只由「專家」來處理，思考不能像高等數學一樣，被學有專精的人壟斷。

康德對「理性」（reason, *Vernunft*）與「知性」（intellect, *Verstand*）兩者的區分，對我們目前的討論十分重要（在此，「知性」曾被錯譯為「了解」〔understanding〕。康德將拉丁文 *intellectus* 翻譯為德文 *Verstand*，雖然 *Verstand* 是 *verstehen*〔understand〕的名詞，但是 *Verstand* 並不含德文 *das Verstehen* 的意義）。康德發現「理性的醜聞」（scandal of reason）之後，區分了這兩種心智活動。所謂「理性的醜聞」指的是我們的心智在面對某些問題時，沒有能力得到確定且可證實的知識，確不得不去思索這些問題。對康德而言，這些僅關乎思考的議題，被局限在我們所說的「終極問題」中，如上帝、自由、靈魂不滅等。儘管人在存有的層面上對這些議題顯現出興趣，雖然康德也相信「沒有任何誠實的靈魂能忍受一切都終結於死亡的想法」，[22]但他十分清楚，理性的「迫切需求」不僅不同於「純然追求與渴望知識」，[23]還超越了它。因此，理性與知性的分野，正是兩種心智活動——思考（thinking）與知悉（knowing）——之間的不同，並劃分了兩種不同的關注領域，前者關注意義（meaning），後者則關注認知（cognition）。康德雖然堅持這樣的區分，但他自己同時也局限於形上學沉重的傳統裡，因而必須恪遵傳統中已被**證明**是不可知的議題。他深知理性有思索知覺以外課題的需要，但他卻未察覺，人們亦有反思一切發生於己身事件的需要，這其中有可知的，也有不可知的。康德也許未能完全意識到，他以終極問題的論點為理性（即思考能力）辯護的同時，在多大程度上解放了理性。他自我辯解，說他「認為有必要棄絕**知識**……以為**信仰**留取空間」。[24]其實他留出空間為的不是信仰，而是思想；他也並沒有「棄絕知識」，只是把知識自思考中分離出來。在形上學的筆記中，他寫道：「形上學的目的是將理性延展到感官世界的束縛之外，也就是，**去除理性所自設的障礙**。」[25]（粗體字為強調）

理性（*Vernunft*）所自設的障礙來自知性（*Verstand*），也來自它為自身設定的合理性，亦即滿足人們對知識與認知的需要與飢渴。雖然做了理性與知性的區分，康德及他的後繼者之所以未對思考的活動或思考的經驗有所注意，在於他們所追索的結果與標準（精準與可證性），其實是認知的結果與標準。但如果理性與思考的正當性是超越認知與知性限制（康德認為理性的正當性存於其議題的不可知，因而與存有的意旨最為相關），那麼我們應可假設：理性與思考所關懷的議題不同於知性的議題。簡言之：**激發理性的不是對真理**（truth）**的追索，而是對意義**（meaning）**的追索**。**真理和意義是不同的兩件事**。形上學的謬誤中最根本者，就是以真理的模式來詮釋意義。最新近也最引人注目的例子，是海德格的《存有與時間》（*Sein und Zeit, Being and Time*），這本書一開始就有這樣的話：「重估存有的意義的問題。」[26]海德格在後來的解釋中明白地說：「存有的意義和存有的真理是同一意思。」[27]

將意義和真理畫上等號的誘惑是極大的，這也不全是來自傳統的重壓。分析到底，這是一種拒絕接受康德對理性與知性的區分，或接受「思考的急切需要」與「求知的欲望」之間的有所不同。康德的洞見對德國的哲學有解放之功，激發了德國觀念論（German idealism）的興起。毫無疑問地，它們提供了思考的空間，但是思考又再度成為新興的專家領域，固執地認為哲學的「正當題目」仍然是「有關真理的真實知識」。[28]被康德從舊傳統的專斷以及呆滯的運作中解放而出，他們不只建立了新的系統，更建立了新的「學問」——他們作品中最偉大的、黑格爾的《心智的現象學》（*Phenomenology of Mind*），其最初的題目就叫《意識經驗的科學》[29]——這益發模糊了康德所做的區分：理性的關懷在不可知，知性的關懷在認知。

他們一味追求著笛卡兒式以確定為宗旨的理想，好像康德從未存在過，且深信他們思辨的過程有著和認知過程一樣的、可被印證的結果。

1 康德：《純粹理性批判》（*Critique of Pure Reason*），B871，此處及以下所引皆來自斯密（Norman Kemp Smith）的翻譯，*Immanuel Kant's Critique of Pure Reason*（New York, 1963），我大量使用了這個版本。

2 《平凡的邪惡：艾希曼耶路撒冷大審紀實》（*Eichmann in Jerusalem*），New York, 1963。

3 《康德遺稿》（*Kant's handschriftlicher Nachlass*），vol. V，收於《康德著作集》（*Kant's gesammelte Schriften*），Akademie Ausgabe, Berlin, Leipzig, 1928, vol. XVIII, 5636。

4 聖維克多的休格（Hugh of St. Victor）。

5 畢度爾（André Bridoux），《笛卡兒的著作與信件》（*Descartes: Oeuvres et Lettres*），Pléiade ed., Paris, 1937，序，p. viii，對照伽利略（Galileo），《數學是宇宙的語言》（*les mathématiques sont la langue dans laquelle est eécrit l'univers*），p. xiii。

6 洛勃維奇（Nicholas Lobkowicz），《理論與實用：亞里斯多德至馬克思的歷史觀》（*Theory and Practice: History of a Concept from Aristotle to Marx*），Notre Dame, 1967, p. 419。

7 《理想國》（*De Republica*），I, 17。

8 《心智的現象學》（*The Phenomenology of Mind*），trans. J. B. Baillie（1910），New York, 1964，〈感官的確定性〉（Sense-Certainty），p. 159。

9 〈真理的本質〉（Vom Wesen der Wahrheit），一九三〇年的講稿。現收於《路標》（*Wegmarken*），Frankfurt, 1967, p. 97。

10 〈信仰與知識〉（Glauben und Wissen, 1802），《著作全集》（*Werke*），Frankfurt, 1970, vol.2, p. 432。

11 第十一版。

12 《著作全集》（*Werke*），Darmstadt, 1963, vol. I, pp. 982, 621, 630, 968, 952, 959, 974。

13 序言，《亞里斯多德重要著作集》（*The Basic Works of Aristotle*），New York, 1941, p. xviii。我的引用也有來自 McKeon 的譯本。

14 《純粹理性批判》，B878。這個引人側目的句子是出現在該書的最後一節。在該處康德將形上學設立為一種科學，它的核心是「和人類臆測的理性同樣悠遠。而不管是以學術的，或是一般性的方式，什麼會是在人臆測的範圍之外呢？」（B871）而這「學問已漸式微」，因為「人們對形上學的期望早已超越了可能的要求」（B877）。同見《未來形上學之導論》（*Prolegomena to Any Future Metaphysics*）的第五十九及六十節。

15 《愉悅的知識》（*The Gay Science*），bk. III, no. 125，〈瘋子〉（The madman）。

16 〈真實世界如何成為一則寓言〉（How the 'True World' finally became a fable），6。

17 〈尼采的上帝已死的言詞〉（Nietzsches Wort 'Gott ist tot'），收於《林中路》（*Holzwege*），Frankfurt, 1963, p. 193。

18 B125, and B9。

19 荷蕾．莎（René Char），《睡神之葉》（*Feuillets d'Hypnos*），Paris, 1946, no. 62。

20 《饗宴篇》（*Symposium*），212a。

21 《康德遺稿》（*Kant's handschriftlicher Nachlass*），vol. VI，《學院版全集》（*Akademie Ausgabe*），vol. XVIII, 6900。

22 《著作全集》（*Werke*），vol. I, p. 989。

23 《未來形上學之導論》（*Prolegomena*），《著作全集》（*Werke*），vol. III, p. 245。

24 《純粹理性批判》，Bxxx。

25 《康德遺稿》，vol. V，《學院版全集》，vol. XVIII, 4849。

26 Trans. John Macquarrie and Edward Robinson, London, 1962, p. 1，並參照 pp. 151, 324。

27 〈什麼是「形上學」引論〉（Einleitung zu 'Was ist Metaphysik'?），收於《路標》，p. 206。

28 黑格爾（Hegel），《心智的現象學》，序，p. 131。

29 同上，p. 144。

第一章

表象

Appearance

上帝會從表象來判斷我們嗎？我懷疑祂會。

——奧登（W.H. Auden）

1 世界的現象本質

——The world's phenomenal nature

人類出生後所進入的世界，充滿著各種事物：自然的與人造的、有生命的與無生命的、短暫的與永恆的；但這眾多事物卻有一共通點，那就是它們**顯象**（appear）的本質。因此，它們應該被看見、被聽見、被觸摸、被品嘗、被嗅聞，並被一切擁有感覺器官的生物所感知。不論對表象（appearance）的態度為何——逃避或想望、贊同或反對、責怪或讚許——所有生物都必能對其從事認證、辨識及反應。如果表象的接收者不存在，則無事可顯象，「表象」這個字也就沒有意義。我們也許並不知道生前的來處，亦不知死後將往之所，但在我們所進入的這個世界裡，**存在與顯象**（Being and Appearing）是**合而為一的**。對於沒有生命的物件而言（不論它是自然或人造，是變動或不變），它的存在——也就是它的顯象——完全要依靠有生命的生物。世界上所有人與事的存在，都先設定了一個**觀察者**（spectator）。換句話說，只要能夠顯象，沒有任何事物是單一存在的。每一事物都應被他人或他物所感知。這個星球上存在的不是個人而是群體。複數是地球的法規。

有感知能力的生物——也就是能接受表象並以之保證他物真實存在的人或動物——他們自己也是表象，他們能看見也被看見，能聽到也被聽到，能觸摸也被觸摸到，他們不可能永遠只被視為主體，他們也不比石頭或橋梁更不「客觀」。生物存活於世的意義，就在於沒有一個主體不同時為客體的對象，並以客體的身分向他人或他物顯象，以期望自身的客觀真實能如此地被認證。我們所謂的「意識」（因自我的知覺而對自我顯象），並不足以存證真實。（笛卡兒的「我思故我在」是一邏輯上的謬誤，原因很簡單，此處的「思者」不能顯象，除非他「所思之物」能以聲音或文字表現，但如此我們已先設了聽者或是讀者，以做為接收者。）從世界的觀點來看，所有的生物都是有備而來，在進入這個世界時，已能合宜地面對存在與顯象合一的境況。人類與動物並不只是身在世界**之內**（in the world），也是世界的**一部分**（of the world），就因為它們是主體也是對象，知覺並被知覺。

世界最令人驚喜的，是它幾無止境的繁複現象，以及視覺、聽覺、嗅覺中那純然娛樂的成分。但這些卻鮮為思想家及哲學家提及。（只有亞里斯多德曾將身體感官所能享受的快感，列為悠閒階級三種可能的生活方式之一。不必憂慮生計的人可將生命投注於對「理想」〔*kalon*〕的追求，也就是對美好事物的追求，而不是對有用與必需事物的追求。）[1] 和現象同樣繁複的，是動物感覺器官驚人的多樣性。對應著這器官的多樣性、被接收的現象，也以非常繁複的形式與形狀出現：每一種生物都有它自己的世界。儘管如此，有感生物仍有著在表象上的共通處。第一，他們共有一顯象的世界，更重要的第二點，是這些生物在顯現後必要消逝。他們來到前，世界已存在；他們離去後，世界依舊存在。

活著的意義也就是存活在一個先我們存在、亦將倖存於其後的世界裡。從純生活的層面來看，出現與消失這彼此銜接的活動，就成了生命中最重要的事件。它們區劃時間，並定義生與死之間的時間過程。分配給每一個生物的有限時段，不僅決定了它生命的長度，也決定了它如何經驗時間。它提供度量時間的祕密原型，不論這些度量能如何超越這有限時段，而到達更遠的過去與未來。因此，生活中一年的長度，在我們的一生中會歷經種種的改變。對一個五歲孩子而言，一年是他生命的五分之一，感覺起來必定長過如果只是生命的二十分之一，或是三十分之一。隨著年歲增長，我們都有時間越過越快的感覺，到接近老年，時間又緩慢下來，因為我們用以度量年歲的，是生理與心理上所將面臨的那個離去的日子。雖然有這樣的生理時鐘，在被生死界定的生物的內在，仍然存在著一個「客觀」的時間度量，在那度量中，一年的長度永遠不變。那就是世界的時間。撇開宗教與科學上的信仰不談，所謂世界時間的恆常性，所指的正是這世界的無始無終。對於誕生在這個世界的生物而言，世界無始無終的假設是極自然的，因為在它到來時，這世界已然存在，而它離去時，世界仍存在。

不同於無生物的無機存在（inorganic thereness），有生命的存在不僅僅是表象。活著就意味隨時被自我展現的衝動激盪，自我展現是對個體顯象的應答。生物**顯象**（make their appearance）就像演員出現於舞台之上。這個舞台雖為所有生物所共有，但它對每一物種**似是**不同的意義，對每一個體也有不同意義。「似是」（seeming）——對我而言如是（*dokei moi*）——是其運作的方式，也顯象世界被認識與被感知的唯一可能方式。顯象永遠意味著對他人的似是，這個「似是」將依觀察者角度與印象的不同而改變。換句話說，每一個顯象的物件，因其顯現而取得了一種喬裝，這個喬裝雖不必然有，卻可能有著掩飾並扭曲其本質的結果。「似是」還有另一個附帶的事實，也就是所有的表象，雖有個別認同與身分，卻是被多重的觀察者所感知。

為了被觀察而極盡其表現之能的自我顯象衝動，見於人與動物。演員的出現需要舞台、其他演員及觀眾，同理，每一生物的顯象也需要一個世界做它顯現的道場，需要其他生物同台出現，也需要觀察者來認證它的存在。每一個生命在觀察者的視野中出現，又從這視野中消失，它的成長與衰退遵循著特定的發展過程，生命在其中先以上揚之姿朝呈展的目標發展，直至完全彰顯。然後是靜止——這靜止其實就是它最蓬發的階段，也是它的顯現——隨後則是下墜的解體軌跡，直到最終完全消逝為止。這個過程當然可從不同的角度去觀察、去審視、去了解。但我們界定一生物本質的標準未變：不論是在日常生活中或在科學研究中，每一生物都是被它那極短暫的全然顯現所界定。如果實在界的第一要義不在於現象的性質，那麼這個以顯現的完整與完美來界定生命的標準，就顯得全然獨斷了。

在討論人類有別於動物的心智活動的議題中，表象對生物（活在以「似是」為模式的顯象世界裡）的重要性，是極切題的。我們所要談的各種心智活動，彼此雖有不同，但它們所共有的特色，都是從顯象的世界中**遁離**而回到自我。如果我們是純粹的觀察者，能像神祇一般地混入人世，在觀照並享樂這個世界之後，能退到另一個安身立命的道場，那麼心智活動的遁離之姿就不致引起太大的問題。但是，**我們是世界的一部分而不只是身在其中**，我們的到達與離去、出現與消失，使我們成為表象，雖然不知來自何處，但是一旦到達，我們完全要預備如何處理與我們照面的表象，並必須參與這個世界的遊戲。當我們從事著心智活動時（柏拉圖的隱喻所說的，關閉我們的肉眼，以打開我們的心窗），那顯象的過程並沒有消失。雖然存有與表象這二分世界的理論是形上學的謬誤之一，但是如果這理論完全悖逆了我們的基本經驗，它也不可能存留數個世紀之久。正如梅洛龐蒂（Merleau-Ponty）所說：「我只能從存有逃向存有。」[2]既然存在與顯象對人是同一件事，這也意味著我只能從顯象中逃向另一種顯象。這無助於解決我們的難題，因為我們所掛懷的是，思想是否適合於顯現，我們要問的問題是，思考及其他無聲無形的心智活動是否應該顯現，或是，它們其實永遠無法在這世界上找到立足之點。

2 （真實的）存有與（僅只是）表象：二分世界的理論

——（True）being and（mere）appearance: the two-world theory

在這議題的討論上，我們卻可能在形上學對存有（真實的）與現象（僅只是）的二分法中，找到了第一絲值得安慰的暗示。因為這個二分法的基礎，也是建立在以表象為主導（至少是以表象為先要）的前提上。為了找尋真實**是**什麼，哲學家必須**離開**他天生、最初就在其中的表象世界——像巴曼尼德斯那樣，當他被推向上界，超越白晝與黑夜的門檻，「遠離世人常走的路徑」，[3]走向神聖之道。或如柏拉圖在洞穴寓言中的作為。[4]表象世界必是**先於**（prior）任何哲學家為自己所**選擇**的「真實」，但並非他生於其中的所在。而世界的顯象性似乎向哲學家（也就是他們的心智）暗示，在表象之外必存在著某種事物，即如康德所說：「如果我們將這世界視為表象，它就證明了非表象之物的存在。」[5]換句話說，當一位哲學家遠離感官所賦予的表象，轉向（柏拉圖的*periagōgē*）心智生命時，他的線索是來自前者，必在其中找尋可以解釋不落痕跡的真理之訊息。而這真理——*a-ētheia*，被揭示者（海德格）——卻只能以另一種「表象」被感知，即那被隱藏卻存在於更高層次的表象，這意味著表象的無所不在。我們的心智能力，雖能暫離**面前**的表象，卻仍置身於表象世界裡。心智，和感官一樣，在追索中——黑格爾的「概念的掙扎」（*Anstrengung des Begriffs*）——仍期待事物對它顯象。

類似的情況亦見於科學中，尤其是現代科學。馬克思在早期的言談中提及現代科學所依恃者，乃是存有與表象的分道揚鑣，因此不再需要哲學家以特殊且個別的努力去追求表象背後的「真理」。科學家同樣依賴著表象，他們或是切開有形的肉體，以明瞭在表象之下的一切，或是使用褪去外在可感特質的精密儀器，以捕捉藏匿在下、不可易見的對象。但指引著這些哲學與科學上的努力的概念卻是一致的：即康德所說，表象「必有其非表象的基礎」。[6]這是一個非常明白易懂的通論，它描述著自然的事物如何從黑暗的基礎中成長，並「顯現」在白晝的亮光裡。只是這個所謂的基礎，現在卻被認為是占據著一個比表象更高的地位，表象顯現隨即消亡，基礎卻被認為是真實。哲學家在找尋超越表象之物的「概念上努力」時，其結果常是對「純粹的表象」做猛烈的批判。而科學家以各種儀器介入，從而揭露那些表象本身在不加干涉的情況下無法顯現的真相，但這些卓越的成就是以犧牲表象本身做為代價。表象的重要性在於它們是哲學家或科學家不可逃避的現實。他們終要從書房或實驗室回到表象，而他們擺脫表象時所做的任何發現，也不能絲毫地改變或移動強韌的表象。「所以，新物理學『怪異』的概念……〔驚動〕了常理……卻沒有改變常理中的任何範疇。」[7]在這不可撼動的常理的背後，仍聳立著存有與真理乃超越表象的古老理論，也就是說，那不能顯象的**基礎**比能夠顯象的表面更為重要。這個基礎應能回答哲學家與科學家最原始的問題：像我自己這樣的萬事萬物何以能顯象，是靠什麼力量才以這獨特的形式和形態顯象，而不是其他任何形式？這個問題尋求的是一個**原因**，而不是一個基礎或根源。但是我們傳統的哲學卻把物象所來自的基礎，變成了製造基礎的原因，並將這製造的動力指派了一個比肉眼可見者更高的地位。認為原因高於結果（所以結果可被無足輕重地推溯至原因）的信念是形上學中最古老也最頑固的謬誤。但是我們此處所談及的並不只是哲學家的一個偏執的錯誤。事實上，表象不輕易顯露表層以下的面貌，一般而言，它不但不顯露，還竭力地隱藏——「任一事件，或事件的某一面，若不是為了掩藏另外的特質，它從不露面。」[8]表象顯露，但也防衛著顯露，在關切藏於表象之下的事物時，這防衛的功能就變得十分重要了。至少在生物的領域裡確是如此，比如，生物的表皮是為了隱藏並保護那些維護生命機能的內臟。

存有與表象這二分法中的邏輯謬誤是很明顯的，也早就被發現，詭辯學派學者（sophist）喬奇阿斯（Gorgias）在他已佚失的、辯駁伊里亞（Eleatic）學派的論述《空無或自然》（*On Non-Being or On Nature*）的殘篇中就有如此概約的簡述：「存有因其不顯象而不能〔對人，

dokein〕顯現，而表象〔對人〕是纖弱的，因其並無存有。」[9]

現代科學對表象之下的基礎追求不懈，為這古老的議題附加了新意。它確實將表象的基礎昭顯於世，使得依賴於表象並適於顯象的人類，能對它有所掌握。但其結果還是令人迷惑的。事實證明，沒有任何人可以僅僅生活在「原因」之中，或者以正常的人類語言完整地描繪在實驗室或其他科技中所驗證出的存有的真理。似乎，存有一旦被顯示，就將凌駕於表象之上，只是直至今日，還沒有人能成功地**生活**在一個不自動顯現的世界裡。

3 形上學階層的倒置：表象的表層價值

——The reversal of the metaphysical hierarchy: the value of the surface

哲學家或科學家都無法逃避的常理世界，充滿著錯誤與幻象。但是糾正錯誤或祛除幻象，也不能使人直達表象以外的領域。「幻象被祛除，表象突然解體，通常是為了另一個新表象的出現，這新表象取而代之，占有了舊表象在存有上的功能……。祛除幻象（dis-illusion）之所以是一個證據的喪失，完全是因為那是**另一個證據的取得**……。每一個幻象（*Schein*）後面必有一個表象（*Erscheinung*），幻象是表象的副本。」[10] 現代科學持續不懈地追尋**純粹**表象背後的真理，在過程中是否能解決這個難題，還是十分令人懷疑的。因為科學家實實在在地屬於表象世界，即便他持著有別於常理世界的視角。

從歷史的角度觀之，自現代科學興起後，這超越現象的事業，就一直被一種揮之不去的疑惑所籠罩。新紀元所帶來的第一個新觀念——十七世紀所提出的無限進步的觀念，成為幾個世紀以來生活在科學掛帥世界中的人們所珍視的教條——似乎就立意要解決此一難題：雖然每個人都期望能進步再進步，卻似乎沒有一個人真正相信能達到真理最終與絕對的目標。

對這個難題感受最深刻的應該是直接和人有關的科學學科，如生物學、社會學及心理學，這些學科所處理的問題——它們之間的最低公約數——就是如何解釋表象在維持生命程序中的功能。功能主義的最大優勢，是它再次給予我們一個統一的世界觀，但形上學的二分法，以及那古老的存有高於表象的成見，卻仍被保留在這樣的世界觀裡，只是方式有別而已。在此，論證的方向已經發生了轉移，表象不再被視為是「次要特性」（secondary qualities），而是被理解為內在生命機能運行的必要條件。

這一體系最近卻被質疑了，我認為這種質疑有著重大的意義。可不可能表象並不是為了生命程序而存在，反而生命程序才是為了表象而存在？既然我們生活在一個**表象的**世界，最合理的說法難道不該是：最具意義與最相關者，都該聚集於呈現表象的表層？

瑞士的動物與生物學家阿道夫．波特曼（Adolf Portmann），他在多篇有關動物生命的各種不同形式與形態的論文中就曾指出，生物表象只是單純的自我與物種保存的功能說，與事實不符。從另一不同且更純粹的角度來看，與功能說相反，不顯象的內在器官存在的理由，才是為了製造並維持生物的表象。「在所有個體與物種的保存功能之先……我們發現生物顯象是一種**賦予這些功能意義**的自我呈現。」[11]（粗體字為強調）

波特曼更進一步地列舉了大量肉眼可見的例證，如動植物生命形式的巨大多樣性及豐富性，明顯是功能上**多餘**的展現，不可能用一般以功能為基礎的理論來解釋。例如鳥的羽毛，「初看它的價值是做為一暖和且有保護功能的披蓋，在這功能以外，羽毛在可見的外觀上是一顏色豔麗的外衣，而這顏色豔麗的外衣的價值是全然存在於它可被看見的表象上。」[12]一般而言，那種「純粹簡單只為功能存在的形式，雖被讚譽為最適於自然的形式，卻是極端特殊與少見的」。[13]所以只考慮生物內在機能，而認為所有外在，「那些只被感官接收的事物，是臣屬於更重要的『中心』且『真實』的生命程序」，這樣的看法是不正確的。[14]根據這種普遍的誤解，「動物外在的形態，透過移動、進食、避開敵人、找尋性伴侶，只為保護內裡的重要機制。」[15]為駁斥這類理論，波特曼提出了他自己的「形態學」（morphology），這是一個對價值的固有階層做逆轉的新學說：「**研究的課題並不在於它是什麼，而在於它如何『顯象』**。」[16]（粗體字為強調）

這意味著一個動物的形態「必然要被視為一個特殊的參照器官，參照著它與看到它的眼睛之間的關係……眼睛和被看到的事物構成了一個功能性整體，它們之間的契合，完全依照著如食物與消化器官之間那樣的嚴謹規則」。[17]依照他的倒置理論，波特曼特別對「真確表象」（authentic appearances）與「不真確表象」（inauthentic appearances）做了區分。「真確表象」指的是那自動顯現的表象。「不真確表象」指的是需要某種介入或對「真確表象」做某種破壞才能得到的表象，如植物的根或動物的內臟。

波特曼倒置理論的合理性由兩件事實支持著。首先，是「真確表象」與「不真確表象」在相貌上的巨大差異，以及外在形狀與內在機制在本質上的不同。外在形狀通常有極大的顯著性與個別性；這在高等動物群中尤為顯著，我們很容易根據外在形狀來辨識出個體的不同。而且，生物的外在相貌，通常依照對稱的規則排置，所以顯出明確且怡人的秩序。相反地，內在器官從不令人賞心悅目；一旦被強行呈現於視界，它們看來像是隨意拼湊而成，不成形狀，除非有病變，我們很難看出器官與器官之間的不同。不但在不同物種之中，就連在不同的個體間，我們也很難用內在的器官來區分彼此的不同。但是當波特曼將生命定義成是「由外在顯示的內在表象」時，[18]他似乎掉入了自己所批評的錯誤觀點。因為從他的發現所下的結論是，顯現在外的表象和內在如此**不同**，以致於我們很難決定內在到底有沒有顯象的可能。內在的生命程序被外在所包裹，對生命程序而言，外在的唯一功能就在隱藏並保護生命程序，使之不見表象世界的天光。如果內在可以顯象，那麼所有的生物都將只有一個面目。

我們還有第二個同樣重要的證據，證明生物有著一種天賦內在的衝動，即波特曼所謂「自我展現的訴求」（the urge to self-display），這種衝動，比起僅只是為了自我保全的功能性本能毫不遜色。這種本能全然不是出自於生命保存的考量，也遠超乎性吸引力的必要性。這些研究的結果顯示，外在表象的主導地位，除了依賴感官的純粹接受性，也包含一種自發的能動性：**凡能被看見者，企盼被看見；凡能被聽見者，揚聲以期被聽到；凡能被觸摸者，獻身以被觸摸**。所有的生物，除了因其外表是以現象構成，因而適於向他者顯象，它們也有著**顯象的衝動**，在這表象世界裡的展示與顯現，所展示的並不是它們「內在的自我」，而是自我的個體性。（「自我展現」這個字，如同它的德文 *Selbstdarstellung*，意思並不很明確：它可以指涉積極地使自我被感知、被看見、被聽見，但它也可以意味著展現內在不顯象的**自我**——也就是波特曼所定義的「不真確的」表象。以下我們將採第一個定義。）在高等動物中統籌一切的「自我展現」，在人類身上更發揮到了極致。

波特曼的形態學在倒置存有與現象的重要性上，有著長遠的意義，但可能出於合理的原因，他自己卻沒有在這個觀念上做進一步的發揮。他的理論指向「表象的表層價值」，也就是說，「和原始的內在功能相較，現象展示著最大的表現力量。」[19]「表現」（expression）這個字卻顯出了術語使用所引發的困難，而注定了理論發展上將遇到的問題。因為「表現」必然是要表現某事，故必然要激起那不可避免的問題——所要表現的是什麼？而這答案卻將永遠是：內在的某物——一個理念，一個想法，一種情感。但表象的表現性卻可能完全屬於另一格局。它所「表現」的是它自己，也就是它的彰顯與呈現。根據波特曼的研究結果，我們習以為常的、建立於形上學偏見上的判斷——精髓必藏於表象以下，表象必然淺薄——是完全錯誤的。而我們所共有的信念——我們的「內在生活」，比我們外在的表象更能定義自我——

也只是一個幻象。但當我們想糾正這些謬誤時，我們的語言，至少我們的術語運用，卻全然地不敷我們使用。

4 肉體與靈魂·,靈魂與心智

——Body and soul; soul and mind

困難也並不僅止於術語的使用。最基本的難處，其實是來自我們對心靈生命，以及肉體與靈魂之間關係的錯誤理解。我們都同意，肉體的內在不能自動或真確地顯象，但如果我們論及內在生命的外在表現時，我們指的是靈魂的生命。論及心靈**生命**及它的「內在」位置時，我們所使用的常是來自肉體經驗的譬喻，這種內與外的關係雖然在肉體上講得通，卻不見得能在靈魂上講得通。同樣的譬喻運用也出現在我們描繪心智生命的概念語言中。純哲學論述中所使用的語言，不可避免地也是描繪五官感覺經驗的語言，那些感官經驗，如洛克（Locke）所形容的，被「轉化」（*metapherein*）並搬遷到「較為深奧的層面，指涉那些非感官認知的理念」。只有經由這樣的轉化，人們才能「了解那些他們內裡的、並不外顯的心智運作」。[20]此處洛克所依據的，是一個古老且為大眾默許的假設——亦即靈魂與心智乃相同之物，因為兩者都與肉體對立，也同樣是無形的。

仔細審察後，我們會發現心智生命的特色——比如完全依恃著譬喻性語言「使之趨向感官顯象」，或如與自我無聲的對話那樣靜默且不顯象的活動——並不見得存在於靈魂的生命之中。在思考與心智活動中，概念化的譬喻語言足以完成表達的功能，但在更強烈的靈魂生命之中，眼神、聲音、手勢等表情，卻比語言更為重要。顯然，當我們談及心靈經驗時，所呈顯的絕非經驗本身，而是當我們反省該經驗時，我們對它的**思考**。情緒、激情、感情不同於思想與理念，它們並不比我們的內臟更能成為表象世界的一部分。能在外界顯現的，除了實際的身體表現，就只可能是我們對那些情感在思考上所做的處理。憤怒的**表現**，不同於身體所感受到的憤怒，因為憤怒的表現已摻入了對憤怒情緒的反思，而也就是這種反思將情緒個別化，使之成為有意義的表面現象。表現自己的憤怒是一種自我展現：由我決定什麼是適合顯現出來的表象。換句話說，我所感覺到的情緒並不適宜以其原本的面目出現，就像我們賴以為生的內在器官並不宜以其原形顯象。但是如果沒有這些情緒的提示，或者我不能像感受其他生命程序中的感覺那樣地感受到這些情緒，我也就不可能將之轉化為表象。那些沒有反思的介入或由語言轉化而顯象的情緒——像眼神、手勢或不可言傳的聲音——與高等動物彼此之間或動物與人類之間的溝通方式並無不同。

相對地，我們的心智活動，在還未對外表達之前，就已經要依靠語言才能孕育生成。但是語言是要被聽見，要被有語言能力的人了解，就像有視覺的生物不但要看見，同時也要被看見。沒有語言，思考無法生成。「思考和語言相輔相成，它們不停地互相替代。」[21]且假設著對方永遠存在。不像愛、恨、羞恥或羨慕等情緒，語言的能力雖可在生理上做確切的定位，但並不是一個「器官」的位置，它也沒有生命程序中那些功能的特色。心智活動雖然要從表象世界撤離，但這種撤離並不是朝向自我或靈魂的內在方向。因為思考永遠需要概念的語言伴隨，而語言和講述它的人又都身處於表象世界，思考需要譬喻，以連接一個感官經驗世界與另一個感知證據完全不能存在的世界。相反地，靈魂經驗卻是與肉體緊密連接的，其關係是如此緊密，使得靈魂的「內在生命」，幾乎就和談論內臟運作所引起的內在感覺一樣，直接而且不需譬喻。很明顯地，一個沒有心智的生物體不可能有任何個體的自我認同，它將完全受制於其內在生活的程序，而它的心情與感情的持續改變，亦無異於肉體內臟的變化。所有的感情都是肉體的經驗。我的心會因悲傷而疼痛，因同情而溫暖，在愛和喜悅的籠罩下，它會少有地開放。類似的身體上的感覺也將伴隨著不悅、憤怒、嫉妒及其他情緒。靈魂的語言在表現前的階段——在被思想轉化與轉形之前——是直接而沒有隱喻性的，當它講述身體的感覺時，並不與感官分離，也不需使用譬喻。梅洛龐蒂是我所知的唯一以有機結構談論人類經驗的哲學家，他刻意地開發了所謂「肉體的哲學」。但是當梅洛龐蒂說「心智是肉體的**另一面**」，因為「心智有其身體，身體有其心智，兩者之間存有鴻溝」時，[22]他又被那古老的、將靈魂與心智混為一談的觀念所誤引。心智現象的本質就在於它與身體之間的欠缺通路。梅洛龐蒂在不同的前提下，也曾清楚地承認這樣的欠缺。他寫道：「思想是『根本的』，因為它並非出於他物，但思想卻不是人可以到達並永久停駐的基地，如此說來，思想又不是『根本的』。原則上，根本的思考是無底的，是個深淵。」[23]在心智上為真者，在靈魂上並不一定為真，反之亦然。靈魂雖然可能較心智更為陰暗，卻不是無底的。它的確會「滿溢」到肉體中，「浸蝕著肉體，藏匿其內——同時它也需要肉體，隨它消亡，並**停泊**於其中。」[24]

這類棘手的對肉體／靈魂關係的討論，有著悠長的歷史。亞里斯多德的《靈魂論》（*De Anima*）中就充滿了對靈魂現象及其與肉體間親密的關連引人深思的提示。這些提示可藉以彰顯肉體與心智之間的關係或非關係。在此，亞里斯多德以少見的不確定，談論過這個問題，他說：「……靈魂幾乎不可能獨立於肉體之外運作，這在憤怒、勇氣、胃口以及一般的感覺中可看出。〔而不需肉體參與的〕卻似乎是心智（*noein*）的本質。但是如果我們證明心智其實是某種想像（*phantasia*），或非有想像不可的活動，那麼心智也是需要肉體的。」[25]稍後，他總結道：「心智（*nous*）及論理的機能，沒有明顯的特色，它似乎是另一種類的靈魂，而也只有這一種是可以分離〔於肉體〕的，就像不朽與腐朽的分離。」[26]在另一篇生物論述中，亞里斯多德則建議，靈魂中植物性、營養性與感知性的部分，「在胚胎中就存在，而不是外來的。但心智（*nous*）卻是從外進入靈魂，給予人類一種和肉體不相連接的活動。」[27]換言之，心智活動並不與感官知覺互通，但是靈魂的感覺卻是必用身體器官才能感知。

除了自我顯象（self-display）的衝動使它們適於生存在表象世界，生物同時也具有**呈現**（present）的能力，就是以行動及言詞來表示他們希望顯現的方式，從而表明他們**希望**被感知的方式，哪些內容在他們看來適合展現自己，哪些則不適合。這種刻意決定什麼該顯現、什麼該隱藏的特色，似乎只有人類才有。**在某種程度之內**，我們可以選擇如何向他者顯象，但這外在的顯現絕不是內在性格的外露，否則，我們的行為與語言將會非常相似。在此，我們所依據的是亞里斯多德所提出的辨識。他說：「我們所言說的，是靈魂感受的表述。而我們寫下的，卻是我們話語的表述。我們的書寫，和我們的語言，是不盡相同的。但**這不同是存在於這些表述中，靈魂所感**（*pathēmata*）**卻是普遍相同的**。這些靈魂所感最『自然』的表現，是那無言的聲音，這些由動物所發出的『無言的聲音』也是一種有意義的顯現。」所以個別性與辨別性只在語言中發生，語言的使用，動詞與名詞的選擇並不是靈魂的產物或表述，它們是心智的表述：「與名詞動詞類似（*eoiken*）的……是思考（*noēmasin*）。」[28]（粗體字為強調）

假如在我們個別顯象之後的靈魂基礎是不相同的，那我們就不可能有像心理學這樣的科學學科，心理學做為一門合格的科學，就是基於靈魂的「內在都是相同」的假設，[29]正如同生理學和醫學所依據的是我們內在器官的相同性。心理學、深度心理學或是心理分析發現，心靈生活起伏所造成的結果與發現，並不比我們永遠在變動的情緒更能提供有趣或更有意義的視野。所謂的「個人心理」，雖是小說或戲劇等虛構文學的用心所在，卻不能成為科學，它和科學在名目上是全然矛盾的。當現代科學終於開始去探討聖經式的「人心的黑暗」時——如奧古斯丁（Augustine）所說：「藏匿的是善良的心，藏匿的也是邪惡之心。深淵存在於善心與惡心兩者之內。」[30]——它的發現最終也不過是「一顏色雜沓且痛苦的貯藏邪惡之所」。[31]比較正面的說法：「藏在深處的情感是光耀的，但它一旦出現於天光，欲要成為統籌一切的中心時，就不是那麼一回事了。」[32]

現代心理學所發掘出的、人類心理單調的相同性（montonous sameness）與普通的醜陋性，和人類行為的多樣性與豐富性形成了強烈的對比，這正說明了人類身體內在與外在的巨大不同。我們靈魂中的情感與激情不僅和身體緊密地相連，它們似乎也有著和我們內臟一樣、維繫並保全著生命的功能，也和內在器官一樣，只有病變才能凸顯個體性。沒有生殖器官所激起的性欲，就不可能有愛情。然而所有的性欲雖都一樣，愛情的表現卻有無窮的變奏。有人可能認為愛情是性欲的昇華，但我們應記取的是，如果沒有愛情的展示，我們所定義的性行為根本不可能存在。因為如果沒有心智的介入以在愉悅與不愉悅之間做一明確的抉擇，那麼連選擇性伴侶這件事都是不可能有的。同樣地，恐懼是一種幫助生物存亡不可缺少的情感，它警示危險，沒有它的警告，任何生物都不可能長存。一個有勇氣的人並不是欠缺恐懼這種情感，也不是因為他永遠征服了恐懼的情緒，而是他決定了恐懼並非他想顯現的感情。勇氣於是逐漸成為一種習慣或第二天性，雖然它最終也可能真正轉變為一種情感，但並不意味著它已取代了恐懼。這類抉擇的標準取決於數種因素，有許多被我們生長的文化所決定，因為抉擇的動機總在討他人的歡心。但也有些抉擇不受環境影響，或許只是為了討好自己，或許只是為了給他人一個榜樣——為了勸服他人也喜愛我們所喜愛的。不管出於何種動機，自我呈現（self-presentation）的成功與失敗，是取決在呈現於世界的形象是否能維持長久、維持一致。

現象的表現永遠是某種形似的喬裝，涉及著展示者的偽造甚至蓄意的欺瞞，因此，觀察者的錯覺與幻覺就成了不可避免的結果。自我呈現（self-presentation）之不同於自我顯象（self-display），就在於它對所要顯示的形象有著主動與自覺的選擇，自我顯象沒有任何選擇的餘地，它只是一種生物性的顯現。自我呈現則有某種程度的自覺——這是心智活動所潛藏著的反射作用，且明顯超越了人類和高等動物都有的意識。但也只有在自我呈現中會出現虛偽與做假，真假的唯一區別，是後者的不能持久與一致。有人說，虛偽是邪惡對美德的恭維。這是不正確的說法。所有的美德都開始於對它的恭維。經由這樣的恭維表現出呈現者對它的愉悅。這恭維暗示著對世界的一個諾言，對那些顯象，呈現者依照愉悅的原則行事。當這個承諾不被持守時，我們就有了虛偽。換句話說，虛偽並不是一個惡棍，他喜愛惡行，並將他所愉悅者自他的環境中藏匿。對虛偽的最佳檢驗，的確是如那句古老的蘇格拉底格言：「要**成**

為你所想呈現的模樣。」這意味著你要**永遠**展示著你希望對他人展現的樣子，即便是在獨處、呈現的對象只有自己時。當我做下這樣的決定，並非僅僅只是對自己被賦予的特質做出反應，而是在世界提供的各種可能中，做有意識的選擇。透過這樣的行為，所謂的人格或性格就產生了。人格或性格是一組可被識辨的特質，匯聚成一個可理解並認同的整體，刻印在我們靈魂與肉體所構成的、滿布著天賦與缺陷的基礎之上。因為這些自我選擇的特質和我們在這世界上的角色與顯象，有著不可否認的相關性，現代哲學家自黑格爾起，就臣服於一種奇異的幻覺之下，而認為人之所以異於他種生物，是因為人創造了自我。但明顯的是，自我呈現和客觀的存在是很不相同的兩件事。

5 表象與扮相
——Appearance and semblance

自我呈現最重要的決定因素，是對呈現表象的選取，而表象本身又有著雙重的**隱藏**（內在）與**呈現**（顯象）的功能——比如隱藏恐懼並展現勇氣，亦即透過呈現勇氣來隱藏恐懼——所以被呈現的表象永遠可能因為某種隱藏，而成為**扮相**（semblance）。因為內在與外在之間的縫隙，以及表象的基礎與表象之間的鴻溝——換句話說，不論我們所展現的外在是如何地彼此不同，如何地有個別性，或如何地用心選擇著個別性，我們的「內在總是相同」且不能改變，除非我們犧牲內在靈魂與器官的功能，或者以某種干預來修復功能障礙。因此，所有表象中必然會有扮相的成分：表象背後的基礎是不能顯象的。我們不能由此推論，認為所有的表象都是扮相。扮相只可能混雜於表象裡，它預設著表象，正如錯誤預設著真理。錯誤是我們為真理所付出的代價，扮相也就是我們為表象的奇妙所付出的代價。錯誤與扮相都和表象緊密地接連，它們彼此相通。

在具有顯象與接收雙重規律的表象世界裡，扮相（幻象）乃是必然的一部分，因為所有的表象都必然要被多種不同、具有感知能力的生物所接收。沒有任何一個表象只展現給獨一、且具有全面感知能力的接收者。表象世界總是在「對我而言如是」的模式中顯現，感知是被特有的方位與獨特的器官組成的視角界定。這模式不僅不能排除錯誤，也將製造真正的扮相，也就是不真實的表象。但錯誤是可以被更正的——我可以改變自己的方位，以期更靠近顯現的表象，或使用儀器與工具改進我的感知器官，或以想像力引進另一種觀察的視角——但真正的扮相卻無法像錯誤那樣被更正，因為它們的來源是我在這世界上不可變更的方位，而那不可變更的方位，正被我在這表象世界的存在所固定。色諾芬尼（Xenophanes）說：「幻象（*dokos*，從 *dokei moi* 而來）包裹著所有的事物。」所以，「沒有任何一個人，也不可能有任何一個人，可以清楚地了解神或我所說的話；就算有人碰巧說出了現象的全貌，他自己也無法完全理解。」[33]

依照波特曼對表象的真確與不真確的分野，我們也可以把扮相區分為真確與不真確：不真確的扮相是海市蜃樓，將不攻自破或在仔細的審視下消失；相反地，真確的扮相卻不能有任何更改，即使在收集了足夠的科學資料之後。比如說太陽的運行，日出於清晨，日入於黃昏，因為對居於地球而不能更改其方位的感知者而言，這是太陽與地球顯象的方式。我們此處所談論的感官的「自然且不可避免的扮相」，正是康德在理性的先驗辯證中所指涉者。康德稱超驗判斷中的扮相為「自然與不可避免」，正因為它和「人的理性不可分離……即使是在扮相的虛假被識破之後，它仍作弄著理性，並繼續使理性走入不斷需要更正的歧途」。[34]

那自然與不可避免的扮相，無可脫逃地充斥在表象世界裡，這是對單純的實證主義最強也最可信的反駁。實證主義相信，只要摒除心理現象，把持日常生活所提供的可見事實，我們就必能掌握確定的基礎。生物既可經由感官接收現象，又同時有展現自身成為表象的能力，因此有著真確扮相的局限，扮相可因物種不同而有不同，端看每一物種生命過程所特有的模式與形態而定。動物也有製造扮相的能力，有不少動物甚至可以偽造不同的形體，人和動物都能操縱己身所展現出的表象，以達欺瞞的目的。其實發掘動物在變色之後的本色，和揭露虛偽的過程並無不同。但藏在欺瞞表面下的表象，並非就是內在的自我，或是那不變的、客觀存在的真確現象。揭露的過程僅在摧毀欺瞞，它並不能發掘出真確的顯象。一個「內在的自我」，如果它存在的話，永遠無法對內在或外在的感官顯象，因為沒有任何內在的資訊，能有足以定義個別現象的穩定性與辨識性。「沒有任何固定且持續的自我，可在變化無常的內在現象中展現。」康德重複地說。[35]事實上，連內在的「現象」一詞都是不正確的。我們所感知的內在感覺，不斷地變更，自難形成任一持續或可辨識的形狀。(「我們曾在何處、何時、如何有過內在的相貌？……『心靈主義』是無視自身的。」[36]）情感與「內在的感覺」是「不存於世」的，因為它們欠缺存世的特色，它們不能「靜止停留」到足夠的時間，以被清楚地感知，並被定位、區分、認可。康德所說：「時間是內在直覺所唯有的形式，它不能駐留。」[37]當康德提到時間是「內在直覺的形式」時，他不自覺地引用了我們論及的空間的譬喻，空間經驗是和外在表象相連接的。但直覺之所以可能，正是因為它沒有形式的束縛，這是內在經驗的特色。唯一使內在經驗與不停移動的心靈情緒稍有現實面貌的方法，只有持續與不斷地重複。在最極端的例子裡，這種持續不斷的重複，到達一個地步之後，那情緒與感覺就有了不能停頓的常性，這種狀態常出現在心理的病變中，如癲狂症患者的持續亢奮，與憂鬱症患者不能散去的抑鬱。

6 思考的本我與自身：康德

——The thinking ego and the self: Kant

有關表象及隨之而有的扮相的概念（of *Erscheinung* and *Schein*），它在康德哲學中所具有的決定性與中心地位，無見於其他哲學家。康德「物自身」（thing in itself）的概念，是指陳**存在**的某物，它能引發表象，卻不自身顯象。這種存有一向是神學上的關懷，所以我們也可以在宗教的脈絡中對它做出闡釋：上帝是「某物」，是「非無物」（not nothing）。祂可被思考，但祂不顯象，祂既不能訴諸經驗，故只「存於自身」，因祂不顯象，所以也不能**為我們所用**（for us）。這樣的詮釋有其困難處。對康德而言，上帝是「理性的理念」，必然**為我們所用**：只要做為人類思辨能力的理性，必要地超越知性中認知的機能，它就能對上帝與來世做某種思索，那本是人類理性思考的一部分：雖說只有以「對我而言如是」的形態顯象的事物，才能經由經驗被認知；但思想也是一種存有，這被康德稱為「理念」的「智思物」（thoughtthings）如上帝、自由與靈魂不滅等，永遠無法授之於經驗，也因此是不可知的，但這些不可知卻仍**為我們所用**，因為理性無法不去思考它們，它們也與人類的心靈生命息息相關。所以我們必要審視這不顯象的「物自身」概念，除了它在人類理性與心靈生活中不可或缺的必然性，在以表象為本的角度去了解這個世界時，這個概念又有多少的相關性。

首先，撇開本書前章所提的康德理論不談，在日常生活裡，生物顯現的表象之後有著「表象的基礎」，那基礎雖然不自動顯象，卻可以強加外力的方式迫使它們顯現於光天化日之下，這就是波特曼所定義的「不真確的表象」。根據康德的理論，不自動顯象但其存在可被呈現的事物——如內臟、樹和植物的根部等——其實也是表象。但是康德認為「現象本身必然有著非現象的基礎」，因而必須「依附於一超驗的對象，[38]這超驗對象決定其僅是表象（representations）」。[39]換句話說，表象所依附的是一個有著完全不同的存有層次的事物。康德這樣的結論似乎明確地遵循著世界運作的模式。根據波特曼的區分，這世界有真確與不真確的表象，不真確的表象因為包含了生命運作程序的機能，於是成為**造成**真確表象的因由。在此，神學上的偏見（在康德的論述中，這表現在對不可知世界存在的急切爭論）顯示在「**僅只是**表象」（mere representation）這字詞的使用。康德似乎忘了他自己的中心命題：「我們主張，使**經驗可能**的條件，一般來說也是使**經驗對象可能**的條件，它們因此在綜合**先驗**判斷上有著客觀的合理性。」[40]康德認為引起表象發生的事物必然有著和表象不同的存有層次，這一論點符合我們生命表象的經驗，但是把「超驗對象」與「僅只是表象」做高下的排行，就不見得和我們的經驗相符了。康德急切地想集合所有的論點，就算不能明確證明，至少能使其看來合理：「**毫無疑問地**，在與表象世界極為不同的某種存有中，包含著表象世界秩序的基礎。」[41]而這種存有也因此處於比表象世界更高的地位。本著對表象與非表象的經驗，循同一路線思索，我們可以十分可信地演繹出表象後面存在的根基，但是這個根基的重要性、甚至可說它唯一的意義，並不是它創造的能力，而是它所製造的效果，也就是它所引發而成的現象。如果說所謂的神祇是引發他物顯象而自己不顯象的事物，那麼一個人真正的神祇豈不就是他的內臟了。

換言之，哲學家對於存有（Being）是表象（Appearnace）基礎的認可，確實與真實生命現象符合，但二分世界理論認為存有高於現象的評估，卻不然。這傳統中的價值排行階層，所依據的並不是來自表象世界的經驗，而是來自極不尋常的思考的本我（thinking ego）的經驗。在以下的論述中，我們將可以看出，思考的本我的經驗所超越的不僅是現象，也是存有。康德曾明確地指出，他何以確信著「單純」表象之後的「物自身」的存有：「在思考〔*beim blossen Denken*〕的自我意識中，我就是事件的本身〔*das Wesen selbst, i.e. das Ding an sich*〕，雖然我並不是思想（thought）的一部分。」[42]如果要在思考活動中去找尋我和我自己的關係，我們很可能會認為思想「僅只是表象」，或者是那永遠隱藏著的自我的顯象，但思想當然不像任何有特性的物件，可以定義為自我或是個人的屬性。思我（thinking ego）的確就是康德所謂的「物自身」：它不向他者顯象，且和自我（self）或自覺不同，它也不向自己顯象，但它也是「非無物」。

思我只能是一種純粹的活動，因而無年齡、無性別、無特質，並且無生平。吉爾松（Etienne Gilson）在回應他人要求他寫自傳時說：「一個七十五歲的人對自己的過去應有許多話要說……但若是一位哲學家，他馬上了悟他根本沒有過去。」[43]因為思我並不是自我。阿奎那（Thomas Aquinas）曾說過一句話，這句話若不以思我與自我之間的不同為參照，簡直難以明白。他說：「我的靈魂〔這在阿奎那的語彙中意味著思考的器官〕並不是我，如果我的靈魂得救，我不見得能得救，其他人也未得救。」[44]

根據康德的說法，用內在直覺掌握住思考活動的內在感知，完全無物可恃，因為內感所感知的現象完全不像「衝激著外在感覺的現象，〔外在感覺找尋著〕靜止與持續的事物……而內在直覺的唯一形式卻是時間，毫無恆常性可言」。[45]如此，「我對自我的知覺，並不是來自對自我的顯象，也不存在於自我之內，只是因為我存有。這個存有的**表象**（representations）是一個**思想**，而不是**直覺**。」他又加上一個注腳：「『我想』是一個表現我之存有的行動。存有是預設的，但是我存有的模式卻不是預設的。」[46]康德在《純粹理性批判》中不斷強調著這一點——「在我思考自身時，沒有任何恆常不變的事物被呈現在內在直覺中」[47]——但我們最好回到康德在批判哲學形成之前的著作中，在那裡，他對思我的純粹經驗有實際的描述。在《通靈者之夢》（*Träume eines Geistersehers, erläutert durch Träume der Metaphysik*, 1766）一書中，康德強調智性世界（*mundus intelligibilis*）的「非物質性」，而智性世界正是思我的活動領域，這和表象世界中環繞生物的各種無生物的「慣性與持續性」形成了對比。在這樣的脈絡裡，康德區分著靈魂與個體的不同。「靈魂經由無形的直覺，而以心靈〔*Geist*〕顯現，個體經由自覺，以透過身體感官與有形世界的關係而形成之意象顯現。因此，同一主體可以同屬有形與無形的世界，但卻不是同一個體，因為……心靈所思考者不為個體所記憶，反之亦然，個體的世界無法進入心靈的世界。」在一個怪異的注腳中，康德又提到「即使是在今世，靈魂亦有的一種雙重人格」。他同時將思我比喻為熟睡的狀態，「是當那外感完全停息的時候」。他懷疑在熟睡時，理念「可能比最清醒時還要清晰，還要寬廣」，就是因為「人在這種時刻，對他的身體沒有知覺」。但當我們清醒時，卻絲毫不能記得這些理念。夢境和這又是不同的，夢「不屬於此。因為作夢時，人並沒有完全睡著……他還將自己的精神活動編織到屬於外感的印象中」。[48]

我們如果把康德的講法當成解析夢的理論來看，它很明顯是荒謬的。但把它當作是對心智經驗如何離世的描繪來看，雖然有點笨拙，卻有其趣味。因為心智活動和其他活動相異之處，就在於它毫不受制於物質的阻力，也根本不能有字面的描述。它不因被可感知的文字敘述而有任何的停滯或遲緩。思考活動的經驗，不管以何種形式顯現，可能就是我們對精神乃自成一格的概念的肇始。從心理學的角度來看，思想最顯著的一個特徵就是它無以倫比的**快速**——荷馬所說的「快如思緒」（swift as a thought），以及康德的「飛快的思想」（*Hurtigkeit des Gedankens*）。[49]思考之所以快速，是因為它的無形，而這也在很大程度上說明了為什麼有許多偉大的形上學家憎恨自己的身體。從思我的觀點來看，身體除了是一種障礙，一無用處。

我們如果由這些經驗而推論「物自身」只**存在**於智性的世界，正如我們只「存在」於表象世界，這就成了形上學的謬誤之一，形上學的謬誤也就是理性的扮相（semblances of reason），而康德正是此謬誤的發現者，也是第一位立意要澄清並袪除這些扮相的哲學家。此一謬誤，像其他眾多困擾著哲學的謬誤一樣，都非常恰當地來自思我的經驗。而此一謬誤也和另一更單純更普遍、曾被史卓森（P. F. Strawson）所提及的謬誤有明顯的相似性，史卓森在一篇寫康德的文章中寫道：「我們長久地相信，理性自外於時間卻存於我們內在。毫無疑問地，這信念的基礎在於……我們可以掌握〔數學與邏輯〕真理。但那些可以掌握超越時間真理的人卻〔不需要〕超越時間。」[50]這是很典型牛津學派把一切謬誤都以邏輯矛盾來解釋的批評方式——亙古以來，哲學家不知為何，似乎總少了看出基本推理漏洞的聰明。事實上，真正在基本邏輯上犯的錯誤，在哲學史上是很少見的。當哲學家不經嚴謹的判斷就以「毫無意義」來排斥某些問題時，那所謂的邏輯錯誤其實通常是由扮相所造成，這是以表象為存在依歸的生物所不可避免的。因此，在我們的討論中唯一相關的問題是這扮相的性質，我們要決定它是真確的或不真確的，是起自獨斷的信念與隨意的假設，還是起自生物存在於表象世界的一種不可移轉的反諷境況——生物生存於表象世界，卻有著像思考那樣的機能，思考使它能從世界暫時遁離，卻又不能使它完全離開或超越那個表象的世界。

7 實在界與思考的本我：笛卡兒式的懷疑與共同感知

——Reality and the thinking ego: the Cartesian doubt and the sensus communis

在表象世界裡，真實的首要特色，就在於它能在足夠的時間內「靜止不動」，以被一**主體**認識、感知，而成為**對象**。胡塞爾最重要的貢獻，是他鉅細靡遺地描述了意識的目的性（intentionality），說明所有主觀活動中都少不了一個對象：被看到的樹有可能只是個幻象，但對「觀看」這個活動而言，它仍是一個對象；夢境可能只被作夢者看見，但它仍是夢的對象。因為有目的性，所有意識中的主觀性也就有了客觀性的融入。反過來說，我們也可用同樣的正當性來談現象的目的性，以及它所蘊藏的主觀性。所有顯象的客體都必有一個觀察它的主體，每一主觀性的活動都有著含目的性的對象，也因此，所有顯象的對象就有著含目的的性的主體。用波特曼的話來說，每一現象都是「接收者的委託物」（*a Sendung für Empfangsapparate*）。無論表象對一個感知者而言意指為何，每一有目的性的行為中都藏有一潛在的主體，雖然它的客觀性並不少於一潛在的客體。

表象永遠要有觀察者，並有被認識與被感知的訴求。在表象世界裡，這是一個有著深遠意義的事實，關係著我們對真實——自我的真實與外界的真實——的認知。在界定自我與世界的真實時，梅洛龐蒂所謂的「感知的信心」[51]——也就是確定感知之物亦存在於那特定的感知活動之外，這完全是由於客體表象同時也向其他的主體顯象，並被其他的主體認識與感知。如果沒有這默許的假設，我們根本無法對自我顯象有任何的信心。

唯我主義的理論與存在經驗相背馳的最大原因就在於此。這不僅是指那種除自我之外別無他物的激烈唯我主義，也指那種相信自我及自我意識是可認證的知識中最主要的對象、較溫和的唯我主義。唯我主義不論以任何形式出現——明目或遮隱，修飾或毫無修飾——都是哲學史上最固執也最有傷害力的謬誤，即使是在笛卡兒登峰造極前、理論與存在都尚未成氣候的時期。哲學家講到「人」，他指的並不是一物種（the *Gattungswesen*，像馬或獅子，馬克思卻認為這就是人基本的存在境況），也不是一種哲學家心目中人應努力效仿的理想典範。即使是一個從思我的經驗發言的哲學家，也會同意人並不只是文字，而是**思想造成的肉身**，是那永遠神祕、永遠無法解釋清楚的思考能力的化身。而這個虛造的存有，既不是一個病態腦袋的產物，也不是「歷史傳下的錯誤」，而是思考活動所造成的真確扮相。因為當人耽溺於思考時，不管他思考的是什麼問題，他完全活在一個單數的世界裡，活在完全的孤獨裡，好像這世界上所居住的並不是人類，而是一個單數大寫的人（Man）。笛卡兒曾以現代科學中的重大發現來為他激烈的主觀主義辯白，我在另外的著作中也仔細追索過笛卡兒的論點。[52]但是笛卡兒受到現代科學的衝激而生出懷疑時（「為尋找岩石與陶土，必要拒絕流沙與淤泥」），他再度發現一個可以遁離以求存活的所在（「孤獨遁離，有如身處最偏遠的沙漠」）。[53]自「動物性的眾生」中隱退，只與「小眾」[54]為伍，並進入那單一的絕對孤獨，這似乎就成了哲學家生活中最凸顯的特色。從巴曼尼德斯與柏拉圖起，他們就發現，對那小撮「智者」（*sophoi*）而言，無悲喜的「思考生活」是最神聖的，而思想（*nous*）本身，更是「天地之王」。[55]

激烈的主觀主義是哲學家對現代科學新興榮光的最初反應，忠實於此種見解，笛卡兒不再把思考生活的滿足感歸諸思考的對象——**宇宙**的永恆性，既不成形，亦不消逝，只給那些少數願意為之投注一生的人他們該得的不朽。笛卡兒對人類認知與感知機能的懷疑，使他以前所未有的澄明定義出了思者（*res cogitans*）的特性。這些特性並不是沒有被前人提及，只是它們第一次有著這樣重大的意義。最凸顯的特性中首先是自足，也就是指思我「不假外求，不需任何定位，亦不依恃任何有形之物」。其次是它的出世性（worldlessness），即「在默想時」思者可「假想沒有身體，也不必有身處的地點或世界」。[56]

這些發現，或說是再發現，對笛卡兒本人並沒有太大的重要性。他所關注的主要在於找到某物——思我，或是他所說的，與靈魂對等的「思考之物」（*la chose pensante*）——此物之真實將超越不確定、超越感官知覺的幻象：連萬能的蠱惑神祇（*Dieu trompeur*）也不能摧毀那已從感官經驗抽離的意識的確定性。雖然凡事可能只是幻象或夢，但只要那作夢者不要求夢境的真實，他自己必然是真實的。所以會有笛卡兒的「我思故我在」。思考的經驗是如此強烈，而尋求確定與穩定的情緒又是如此激烈——尤其是在新科學揭露了「動搖的大地」（那我們所站立之處如流沙般不穩）之後，使得笛卡兒忽略了這一事實：思考者如果真的生在沙漠之中，沒有身體，也沒有可以感知「物質」的器官，又沒有同伴確定他所感知者亦被他人感知，那麼他將無法相信自己的存在是真實的。笛卡兒這個虛構的思者，沒有身體，沒有感覺，且沒有同伴，根本不可能知道真實是怎麼一回事，也不知道真實與不真實之間的分野，更不能區分清醒的眾人世界與私有的夢境之間的不同。梅洛龐蒂對笛卡兒的批評的確是一針見血：「將感知化約成對感知的思考……就如同買一個對抗不確定的保險，但我們所支付的保險費，遠超過可能的損失：這樣的做法會讓我們追求一種確定性，但我們就永遠無法感受到世界『就在那裡』（there is）的真實存在。」[57]

更進一步而言，思考活動——那思我的經驗——才是最先引進懷疑的事件。思考可以掌握真實的事物——事件、客體、己身的思想等——唯獨對想的真實性永遠無法掌握。「我思故我在」（*cogito ergo sum*）的謬誤不只是如尼采所指出的，從我思（*cogito*）中我們只可能推論出思想（*cogitationes*）的存在，我思與我在有著同樣的不確定。「我在」已被預設於「我思」

之中。我思可以掌握此一假設，卻不能證明也不能駁斥這個假設。（康德對笛卡兒的反論也是完全正確的：「我不存在」這個命題「不能成立，因為如果我不存在，我便無法有我不存在的認知」。[58]）真實無法被推證，對於真實，思考或反思只能接受或拒絕，笛卡兒的懷疑，從蠱惑神祇的概念起，都只是很有技巧且隱晦的拒絕形式。[59]維根斯坦立意要找出「唯我主義中到底有多少真理」，他竟成了唯我主義在當代最適切的代表，他提出了唯我主義理論中的存在幻覺：「死亡時，世界未變，只是終止。」「死亡並非生命中的大事，因為我們不能活著經驗死亡。」[60]這是所有唯我思考最基本的題旨。

雖然所有顯象的事物都是在「對我而言如是」的方式下被感知，故不免有錯誤與幻象的摻入。但是，表象以如此方式被感知時亦載負著一種先天的**真實感**（realness）。所有的感官經驗都伴隨著另外一種極為靜默的真實感覺，種感覺不被任何獨立的感官感受到，但也不被任何抽離出的感官對象（sense-object）製造。（藝術的目的就在於轉化感官對象成為智思物，所以必先將感官對象抽離而出，去真實化〔de-realize〕後，才能將之轉化為全新不同的功能。）

我所感知到的實在（界）係由其俗世的脈絡（context）所保證。這背景一方面包括著其他和我一起感知的生物，另一方面也包含了我五個感官彼此間的合作。阿奎那所謂的「常理」（common sense）——即共同感知（*sensus communis*）——就是那第六個感官，它確保著其他五個感官的協調，並證實我所看到、摸到、嚐到、聞到與聽到的，都是同一件事物。它「伸展到五個感官所感知的所有對象中」。[61]這個感官，這神祕的「第六感」[62]因為不是固定一處的身體器官，所以能將五個感官所感受到的私有感覺，融合到一個與他者共有的世界中。私有的感覺因為只是感官的感覺，又是那樣的強烈，因而無法與外界溝通。而「對我而言如是」那種感知方式裡的主觀性，因為感知對象亦向他者顯象而得以被糾正。雖然對象顯象的方式可能因時而異。（其實令人類相信彼此屬於同一物種的根據，並不在於互似的外觀，而是在於彼此共有的主觀性。對象雖以不同的角度向個體顯象，但是它顯象的脈絡，在同一物種中卻是相同的。這樣說來，每一物種都活在自己的世界裡，其中的個體生物並不需要和其他個體比較外觀，才知道彼此同屬一類。）在充滿錯誤與扮相的表象世界裡，實在（界）可由三重的共通性來保證：五種不同的感官有著同一感知對象；同一物種中的成員有著相同的背景，以賦予每一對象特有的意義；有感知能力的生物，雖然以不同的角度與方式感知一對象，卻能有著一致的對此對象的認同。我們所謂對實在界的**感受**，就是來自這三重的共通性。

我們的五種感覺官能，分別對應著可被感知的各樣不同的特質。我們有視覺，所以這個世界有形體；我們有聽覺，所以世界可以被聽到；我們有觸覺、嗅覺及味覺，所以世界可被觸摸，並充滿著氣味與味道。而那第六個感官所對應的特質，就是**真實感**。而這第六個感官的問題，在於它不能像其他五種那樣被感知。嚴格說來，真實感並不是一種真正的感覺。真實「在**那裡**，即使我們無法確定我們認識它」。（皮爾斯，Peirce）[63]因為真實的「感覺」，那純粹的「在那裡」的感覺，不但與現象對象所顯象的背景有關，也和我們做為顯象物和其他顯象物所共處的背景有關。但這背景真正做為背景，卻從不完全顯現，它難以掌握，幾乎像是我們所說的存有（Being）。存有做為存有也從不在滿布存有者（beings）或個體的世界顯現。但是存有這個自巴曼尼德斯起就是西方哲學裡最崇高的概念，是一個智思物，它無法被感官感知，也無法製造感覺，但真實感卻和感覺非常相近：對真實（或不真實）的感覺是伴隨著我們所有感官的感覺。沒有了真實感，感官就失去了「意義」（would not make "sense"）。這也是為什麼阿奎那將「常理」，他的「共同感知」，定義為一「內在的感覺」（*sensus interior*），這內在感覺的功能在於它是「外在感覺所共有的根基與原理」。[64]

在此，因為不能在身體上定位，我們很容易會想將「內在感覺」歸化到思考的機能。因為在表象世界中，思考做為一個顯象生物的活動，其最顯著的特性就是它的無形。鑑於思考與常理所共有的無形的特質，皮爾斯總結道：「真實和思想是相關的。」他忽略了思考不但本身無形，它所處理之物也是無形。思考所處理的是那些不向感官**呈現**的事物，雖然這些事物也可能是感官對象，被記錄並收藏在記憶之庫，以供日後反思。索爾遜（Thomas Landon Thorson）進一步闡釋了皮爾斯的觀點而做下此結論：「真實是和思考的過程有關，就像環境和生物演化有關。」[65]

但是，這些論點的根本都可追溯到一個被默許的假設，假設著思考過程與常理論證（common-sense reasoning）乃為相同；這其實只是笛卡兒學派的謬誤套上了現代的外衣。不論思考能觸及什麼或成就什麼，它永遠不能掌握、永遠不能融解到思潮中的，就是真實所賦與常理的「彼境」，這是一塊警惕著他們的絆腳石，也是他們不能肯定亦不能否定的挫敗。和常理不同，思考過程可實際地在腦部定位，但它卻又超越所有生理的數據，不隸屬波特曼所界定的功能性或形態性。相反地，常理與真實感卻屬於我們的生理機能。常理論證（被牛津學派的哲學家誤認為是思考）和真實的關係，可能是可以對比於生物演化與環境的關係。而關於常理論證，索爾遜所言非常正確：「此處談論的可能不只是一種對比的關係，而是同一過程的兩面。」[66]如果語言除了提供珍貴的字句以形容感覺之外，並沒有給予我們那些所謂「理念」——如正義、真理、勇氣、神聖等——的思想字句（這些字句在一般溝通上也是不可或缺的），我們自然就完全沒有任何思考活動存在的證據，也因此可以合理地贊同著早期的維根斯坦：「語言是我們生物機能的一部分。」[67]

但是，將所有對象皆轉變為疑惑的思考活動，與實在界之間並沒有那種自然且理所當然的關係。笛卡兒沉思某些科學發現的意義時，摧毀了他對實在界常識般的信任，正是思考，而笛卡兒所犯的錯誤，是他為克服懷疑所採用的方法。他決定自世界遁離，將俗世的真實完全自思想中排除，使他能全然地專注於思考活動。（我思己思〔*cogito cogitationes*〕，或我思自思故我在〔*cogito me cogitare, ergo sum*〕是那出名的公式的正確形式。）但是思考無法證明，也無從摧毀第六感所提供的對實在界的**感受**，可能是這原因，法文把第六感稱為「好感〔合理〕」（*le bon sens, good sense*）；當思考者從表象世界遁離時，他也從感知的世界遁離，因此也與常理所予的真實感疏離。胡塞爾自謂此一感覺的**懸擱**（*epochē*），是他現象學中方法論的基礎。對思我而言，這種懸擱是理所當然之事，不需特別的方法或特別的訓練才可做到；我們知道這種平日生活中常見的心不在焉，可在那些深入思考的人身上見到。換句話說，喪失常理，對康德的「職業思考者」而言，不必然是罪行，也不必然是美德。它發生在任何有反省能力的人身上。只不過，它發生在職業思考者身上的機率較高。這些就是我們稱為哲學家的一群人，他們過的是亞里斯多德在政治學中所描述的「異鄉人的生活」（*bios xenikos*）。[68] 但是這種隔膜與心不在焉並不至於會造成危險，所有職業或業餘的思考者能夠在失去真實感後仍能存活的理由，就在於思我只能短暫地出現：每一位思考者，不管他地位如何顯著，最終仍像柏拉圖所說的，是「一個和你我一樣的人」，是一個表象中的表象，他們有常理，也了解夠多的常理論證足以存活於世。

8 科學與常理；康德對知性與理性的區分；真理與意義

——Science and common sense; Kant's distinction between intellect and reason; truth and meaning

初看，類似的情形亦見於現代科學家，他們不停地摧毀真實的扮相，卻沒有失去對實在（界）的感受，這個感受告訴他，就像告訴其他所有人一樣，太陽將在清晨升起，在傍晚沉落。企圖穿透表象以揭露真實的扮相的是思考，常理論證從不敢如此激烈地攪亂我們感官機能中的似真性。那著名的「古與今的爭辯」事實上只是重新提出了知識目的為何的問題；知識的目的應是如古人所相信的「拯救現象」（to save the phenomena），還是該發掘出使表象顯象的潛藏功能？思考對感官經驗並不信任，也將永遠懷疑事物的本質必不存在於它們對感官所顯現的表象，這些見解其實也可見於古人。德謨克利特（Democritus）的原子，不僅不能被繼續分割，也不可見，這些原子在空無中移動，數量無限，以不同的排列與組合，在我們的感官中製造印象。阿里斯塔克斯（Aristarchus）早在紀元前三世紀就提出了太陽為中心的假設。有趣的是，這些大膽的嘗試都沒有太好的結果：德謨克利特被懷疑是個瘋子，阿里斯塔克斯一直被不虔誠的指控所威脅。重要的是，當時並沒有人想到去證明他們的假設，也就因此而無科學上的進步。

思考毫無疑問地在科學研究中扮演著極重要的角色，但它只是為達目的的方法與手段。科學的目的卻是由判斷來決定的，判斷決定什麼才值得我們去了解與認知，這個判斷卻不是科學性的。更進一步而言，認知或知識的終極目的，一旦達到後，都是屬於表象世界的。而科學研究的結果一旦成立為真理（truth），也就被吸納成為世界的一部分。所以認知與知識欲絕不可能完全離開表象世界。科學家離開這個世界從事「思考」時，只是為了找尋更好或更有潛力的研究方向，只是在方法上的精益求精。這樣看來，科學是一連串龐大且不斷被修正的常理論證，在論證的過程中，感官幻象不斷被祛除，正如同錯誤不斷在科學裡被更正。這兩者所需要的都是證據，證據是潛藏在表象世界裡的。因為表象的本質在於同時顯現和**隱藏**，所以每一次更正與每一次**祛除**幻象（illusion），就如同梅洛龐蒂所說：「是一種證據的流失，正因為它是**另一種證據**的取得。」[69]問題在於，即使在科學研究求得的知識中，我們也無法證明那新得的證據是否確實比丟棄的證據更為可靠。

「**進步無止境**」的概念，隨現代科學興起而出現，這是科學最能鼓舞人心的元素，但這個概念也可用做為一個最佳例證，證明科學其實是活動在常理的範疇內，因此它亦有著錯誤與困惑所造成的局限。科學研究中，對錯誤能不停更正，這個現象一旦普遍化，就製造了一種奇異的印象，好似科學一直是走向「越來越好」與「越來越真實」的方向，也朝向一個沒有止境的進步前進，但在這個印象之外，科學同時又有著天生的、無法達到終極之「好」與「真」的認知。終極的「好」與「真」若能被取得，知識的飢渴一旦飽足，認知的追索就將結束。這當然是不太可能發生的，因為不可知領域是如此龐大，雖然某些科學已到達了可知知識的界限。現代科學中那「進步無止境」的概念，卻隱隱地否認著這個界限。毫無疑問地，進步的概念，肇始於科學知識在歷史上的驚人發展，十六與十七世紀如雪崩般的新發現即為一例。我相信思考活動中那天生不放棄與不能滿足的本質，一旦進入科學領域後，就會驅策著科學家走向一個接一個的新發現，每一個新發現又引導出一個新理論，置身於這種過程中的人，極易產生一種幻覺，認為進步的**過程**永不會終止。值得一提的是，十八世紀啟蒙運動對人性可以無窮盡地被改善的概念，並不見於十六、十七世紀，事實上，十六、十七世紀對人類天性的看法是十分悲觀的。

然而這發展所造成的一個後果，對我來說非常明顯，也非常重要。歷經思想史上眾多的轉捩點仍被保存下來的**真理**的概念，卻在此出現了決定性的改變：真理被轉化，或者應該說被打散，而成了一連串可被印證的陳述，每一陳述一旦被印證之後，就各自擁有一般的有效性，然而科學探討的持續進行，卻又暗示著它的暫時性。這是一種非常怪異的情況。它甚至暗示著，當一科學學科意外達到了它研究的目的，科學家仍受那進步無止境的動力推動，必須繼續前進，一種扮相即自這活動中升起。

將真理轉化為可印證之陳述的，是科學家仍局限於在表象世界中為我們定位的常理。思考激烈地自世界遁離，為了自身的考慮，它也必要自世界及世界可認證的特性中抽離而出；科學為了求得某種特定的結果，也能從某種形式的遁離中得到好處。換句話說，在科學家論理的過程中，最終闖進純然思辨領域的是常理論證，而不是思考。然而常理最主要的弱點，就是欠缺純粹思考天生所有的安全保障，也就是思考的判斷能力，而這能力如我們在下面的章節將顯示的，潛伏著極強的自我毀滅傾向。現在先回到那進步無止境的命題，它的基本謬誤我們早先發現，多數人都知道，這觀念中不被古人接受的部分，不是進步的概念，而是無止境的概念。但不為多數人知道的是，希臘哲學家之所以反對「無限」這個概念的「偏見」是有原因的。（柏拉圖發現，只要容許對事物的比較，就必然出現無限的特性。對他及其他希臘人而言，無限是邪惡的來源。[70]因而，他對數字及度量有著極大的信心：數字及度量可為本身「不自持界限〔如快感〕，也無法有始〔*archē*〕、中、終〔*telos*〕的事物」，[71]設立起限制。）

弔詭的是，現代科學永遠企圖彰顯著無形之物：原子、分子、粒子、細胞、基因，它未能為這世界增添它本應該添增的、繁富且空前未有的可感之物。為證明或駁斥假設與「典範」

（paradigms）（孔恩，Thomas Kuhn），並研究事物如何運作，現代科學開始模仿自然的運作。為達此目的，它製造了眾多極端複雜的儀器，用以**強迫**那些不顯象的事物顯象（簡單如實驗室的儀表閱讀），因為那是科學家用以測試事物真實性的唯一憑藉。現代的科技誕生於實驗室，但這並不是因為科學家意欲製造儀器或改變世界。不論科學家的理論脫離了常理或常理論證多遠，他們最終還是要回歸到某種形式的常理中，否則他們將喪失他們一意研究的事物的真實感。而這種回歸必須透過人造的、迫使不自動顯象事物暴露顯象的實驗室才有可能。科技──這被科學家輕蔑為「水電工」的工作，在他們眼中如一切其他實際的應用，都只不過是科學研究的副產品──將那些必要「與俗物及日常生活絕對隔離」才能製造出的科學發現，[72]再引進到日常的表象世界中，並使它們再度能進入常理經驗的領域。如此的返轉之所以可能，主要是因為科學家最終所依恃的仍然是那個常理的經驗。從「真實」世界的角度觀之，實驗室是一個改變的環境的預演，而這認知過程──以思考及製造的能力為手段以達目的之過程──是常理論證中最精緻的模式。認知的活動並不比興建房子的活動或建構世界的活動，更貼近我們對真實的感覺。

思考的心智能力卻全然不同，它是前章所提的、康德稱為理性（reason, *Vernunft*）者，它與知性（intellect, *Verstand*）那認知的心智能力大不相同。這兩者最基本的分野在於，「理性的概念有助於我們理解〔*begreifen*, comprehend〕，而知性的概念有助於我們領會感知。」[73]

換言之，知性試圖掌握感覺所給予的事物，理性則期望理解其**意義**。以真理為最高標準的認知活動，必須從我們由感性知覺所了解的表象世界中求取標準，它的見證是自明的，也就是說，證據無法被辯論動搖，只能被其他證據取代。康德所使用的德文字「*Wahrnehmung*」，是從拉丁字「*perceptio*」翻譯過來（知覺所給予的必然是真實〔*Wahr*〕），因此真理是根植於感官所得來的證據之中。這卻不是意義的來處，也不是追索意義的思維能力的來源。後者並不問事物是否存在——它的存在已被預設——它所追問的是，它**存在的意義為何**。我認為真理與意義的分野，不僅是研究人類思考特色的重要線索，也是康德對理性與知性所做重要區分的一個必然的後果。康德自己卻沒有繼續追索他這概念裡的特定涵義。事實上，在哲學史中，還從未有過對這兩種模式之間界限的釐清。就算偶有出現——如亞里斯多德在《詮釋學》（*On Interpretation*）中偶有評論——也沒有對他後期的哲學產生重要影響。在這部早期的語言學著作中，亞里斯多德寫道：「每一文句（*logos*）都有特定意義的聲音（*phōnē sēmantikē*）」；它是一個記號，指向某一事物。但是，「並非每一文句都是用以顯現（某些意義），只有那些受到真或假（*alētheuein or pseudesthai*）話語所支配的文句才是。但這也不盡然，例如：一句禱告語是一個文句〔有其**意義**〕但卻非真也非假。」[74]

被知識欲所激起的問題，是來自對世界的好奇心與探索感官知覺的欲望，亞里斯多德《形上學》（*Metaphysics*）中著名的第一句話，「人類天生有求知的欲望」，[75] 若照字面翻譯應該是

「人類天生有看見與看見了（亦即知悉）的欲望」，亞里斯多德緊接著說：「這顯示著我們對感官的喜愛是出於喜愛感官本身，而不是因為它們的用途。」知識欲所激發出的問題，原則上完全可用常理經驗與常理論證來回答，它們因此和感官及經驗一樣，必然會有錯誤與幻覺。即便是現代科學鍥而不捨地求進步，不斷以拋棄答案重組問題的方式來修正自己，但它仍未超離科學的基本目標——即觀察並了解感官所感知的世界；它對真理的概念是來自常理經驗中那不可反駁的證據，用之以祛除錯誤及幻象。然而由思考所提出的問題，是理性本質上會提出的關於意義的問題，無法以常理或其延伸出的科學來回答。對於常理及常理論證而言，意義的問題都是「無意義的」，因為第六感官將我們安置於表象世界，並使我們安然身處於五個感官所賜予的世界，我們身處其中，不會追問任何問題。

科學與知識所追求的是**不可被駁斥**的真理，也就是人類無法否決的命題，有其強制性。自萊布尼茲（Leibniz）起我們就知道真理有兩種：論證的真理（truths of reasoning）與事實的真理（truths of fact）。兩者的不同在其強制性的程度：論證的真理「有其必然性，故與其相悖逆者不能存在」，「事實的真理僅具偶然性，故其反例仍有存在的可能。」[76]這區別的重要性極大，卻不一定是像萊布尼茲所認定的那樣。事實的真理雖僅有偶然性，但對於親身目擊的人卻有著強制性，其強制性並不下於理智清晰的人對二加二等於四的確定。只是一件事實與事件不可能被所有想知道的人親眼看見，但理性或數學的真理卻能被每個有腦力的人視為理所當然，它的強制性因而有其普遍性，而事實真理的強制性卻是局限的，它無法觸及沒有親身經歷的人，這些人必須仰賴他者的敘述，而這敘述者的可信度，亦不能被保證。但事實真理的反例，卻不同於論證真理的反證，前者是刻意的謊言，後者是錯誤或扮相。

數學論證是論證真理中的最高形式，它只處理思考物，既不需目擊的證人也不需感官的感知。萊布尼茲對論證真理與事實真理的區分，是建立在長久以來就有的必然性與偶然性的分野。遵循此種界定，有必然性而不容反證者，要比那可能或不可能者，在存有上有著更多的尊嚴，並明顯占據較高的席位。早自畢達哥拉斯（Pythagoras）起，數學論證就被用來做為所有思想的典範。柏拉圖亦不接受任何沒有數學訓練的人研習哲學。這是中世紀理性指引（*dictamen rationis*）的基礎。真理有其必然性的強制力（*anagkē*），這力量凌駕於暴力之力量。這只是希臘哲學古老的雋言之一。而這總意味著對真理的頌揚——它以不可抗拒的必然強制力制約著人類——用亞里斯多德的話來說：「真理的暴烈。」（*hyp' auēs alētheias anagkasthentes*）[77]正如拉維艾爾（Mercier de la Rivière）曾說過的：「歐幾里得（Euclide）是個真正的暴君，他所昭示我們的是那真正暴力的法則。」[78]同樣的理念引領格勞秀斯（Grotius）做下如此結論：「即使是上帝，也無法使二乘二不等於四。」但這卻是一個極有問題的陳述，不僅因為它將上帝附屬於必然的指令之下，而且如果此陳述為真，那麼它也可以用在感官經驗所製造的證據上。正是基於此，董思高（Duns Scotus）提出過質疑。

數學的真理來自人腦，而**腦力**，相較於我們的感官與常理，以及被康德稱為知性的常理的延伸，並不見得就更不自然，或更不適宜在表象世界中引領我們。對此最佳的證明在於，數學論證這人腦最純粹的活動，由於它自感官抽離，粗看似與常理論證隔離最遠，但它卻開拓了科學探勘宇宙的可能性。所以知性這認知與知識的器官，仍然是屬於這個世界的。引用董思高的話，它受自然的支配（*cadit sub natura*），也和其他有感官及腦力的生物一樣，局限於各種必然性。故相對於必然的並不是偶發或意外，而是自由。任何眼睛可看見的事物，任何心智想及的事物，任何發生在凡人身上的好事或壞事，都是「偶發的」，包括他們的存在。我們知道：

沒有預期地，數十載前，你到來
在長串生物群中，不止息地被吐出
從自然的咽喉。一個意外，科學說。

但我們也可以這樣回答著詩人：

意外是我的基底！一個真正的奇蹟，我說，

因為有哪一個存在的人會不確定他本應存在？[79]

但是這個「本應存在」的生物並不是一個真理。它只是一個意義深長的命題。

換句話說，事實真理之外之上，並沒有其他的真理：所有的科學真理都是事實的真理，包括產生自純粹的腦力、以特殊設計的符號語言所表達的真理，只有事實的陳述才可用科學的方式證明。所以像「一個會笑的三角形」這樣的陳述並非不是真理，它只是無意義。安瑟姆（Anselm of Canterbury）論證上帝存在的古老陳述不能成立，在此參照中也不真實，但它卻充滿著意義。認知是以真理為目標，但這科學中的真理，卻不是不變的真理，而只是一個暫時被明證的真理，當知識演進後，它必然隨著其他更正確的明證而有所改變。期望真理會自思考中產生，只意味著我們誤把思考的需要當成了認知的渴求。在認知過程中，思考必被採用。在履行這樣的功能時，思考卻失去了它的本貌，而只是侍奉著另一全然不同的事業。（黑格爾似乎是第一個抗議哲學在現代被如此利用的哲學家，這似乎將哲學推回到中古世紀的地位。「那時，哲學是神學的女僕，謙卑地接收著神學上的成績，為那些成績整理出一套合於邏輯的秩序，並將他們展現在一個儼然可以在概念上加以證成的脈絡中。如今，哲學又再度被要求做為科學的女僕……它的任務是在呈現科學的方法」——這被黑格爾斥責為「抓住影子的影子」。）[80]

出於感官或頭腦的天生特性，對於真理，我們不能不接受。對於每一個存在的人都「本應存在」的命題，我們極易反駁；但是我對自己「本應存在」的確定卻不容反駁，因為它生來就被包括在對「我在」的思考反省中。

雖然我在此刻意地區分著真理和意義、了解和思考，並一再強調這分別的重要性，我卻絕不否認思考對意義的追求，以及了解對真理的追求，有著相關性。藉由提出那些無法回答的有關意義的問題，人們確立了自身做為提問者的存在。在所有可回答的認知問題背後，總潛藏著那些無法回答的問題——這些問題看似無用，並且總被認為是多餘的。但人類若是失去了對意義的興趣，不再去問那些無法回答的問題，他所喪失的不僅是引發藝術的智思物，也將失去問那些可回答問題的能力，而那些可回答問題正是所有文明的基礎。如此看來，理性是知性與認知的先天條件，也就是因為理性與知性是如此緊密的連接（雖然它們的方式與目的極不相同），哲學家很容易就接受了科學與日常生活中對真理的實際標準，並以之用於他們自己那不同且非比尋常的事業。知識欲，不論是出自實際或理論上的好奇，都在達到預定目標時得到滿足，我們對知識的飢渴，可能因為不可知的龐大，而永不能被完全滿足，但這追求知識的活動卻增進了知識，知識被保留儲存，以成為文明發展的基石。我們一旦失去這累積的知識，或是便利知識流通的科技，文明就面臨了消逝的命運。與此相反的是，思考活動卻從不留下任何有形的痕跡，思考的需求也永遠不能被「智者」所提出的智慧滿足。真要談思考的結果，我們最多也只能期望像康德那樣，實現他的目標，並「伸展（即便是負面的）理性以超越感官世界的極限，也就是，消除理性所自設的障礙」。[81]

康德對理性與知性著名的區分，是在區別思辨機能與自感官經驗中求知的能力——在感官經驗中「思想只不過是一為達到直覺的手段」（「不管認知是以何種方式或以何種手段與其對象建立關係，**直覺**是達到立即關係的方法與途徑，而思想是朝向那一目標的手段」）[82]——這觀念有著極遠大的影響力，甚且超過了康德本人的認識。[83]（在討論柏拉圖時，康德曾說過：「在比較一位作者所表達的思想與他的主題時，我們並不難發現，我們甚至比他自己還要了解他。因為他尚未充分決定他的理念，以致於他有時說的，甚至想的，都與他原有的企圖相左。」[84]我們幾乎可用同一段落來形容康德的著作。）雖然康德堅持認為理性無法成就知識，尤其是關於上帝、自由、靈魂不滅這些他認為是思考最崇高的目標知識，但他卻又不能完全放棄思考最終目標是真理與認知的理念，因此在他的批判著作中，他一再引用「理性認知」（*Vernunfterkenntnis*），[85]雖然這個詞在他的體系中是自相矛盾的。康德從未意識到他對理性與思考所起的解放作用，以及他如何辯護這不能自認有「正面」效果的心智機能。如前所述，康德自許「必然要棄絕**知識**……以為**信仰**留取空間」，[86]但他所「棄絕」的僅是有關不可知事物的知識，他為之留下空間的其實不是信仰，而是思想。他相信他所建立的「系統化形上學」，是「留給未來的遺產」。[87]當然，假如沒有康德解放人類思辨的機能，德國觀念論以及形上學系統都不可能發生。但是這些新起的哲學家——費希特（Fichte）、謝林（Schelling）、黑格爾——卻不見得能使康德感到欣慰。康德將他們自教條主義及呆滯的練習中解放，鼓舞他們從事思辨性的思考，他們卻選擇了笛卡兒的路數，從而發奮尋找確定性，再度模糊了思想與知識之間的界線，並一味地相信他們思辨的結果與認知過程的產物具有一樣的確定性。

其實削弱康德這重大發現——用以獲得知識的思考手段，是不同於自「理性的天性」所升起的思考本身——是他對兩者不停歇的比較。只有將真理（於康德而言這是直覺）而不是意義，列為人類心智活動的最高標準時，我們才會討論到懷疑或是幻覺這些議題。康德卻說「理性這思辨系統中的最高法庭，不可能是懷疑與幻覺的來源」，[88]他說得極對，但那只是因為理性做為思辨的功能並不在表象世界中活動，因此，它可能產生荒謬與無意義，卻不可能有懷疑或幻覺，懷疑與幻覺只隸屬於感官知覺與常理論證的領域。康德也意識到此，所以他稱純粹理性只是「啟發的」（heuristic）而不是「實指的」（ostensive，可以實際去指涉的）概念；[89]這些概念只是暫時性的，它們不展現也不闡釋任何事物。「它們並不自我存在，而只有一種先驗圖式的實在性……只應被視為真實事物的類比，而非真實事物本身。」[90]換句話說，它們並不相當於真實，也不能呈現或再現真實。它們不僅無法觸及離世超越的事物，甚至連感官與常理保持一致並由多元化事實所保證的真實感，也超出它們的掌握範圍。對此，康德並沒有太過強調，他害怕他的理論最終將成為「空洞的思想物」（*leere Gedankendinge*）[91]——如果它們膽敢赤裸裸地在日常的生活與交流中出現，不未經語言轉化或修飾，那麼這種情況的確不可避免會發生。

也許是出於同樣的理由，康德將意義對等於目的與意圖（*Zweck and Absicht*）：「最高形式的統一（formal unity）是完全建立在理性的概念之上，它是所有事物的**目的性**統一。理性中**思辨**的興趣，使之必然將世界的秩序，視為是來自至高理性的〔意圖〕。」[92]在此，理性竟然追索著特定的目的，並有著特定的企圖以訴諸其理念！人類思考是出於對理性的需要，與對上帝、自由、靈魂不滅這些理念的興趣，雖然才在幾頁之後，他又承認，對於那三個思考的主要對象——「意志的自由，靈魂的不朽，與上帝的存在」——理性純思辨的興趣「是很小的；若只是為這個目的，人不致要從事先驗的探究……因為不管研究這些事物的結果為何，我們也無法有效具體地（*in concreto*）使用它們」。[93]我並無意要在這位偉大思想家的著作中挑這些小小的矛盾。其實在上引的段落中，就出現了與他理性的目的性有著最大對立的句子：「純粹理性除了它自己，別無他物。它不可能有其他使命。」[94]

1 這三種生活的方式列舉於《尼可馬格倫理學》（*Nicomachean Ethics*），I, 5 以及《尤底米安倫理學》（*Eudemian Ethics*），1215a35 ff。至於美與必須及有用的對立，見《政治學》（*Politics*），1333a30 ff。將亞里斯多德的三種生活方式與柏拉圖的列舉對照來看，是很有趣味的。柏拉圖在《斐利布斯篇》（*Philebus*）中列舉了三種方式：即快感的、思考的（*phronēsis*）及兩者的混合（22）；柏拉圖反對快感在時間與強度上是可能無限制的：「快感本身並不具備也不能衍生出開始、中段與結束」（31a）。他雖然「同意所有先賢（*sophoi*）所說……心智，那思考的機制以及真理是天地之最高」（28c），但他同時也認為人類若是「不知有喜悅或哀傷」，就算再高超（33a-b），也是叫人難忍的，所以「無限與有限的混合，才是美的泉源」（26b）。

2 蘭根（Thomas Langan），《梅洛龐蒂的理性批判》（*Merleau-Ponty's Critique of Reason*），New Haven, London, 1966, p. 93。

3 Frag. 1.

4 《理想國》（*Republic*），VII, 514a-521b。《柏拉圖對話錄》（*The Collected Dialogues of Plato*），eds. Edith Hamilton and Huntington Cairns, "Republic," trans. Paul Shorey, New York, 1961, Francis MacDonald Cornford, *The Republic of Plato*, New York, London, 1941。

5 康德，《康德遺稿》（*Opus Postumum*），ed. Erich Adickes, Berlin, 1920, p. 44，約一七八八年的著作。

6 《純粹理性批判》，B565。

7 梅洛龐蒂，《可見與不可見者》（*The Visible and the Invisible*），Evanston, 1968, p. 17。

8 梅洛龐蒂：《跡象》（*Sings*），Evanston, 1964, Introduction, p. 20。

9 岱爾斯及康瑞斯（Hermann Diels & Walther Kranz），《前蘇格拉底哲學殘篇》（*Die Fragmente der Vorsokratiker*），Berlin, 1959, vol. II, B26。

10 《可見與不可見者》，pp. 40-41。

11 《動物的社會性》（*Das Tier als soziales Wesen*），Zürich, 1953, p. 252。

12 《動物的形式與類型》（*Animal Forms and Patterns*），trans. Hella Czech, New York, 1967, p. 19。

13 同上，p. 34。

14 《動物的社會性》，p. 232。

15 同上。

16 同上，p. 127。

17 《動物的形式與類型》，pp. 112, 113。

18 《動物的社會性》，p. 64。

19 《生物學與心靈》（*Biologie und Geist*），Zürich, 1956, p. 24。

20 《人類的認知》（*Of Human Understanding*），bk III, chap. 1, no. 5。

21 梅洛龐蒂：《跡象》，序，p. 17。

22 《可見與不可見者》，p. 259。

23 《跡象》，p. 21。

24 《可見與不可見者》，p. 259。

25 《靈魂論》（*De Anima*），403a5-10。

26 同上，413b24 ff。

27 《動物的誕生》（*De generatione animalium*），II, 3, 736b5-29，引自洛勃維奇（Lobkowicz），前引，p. 24。

28 《詮釋學》（*De Interpretatione*），16a3-13。

29 瑪莉・馬凱希（Mary McCarthy），〈在恐嚇中虛懸〉（Hanging by a Thread），《牆上的書寫》（*The Writing on the Wall*），New York, 1970。

30 《聖詠注釋》（*Enarrationes in Psalmos, Patrologiae Latina*），J.-P. Migne, Paris, 1854-66, Vol. 37, CXXXIV, 16。

31 Frag. 149.

32 謝林（Schelling），《人類自由》（*Of Human Freedom*, 1809），414. Trans. James Gutmann, Chicago, 1936, p. 96。

33 Frag. 34.

34 《純粹理性批判》，B354-B355。

35 同上，A107，及B413：「內在直覺沒有持續性的」，B420：「在內在直覺中，自我思考是沒有持續性的」。

36 《可見與不可見者》，pp. 18-19。

37 《純粹理性批判》，A381。

38 《純粹理性批判》，B565-B566。在此康德寫著「先驗」（transcendental），事實上他指的是「超驗」（transcendent）。這並不是唯一康德含混了這兩個字的段落，這是康德讀者最要小心之處，對這兩個字清楚也最簡單的解釋，出現在〈緒論〉中，在二五二頁，他回答一位批評家的小注：「先驗並不是指超越經驗，而是在經驗之先，以使之可能。如果是超越經驗者，我稱之為超驗。」經驗的對象決定著現象，卻不同於經驗，所以是超越經驗的。

39 《純粹理性批判》，B566。

40 同上，B197。

41 同上，B724。

42 同上，B429。

43 《哲學家與神學》（*The Philosopher and Theology*），New York, 1962, p. 7。海德格在課堂上也同樣如此講過亞里斯多德的生平。他說：「亞里斯多德出生，工作〔一生忙於思考〕，然後死去。」

44 對〈哥林多前書〉第十五節評論（*Commentary*）。

45 《純粹理性批判》，A381。

46 同上，B157-B158。

47 同上，B420。

48 最後也最好的英譯是出自 John Manolesco 之手，題為《通靈者之夢》（*Dreams of a Spirit Seer, and Other Writings*），New York, 1969。我自譯的段落出自德文本《著作全集》（*Werke*），vol. I, pp. 946-951。

49 〈宇宙自然史與天堂論〉（Allgemeine Naturgeschichte und Theorie des Himmels），《著作全集》（*Werke*），vol. I, p. 384。英譯為 *Universal Natural History and Theory of the Heavens*, trans. W. Hastie, Ann Arbor, 1969。

50 《感官的邊際：論康德的純粹理性批判》（*The Bounds of Sense: An Essay on Kant's Critique of Pure Reason*），London, 1966, p. 249。

51 《可見與不可見者》，pp. 28 ff。

52 《人的條件》（*The Human Condition*），pp. 252 ff。

53 《論理與方法》（*Le Discours de la Méthode*）第三版，《笛卡兒作品與書信集》（*Descartes: Oeuvres et Lettres*），pp. 111, 112；以及《笛卡兒哲學論著》（*The Philosophical Works of Descartes*），trans. Elizabeth S. Haldane and G.R.T. Ross, Cambridge, 1972, vol. I, p. 99。

54 柏拉圖，《斐利布斯篇》（*Philebus*），67b, 52b。

55 同上，33b, 28c。

56 《論理與方法》第四版，《笛卡兒作品與書信集》，p. 114；《笛卡兒哲學論著》，vol. I, p. 101。

57 《可見與不可見者》，pp. 36-37。

58 〈人類學〉（Anthropologie），no.24，《全集》，vol.VI, p. 465。

59 海德格很正確地指出：「笛卡兒自己也強調這個句子〔我思故我在〕並非一個三段論法，「我在」並不是「我思」的結果，相反地，是它的基礎。」海德格所提到的三段論法應該是：「因與思親：思：我在」（*Id quod cogitat est; cogito; ergo sum*），《對物之追問》（*Die Frage nach dem Ding*），Tübingen, 1962, p. 81。

60 《哲學邏輯論》（*Tractatus*），5.62; 6.431; 6.4311；參照《筆記 1914-1916》（*Notebooks* 1914-1916），New York, 1969, p. 75e。

61 阿奎那（Thomas Aquinas），《神學大全》（*Summa Theologica*），pt.1, qu. 1, 3, ad 2。

62 Gottsched 是第一個提到常理乃第六感的人（*Versuch einer Kritischen Dichtkunst für die Deutschen*, 1730），參照西塞羅（Cicero），《演辯論》（*De Oratore*），III, 50。

63 出自梭參（Thomas Landon Thorson），《生物政治學》（*Biopolitics, New York*, 1970），p. 91。

64 《神學大全》（*Summa Theologica*），pt. I, qu. 78, 4, ad 1。

65 同上引作者與出處。

66 同上。

67 《筆記 1914-1916》，pp. 48, 48e。

68 《政治學》（*Politics*），1324a16.

69 《可見與不可見者》，p. 40。

70 《斐利布斯篇》，25-26。

71 同上，31a。

72 孔恩（Thomas S. Kuhn），《科學革命的結構》（*The Structure of Scientific Revolutions, Chicago*, 1962），p. 163。

73 《純粹理性批判》，B367。

74 《詮釋學》，17a1-4。

75 980a22 ff。

76 《單子論》（*Monadology*），no. 33。

77 《物理學》（*Physics*），188b30。阿奎那在對《靈魂論》（I, 2, 43）的注解中回應亞里斯多德的句子：「像被真理強迫著。」

78 《學院字典》（*Dictionnaire de l'Académie*）有類似之語：「真理的力量，是為了言說人類精神真理的威勢。」

79 奧登（W.H. Auden），〈自語〉（Talking to Myself），《詩選》（*Collected Poems*），New York, 1976, p. 653。

80 《歷史哲學》（*Philosophie der Weltgeschichte*），Lasson ed., Leipzig, 1920, pt. I, pp. 61-62。

81 形上學筆記，Akademie Ausgabe, vol. XVIII, 4849。

82 《純粹理性批判》，A19, B33。

83 我唯一可找到能支持我對康德理性與知性的區分的解釋，是魏爾（Eric Weil）對《純粹理性批判》的分析：〈思考與認知〉（*Penser et Connaître, La Foi et la Chose-en-soi*），《康德問題》（*Problèmes Kantiens*）第二版（Paris, 1970）。根據魏爾：我們不得不「肯定康德否定了理性有任何認知的可能性，故無法發展出科學，了解科學所要求一個人的並非認知，而是思考」（p. 23）。我必須要說，魏爾對康德的了解更甚於康德對自己的了解。魏爾對康德的興趣主要是在純粹與實踐理性之間的關連，所以他說：「康德哲學的最終基礎，應在有關人的理論、人類學哲學中去探索，而不是在單一的『認知的理論』中去研究。」（p. 33）我個人對康德最大的保留是在他的道德哲學，也就是《實踐理性批判》（*Critique of Practical Reason*），但我同意魏爾所說，那些將《純粹理性批判》當成認識論來讀的人，似乎完全忽略了全書最後的幾個章節（p. 34）。魏爾書中的四篇論文是近年來出現的最重要的康德研究，這幾篇論文都有著一致的觀點，那就是「認知與理性的相對……是了解康德思想的基礎」（p. 112, n.2）。

84 《純粹理性批判》，A314。

85 同上，B868。

86 同上，Bxxx。

87 同上。

88 同上，B697。

89 同上，B699。

90 同上，B702。

91 同上，B698。

92 同上，B714。

93 同上，B826。

94 同上，B708。

第二章

表象世界裡的心智活動

Mental Activities in a World of Appearances

9 無形與遁離

——Invisibility and withdrawal

思考、意志與判斷是心智三項最基本的活動；它們之間沒有相互衍生的關係，雖有共同的特色，卻不能化約出一個共有的公約數。而對於「什麼使我們思考」的問題，最終我們也只能用康德所說的「理性的需要」來回答，也就是理性機能的內在衝動所要求的自我實現。意志處於類似的境況，它不受理性或欲望的支配。「意志是意志作用（volition）的所有原因，別無他物。」董思高曾提出這醒目的公式。連阿奎那這最沒有唯意志論色彩的哲學家也說過這樣的話：「意志力有要自己行使意志力的意志。」（the will wills itself to will）[1] 最後我們還有判斷力這神祕的心智稟賦，它融合著心智建構的普遍性，與感官感知的個別性，這「特異的功能」並非先天地存在於知性之內，甚至連「裁決判斷」（determinant judgments）——將個別性含括於普遍性的三段論法——都不在知性的範疇之內，因為此中並沒有規則**應用**的指南。

將普遍性運用於個別性是另一「天生的稟賦」，這種稟賦的欠缺，被康德形容成是「基本的愚昧，且無補救之道」。[2]判斷的自律性（autonomous）在「反省判斷」中更為明顯，「反省判斷」並不是由普遍性推出個別性的運作，而是「由個別性上推至普遍性」，也就是不使用規則而能判決何者為美，何者為醜，何者為對，何者為錯；此處唯一可依恃的原則，只有判斷力「那由自身發出且運用於自身的法規」。[3]

我之所以稱這三者為基本的心智活動，是因為它們都有著自律性。每一活動都只服從於它自身的先天規則，即使這三者都必須仰賴著某種靈魂的沉靜，所謂「沉潛的靜謐」（*leidenschaftslose Stille*, dispassionate quiet），被黑格爾溯源至「單純的思考認知」（merely thinking cognition）。[4]但是因為從事思考、意志與判斷這幾項活動的，永遠是同一個個人的心智，這些活動各有的自律性就製造出了難題。理性無能改動意志，再加上思考只能「了解」過去，卻永遠無法剷除或「更新」過去——希臘智慧女神米娜娃（Minerva）的貓頭鷹只在黃昏後起飛[5]——這因而引發了眾多認為心智原是無能或非理性的執念，這些執念凝結在休謨（Hume）出名的格言中：「理性本是、也應是激情的僕役。」這是一個天真地對柏拉圖理念的逆轉，柏拉圖認為理性是靈魂家園中不容置疑的統治者。但這眾多理論與教條所隱含的，卻是一種驚人的一元論，這一元論宣稱，在世界繁富的現象與人類多元的機制能力之後，只准有單一的存在——「眾即為一」（古老的 *hen pan*）——這些一元論指涉著單一的來源，或是單一的統治者。

更進一步說，心智活動的自律性暗示著它們不受制約，生活與世界中的條件規章也不能和它們有直接的對應。上文所說的「沉潛的靜謐」並不能算是一個制約條件，因為單靠沉靜並不足以引發心智活動與思考衝動；反是「理性的需要」有著穩定激情與製造沉靜的功能。固然，思考、意志、判斷的對象，也就是那些心智活動的主題，都來自世界與俗世的生活，但這些並非心智活動發生的必要條件。人類在存在上受著各種絕然的制約，如生死之間的時限、為生活的勞頓、為安身的工作、為社會地位的行動等，卻能在心智上超越這些制約，但超越只發生在心智的層面，並不發生在現實、認知或是知識裡。藉著心智活動，人類得以探索世界與自我的真實性。人們對於身處的真實，及真實加諸其身的限制，可做正面或負面的判斷；對於如永生那樣不可能的事，能立意追求；對於未知與不可知者，亦能經由思考，做意義性的思辨。這些心智活動雖然不能直接地改變現實——這是思考與行動最明顯也最激烈的對比——但是我們行事的原則、判斷的標準以及生活的態度，最終卻都要仰賴著心智生活的定奪。簡言之，生活的一切都依靠著這無利、無成果也不能「給我們行動力量」（海德格）的心智事業。心智活動雖不能對現實做直接的變更，但它的缺失（如思考的泛乏）卻對世事有著強大的影響，用統計學的語彙，這影響力已達極大值，因為它的力量所及，不僅在多數人的行為中，更是在所有人的行為中。世事的急切與匆忙（*a-scholia*）迫使人們採用臨時性的判斷，且依恃習俗習慣，換句話說，也就是依恃著偏見行事。至於心智和表象世界（那影響著我們感官、靈魂與常理的表象世界）之間的關係，曾被赫拉克利特（Heraclitus）用尚未被術語汙染的語言、如此真確地形容過：「心智與世事是分離的。」（*sophon esti pantōn kechōrismenon*）[6]也因這全然的隔離，使康德確信在宇宙的另一角落中，必然存在著另類有智力的生物，這種生物能從事理性思考，卻沒有我們的感覺器官或腦力，也就是說，它們沒有我們那些評估對錯的標準，也不受經驗與科學認知的局限。

相對於表象世界中諸般活動所受的制約，心智活動最重要的特色就是它的**無形**（invisibility）。更適當地說，它們從不顯象，雖然它們在思考、意志與自我判斷的活動中彰顯，並有活動的自覺，它們卻欠缺顯示現象的能力與衝動。伊比鳩魯學派（Epicurean）主張的「生活在逃避中」（*lathē biōsas*），雖可做為節制的借鏡，但它卻至少是對思考者所在方位（*topos*）一個精準的反面描寫；心智活動是站在與亞當斯（John Adams）所說的「讓我們在行動中被看見」（*spectemur agendo*）的另一個極端。換句話說，思考所處理的對象是無形的，思考的機能也是無形的，與人類的其他機能相較，思考不僅在它潛伏時無形，在它實現時仍是無形。當然，人類許多其他的活動，如勞動與製造，並不需依靠顯象才得以實現完成，需要顯象空間的只有行動及語言——以及有視覺與聽覺的接收者——否則這些活動就不能有所實現與完成。不論是否依靠顯象才能實現，思考之外的這些活動卻沒有一樣是無形的。

如果我們遵循希臘的語言學習慣，把「英雄」那最崇高的行動者描寫為「完全地引人注意之人」（*andres epiphanies*），依據著心智生活的定義與本質，我們可將思考者稱之為最不引人注意之人。[7]

在這方面，心智和它最主要的競爭者——靈魂，是截然不同的。心智與靈魂兩者競相成為內在與無形生活的統治者。我們的激情、感覺以及情感起自靈魂，靈魂幾近是一片汪洋無際的洶湧事件，對於這些事件，我們不能主導它們的發生，卻只能承受（*pathein*）它們對我們所造成的沖激，在事件直轉激烈時，我們就被痛苦或是快感那些強烈的情感淹沒。在此，靈魂的無形與內在器官的無形有著相似性，我們知覺得到它們的功能或非功能，卻完全不能控制它們。心智則不同，它是全然的活動，但卻像其他的活動一樣，可隨意志而被啟動或被停止。更進一步說，激情的方位雖然無形，卻有各自的表態：羞恥與尷尬使我們臉紅，憤怒與恐懼使我們面色蒼白，我們因快樂而發光，或面露沮喪之情，我們需要極大的自我控制的訓練，才可能使激情不外露。相反地，心智唯一的外現，就是心不在焉，明白地顯露著對周遭世界的視而不見，這是一種負面的顯現，對內在發生的事件不透露任何蛛絲馬跡。

無形——事物對視覺器官全然不予任何顯象——一直是引人關切的狀況。至於關切的程度，則要依據傳統中那拒絕區分靈魂、心智與意識的傾向來測量；靈魂、心智與意識常被視為同等的內在感官，如此歸化所依據的只是它們都是無形的共同點。柏拉圖據此而做下結論，認為靈魂所以無形，乃因它是在一個有形的世界裡，從事對無形事件的認知。連對傳統形上學的偏見批評最烈的康德，也偶會例舉兩種對立的對象：「我」在思考中，是內在感知對象，被稱為「靈魂」，而外在感知的對象則被稱為「肉體」。[8] 這當然只不過是傳統二分世界的另一個變奏。在這樣的分類裡，感官經驗的外在性被用來比附內在的活動，內在的空間因而被比擬為身體所活動的外在空間，「內感」，即內省的直覺（intuition of introspection），則被類比為「內在」所發生的一切，內感因而被認為有著和外感處理外在世界同樣的可靠性。如果用在靈魂上，這個類比還不嫌偏差。因為感覺與情感不是自我創造，而是由外在事件所引起之「激情」在靈魂中所激發的作用與反應，此即所謂靈魂的**情感痛苦**（*pathēmata*）——指涉著它被動的情況與情緒。這些內在經驗之所以可被內省觸及，乃是依據康德的「以外在經驗為前提下」的假設。[9] 這些內在情感的被動性，及其不能經中介擾攘而有所改變的事實，製造了一種看似令人信服的穩定幻象。這個幻象進一步製造了內省的幻覺，最終導出這樣的理論，認為心智不僅是自身活動的主人，更掌控著靈魂的激情——好似心智真是靈魂中地位最高的器官。這個理論有著極長的歷史，在斯多噶學派（Stoic）所提出的心智主控快感痛苦的教條中登峰造極；這理論的謬誤——在法拉瑞亞銅牛（Phalarian Bull）被烤炙時，還是可以**感到**快樂——完全是建築在心智與靈魂不分的前提上，也就是，強將靈魂及其被動的本質，附屬於獨立心智的統治之下。

沒有任何的心智活動——尤其是思考——能自滿於被給予的對象。心智活動總在超越那些單純「被給予」的特質，不論最初引起它注意力的是什麼，最終都會將其轉化為十三世紀的哲學家奧利維（Petrus Johannis Olivi）所說的「自我和它自身的實驗」（*experimentum suitatis*）。[10]複數是俗世生活的存在條件，對於羅馬人而言，在眾人之中（*inter homines esse*）是活著的表徵，「不在眾人之中」（*inter homines esse desinere*）則是將死的徵兆；而一人獨處只與自己交流，卻是心智生命最凸顯的特色。如是，我們若說心智有其個別的生命，那生命也只能存在於它完成了與己身交流的那一刻。從存在的層面觀之，那與己的交流已將複數減低到了「意識」（*syneidenai*）這個字所暗指的二元。我稱這樣的存在境況為「孤獨」（solitude），孤獨時我仍與自己為伴，這是有別於「寂寞」（loneliness）的，一個寂寞的人不僅被眾人拋棄，也被自己拋棄。只有在寂寞中，我覺得被**剝奪**了伴侶，也只有在強烈地意識到這種喪失的時刻中，人才真正是單數的，可能也只有在夢中或瘋狂中，人才會全然地感受到那境況的不可忍受與它「難以言表的恐怖」。[11]所有心智活動都顯現出意識與生俱有的二元性中的**反身**（reflexive）本性；只有在直接或間接地反求諸己的活動中，從事心智活動的人，才能算是主動的。意識——康德的「我想」（I think）——所伴隨的不只是「所有其他的表象」（all other representations），更是自身的活動，即使在這些活動中我可能對自我渾然不覺。如是的意識，在獨處的自我實現之前，除了對那一成不變的我是（I-am）有某種自覺，別無所成——我所指的是「我意識到自己，不是向自身顯象，也不在自身之內，而只是我是」[12]——這樣的意識，在人一生多重的表象、經驗與記憶中，保證著一個同一且持續的自我。如是，它「表現出裁決自我存在的行動」。[13]心智活動，如以下我們將討論的，特別是思考——那與自我無聲的對話——可被了解成是原初二元的完成與實現，或被了解為我與自我的分裂，這種分裂是所有意識的天生性格。但是單純的自我意識——那不自覺的自覺——並不能算是一種活動；它只伴隨著其他的活動，而成為那無聲的我是我（I-am-I）的保證。

與自身為伴的心智生活可能是無聲的，卻絕不是沉寂的，也因為它所有活動中都有的反身天性，它不可能是不自覺的。每一個思考（*cogitare*），不論它的對象為何，永遠都是我思自思（*cogito me cogitare*, I thihk myself thinking），而每一個意志力都是我立意要己立意（*volo me velle*, I will myself willing），而判斷也只有經過如孟德斯鳩（Montesquieu）曾說過的「將祕密回返予自身」（*retour secret sur moi-même*），才有可能。依據非心智行動發生於外在空間的原則，我們可以說這反身性似乎為心智活動指陳著一個內向的空間。但是將這不同於靈魂的內向解釋為僅是活動場所的想法，其實是一個謬誤，這個謬誤的歷史來源，可被追溯到基督宗教早期意志及意志自我的經驗最初被發現的時候。一個人對心智機能及其反身性的知覺，只存在於活動持續的時刻。思想、意志、判斷的器官，只有在我思考、我立意、我判斷時才成形，在潛伏時（假設在實現之先有潛伏），思辨無法觸及它們。思考活動持續，思我被充分地知覺，但現實世界一旦撞入，它就將如海市蜃樓般消失。

心智活動被不顯象的特性所定義，但它卻又發生在表象世界裡，從事心智活動的人亦存在於表象世界裡，透過感官知覺及能力欲望參與著表象世界中的諸般表象，所以除非刻意地從表象世界中**遁離**，心智活動沒有發生的可能。而所遁離出的並不只是世界，更是被**呈現**給感官的世界。**每一心智活種都依靠著將感官所未呈現之物呈現於己的心能**。這種使缺席者出席的能力，是心智獨有的稟賦。因為我們所用以描繪心智的語彙都來自視覺的譬喻，這種特異的稟賦因而可被稱為是**想像力**，康德對想像力的定義是：「不需要對象存在的機能直覺。」[14] 心智這無中生有的能力並不只局限在為一不存在之事物創造心靈的圖像，比如說，記憶能貯存並處理那些**已不存在**的過往之事，而意志可以預見未來**尚未發生**的事。由於心智無中生有的能力，我們才可述說「已不存在」者，用之建構我們的過去，我們亦可述說「尚未發生」者，以做為對未來的準備。這些都只有在心智從現實與平日生活的急迫中遁離後，才有發生的可能。職是，為了行使意志力，心智必須自欲望的急切中遁離，因為欲望是沒有反省與反思能力的，對所欲之物，它只有伸手奪取的反應；意志所關注的則是企圖與計畫，而不是物件對象，比如，它所關注的是一物件未來被擁有的可能，不管那物件目前是否被欲求。意志力將欲望轉化成了意向。最後講到判斷力，所有的判斷力——美感、法律或是道德——都預設著一個絕對「不自然」且刻意的遁離，也就是從與切身利益相連的沾染與偏愛中抽離，而這切身的利益卻是處身於世及涉入俗世所必然有的後果。

在不同的心智活動間建立起一個階級式排行榜的企圖，在我看來是很不正確的，但我同時也相信，在這些活動中，不可否認地存在著某種先後的次序。如果表象的力量，或是將注意力轉移到感官漏失的世事上的努力、沒有事先為心智所需要的反省、意志與判斷鋪路，我們不能想像意志與判斷如何可能發生，也就是說，已不存在或尚未發生的事物如何可被處理。換言之，我們所謂的「思想」雖然無力變更意志，或為判斷提供普遍性的規則，我們卻需要思想將感官所予的個別性，做某種預備，好讓心智能在這些個別性不存在時仍能處理它們，簡言之，我們需要思考對它們做「**祛感覺**」（de-sense）的處理。

我所知道的對這準備過程的最好描寫，是來自奧古斯丁。他說，感官知覺「是有感的肉體所製造的外在視景，在此之後，將有一類似的內在視景產生」，也就是再呈現感官對象的表象。[15] 表象被貯存於記憶之中，當被心智攝取時，它可適時地成為一「思想裡的視景」。必要區分的是，「存留於記憶者」——那曾是真實物件的意象——是不同於「思想裡的視景」——那刻意被記住的對象。「存留於記憶的……是一物件……但是當我們記取時，所得到的卻是另一截然不同的物件。」[16] 因為「貯藏與積蓄在記憶裡的是一物，但是刻印在正憶起那記憶者的思想中的，卻是另一物」。[17] 因此，思考對象（thought-object）不同於意象，就如同意象只是感官對象的單純表象，故不同於那可被視見的感官對象。因為這雙重的位移，思考「總要更行更遠」，「理性承領著肉體不能掌握的無限」，且能「教導我們最微小的生物體都可被無限地被分解」，[18]在此，理性甚且超越了所有想像的領域。想像力將有形對象轉化為可供心智貯存的無形意象，因而是為心智提供思考對象的不可或缺的條件；但只有當心智受到激盪、引發專注，而積極且刻意地去記憶、追想、選取時，這些思考對象才可能產生。在這作業中，心智學習去處理並不存在的事物，並準備好「更進一步」，一心去了解那些永遠缺席的事物，它們不被記得，因為它們從未呈現給感官經驗。

雖然最後一組的思考對象——如概念、理念、範疇等——已成為「職業」哲學的特殊題材，但是一般人日常生活裡，無一物不可成為思考的材料，也就是說，無一物不可經由雙重的轉移，而由感官對象轉化為思考對象。所有哲學研究的特殊形上學的題材，都是來自普通的常理經驗；「理性的需要」——激發人們對意義進行追索的議題——並無異於人們想講述他們目擊事件的需要，或是想寫相關詩行的需要。在所有這些反省的活動中，人們都自表象世界移出，且都使用著充斥抽象字眼的語言，而這種語言，在成為哲學的專用術語前，其實本是平日生活的一部分。因為對思考而言（哲學則又不同），在技術上，自表象世界中遁離是唯一必要的先決條件。如果我們要思念某人，那人必須自我們的面前移開；只要我們與他共處，我們就不能思念他，也不能思量他；思考永遠暗示著記取；嚴格說來，每一思考物，都是思考後之物（after-thought）。當然我們也可能想著一個正在我們跟前的人，但在那情況下，我們早已暗中把自己從周遭移走，就好像我們已然不再身處其境了。

這些敘述透露出了何以思考——指的是對意義的追索，這不同於對知識的渴求，即使那追求完全是為了知識本身——常被視為是一件極不自然的事，好似每當人們超越了對世界奇景的天然好奇心，而做著毫無目的、對世界本質與自我存在的默想時，他們所專注的活動就**背反了人類所處的境況**。如此，思考只是提出了那個無法回答的「終極問題」，而且每一種反省若不是為對知識有所貢獻，或是滿足實際的需要與目的，就都成了海德格所說的「**失序**」（out of order）。[19]（粗體字為強調）而且，不論一個人正在做什麼，思考總需要打斷他的工作及他的日常活動。所有的思考活動都要求思考者**停下來**並思考。二分世界雖有著它的錯誤與荒謬，但它們卻是來自思我的真確經驗。阻撓著思考的都來自表象世界，或是來自與他人共處時的常理經驗，而保證著我存在的真實性的卻又正是這些經驗，如此觀之，思考似乎使我癱瘓，正如同過多的意識可以癱瘓我身體機能的自律性。「活動的完成，若無反思則不能存在。」（*l'accomplissement d'un acte qui doit être réflexe ou ne peut être*）梵樂希（Valéry）曾如是說，將意識狀態等同於思考狀態，他接著又說：「所有的哲學可被如此簡述：有時我思，有時我在。」（*on en pourrait tirer toute une philosophie que je resumerais ainsi: Tantôt je pense et tantôt je suis*）[20]這個驚人的觀察是基於同樣驚人的經驗——即對身體機能的單純意識，已足以阻礙它們正常的運作——它似乎暗示著思考與存在之間的對立，這可追溯到柏拉圖那出名的言論：

只有哲學家的身體——那使他顯象於其他現象中者——還居住在城市的人群中，但經由思考，人們可把自己從生活的世界中撤離。

哲學的歷史裡，亦固執地存在著一種怪異的、把哲學與死亡緊密連接的概念。幾世紀以來，哲學的任務是在教導人們如何面對死亡。也就是在這樣的思維下，羅馬人決定哲學研究只適合於年老之人，希臘人則認為哲學應被年輕人研讀。但柏拉圖仍是第一位提出此言論之人，他說對於不研究哲學的人而言，哲學家似乎是以追求死亡為業，[21]而同一世紀中斯多噶學派的創始人季諾（Zeno），描述他追問神明如何求得最完好生命的問題，神諭回答道：「宛若行屍。」[22]近代的哲學家，如叔本華，也普遍相信人必死的事實是哲學永恆的泉源，「死亡其實是哲學的靈感……沒有死亡，也就不會有多少哲學活動存留。」[23]即使是寫《存有與時間》時期的年輕海德格，也將對死亡的期待視為一個有決定性的經驗，經由此經驗，人才可能得到真確的自我，並從他者的不真確中釋放而出，海德格還沒有意識到這個想法，如柏拉圖所指出的，其實是許多人所共有的意見。

10 思想與常理的內戰

——The intramural warfare between thought and common sense

「宛若行屍」指的正是哲學家的心不在焉，與**專業思想家**全然投入思考的生活態度。在人類眾多的機能中，他們只專注於一種，並將之推展到極限。在以常理行事的一般人眼中看來，哲學家的確是「宛若行屍」。在表象世界裡，偏激的不顯象就是死亡，自現象遁離，就是死亡的進行式。雖然早自巴曼尼德斯起，就一直有人刻意選擇這樣的生活方式，他們卻也沒有走上自殺一途。這顯示出與死亡親炙的表現並不是來自思考活動的本身，或是思我的直接經驗。反之，是思考者所有的常理——對於自己是「一個和你我一樣的人」的知覺——使他意識到在思考時，他是「失序」的。因為思考者不能自外於眾人的意見，也因為他和眾人間有著因常理所生的共識，如此產生的真實感，使他對思考活動生出了懷疑。同時，又因為思考敵不過常理論證的論點，也無法抗爭常理堅持它對意義追索是無意義的判決，哲學家反而有著要使用常理語彙為自己辯解的傾向，只是在論證時，他們將這些語彙做了全然的倒反。比如說，常理與眾議認為「死亡是最大的惡事」，哲學家（至少那些把死亡解釋成是身體與靈魂的分離的、在柏拉圖時期的哲學家）就相反地說：「死亡是神，是哲學家的守護神，正因它化解了身體與靈魂之間那緊密的接合」，[24]使心靈掙脫那些阻撓思考的、來自肉體的痛苦及快感。肉體的感覺有礙於思考的追求，就正如意識阻撓身體器官功能的正常運作。[25]哲學史上充滿著對思考對象的敘述，卻對思考的過程與思我的經驗著墨不多。歷史上也充滿了常理與思考機能的**內部爭戰**。常理這第六感官統合了另外五種感官，將之安置於一個有共識的世界，但思考心能與理性，卻強行對這世界做長時間的抽離。

雖然哲學家總將這內戰歸咎於大眾對小眾的不滿，以及大眾對真理的敵意，我們卻不易在歷史中找到太多可支持這種論點的證據。當然，我們的確有著像蘇格拉底被審判這樣的事件，也因為這事件，柏拉圖在洞穴寓言的結尾處（當哲學家從他理念的天空飛翔完畢，回到同伴之間時）宣稱，大眾一有機會，就想將小眾趕盡殺絕。柏拉圖對蘇格拉底審判所做下的詮釋，其餘音回響在哲學史中，直至黑格爾。在對這事件的敘述中，柏拉圖所提出的幾個疑點，[26]尚稱合理，但所謂大眾對哲學家宣戰這樣的結論，我們卻並不能在歷史中找到太多的例子。真實情形似乎正與柏拉圖所說的相反。有敵意的其實是那小眾。是哲學家主動地離棄了城市中的大眾，不僅如此，哲學家還要對他們做嚴苛的批評，認為他們，說得好聽一些，是被對感官過分的信任所矇蔽，應該運用心智時，他們卻情願相信詩人，並選擇接受普遍流行的想法，說得不好聽，大眾情願為快感而存活，並自願像牛群一樣地被任意宰割。[27]顯然，我們不能期望大眾和哲學家有一樣的生活態度，但這並不意味著，如柏拉圖所說的，從事哲學研究的人，必受眾人責難，或被眾人追討，「像一個掉入獸群之中的人」。[28]

哲學家過的是獨處的生活方式，但那孤獨卻是自己選擇的，柏拉圖在列舉有益於發展哲學天分「最高貴的天性」的條件時，並沒有提到大眾的敵意這一條。他提到了放逐，提到了「置身於政務低迷的邦國中的偉大心靈」，還提及了一些其他的條件，諸如羸弱的身體使之以不能從事眾人事務，因而有利於哲學天分的發展等。[29]但將這敵意的方向移轉：將常理與思想之間的爭戰重新視為是小眾對大眾的敵對，雖然可能較為合理，也能找到較多的例證——比如說，在大眾之前，哲學家所一貫自詡的高超與統領的地位——但是比諸傳統所描述哲學家被大眾狂熱迫害的理論，這新的理論亦不見得更接近真實。常理與「專業」思考之間爭戰最合理的解釋，還是我們已提過的一個論點（即，我們在此所討論的是一場位於哲學家自身的內部戰爭〔intramural warfare〕），因為最先知覺到常理對哲學的反對與異議的其實是哲學家本人。柏拉圖曾在另一場議論——提及「不值得哲學精神」關心的政事——笑著揮去一個問題，那個問題直問，一個以神聖事物為念之人，是否亦能善處人間之事。[30]

哲學家過於專注以致出神，所關心之事又明顯地無用，對此，眾人的自然反應其實是笑聲而非敵意。這種笑聲也是無傷的，並不是在激烈的辯論中對手之間所互相發出的訕笑，那種訕笑當然可能是一項令人驚懼的武器。柏拉圖在《律法》（*Laws*）一書中強力禁止嘲弄市民的文字，[31]他害怕所有笑聲中的譏諷。柏拉圖的《律法》或《理想國》中政治對話裡最果斷的章節，其實不是對詩及喜劇的批評，而是他講述特瑞爾斯（Thracian）那位村姑的故事時的嚴肅態度，看到泰勒斯（Thales）一心看著天上的星象而掉入井裡，那村姑發出了巨大的笑聲，「並說他一心想知道天上的事，卻讓自己腳下的事溜走。」柏拉圖接著說道：「所有致力哲學的人都會遭到這樣的嘲笑……所有的烏合之眾都會加入那女孩嘲笑的行列……在無助中，泰勒斯看來像一個傻子。」[32]奇怪的是，在哲學長久的歷史中，只有像康德那樣特別沒有哲學家怪癖的人，才會想到思辨的天分可能正如「茱諾（Juno）所賜予提瑞希亞斯（Tiresias）的禮物，茱諾使提瑞希亞斯眼盲，以使他有先知的能力」。康德以此臆測，要與另外一個世界親熟，一個人必要「放棄某些活在這個世界上所必有的感官」。不管怎麼說，康德似乎是唯一可自足地加入群眾笑聲的哲學家。他可能並不熟知柏拉圖所講過的那個特瑞爾斯村姑的故事，所以他十分幽默地講了另一個幾乎雷同的故事，這是有關泰克德巴赫（Tycho de Brahe）和他的馬夫的故事：在一個出遊的夜晚，天文家建議馬夫循著夜空中的星星找尋最快的捷徑，馬夫回答：「親愛的先生，你對天體所知甚多，但在地上，你卻是一個傻子。」[33]

假設哲學家根本不需要「烏合之眾」來揭示他的愚蠢——他和眾人共有的常理已足以使

他警覺到那將至的笑聲——簡言之，假設這一場內部的爭戰，其實是發生在思考的哲學家自身內，在那常理論證與思辨思考之間，我們可依此而進一步地審察哲學與死亡之間的親密關係。從表象世界的著眼點出發，或以在出生與死亡間隙中顯象的世界為依歸，對這世界相關知識的探求與欲望，是最自然不過的事。但思考要超越於此的需要，卻使我們轉身而背向著這個世界，用譬喻的話來說，我們自這個世界消失，在自然與常理論證的眼中，這消失正是對那最終的離去——即死亡——的一種預習。

柏拉圖在《斐多篇》（*Phaedo*）裡所形容的，正是這樣的情況：在大眾眼中，哲學家所從事的不外是對死亡的追求，因此，還稍有關心之意的大眾甚可斷言，哲學家不如死去得好。[34]雖然柏拉圖責難著眾人不知如何妥當分析這情況，但他也並非不同意他們的意見。用盡一生去思考的「真正的哲學家」有兩個願望：第一，他們希望能掙脫所有的俗務，特別是他們的身體，因為身體要求不止息的照管，「一刻不休地……製造著困惑、麻煩及緊張」；[35]第二，哲學家希望來生能活在另一個世界裡，在那個世界中，思考所關注的事物，如真理、公義及美，能像在此世界中被身體感官所感覺的對象那樣，真實並直接地被感知。[36]連亞里斯多德也在一出名的著作中，提醒讀者有「福賜之島」的存在，在那島上「人們無欲無求，只以沉思默想（*theōrein*）為業，那就是我們所說的自由生活著的人」。[37]簡言之，思考對死亡概念的逆轉也並非全然是沒有害處的行為。在《斐多篇》裡，思考逆轉了所有常理認定的關係：對極惡的死亡避之唯恐不及的人們，卻轉向死亡，視其為最大之善。

在此，我們半開玩地描述著這情況，用學院式的說法，我們用了太多譬喻的語言；哲學家自殺的並不多，即便他們也同意亞里斯多德的說法（在《訓誡》〔*Protreptikos*〕中那項令人驚異的個人意見），[38]而認為想要有點樂趣的人，若不從事哲學研究，就應該放棄生命，因為所有其他的事業都只是愚蠢的胡言亂語。但是死亡的隱喻，或者說，轉換死生的隱喻——我們所謂的生，其實是死，而我們所稱的死，其實是生——並不是毫無所據的，雖然我們可以不那麼戲劇性地看待這事：假如思考所自設的條件，是要以忽視感官所予而盲目地移開近在眼前者，它所要成就的其實是讓那遙遠而不在眼前者顯現。簡言之，在哲學家出名的心不在焉裡，周圍的有形之物都消失，因為無形的事物圍繞著他的心智，在那些消失的事物中，包括了哲學家自己的身體。哲學家對政治——那瑣碎的眾人之事[39]——的敵意，與對身體的敵意，無關個人的信念或信仰；它們是先天存在於經驗中。當你在思考時，你對自己的軀體毫無知覺——也就是基於這樣的經驗，柏拉圖將不朽賜予靈魂，而笛卡兒則結論道：「靈魂不用身體就可思考，但靈魂卻與身體連接，故而不能避免地要被身體器官的惡劣組合所騷擾。」[40]

記憶（*mnemosyne*）是繆斯的母親。而記憶這最常發生也是最基本的思考機能，其對象卻不是眼前之物，而是已自感官消失之物。那些不在眼前卻被心智喚出者——一個人，一件事，一座紀念碑——卻不能以向感官顯象的方式顯象，如此，記憶幾乎像是一種魔法。事物要在心靈中顯象，必先被「袪感覺」（de-sensed），這把感官對象轉化為意象的能力被稱為「想像力」。若沒有想像力的機能，用袪感覺的形式使缺席之物出席，任何思考過程或思想序列都是不可能存在的。因此，思考之所以「失序」，並不僅是因為它停止了所有其他生活及生存所必有的活動，更是因為它逆反了一切眾所公認的事物間的關係：接近我們且直接對感官顯象的事物變得遙遠了，而遙遠的事物反而切身地存在著。在思考中，我並非真正地位於我所身處的所在，圍繞著我的也不是感官對象，而是他人無法看見的意象。我彷彿遁離到了一個不存在的國度，一個無形的土地，要不是有記憶與想像的機能，我對這所在也一無所知。思考銷毀了時間與空間上的距離。在思考中，我預期著未來，好像它就在眼前，我也可以記憶起過去，好像它從不曾消逝。

如果缺乏延續性（Continuum）的概念，日常經驗裡的時間與空間就無法被理解，這延續性，從近處伸展到遠處，從**現今**到過去或是未來，從**此地**到地規的另一點，從左到右，從前到後，上到下，由此我可以合理地說，在思考中，被消除的不僅只是距離，更也是時間與空間本身。至於空間，雖然我無法列舉出哲學和形上學與此有關的概念，但我卻十分確信那「靜止時刻」（*nunc stans*）對於中古世紀的哲學是象徵著永恆——是董思高所說的「永恆時刻」（*nunc aeternitatis*）——因為這是一個對沉思與默想經驗貼切的描寫，而沉思與默想又正是基督宗教所知曉的兩種思考模式。

適才，我選擇先談論袪感覺的感官對象，也就是那些原屬表象世界卻暫時從我們的感知中消失或尚未到達我們感知中的無形之物，只有藉著記憶才能再現於我們感知的場所。奧菲斯及尤瑞蒂絲（Orpheus & Eurydice）的故事是這情況的極佳描述。奧菲斯到地獄找尋他死去的妻子，眾神讓尤瑞蒂絲起死回生的條件是，奧菲斯在引領著妻子走出地獄時不能回頭看她。但當他們接近人間時，奧菲斯回頭了，尤瑞蒂絲就在那一刻消失得無影無蹤。和其他充滿著術語的解釋相比，這個故事更能歷歷地描繪出思考的過程如何在人世生活出現的那一刻就快速地終止：所有的無形之物也再度消失。更貼切的是，奧菲斯及尤瑞蒂絲的故事的重心，是記憶，而不是預期。預期未來的心智機能，是建立在記憶過去的機能上，而記憶的機能卻又是建立在更基本的袪感覺的能力，這能力使得在形體上不現形之事物，能出現在心智**之前**（並不只在**其中**）。心智創造了如麒麟或人馬這些虛構事體或故事中虛構的人物，這種能力常被稱為是**創造**的想像力（productive imagination），創造的想像力其實完全依靠著所謂再現的想像力（reproductive imagination）。在「創造」的想像力中，來自有形世界中的各種元素被重新組合排列，這些元素之所以能被如此自由地處理，是因為它們早已經歷了思考的袪感覺的步驟。

準備著思考對象的，不是使我們直接親炙事物的感官知覺，而是在經驗之後的想像力。在我們提出什麼是快樂、什麼是公義、什麼是知識等這些問題之前，我們必須曾親見過快樂與不快樂的人、目擊過公正與不公正的行為，或經驗過求知的欲望與其所牽引出的滿足或挫敗。更進一步而言，我們必須在自現場離去**之後**，重新在心中反覆那直接的經驗。我在此重複地說，所有的思考物都是思考後之物。在想像中重複那經驗時，我們將感官所予，**袪除了感覺**。而也只有這非物質的形式，才是思考的心智能力能夠處理的材料。這作業發生在所有思考過程之前，不論是認知的思考或是對意義的思考。而只有純粹邏輯的推理——在其中，心智完全一致地遵循已定的規則，由預定前提引證出一連串的論證——能完全不與生活有任何牽連。而之所以能如此，乃因一個邏輯論證的前提，不論是事實或假設，都應是自明自足，不需經過思想的檢定。其實連最簡單的敘事活動，不管最終有沒有成功地描述出一件發生過的事件，**敘述**的活動也必**先有**去感覺的程序。希臘文保持了這時間上的先後，如我上文所提，希臘文裡的「知道」，是由「看見」這個字衍生而出的。看見是 *idein*，知道是 *eidenai*，也就是**已經**看見的意思。你必須先看見，然後才能知道。

為了現下的討論，我們可對這議題做如此的變奏：所有的思想都來自經驗，但是如果沒有想像與思考的運作，經驗不能提供任何意義或連貫性。從思考的角度觀之，在單純的客觀存在裡，生活是毫無意義可言的，但從生活的直接與感官所予的角度觀之，思考則正如柏拉圖所說，是活著的死亡。而那些活在「思想國度」（康德語）[41]的哲學家自然會傾向由思我的角度來看待這些事物，對思我而言，沒有意義的生命，是活著的死亡。思我因與真正的自我有別，故而並不自覺已身已從共有的表象世界遁離；從它的角度，無形的事物反而是最接近的，不可名狀之物反而是表象世界的組成份子，而在使心智分心，並阻礙心智活動的表象世界中，對心智顯象的無形存有卻永遠是被隱藏的。換句話說，常理所謂的心智自世界的遁離，在心智看來，卻是「存有的遁離」，或是「存有的遺忘」——*Seinsentzug* 及 *Seinsvergessenheit*（海德格）。的確，日常的生活——「他們」的生活——是一個充滿「有形」之物的世界，心智完全要從那個世界抽離。

對意義的追索不僅不能在日常生活中占一席之地，對世事亦一無用處，而它的結果也是不確定、不能被驗證的。思考同時還有著自我摧毀的特性。在所遺留的私人筆記中，康德曾寫道：「我並不同意純粹理性所論證出的，就必然是確切的公理」；「我也不認為一個人一旦信服於某事之後，就不該有懷疑。在純哲學裡，這是不可能的情況。**我們的心智有著天生自憎的傾向**。」[42]（粗體字為強調）從康德這一段話，我們幾乎可將思考的事業比擬為潘尼洛佩（Penelope）所織的錦章，前夜所織成者，必在次日的清晨被剪毀。[43]思考的需要永不可能被靜態的、「智者」明確的智慧所滿足；思考只能被思考的活動滿足，而我昨日所有之思想，只有在我想望並能重新思考它的前提下，才能滿足我今日之需求。

至此，我們已審查了幾項思考活動的特色：它從常理的表象世界的遁離，它對自造結果的自我摧毀的傾向，它的反身性，它對純粹活動的自覺性，再加上那奇特的、只有在活動持續時才能知覺心智機能的事實，這件事實顯示了思考本身絕不能穩固地被界定為人類的最高特性——引用亞里斯多德之語，人類可被定義為「有話語的動物」（*logon echōn*），他能擁有語言，卻不能被定義為思考的動物（*animal rationale*），因他不能擁有思考。對於以上所有列舉的思考特色，哲學家都知悉甚深。奇怪的是，一位思考者越「專業化」，在哲學傳統的地位越顯赫，他們就越想重新詮釋這些思考與生俱來的特色，以對抗常理論證對哲學乃是無用、哲學追索乃是不真實的論斷。哲學家這重新詮釋的努力，其處心積慮的程度與其論證的品質，如果只是出自對大眾的抗拒，而非他們自有的常理與懷疑，就難有一合理的解釋。因為大眾對此毫不在乎，也情願對這些哲學論證保持著他們的無知。在個人筆記中真實地記下思考經驗的康德，卻必要公開地宣稱他建立了未來形上學的基礎，黑格爾，那最後也最有技巧的系統建造者，將思考自毀結果的傾向轉化為否定之強大的能力，沒有否定，任何運動或發展都不能形成。對黑格爾而言，在有機世界那不可稍改的發展鎖鏈中，如種子長成果子，每一階段都能「否定」並註銷前一階段，同樣的機制也規畫著心智在思考過程中的註銷作業，所不同的是，心智在這過程中，可被視為是在自我「製造」，因為註銷的過程是經由「意識與意志的沉思」，以及心智的活動。「心智無它，僅為其所自造者，心智並將己身製造成其所可能成為者。」這樣的說辭卻完全沒有說明心智的潛在可能到底是誰所造成，是來自何者。

我提到黑格爾，主要因為他多數的著作都可解讀為是抗爭常理的辯證，尤其是《心智的現象學》（*Phenomenology of the Mind*）的前言。早在一八〇一年，當他還明顯在意柏拉圖的特瑞爾斯村姑及其笑聲時，黑格爾就十分激動地斷言，「〔對常理而言〕哲學的世界是一個顛倒的世界。」[44]正如康德立意要糾正那「理性的陋聞」，亦即理性在求知時陷入己身的矛盾，黑格爾則立意要糾正康德所定義的理性中的無能——「它只能追索到一個理想與一個零（Ought）」——而宣稱理性之理念，不但不是無能，且有著大而無比的力量。[45]

黑格爾對我們討論的價值，是在於他對哲學與常理內戰所做過的描繪，無其他哲學家可及，這主要是因為黑格爾不只是一位有天分的思想家，他同時也是一位優秀的歷史學家。他深知思我經驗之所以如此激烈，是因它乃純然的活動：心智的「本質……就是**活動**。它依本質製造自我，它是自身的產品，也是自身的工作」。黑格爾也了解心智活動的反身性：「在活動的激烈中，它卻僅只處理自身。」[46]他甚至承認了心智自我毀滅的傾向：「心智與自己爭戰，它必須克服敵對的自己，那是它最艱難的阻礙。」[47]但是黑格爾卻把這些對思辨理性的洞見——心智在看似無所作為時所從事的活動——轉化為可列舉的教條式的知識，並視之為認知的結果，以便納入一整體的系統，並製造出類似其他科學結果所俱有的真實性。但他同時又將這些科學的結果駁斥為常理論證所製造出的無意義結果，或是「有缺陷的知識」。有嚴密體系結構的**系統**，的確能給飛逝的思辨洞見一丁點貌似真實的幻象。如果真理是思想最崇高的目標，那麼「真理只能在系統中有真實性」。也只有以這心智產物的形式，它才有機會顯象，並達到我們對真實的持久性的最低要求——如果只是命題，它無法在意見的爭戰中殘存。為要徹底剷除常理認為思考僅在處理抽象、無關緊要之事的概念，黑格爾以他一貫辯證的精神斷言「存有即思考」（*dass das Sein Denken ist*），以及「只有精神才是真實」，我們在思考中所處理的普遍性，就是真正的**存有**。[48]

沒有另一位哲學家會像黑格爾這般，決絕地對抗著個別性——這思考過程中永恆的絆腳石，也是思想永遠不能到達的對象中的客觀性。對於黑格爾而言，哲學的最高功能就在於除去暫時性，而暫時性就是定義個別性的最大特色。哲學將個別性當成整體的零件處理，整體形成系統，而系統是思辨的產物。但這整體，依據科學的規則，最多也只是一個可能的假設，假設結集個體而成的統籌思想，將個別性轉化為智思物，由此除去了它們最有問題的真實性與暫時性。高呼著「將哲學提升為科學的時刻已來臨」的黑格爾，企圖將哲學——對智慧之愛（*philo-sophy*）——轉變為智慧（*sophia*）。他如此成功地說服了自己，「思考即行動」——但行動卻正是思考這孤獨的事業所不可能做到的事，因為我們只有在與同伴合作、互助與共識的情況下，才能行動，而在存在的層面上，那些條件卻又正是阻止思考進行的狀況。

黑格爾在《心智的現象學》前言中的另一段話，和他上述這些為思考辯護的理論形成強烈對比，那一段出名的話，奇異地獨樹一格，並一直被人錯誤地翻譯著。在那段落中，黑格爾並沒有企圖建構系統，卻十分直接地描述了自己最初的思辨經驗：「真理是酒神的狂歡，在那兒沒有一人〔沒有一特定的思想〕能夠不醉，而一從那境況離去〔自連串的思緒分離〕，那人就立即消融，狂歡是一透明持續的狀態。」對黑格爾而言，這正是「真理的生命」——真理如何在思考的過程中鮮活展現——向思我顯現的方式。思我無法知悉人或世界是真實的，還是像印度哲學所說的只是一個幻影，思我只知在那狂喜中的「鮮活」永遠處在尼采所說的「酣醉」邊緣。這樣的感覺到底對那整體的系統有多重要，可在《心智的現象學》的結尾處找到。在該段落，狂喜對比著「無生氣」——重點永遠是在**生命**這個字上——表現在席勒（Schiller）被錯引的詩行裡：「在精神王國的聖杯裡／浮起了心智無極的泡沫」。（*Aus dem Kelche dieses Geisterreiches/ schäumt ihm seine Unendlichkeit.*）

11 思考與作為：觀察者
——Thinking and doing: the spectator

我所提到有關思考的種種難題，大多可追溯到它自世界遁離的急切。和此形成對比的是，意志與判斷雖然也需要有對思想對象初步的反思才能運作，它們卻不至於陷溺於反思的泥淖之內。意志與判斷的對象是有個別性、並置身於表象世界的事物，對於表象世界，意志與判斷的心智也只做暫時的抽離，卻終將歸返。意志尤然，在離世的階段，它有著強烈反歸於己的反身性，比如用**我思自思**（*cogito me cogitare*）來形容思考活動，**我立意己之立意**（*volo me velle*）似乎更能點化出意志心智活動的重大特性。而這些心智活動所共有的，卻是那特異的**沉靜**、無為、不驚，抽離出陷個人於偏執與牽連的俗務，如前所述（第一四〇頁），這遁離是所有判斷活動的先決條件。

在歷史中，無為一直被認為是心智活動必要的先設條件。其最初始的表述，是對觀察者優勢的發現：**觀察者**而非行動者，才能真正知悉並了解被呈現的現象。此一發現使希臘的哲學家認為默觀——那純粹的觀察——是較為高超的生活方式。亞里斯多德是最早精心研討此議題的哲學家，[49]他認為默觀生活方式最基本的條件是閒暇（*scholē*）。在此，閒暇並不是我們所了解的休閒——在「為生計所需」[50]的一日工作之後的剩餘時間——亞里斯多德所指是刻意的戒慎行為，決意自日常生活所需的活動中（*hē tōn anagkaiōn scholē*）自我遁離（*schein*），唯有如此，才能真正獲得閒適（*scholēn agein*），而閒適也正是所有活動的最終目的，正如亞里斯多德所說，和平是戰爭的真正目的。而我們所慣常了解的休閒活動，如娛樂與遊戲，卻反而是屬於非閒適（*a-scholia*）的狀態，因為娛樂與遊戲的目的，是為了恢復工作的能力，以便再為生計操勞。

對這刻意且積極地不涉入的行為，最早也最簡單的描寫，出現在畢達哥拉斯所講述過的一則寓言，戴奧堅尼斯．拉爾修（Diogenes Laertius）做了如此的轉述：

> 人生……像一場節慶，有人來此為了競賽，有人為了勤業，但最優秀的卻是那些觀察者〔*theatai*〕，同樣地，在人生裡，有奴性的人爭奪著名利，哲學家卻爭取著真理。[51]

這段話所強調的比爭奪名利更高超的境界，並不是常人沒有能力看見或了解的真理；而觀察者所遁離至的所在，也並不像巴曼尼德斯或柏拉圖所想像的是「較高」的地帶；他們的方位其實就在這個世界裡，他們的「崇高」，不是來自身處的地位，而是因為對世事採取了只旁觀而不參與的態度。從希臘文的「觀察者」（*theatai*）這個字，演化出了後來哲學裡的「理論」（theory）這個詞彙，而「理論的」（theoretical）這個字，直到數百年前，還一直含帶著「默觀」的意思，指的是從外界觀察的地位，也就暗示著一個特殊的視野，此一視野絕非置身事中、致力活動的人所能得見。這極早就出現的對行動與默觀的區分，有著明顯的涵義：做為觀察者，你對事件的「真理」能了然於心，但你對真理所付出的代價，是必要自活動退出而不能參與。

這理論裡所暗藏的第一個要點是，只有觀眾，可一覽全劇——故哲學家也能將宇宙看成是一和諧的全局。演員卻只是全劇的一部分，必須**扮演**他的角色；他不僅只是「局部」，更被個別性所局限，個別性是他最終極的意義，是他做為組成整體份子的存在理由。所以置身事外的旁觀立場，不僅是能為競賽做裁決的必要條件，也是要明白全劇意義的必要條件。第二，演員所關切的只是「意見」（*doxa*），這個字有「意見」與「名氣」兩層意義，因為名氣建立在觀眾與評審的意見之上。如何向他人呈現自己，這對於演員——而非觀眾——是極端重要的。他依仗著觀眾的「對我而言如是」（觀察者的 *dokei moi* 決定著演員的 *doxa*）；他因此不是自己的主人，也沒有康德後來所說的自律性；他必須依觀眾的期望行事，而最終成功或失敗的判決也不在自己手中。

判斷所要求的遁離不同於哲學家的遁離。判斷並不自表象世界消失，它只由對表象世界的積極參與中退出，為的是能享有一默觀全局的方位。更重要的是，畢達哥拉斯的觀察者是觀眾群裡的一員，他們和離群索居、不顧眾議的哲學家有著極大的不同。在哲學家的理性生活（*bios theōrētikos*）中，眾人的意見（*doxai*）只不過是「對我而言如是」的表述。因此，觀察者判決雖是公正且不受名利獲取的牽制，但它卻不能獨立於他人的觀點之上——相反地，據康德所說的「擴大心量」（enlarged mentality），還必要納入眾人的觀點。觀察者雖超脫了行動者的個別性，他們卻不獨自行事。他們也不能自足圓滿，或像哲學家在思想中所企圖效仿的「最高之神」，即如柏拉圖所說的，哲學家「永遠……要因高超而孤獨，但他卻能聚攏自己與自己，不外求於他人，不需要識者或友人，他能自給自足」。[52]

思考與判斷間的不同，要到康德的政治理論中才被明確地闡明——這並不足為奇。因為康德是第一位也是最後一位，將判斷視為基本心智活動的偉大哲學家。他晚年所寫的各樣論述有著這最切題的要點：觀察者的觀點並非取決於實踐理性的「斷言令式」（categorical imperatives），也就是理性對「我應如何行事」的回答。這回答是道德性的，且事關個人作為，有著理性自律的獨立性格。因此，在道德與實踐上，那人對此無叛逆之權。但是同樣的這個人，當他不參與活動卻只純粹觀察時，他卻有權判斷並能給予法國革命一個最後的判決。他所根據的，只不過是「幾近狂熱地參合他人的意願」。分享那些「不捲入事件的群眾的昂揚」。換句話說，他的基礎是建立在其他同夥觀察者的判斷上。同樣地，那些夥伴亦「毫無促成事件發生的企圖」。也正是對這判決的最後分析，而不是捲入事件的行動者，最終說服了康德，使他宣稱法國革命為「人類歷史上的重要事件，不容被遺忘」。[53]在這合作參與的行動和沉思默觀的判斷之爭戰中，我們不難看出康德偏向何者，雖然，若無行動，就根本沒有可供判決的事件。

假設歷史只是人類苦難不止息的起落，充滿聲音與憤怒的場景「雖要持續一會兒，但幕帘終將落下。久之，那也只不過是一場鬧劇。就算演員還不厭倦——**因為他們全是傻子**——觀眾卻已倦怠，因為他能看出那不停息的劇情其實永遠是一樣，對他而言，任何一幕都已足矣」。[54]（粗體字為強調）

這一段話的意義已很明顯。但如果我們於此加入康德所相信的「自然的策略」（ruse of nature）永遠在行動者的身後引領著人類走向進步，就像黑格爾的「理性的策略」引領人們到達絕對精神（Absolute Spirit）的天機，那麼我們可以合理地反問，看來演員也不見得都是傻子，而只顯現給觀察者觀看的場景，由傻子演出又有什麼不同？這種看法雖然有過或多或少幽微的修飾，卻一直是歷史哲學家的看法，所謂歷史哲學家，就是那些首度嚴肅看待人類事務——柏拉圖所說的「*ta tōn anthrōpōn pragmata*」（公眾事務與行動）——並對之做出省察的現代哲學家。他們的看法是否正確？「人的行為常有著不同的結果，異於行動者最初的構想與目的，也不同於他們最初所知與所欲」，不是嗎？「比方說，一個人出於報仇的動機而想燒毀另外一個人的房子……他所採取的立即行動，是在小屋梁上放一把小火……〔衍生出的〕卻是一場大火災……如是的結果並不是最初行為的一部分，也不是展開此一行為的人的初衷……這個例子說明了直截了當的行為裡，除了行動者意志，還摻雜了其他事件。」[55]（這是黑格爾的話，但也不難想像康德可能寫出同樣的句子。）無論如何，那「其他事件」，也就是整體的意義的顯現，不是經由行動，而是經由默觀。觀察者，而非行動者，才是掌握人類事務意義的線索——康德的觀察者是複數，這也決定了為什麼他所導出的是政治的理論。黑格爾的觀察者卻只以單數存在：哲學家因而成為了感知絕對精神的器官，那哲學家也就是黑格爾自己。但是連最有多元意識的康德也輕易地忘卻了，視景可能是一成不變，因而令人厭倦，但觀眾卻一代一代地有所不同；新起的觀眾不見得完全同意傳統所傳遞下來的、關於永恆不變的戲劇的意義。

假如遁離是所有心智活動的必要條件，我們不可避免地要提出場所與地域的問題，也就是心智在遁離時的所在位置。我過早且過於詳細地將判斷心智的遁離定位在觀察者的立場，因為我想用最單純、最明顯的方式提出這個問題，我要強調的是，心智機能雖有反身性，有些心智活動在遁離時的場域，卻明顯地是位於這個俗世裡。他們位於奧林匹克山上、劇院以及競技場上升的階梯上，而與進行中的賽戲明白地隔離；此外，我們還有康德所描述的「不捲入事件的群眾」，他們在巴黎以「不沾帶利益的快感」緊密地追蹤著正在發生的事件，而那「幾近狂熱」的共鳴出現在十八世紀末歐洲每一個知識份子圈內——雖然康德心中所想的，可能只是巴黎街頭的群眾。

問題在於，我們無法確切地找到這樣的一個場所。思考時，我們被無形的事物圍繞著：不在眼前的與尚未發生的，還有日常生活中的智思物如公理、自由、勇氣等那些完全在感知經驗以外的事物；在那樣的時刻，我們到底身在何處？的確，意志的自我（willing ego）早早就找到了它的場所，那是一個屬於自身的所在；當意志這心智能力最先在基督宗教早期被發現時，它就被定位於在我們的**內裡**。如果有人想寫一部內在**生命**的內向性，他不久就會發現，這部歷史將與意志的歷史重疊。但如我們已討論過的，若我們同意心智與靈魂是兩件不同的事，那麼這內向性就有了問題。此外，由於它特殊的反身性，意志常被與心混為一談，而被視為是屬內在自我的器官，這使得它的方位更難被確認。至於思考，「思考時我們在哪裡」的問題似乎只有柏拉圖在他的《智者篇》（*Sophist*）中提出過；[56]在那著作裡，柏拉圖確認了智辯者的場域後，曾應允將確切指認出哲學家的正確場域——這就是他在早先對話中所提到的「*topos noētos*」（充滿理念之所）[57]——但他卻沒有遵守這個承諾。也許是因為他沒能完成智辯者—政治家—哲學家這計畫中的三部曲，也可能是因為他逐漸相信，那答案早已暗藏在《智者篇》中，在那著作裡，他想像著智辯者是處於「非存有的黑暗中」，因而「使他難於感知」，「反之，哲學家……卻有視覺的困難……因為他處於極度的亮光中；眾人的眼睛無法承受長期地直視神聖。」[58]這樣的答案的確像是出自《理想國》及洞穴寓言的作者。

12 語言與隱喻

——Language and metaphor

心智活動本身及它所專注的對象都是無形的，故也只能經由語言才能顯現。表象世界的生物有著自我顯象的衝動，思考的生物亦然，即使心智必然要暫離表象世界，它仍是屬於表象世界的，也因此有著**言說的衝動**，以期能自我顯象，否則，心智活動將永不能成為表象世界的一部分。表象世界裡的顯象活動，要求並預期著有觀察者的存在，而思考對語言的需要，卻並不預設聽眾的存在：因為與他人的溝通，並不必非要有文法與語意複雜的語言。動物的語言——聲音、標示、姿態——已足以滿足所有切身的需求，包括自我與物種保存，以及情緒與靈魂的表現。

亟需語言的不是我們的靈魂，而是我們的心智。當我區分心智與靈魂時，我引用的是亞里斯多德的說法，即，前者是理性的思想，後者是情感機能所製造的激情。在此我要特別強調《靈魂論》（*De Anima*）中對這兩者的區分，更在《詮釋學》（*De Interpretatione*）中論述語言的那一段話裡被加強。[59]我會再回到這段論述，因為它最有趣的觀點，是在指出了檢視文句（*logos*）——那有條理的言說——的標準，不在於真假，而在於意義。文字本身並無真假可言。比方說「人馬」這個字（亞里斯多德所用的是「羊鹿」，半羊半鹿的怪物），「有它的意義，雖然它非真亦非假，除非我們在它之上加『不存在』或『存在』這些字眼。」句子是由文字依照句法（*synthēkē*）規則所組成的有意義的語言形式。本身富含意義的文字和思想（*noēmata*），有其相類似（*eoiken*）的地方。因此語言雖然永遠有著特定意義的聲音（*phōnē semantikē*），卻不一定都能顯現意義（*apophantikos*），在一則論述或命題中，真假與存在是同樣值得被探究的問題。但這也並非恆真，我們在前一章提過，祈禱是一個句子，卻非真亦非假。[60]職是，隱藏於言說的衝動裡的，是對意義的探索，而不必然是對真的探索。值得一提的是，在這對思考與語言的關係的討論裡，亞里斯多德完全沒有觸及先後比重的問題；他並沒有決定思考是否為言說的根源，雖然話語（speech）只是用以溝通我們的思想之工具而已。他也沒有論及是否思考，是人乃言說動物此一事實的後果。總之，因為文字——意義的承載者——和思想相似，**思考的存有者有著言說的衝動，而言說的存有者亦有著思考的衝動**。

在人類所有的需求中，只有「理性的需要」必須靠推論的思維來滿足。假如心智穿越過文字時（*poreuesthai dia logōn*，柏拉圖），它們尚未富含意義，那麼推論的思維就無法產生。

當然，語言的功能也關乎人與人之間的交流，但那功能存在的理由，只是因為人是思考的動物，有傳遞彼此思想的需要；思想並非一定要有交流才能發生，它們卻必要被言說後才可能發生，這言說可能是無聲的，可能是有聲的對話，依情況而定。思考雖然在文字裡發生，卻不一定需要聽眾，因此黑格爾和絕大多數的哲學家都同意，「哲學是孤獨的事業。」但理性仍有交流的需要，並非因為人是思考的動物，而是因為人是存在於複數裡，無此，理性將步入歧途；如康德所觀察的，理性的確「不宜獨處，適合交流」。[61]那無聲的言說（*tacite secum rationare*）的功能——用安瑟姆（Anselm of Canterbury）的話來說，即「與自我緘默地推理」[62]——之功能，即在於與在日常生活中任何可能呈現給吾人感官的表象達成某種妥協。理性需要的是，對於任何可能存有或可能發生的給予說明——用希臘人比較精確的說法是「*logon didonai*」（陳述）——所有存在著與發生過的事物。激發此一需要的並不是求知的欲望——這需要可能出現在眾所周知且十分熟悉的表象——而是對意義的追索。對事物全然加以命名，即文學的創造，正是人類藉以與這世界**契合**（appropriating），從而去除對這個世界疏離的方式，畢竟，在這個世界上我們每一個人生來就是一個新鮮人，也是一個陌生人。

這些對語言與思想之間關係的種種觀察，使我們推測，沒有語言即沒有思維的存在。這樣的理論當然不能應用到那些以書寫而非言說為主的文明，在那些文明裡，思考不是無聲的言說，而是心智對意象的處理。中國就是一個這樣的例子，它的哲學與西方哲學處於相當的地位。在中國的文明裡，「文字的力量是憑藉著記號的書寫，也就是意象」，不像以字母為基礎的語言具有的相反關係，在字母語言中，字體是次要的，它們只不過是一組大眾同意使用的象徵符號。[63]但對中國人而言，每一個文字的符號都是概念與本質的現形——據傳，孔子曾說中國文字裡的「狗」就是「狗」本身的完美意象，但在我們語系的了解中，卻「沒有任何意象足以表現」狗的概念。「那意象永不能擁有放諸〔眾狗〕皆準的宇宙性。」[64]康德《純粹理性批判》的「圖式論」（Schematism）一節，點明了西方思考中最基本的假設：「『狗』的概念是指以想像力勾勒出的那個四腳動物的一般形態，不局限於確切的形體、經驗或任何具體（*in concreto*）的描繪所能呈現者。」他接著又說：「我們智力中的這種圖式……是一被隱藏在靈魂深處的技藝，它真正的行動模式不太可能被我們發掘，也不可能開放給我們的肉眼觀看。」[65]

在我們的討論中，這段話的相關意義，指出了心智處理無形物的功能在日常的感官經驗中也是十分必要的，這功能使我們有能力確認出一隻狗是狗，不論那四腳動物是以什麼樣的形式出現在我們面前。由此推論，我們應可如康德所說的，「直覺」出一物件的普遍性，即使那物件從未被我們的感官所經驗過。康德稱這些純粹抽象的圖式為「文字圖像」

（monogram），而中國字體就正是文字圖像式的。換言之，我們所認為的「抽象」無形者，在中文裡卻有著具體的形象，並顯現於文字中，比如兩隻接合著的手的意象是友誼概念的表徵。他們用圖像思考，而不用文字思考。而這種意象式的思考永遠是具體的，不能成為穿越冗長思想序列的推理性思考，也不能做自我陳述（*logon didonai*）；對蘇格拉底式的、什麼是友誼的問題，答案明白可見地被呈現在兩隻緊握之手的表徵裡，而這「表徵更釋放出一連串圖像式的表象」，透過聯想，使不同的意象被結合在一處。這在不同的複合符號中更見一斑，比如說「冷」這個符號合併了「所有能與冷天起聯想的理念」，以及所有人類禦寒的活動。於是，詩，就算是被大聲朗誦，也能在聽者的視覺上起作用；他不只專注於聽到的文字，而能同時聽到他記憶中的符號，與那符號所指向的視界。

意象思考與抽象處理語意之間的種種不同，饒有興味，卻也令人不安——對這兩者完整的比較研究卻不是我能力可及的。更令我們不安的是，這些區別，使我們感知到我們和中國人所共有的一個假設：那就是視覺形象在心智活動中的先要性。我不久就將討論這先要性，在西方形上學的歷史中與對真理的理念上，它都有著絕對的決定性。我們和中國人的不同，不在心智（*nous*），而在文意（*logos*），亦即我們有著用文字陳述與辯解的需要。所有嚴格的邏輯程序，不論是由普遍性導出個別性的演繹，或是由個別性引證出普遍性的歸納，都是辯解，也只能用文字完成。依我所知，只有維根斯坦知覺到，象形書寫對應著以視覺意象解意的真理。他寫道：「要了解一個命題的本質，我們應該考慮象形文字，象形文字勾畫它所要描寫的事實。字母文字自象形文字中發展而出，並未喪失那勾畫的精神。」[66]最後這一意見值得存疑。較能確信的則是，如果當初希臘人沒有從腓尼基人那裡接收並採用了字母系統，我們現今所認識的哲學系統，就根本不可能存在。

然而語言這個使心智活動得以對外也對內顯象的唯一媒介，卻不能充分地應付心智活動的需要，不像視覺意象可完全滿足視覺的功能。沒有任何語言能有一套現成的語彙可供心智活動所用；心智活動因而必須借用那些本為感覺器官或日常生活所用的語彙。這種借用又絕不是偶發或隨意的象徵式（像數學的符號）或記號式的；所有的哲學與詩的語言都是隱喻性的，但也不如牛津字典裡對隱喻的定義。牛津字典將隱喻定義為：「譬喻的言說方式，是將一個名字或一個形容詞轉移至另一個不同、但可類比、或可被適當地應用於物件之上。」比方說，夕陽和老年之間並無相似處，但當一位詩人用俗氣的隱喻描寫老年是「生命的夕陽」時，他所想著的是夕陽與那逝去的一日之間的關係，正可應用到老年與生命的關係。因此，如雪萊所說，一位詩人的語言若要有「有活力的隱喻」，它必須「彰顯出事物間從未被覺察到的**關係**，並使之不朽」。[67]（粗體字為強調）每一個隱喻都發掘出「一直覺性地被感知到的不同事物間的相似性」，因此，亞里斯多德認為這種覺察的能力是「天才的跡象」，「是最了不起的事。」[68]但是亞里斯多德也認為這種類比性並不直指相異事物間的相似處，而是指陳著事物關係中的相似性，如此，這種類比總需要四個項目，其公式為B:A=D:C。「因而酒杯之於戴奧尼索斯（Dionysus），就如盾牌之於阿瑞斯（Ares）。酒杯因而可用隱喻的方式描寫成『戴奧尼索斯的盾牌』。」[69]康德認為以類比或隱喻表意，是理性思辨——即我們此處所說的思考——能顯象的唯一方式。隱喻賦予「抽象」——無形象的思想——一種自表象世界所引進的直覺。它的功能在於「為我們的理念設立某種真實性」，[70]以此取消心智活動所必要自表象世界的遁離。這看來是相當容易的，如果我們的思想只限於我們所知悉與了解的現象所予，也就是說，只要我們停留在常理論證的範圍之內；為了常理思考，我們所需要的是實例來例證或闡釋我們的概念。而這些實例是適當的，只因我們的概念係由表象抽繹而得，它們純粹是抽象（abstraction）。但當理性的需要超越了現世的範圍時，情況就很不同了。當理性的需要超越現世時，它導引著我們走向思辨的懷疑之海，在那兒，「沒有任何直覺足以應付〔理性的理念〕。」[71]這時，隱喻就可以派上用場了。隱喻完成「轉換」（*metapherein*）這真實卻看似不可能的功能，也就是從一種存在的境況——思考——移轉至另一種存在的境況——置身於現象中的現象。這種轉換只有透過**類比**才能完成。（康德所列舉的成功的隱喻之例，是將專制國家形容為「純粹的機器〔像手動的磨坊〕」，因為它是被「一個人的絕對意志所統治……專制國家和手動磨坊間並沒有相似之處；但是我們思量這兩件事物及它們所造成的傷害時，兩者就有了相似之處」。康德接著又說：「我們的語言裡充滿了這類的對」某一「尚未被充分分析，因而值得深入調查的」事物的間接描寫。）[72]形上學的洞見「來自類比，但並不是我們經常所說兩件事物不完美的相似，**而是兩件完全相異事物的關係中的完美相似**」。[73]康德在《第三批判》中也以較精準的語言，稱此「以純粹類比的表象」是有象徵性的。[74]

所有的哲學用語都是隱喻，做為一個封凍的類比，它的真正意義卻要在融入原初的文脈後才能顯現，而那原初的文脈必活躍在第一個使用那詞語的哲學家心中。當柏拉圖將日常的語詞如「靈魂」及「理念」納入哲學的語言中——將人內在的無形器官與無形世界中的無形理念做了連接——他大概還能聽到那些語句在前哲學時期被普遍地用在日常生活中。賽克（*Psyche*）是快死的人所呼出的「生之氣息」，而理念（*eidos*）則是工匠在工作前心中所有的造形或藍圖——這個意象將存留在製作過程與產品產生之後，並可做為模式而被一再使用，它因有著不朽的特質，適於置身理念的天空。柏拉圖靈魂學說相關類比的流程是這樣的：生息之於氣盡的身體，即屍骸，正如靈魂之於活著的身體。而他有關理念的類比亦可做類似的重造；工匠心中的意象引導著他工作的雙手，且能做為評估成功或失敗的標準，同樣地，所有表象世界物質與感官所予的資材，必與一無形的位於理念天空的模式相連，並用之以為評鑑的準則。

了悟（*noeomai*）這個字的最初用法，是指眼睛看見，然後傳遞給心智的感知機能，故能「知曉」；最後它成為描述思考最高形式的一個字。我們可假設沒有一個人會認為眼睛——

這視覺的器官，和心智——這思考的器官，是相同的。但是這個用字卻指涉著，眼睛之於其所見之物，是類似心智之於其所思考的對象——也就是說兩者製造著同類的證據。我們知道在柏拉圖之前，沒有人將工匠的造形或藍圖的文字用在哲學裡，就如同在亞里斯多德之前沒人有用「活躍」（*energos*）這個字——形容一個人活動、工作或忙碌，引造出「能量」（*energeia*）這個字——來形容與其相反、只有潛能的「動力」（*dynamis*）的完成與實踐。同理可見於已是標準用語的「實體」（substance）及「偶有性」（accident），它們源自拉丁文 *hypokeimenon* 與 *kata symbebēkos*，藉以區分什麼是深置底層不變的、什麼是偶有附屬的。在亞里斯多德之前，「範疇」（*kategoria*, category）這個字只有指控的意思，是指法庭程序中對被告罪狀的宣告。[75] 亞里斯多德卻把這個字當成類似「述詞」（predicate）的意思使用，這其中的類比如下：正如起訴狀（*katagoreuein ti tinos*）對被告頒布下（*kata*）罪狀，「述詞」亦是對一主詞所有特質的頒布。這些例子都極為相似，也不勝枚舉。我將再加上一樁，因為它在哲學用語上的意義特深：希臘文 *nous* 這個字，我們當成是心智（mind）——來自拉丁文的 *mens*，指的是如德文的 *Gemüt*——或是理性的意思。此處我要討論的是後者。理性（reason）來自拉丁文的 *ratio*，來自動詞 *reor*、*ratus sum*，意思是計算，也是推論。但這拉丁文的翻譯有著完全不同的隱意，似乎更接近希臘文的 *logos*，而不是 *nous*。我可以了解有人對字源的論述有著極大的反感，不過在此我還是要再加上一條西塞羅的語句「理性與演說」（*ratio et oratio*），這在希臘文裡是講不通的。

隱喻連接了內在無形的心智活動與外在可見的表象世界，這是語言對思考及哲學的最大貢獻，但是隱喻卻是詩性多於哲學性的。無怪乎親炙於詩而非哲學的詩人與作家，反而對隱喻的基本功能有著更敏銳的知覺。我讀到過一篇由龐德出版的費諾羅沙（Ernest Fenollosa）所寫的短文，這篇鮮為人知的文章就是這樣一個例子，據我所知，這篇文章還從未被任何有關隱喻的文獻提及，作者寫道：「隱喻是詩的本質」；失去了它，「我們也就失去從有形的副真理（minor truth），跨越至無形的正真理（major truth）的橋梁。」[76]

發現隱喻這有獨創詩意的工具的是荷馬（Homer），他的兩篇史詩充滿了各樣的隱喻。我將從浩瀚的例子中選出《伊里亞德》（*Iliad*）中的一段，詩人將恐懼與悲傷所引發狂流的淚水類比為被四面狂風齊襲的海水。[77]詩人似乎是在對我們說，想像你所熟知的風暴，那你就能懂得恐懼與悲傷。具有深意的是，這隱喻的反轉卻是行不通的。不管一個人用多長的時間去想像悲傷和恐懼，卻永遠不能使他因而了解風與海。詩中所用的比喻，明顯的是為了描畫悲傷與恐懼對人心的衝擊力，也就是在闡明一種不能顯象的經驗。這類比的不能反轉，是隱喻極為重要的一個特質，使之有別於亞里斯多德所形容的、以類比為本質的數學符號。一個隱喻不論如何成功、如何完美地擊中了兩個「完全相異」事物關係中的「完美的類似」，A仍與C不同，B也與D不同，B:A=D:C 表現了類比關係，但這公式卻也暗示著可反轉性，亦即如B: A=D: C，則C: D=A: B。這數學公式遺漏了隱喻的真正功能，隱喻背向著感官世界，以期能闡明語言所不能表達的非感官經驗。亞里斯多德的公式之所以行得通，是因為它所處理的只是可見之物，不是跨越不同領域的隱喻，而是表徵〔emblems〕，表徵是以有形之物對無形之物所做的闡釋——戴奧尼索斯的杯子是酒及節慶氣氛聯想的圖示，阿瑞斯的盾牌是戰爭怒吼的圖示，盲眼女神手中的天平是正義的圖示，象徵著正義只計較行為本身而非行為者是誰。同理可見於其他已被濫用的比喻，如亞里斯多德的第二個例子：「老年（D）之於人生（C），正如夕陽（B）之於白日（A）」。

平常用語中的許多譬喻說辭，雖然與隱喻相似，卻沒有隱喻的真正功能。[78]即使是被詩人引用，它們也不只是譬喻的說辭——如荷馬的「白如象牙」，這些譬喻也有轉移的特性，屬於一個類別的物件，可被投注到另一類別的物件中；如是，我們說桌「腳」，好像它與人或動物相連。但是在此，移轉只在同一個領域中發生，都在有形的「屬類」中，在這同一領域裡，類比是可反轉的。但即使隱喻並不直接指向無形的事物，這也必不能恆常如此。在荷馬中我們還可以找得到另一種較複雜也較冗長的隱喻或明喻，它們雖然只在有形物的領域中進出，卻指向一個隱藏的故事。比如說奧德修斯和潘尼洛佩在相認之前的那場對話，奧德修斯化裝為乞丐，並說了「許多假話」，他告訴潘尼洛佩曾在克里特島招待過她的丈夫，於此，我們讀到「她流著眼淚」，聽著聽著，「她的身體融化了，就如西風所堆疊的白雪在高處融化，南風融化了白雪，雪融時，河流飽漲。如是，她美麗的臉頰上眼淚縱流，當潘尼洛佩為她的夫君哭泣時，他卻正坐在她的身旁。」[79]此處隱喻所連接的似乎都是有形之物，她的臉頰與融雪同樣是有形的。但在這隱喻中，有形之物所欲顯現的無形之物，則是奧德修斯離家時期的漫長冬日，那死寂的冷冽，與多年曠漠的艱辛，逐漸融去。眼淚表現的是哀傷，它們的意義——引發它們的原因——卻要在雪融以及春將至時土地的軟化那個隱喻中彰顯。

萊茲勒（Kurt Riezler）最早把「荷馬式的明喻與哲學」做了連接，他堅持任何的比較都必有「參照的基地」（*tertium comparationis*），它「使得詩人能知覺並顯示出靈魂如俗世，俗世如靈魂」。[80]在靈魂與俗世的對立中，我們必然可以找到某種一統的原則，以使兩者的對應成為可能。萊茲勒引用歌德，認為某種「未知的律法」其實同時出現在感官的世界與靈魂的國度裡。同樣的一統原則也能連接對立的事物——白天與黑夜，光明與黑暗，冷與暖——這兩極之物分開看時，那一統幾乎是不能想像的，只有透過對立者之間神祕的結合，否則此一統無法被想及。萊茲勒認為這隱藏的一統，就是哲學家的題目，赫拉克利特的「共有基地」（*koinos logos*），巴曼尼德斯的「眾即為一」（*hen pan*），哲學家對這一統的知覺，使他的真理有別於常人的意見。為支持這種講法，他引了赫拉克利特的文句：「上帝是日夜，是冬夏，是戰爭和平，飽足飢餓〔所有的極反，他是心智〕；他以火的姿態求變化，當火與香料混合時，以個別的香氣命名。」[81]

我們大致能同意，哲學的確深受荷馬影響，並仿效了他的楷模。哲學中那兩個最早與最出名的寓言，更加強了這種看法：巴曼尼德斯到日夜之門的旅程，還有柏拉圖的洞穴寓言，前者是一首詩，後者是極富詩意的，全篇都用了荷馬式的語言。海德格稱詩與思考為近鄰的說法是極為正確的。[82]

語言如何以不同的方式接榫著無形領域與表象世界，在更精密的審視下，我們大致可以提出以下的大綱：亞里斯多德將語言定義為是對已「有意義的聲音」的文字做出「有意義的發聲」，而那些聲音「類似」著思想，我們可以接著說，思考是完成那些心智中先天存在於言說的產物，而語言，在未有任何特殊的努力前，已為它們在有聲的世界中找到了一個雖是暫時、卻十分合宜的歸宿。如果思考與言說實是出自同源，那麼語言的天生能力，可被視為是一種證據，或說是一種表徵，見證著人類有先天、化無形之物為「現象」的能力。康德的「思想國度」——*Land des Denkens*——可能永不能向我們的肉眼顯現，但稍被扭轉之後，它卻能顯現給我們的心眼，與我們的耳朵。也就是在這樣的參照中，心智的語言經由隱喻，回到了有形的世界，並更進一步地闡明與詳述了那些不可見卻可被言說的事物。

類比、隱喻以及表徵是心智掌握俗世的線索，即使是在心智最心不在焉、與俗世最脫節的時刻，它們仍保證著人類經驗中的一統質地。更甚者，在思考的過程中，它們給予我們座標，使我們不致迷失在感官所無法引領我們的經驗中，因為感官對知識只能有一貫的確信。

我們的心智能夠發掘出類比的這個簡單事實，亦可被認作是一項「證據」，證明著心智與身體，思考與感官經驗，有形與無形，其實都共屬一處，是為彼此而存在。換言之，如果海中的岩石「歷經著狂嘯風吹與巨浪沖擊」可成為持久於戰場上的隱喻，那麼「說岩石被擬人化是不正確的……除非我們能說我們對岩石的了解是人性化的，同理，我們亦可用岩石的眼光來觀察自己」。[83]最後，我們還有那具現在隱喻中關係之不可逆轉的事實；這以它自己的方式指示著表象世界的絕對優先性，也因而提供給思考之具有非凡的性質，以及隱喻之所以總是失序，若干額外的證據。

最後這一點有它特別的重要性。如果思考的語言是隱喻性的，那麼表象世界，在身體的需要與眾人意見之外，必定要涉入思想之中，不顧一切地將我們引回其中。在思考中，不論我們和遙遠的事物多麼接近，或與身邊的事物多麼隔閡，思我顯然永不能完全離開表象世界。我們以前所提的二分世界的理論，是形上學的一個謬誤，雖然這個謬誤絕不是偶發或意外；它是思考經驗所罹患的最言之成理的謬誤。隱喻的言語使我們得以思考，也就是得以和非感官的事物交通，因為它應允著感官經驗的轉換（*metapherein*）。我們其實並沒有一個二分的世界，因為隱喻已將它們連接起來。

13 隱喻與不可言說者

——Metaphor and the ineffable

心智活動必須使用語言以做為顯象的唯一媒介，而每一心智活動卻各自選取來自不同感官的隱喻，這些隱喻的可信度取決於心智與身體資訊間的契合性。基於此，從正統哲學開始以來，思考（thinking）一向都是利用觀視（seeing）來思量的，而在所有的心智活動中，思考又是最基本也最激進的一項，視覺因而「常被當成是統領所有知覺的感官，並用來衡量其他感知器官的基礎」。[84]視覺的顯著地位，如此深植於希臘的語彙，也進而遍布在我們感知的語言中，致使我們未曾用心對它做過思量，好像它是太明顯而不值得注意的事。赫拉克利特一句不經心的話「眼睛是比耳朵更精確的見證人」[85]是個例外，但卻不十分有用。如果我們細想，和這些觀察相反的是，視覺其實比其他感官更容易把外在的世界排除，再加上古早盲眼詩人的概念，以及他的故事如何地被人傾聽，我們會覺得奇怪，為什麼聽覺沒有成為統領思考的感覺器官。[86]而像約納斯（Hans Jonas）所說的「心智跟隨著視力的腳步」，[87]也不全然是正確的。研究意志的理論家所用的隱喻，就少有來自視覺的領域。他們所用的如果不是欲望那感官本質的模式——所有感官都在侍奉著一個有欲望與需求的生物的一般嗜求——就是來自聽覺的隱喻。而在上帝是被聽見而不是被看見的希伯來傳統中，聽覺也自有其優先性。（哲學史上來自聽覺的隱喻幾稀，現代最出名者出自海德格，在晚期的著作中他形容思我如何「聆聽」著存有。中古世紀化解《聖經》與希臘哲學之間相異的努力，見證著直覺與沉思最終戰勝了聽覺，這勝利的宣言早見於費羅〔Philo of Alexandria〕企圖調解希伯來信念與柏拉圖式哲學的論述中。他所依然能清楚地聽到的希伯來真理，是有異於希臘真理的**視景**，他因而將前者轉化為是對後者的準備工作，藉著神聖的介入，人的耳朵轉變為眼睛，使其認知力更臻完美。）[88]

最後講到判斷，這心智活動中後到者，其隱喻語言的感官來源由康德清楚地指出是**品味**（《判斷力批判》最初的構想其實是「品味批判」），這最隱私、最有個別性、最特異的感覺，似乎與視覺成為極端的相對，且沒有視覺那「崇高」的距離。因之，《判斷力批判》所面對的最大問題，就在於如何導證出判斷的命題能得到普遍的認可。

視覺有著做為統領隱喻與思考模式的種種優勢，約納斯將其一一列舉。首先，在所有的感官知覺中，視覺不可否認的、最能在主體與對象中設立起一個安全的距離，因為距離乃是視覺運作最基本的條件。「在此，我們可得到的是客觀，也就是事物自身的存在，而不是事物對我所起的作用，那客觀的真理（*theōria*），即自這兩者的區別中浮現。」更進一步而言，視覺能提供我們「同步的多重」，而其他的感官，尤其是聽覺，「卻要從有時序的前後一系列的感覺中，建造出感知上『多重中的統一』。」視覺容許著「選擇的自由……因為……當我看見時，我尚未與所見的對象纏結……〔所見之物〕不干擾我，就如同我不干擾它一樣」。其他的感官卻直接侵擾著我。聽覺尤然，又因聽覺是視覺唯一可能的競爭者，基於這一點，聽覺就失去了競爭的資格。因為聽覺是「入侵著一被動的主體」，在這種感知裡，聽者是被某事或某人操控。（這可能也是為什麼在德文裡，許多含帶不自由意思的字都是由 *hören*〔聽〕衍生而出，如 *gehorchen*〔服從〕、*hörig*〔束縛〕、*gehören*〔附屬〕。）在我們目前的討論中，最重要的事實卻是約納斯所提出的，在「看」這個動作的「引領下」，對視者而言——這有別於聽者的經驗——「**目前**（present）〔並不是〕正在飛逝的**現在**（now）的一個點的經驗」，卻已被轉化為一種「**面向**（dimension），在其中，事物可被觀看……成為持續不變的同一」。因此，「只有視覺可以提供心智一個建構永恆的基礎，使那永不變更者能被呈現。」89

我在上文提過，語言是使無形之物在表象世界中顯象的唯一媒介，但語言有其不足之處，不像我們的感官能完全充分地感應著世界。我亦曾暗示，隱喻可以補救此一缺陷。但這補救也有其自身的危險，且亦不是全然充分的。危險在於隱喻訴諸感官經驗而被不容置疑的顯現時，它能提出力量龐大的明證數據。隱喻因此可被用於思辨的推理，思辨推論幾乎不能避開隱喻的使用，但隱喻亦有著闖入科學論證領域的傾向，一旦進駐那個領域，它們就被誤用來製造、或是提供證明某些理論的證據，但那些待證的理論卻都只是假設，需要事實做為對它證成或駁斥的基礎。在《隱喻的典範》（*Paradigmen zu einer Metaphorologie*）一書中，布魯門伯格（Hans Blumenberg）曾在西方思潮中追溯某些常用的譬喻語法，比如冰山或是與海有關的隱喻，他卻意外地發現，現代許多偽科學理論被人相信的原因，就是隱喻所提供的似真的證據，這些似真的證據被充用，代替了欠缺的實際證據。他列舉的最主要例子，是心理分析學中有關意識的理論，意識常被比喻成冰山浮出水面的一角，不過是潛藏在水底的巨大潛意識的單純顯現。[90]這個理論不但從未被證實，而且用它自己的語詞來說，也無法加以證實：因為任何一小片的潛意識，在到達冰山頂的那一刻，就成為了意識，喪失原先潛意識的特質。然而這冰山隱喻所提出的明證卻是如此有力，以致它的理論幾乎不需辯護，也不需被證明；如果所處理的是有關不可知之物的思辨，隱喻的使用還可被接受——就如前幾個世紀通過對比的譬喻語法，以從事對上帝的思辨。問題在於，每一思辨都帶有一心智構念（mental construct），在這構念系統的秩序中，每一材質都有其意義上的地位，這地位的固持性卻又強過任何已被證成的科學理論，而純然的心智構念，卻不需實際經驗，故也不需處理違反規則的實際案例。

據此，我們很容易會認為隱喻思考方式的危險只發生在偽科學的運用裡，至於哲學思維，只要它不處理可論證的真理，隱喻的使用在這領域中應該是很安全的。不幸的是，事實並非如此。歷史上的偉大哲學家與形上學家，他們的思考體系與偽科學的心智構念有著令人不安的相似性，唯一不同的是，異於那些獨斷自信的平庸同儕，偉大的哲學家幾乎全體堅信在書寫文字的後面有著「無以名之者」（ineffable）的存在，當在思考而不書寫時，他們能非常清楚地覺察著某物的存在，但那事物卻拒絕被停格固定，像物品般轉交他人；簡言之，他們堅信有些事物是拒絕被轉化以呈現在表象世界裡。回顧歷史，我們可把這些哲學家重複的話語看成是對讀者的警告，警告了解中可能有著致命的錯誤：他所被給予的是思想，而不是認知，也不是那可去除無知的穩固知識項目；做為哲學家，他們所關懷的是那些逃逸於人類知識以外的事物，但這些事物不僅沒有逃逸理性，且一直纏繞理性不放。在追索這些問題時，哲學家當然不可避免地發現了許多可知的事物，比如正確思考的規則與標準，以及有關知識的各樣理論，但這些發現卻容易使得他們自始就模糊了思考與了解之間的區別。

柏拉圖始終認為哲學真正的肇始（*archē*）是驚奇（wonder），[91]亞里斯多德在《形上學》的第一章裡，[92]提出了對「驚奇」一詞最早的解釋，他將驚奇解釋成驚異與困惑（*aporein*）。由於驚奇，人們意識到自己對可知之事的無知，因此必自「身邊之事」著手，再逐漸「由此而到達更偉大之事物，如日月星辰以及凡事之始」。他說，人類「從事哲學是為了逃離無知」。但是柏拉圖所揭示的驚奇，在此，卻不再被了解為是一個原則動力，而只是一個開始：「人在開始時驚奇著……但他最終總要到達另外的一邊，〔比驚奇〕更好的境界，這可比擬為人類開始學習的過程。」[93]亞里斯多德雖然在不同的討論中提到一種拒絕被論述的真理（*aneu logou*），[94]他卻絕對沒有提出像柏拉圖那樣的說辭：我所關切的題目是不可知的，因為它們並不曾被書寫過，也不可能在未來會被書寫。書寫這些事物的人其實什麼也不知道；他們連自己都不認識。我們無法將這些事物，像其他可學習的事物那樣地訴諸文字。因而，真正有思考（*nous*）功能的人，必深知文字的脆弱，故絕不貿然將思想框架在論述裡，更不會把它們硬塞入毫無彈性的文字形式中。[95]

在哲學長久的歷史中，我們不斷地聽到同樣的話，同樣的用詞。連根本不是柏拉圖派哲學家的尼采，也曾在給友人歐佛貝克（Overbeck）的信中寫道：「我的哲學不再能與人溝通，至少不能在字面上。」[96]而在《善惡之外》（*Beyond Good and Evil*）中，他又寫道：「一個人企圖與人溝通時，他就不再那麼愛自己的想法與洞見了。」[97]而海德格則曾這樣寫道：「所有思考的內在局限……就在於思考者永不能言說最是屬於他自己的事物……因為決定話語的，是那不可言說者。」[98]此處，海德格所描寫的不是尼采，而是他自己。我們還可在此加上維根斯坦，他的哲學中心就是對不可言說的探究，並竭力不懈地**說出**那「可能如是」的境況：「哲學的成果就在於發現那些智性硬向前衝時，頭顱撞上語言的極限而凸起的**腫塊**。」這些凸起的腫塊，就是我們所稱為的「形上學的謬誤」；它們「使我們覺察到發現的價值。」或如，「哲學的問題發生在語言的假期時段」（*wenn die Sprache feiert*），此處的德文語意並不清明：意思可以是「放假」，也就是語言不工作的時候，但也可以是「慶祝」的意思，那意義則完全相反。或如，「哲學是一場智性抗拒語言蠱惑的爭戰。」問題當然是，重新宣戰的只可能是語言。[99]

讓我們回到柏拉圖，到底，在所有重要的哲學家裡，他是我所知、唯一在這題目上留下了不只是偶發的論述。《第七封信》（*Seventh Letter*）的主要論點，並不在反對言說，而是在反對書寫。此處，他以簡化的形式重複了《費德羅篇》（*Phaedrus*）中已提出過的對書寫的反對。在那篇章裡，書寫首先被判定會「深植遺忘」，依賴書寫文字使人們「停止運用記憶」。其次，書寫的文字有著「莊嚴的靜寂」；它無法自述亦無從回答問題。第三，它不能選擇接收的對象，故而可能落入不當之手，最後「四散各處」；當它被凌虐或濫用時，也不能做自我防衛；人們至多只能稱它為一種無傷的「嗜好」，聚集著「供人提神的食糧……以備『失憶到來的那日』」，或是「一種〔為人投注的〕消遣，就像其他那些盡情暢飲的人一樣」。[100]但在《第七封信》裡，柏拉圖更進了一步，他並未提及那些未書寫下的議論（*agrapha dogmata*），我們是透過亞里斯多德才知道它們的存在；[101]當他明白地宣稱「這些論點不能像其他那些學到的事物一樣，用文字寫下」時，他也是間接地否定了它們的存在。

這的確極不同於我們在柏拉圖對話中所讀到的論點（當然我們並沒有理由認為《第七封

信》是偽書）。因此，我們在《政治家》（*Statesman*）中讀到了這關於有形與無形事物「形似」（likenesses）的段落：

> 形似可被感官感知，並是自然界真正存在者所共有之特質……所以當某人索取著對這些存在者的描述時，我們毫無困難提供——我們只需用文字指出這些可感的形似即可。但最高層與最重要的存在者，卻沒有可被看見的形似……在那情況下，也無有形似之形象可被指出，以滿足問者的探問……因此，我們都必須訓練自己，以期能用文字描述所有存在的事物。至於那些無形、卻有著極端重要性的存在者，對它們的唯一描繪工具就是話語（*logos*），其他的方式都無法奏效。[102]

在《費德羅篇》中，[103]柏拉圖將書寫的文字與口說的話語做了對比，後者是「透徹地講述事物的藝術」（*technē dialektikē*），「活生生的口語是正本，而文字的論述可合宜地被稱為是正本的一個影像。」生動的口語被讚美的原因，是因為它知道如何選擇聽眾；它也並非沒有生殖之力（*akarpoi*），因為它夾帶著種子，藉著不同的語詞論述（*logoi*）而在不同的聽眾內裡生長，使那種子不朽。但在思考中，我們的對話是和自己進行著，就好像是在「靈魂上書寫文字」；此時，「我們的靈魂像是一本書」，卻是一本無字之書。[104]在它的後面，思考中出現了第二位我們認為是「畫家」的巧藝者，他將那些對應的文字用圖像畫在我們的靈魂裡。「我們有必要將意見與陳述、自視覺及其他的感官中移走，才能使這發生，如此，我們方可**看見**那些我們所想所說的事物的影像。」[105]

在《第七封信》中，柏拉圖簡短地告訴我們這雙重的轉換如何發生，我們的感官知覺如何可以被**談論**，而這談論（*dialegesthai*）繼而被轉化為只有靈魂可見的影像。我們為可見之事物命名，例如「圓」這個名字指圓的東西。而這個名字可以利用具有名詞與動詞組成的句子形式之話語（speech, *logos*）來解釋，我們說圓「即其中心與所有外緣點的距離均相等者」。這樣的句子可導至圓的製造，藉此，可製造出各式各樣可被「畫出或拭去，製造或摧毀」的圓形意象（images），這些過程卻都無損於那**真正之圓**，那真正之圓是不同於這些圓的。知識與心智（*nous*）掌握著本質的圓（the essential circle），也就是所有的圓所共有的特質，它「並不存在於〔口語的〕聲音，或是身體的形狀裡，而是存在於靈魂之內」，這個圓明顯地是「不同於真正的圓」（the real circle），它是先在自然界中利用身體的眼睛感知的；而且它也不同於根據字詞解釋所描繪的那些圓。這個圓是為心智所認知，是「最接近其形象與本質」的圓。而也只有這內在的直覺可被稱為真理。[106]

以感官感知的原則所建構的真理，亦可經由推論思維（*dialegesthai*）中的文字的指引（*diagōgē*）而得到，推論的思維可以是無聲的，或被言說的，可在教師與學生之間進行，「上下移動」在「真與假」之間來回探索。因為這個過程的目的是直覺而不是結論，其結果常在長期的問答後突然降臨：「當靈光（*phronēsis*）閃現，心智……充滿了亮光。」[107] 這種真理已超越了文字；思考開始時所用的名字已變得不可靠——「無事可保證那被稱為圓的，不被稱為是直的，或直的不被稱為圓的」[108]——那企圖解釋的推論敘述中的文字，是**脆弱**的，它們只不過提供了一個「小小的指引」，以「燃起靈魂的亮光，正如一火種，但火一旦點著，就可自恃自足」。[109]

我之所以自《第七封信》中引出這些詳細冗長的段落，是因為它們提供了在別處無法找到的洞見，指出了直覺——指引哲學真理的隱喻——與話語——思考顯象的媒介——之間的矛盾：前者給我們的是一同步的多重（co-temporaneous manifold），而後者卻必須以先後有序的字句方能彰顯。柏拉圖明顯地相信後者只是前者的工具，在整個哲學史上，這樣的信念亦一直被視為當然。因而康德說：「所有的思考只是為了要到達直覺。」[110] 海德格則說：「推論思維有著視覺（*noein*）的傾向……它缺乏了沉思默想（*theōrein*）的方法……這就是柏拉圖辯證的意義，它趨向一個視景，一個發現……透過推論思維它為最初的直覺做準備……文句仍與視覺緊緊相連；如果話語自離於直覺中的證據，它即退化為散漫的言談，不利視覺。**說話**（*Legein*）這個動詞是根源於看見（*horan*）。」[111]

柏拉圖的《斐利布斯篇》（*Philebus*）[112] 中的段落支持著海德格這樣的詮釋，在該段落中，人與自我的對話又再被提及，不過這次卻在一個更基本的層次上：一個人看到了遠方的一個物件，**因為他正好是獨處**，於是他問**自己**：在那兒顯現的是什麼？他回答自己的問題：一個人。假如「他和別人在一起，那麼他會把和自己說的話變成真正的話語，向他的同伴言說，出聲說出同樣的思想……但假如他是獨處，他則會繼續那原來的獨自思考的方式」。此處的真理在於，被看見的證據、話語及思考，如果都是緊隨著那被看見的證據，將其轉化為文字，則它們都是真確的；但當話語中並無可見的證據，比如像述說他人的意見或思想時，它就有了不真確的特色，正如柏拉圖所描寫的，是正本的影像。

感官的特色之一，就是不同感官之間的不可互換——聲音不能被看到，影像不能被聽到，等等——但它們卻因被常理統合而有著一致性，僅依此，常理就應被視為是最重要的感官。我曾在這個題目上引過阿奎那：那「伸展到五個感官所感知的所有對象」。[113]語言亦循序著常理，為對象命名；這共同性不僅是主體間溝通的決定因素——同樣的對象雖被不同的人感知，卻能有一共識——更協助確認被五個感官不同地感知的同一素材：當我碰觸時，是硬是軟；當我品嘗時，是甜是苦；當我看見時，是明是暗；當我聽見時，亦有不同的音調。這些感覺卻無法被文字充分描繪。我們的認知感官（視覺與聽覺），與低層感官（嗅覺、味覺與觸覺）有著極少的共通處。我們最多也只能說，某物聞來**像**玫瑰，嘗來**像**豆湯，摸起來**像**絲絨。「一朵玫瑰是玫瑰就是玫瑰。」

當然這一切暗示著，在以視覺隱喻為了解途徑的形上學傳統中，照定義，真理是不可言說的。我們可在希伯來的傳統中看出，當聽覺取代了視覺做為主導隱喻時，它如何影響到真理的本質。希伯來的神可被聽見，卻不可被看見，真理因而是不可見的：「你不可能獲知天上或地下的所有之事，或任何銘刻的影像與外貌。」**真理在希伯來宗教裡的無形，與其在希臘哲學中的不可言說，同被奉為圭臬**，而後世的哲學也就依此理念發展出各自奉行的假設。當真理以聽覺被了解時，它要求著全然的順服，當以視覺被了解時，它卻依賴著自明的證據，並用之以強迫我們在看見一對象時，立即地輸入對它的認同標幟。形上學這「令人敬畏的學問」，「在物件存有的範圍裡對其凝視」（*epistēmē hē theōrei to on hē on*），[114]因而可能發現那「以必然之勢使人就範」的真理（*hyp' autēs tēs alētheias anagkazomenoi*），[115]因為它所仰仗的，是和視覺經驗一樣的、對矛盾的全然不容。因為沒有任何推論思維——不管是蘇格拉底／柏拉圖式的辯證，還是邏輯性的、由接受的命題中依既定規則導出結論，或是言詞上的說服——能匹敵視覺證據中那單純與不容置疑的確定性。「在那兒顯現的是什麼？是一個人。」這是一個完美的「知識與其對象的吻合」（*adequatio rei et intellectus*），[116]對康德而言，這就是真理的確切定義。但康德亦意識到，這真理「並沒有普遍性的準則。〔即使有〕也是自相矛盾的」。[117]自我明證之真理不需任何準則，它自己就是準則，它是一切後續之事的最終裁決者。因此海德格在《存有與時間》中討論傳統的真理概念時，做了如此的闡釋：「讓我們假設有人背向著牆，做下了如此正確的假設：『牆上的畫掛歪了。』當這個人轉身面向牆，發現畫確實是掛歪了時，他的陳述就被確定。」[118]

但「令人敬畏的」形上學自一開始起就被不斷的問題纏身，這可能都可追溯到真理與語言、視景與文字論證之間天生就有的緊張關係——文字論證不論是以辯證（*dia-legesthai*），或是以三句式論證（*syl-logizesthai*）的形式出現，也就是說，不論它是將事物，尤其是意見，以文字拆解開，或以論證的方式將其結合，真理的內容都是那憑藉直覺所省察到的主要前提，或是由 *nous* 獲得，因為它不受文字的時序所限（*meta logou*），所以能不犯錯誤。[119]假如哲學是所有的學問之母，它自己就是最初始的學問，是學問的基本原理，是初始（*archai*），而這成為亞里斯多德形上學的題目之初始，不再能被演繹；它們以自明的直覺授予心智。

視覺之所以推薦把觀視（Sight）當作哲學上最具指標性的隱喻，而且跟觀視相提並論。也把直覺當作是理想的真理，並不只是因為，它是我們感官中最具認知能力的這種尊貴，更是由於「哲學家對意義的追索完全相同於科學家對知識的追索」這個古老的看法。此處值得一提的是，亞里斯多德在《形上學》的第一章，對柏拉圖認為哲學真正的肇始是驚奇（*thaumazein*）的命題所做的轉折。但較此更早時，哲學已被定位為對意義的追求，因為知識是追求我們所習稱的真理的結果，而真理最高與最終極的形式確實就是直覺。所有的知識均肇始於對感官所予的探究，如果科學家想更進一步去發掘這些可見現象之後的肇因，他的目標就在於彰顯那些藏匿於表層之後的事物。連最複雜的機制工具，也以此為目的，它們的設計就為要掌握住那些肉眼所不能捕捉者。在最終的分析裡，科學家理論的證成，必靠著感官的證據——就如我以上所舉簡單的、從海德格書中所引的模式。我所形容的視覺與語言之間的緊張關係，在此並不存在；因為在這個層面，如我所引的例子，語言充分表達了視覺所得（如果要表達的是那圖畫的內容，而不只是圖畫的位置，情況就很不同了）。其實，當數學符號代替文字，卻更能描述出被儀器所強制顯現的表面以下的現象時，這已說明了在彰顯那些不需語言為傳達工具的現象時，視覺隱喻有著絕對高超的效果。

思考不同於認知活動，雖然認知活動可能需要思考做為其工具。思考需要語言，不僅只是為了能出聲以顯象，思考更需要語言以啟動整個思考的過程。但因語言的活動是有時序的句子的串連，思考的結果就絕不可能只是一種直覺，它的證成，也不能依靠著對證據做無言的沉思。假如思考由於受到古老的觀視覺隱喻的指引而對它自己及其功能有所誤解，而期望能從它的活動中得出「真理」，這個真理是不可名之的。「正如孩童們合上手掌想抓住煙霧，哲學家經常看著他們想掌握的事物自眼前飛逝。」——柏格森（Bergson）這最後一位深信「直覺」的哲學家，如此正確地形容此學派哲學家的境遇。[120]這「失敗」的理由在於，沒有一件文字表達的事物，能達到單純沉思所予對象的穩固。與沉思對象相比，可被言說與書寫的意義是滑溜的，假如哲學家想**看到**或**抓住**它，它立即「溜走」。[121]

自柏格森起，視覺隱喻在哲學上的使用已逐漸勢微，如所意料，重心與興趣全然由沉思轉向話語，由 *nous* 轉向 *logos*。因為這種轉移，真理的標準也從知識與其對象的吻合——*adequatio rei et intellectus*，即視景與被看視對象之間的契合——轉換為思考的純粹**形式**，這形式的基本規則是調和統一與不自相矛盾，也就是康德所了解的、那單純的「真理的負面標準」。「在分析知識的範疇以外，做為一真理的**充分**標準，它毫無權威，也毫無應用之道場。」[122] 少數幾位現代哲學家仍固執卻懷疑地擁抱著傳統形上學的假設，在海德格及班雅明（Walter Benjamin）的哲學裡，那古老的視覺隱喻尚未完全消失，卻已減縮，如是：於班雅明，真理「溜走」（*huscht vorüber*）；於海德格，豁然開朗的那一刻像是「閃電」（*Blitz*），最終卻為另一個全然不同的隱喻取代——「寂靜的鳴響」（*Geläut der Stille*）。以傳統之標準，最後這一個隱喻最迫近那無言之沉思所能到達的豁然。雖然在此，思考過程最終與最高的結果，是用聽覺的隱喻描述，但這卻無關聆聽音樂那種聆聽清晰有序聲響的聽覺，它反是一種不能或移的單純被動的心理狀態。因為思考這沉寂的與自我的對話，是心智的單純活動加上身體的全然靜止——「**沒有任何時候比一個人什麼都不做之際，更為活躍**」（加圖）——從聽覺引出的隱喻將有著和視覺的隱喻同樣巨大的問題。（柏格森依然堅持直覺隱喻乃真理的極致，他談論著那「基本活躍、更可說是暴力的形上直覺的性格」，卻沒有意識到沉思的靜謐與任何活動都相互矛盾，更別說是一個暴力的活動。）[123] 亞里斯多德則說「哲學是充滿活力（*energeia*）

的活動」，是「完美且無阻的活動，它〔因此〕保藏於內的，是所有喜悅中之最甜美」（*Alla mēn hē ge teleia energeia kai akōlytos en heautē echei to chairein, hōste an eiē hē theōrētikē energeia pasōn hēdistē*）。[124]

換言之，此處的難題是，對於思考本身——雖然它的語言是全然隱喻性的，它的理念架構亦靠隱喻所賜，隱喻銜接著有形與無形，連結表象世界與思考的自我——我們卻無法找到任何適當的隱喻，足以可信地描繪那心智活動本身，因為那活動的本質，是內在的無形之物處理著世上的無形之物。因此，所有來自感官的隱喻都有了問題，原因很簡單，因為所有的感官都是認知性的，做為活動，它們有著外在的目的；它們並不是以自身做為目的的能量（*energeia*），而只是能使我們知曉並處理這個世界的工具。

思考是失序的，因為意義的追索無法製造餘留於活動後的產品，或是活動結束後仍有意義的結果。換句話說，亞里斯多德所描寫的那種喜悅，雖然顯現給思我，卻絕對是不可言說的。對於心智的活力與生命，我們唯一可想到的隱喻，大概就是那活著的感覺。**沒有生息，人的身體只是一具屍骸；沒有思考，人的心智就已死亡**。其實，這正是亞里斯多德在《形上學》〈蘭伯達篇〉（Book Lambda）中著名的第七章裡所嘗試使用的隱喻：「思考的活動〔目的在我的能量〕就是生命。」[125]它的先天規則——這規則只有神可以永久地忍受，而人只有他在像神的時刻可以忍受——即是「不止息的運動，循序著一個圓形軌跡的運動」。[126]也就是一種永遠到達不了目的，也永遠沒有最終產品的運動。奇怪的是，認為真確的思考過程，即「*noēsis noēseōs*」（思己之思），是永遠繞著圓圈打轉的奇異念頭——這是哲學裡對圓形論述最榮耀的辯護——卻從未令哲學家或註解亞里斯多德的人憂慮過，部分的原因可能在於把「*nous*」及「*theōria*」翻譯成「知識」的錯誤，知識永遠會到達一目的，並永遠會有結果。[127]假如思考是一認知的事業，它應循著一直線前進的方向移動，始於尋求其對象，而終於認知該對象。亞里斯多德所提示的圓形運轉與生命的隱喻齊觀，提示著人之為思考的生物，對意義的追索伴隨生命而來，只能終於死亡。這圓形的動向是從生命過程中所提煉出的隱喻，生命雖由生到死，但只要人活著，生命亦以圓形運轉。這思我的簡單經驗是如此令人驚異，以致那圓形的概念不斷地被其他的哲學家重複著，雖然這激烈地駁斥著傳統、認為真理應是思考的結果的假設。我們因而有著黑格爾的「思辨的認知」。[128]此處他並沒有參照亞里斯多德，卻有著如此的說法：「哲學形成一個圓圈……〔它〕不是一憑空懸掛的系列；也並非出自無物，相反地，**它繞道返回自己**。」（粗體字為強調）[129]我們在海德格「什麼是形上學？」的結尾處，亦能找到同樣的概念，在該處，他將「什麼是形上學的最基本問題」定義為「何以有物，而非無物？」——這可說是思考的首要問題，但同時也是它「永遠必須返回」[130]的思想。

這些隱喻，雖然它們對應著思辨的、而非認知的思考方式，並忠於思我最基本的經驗，但因為它們與認知能力無關，故永遠是空洞的，而亞里斯多德也從未在別處用過它們——除了他所說的活著是「*energein*」，也就是只為己身活躍。[131]而且，這個隱喻明顯地拒絕回答那不可避免的問題，我們為什麼思考？原因在於，我們對「為何而活？」這個問題並沒有答案。

維根斯坦在《哲學探索》（*Philosophical Investigations*）中描寫過一項非常有趣的思想遊戲，有助我們闡解這個難題。（《哲學探索》一書寫於維根斯坦深信《哲學邏輯論》〔*Tractatus*〕中對語言的了解是全然不可辯護之後，因而思想是「真實的圖像」——「故一個命題是『真實的圖像』。命題是我們構造真實的模型。」）[132]在這思想遊戲中，他先問道：「人到底為何事而思考？……他思考是因為他發現思考行得通？——因為他覺得思考能給他某種優勢？」這簡直就像在問：「他養育小孩是因為他發現那行得通？」但我們還是得承認：「我們**有時**思考，確實是因為我們發現那行得通。」由那粗體字，他暗示這只是「有時候」。因此，「我們如何找出人**為什麼**思考？」對此他這樣回答：「通常在我們壓制著不去問『為什麼』的問題時，我們才會了悟到**事實**的重要性；而在我們追索的過程中，這些事實常將我們引導至答案。」[133]為了刻意壓制下「**為什麼**我們思考」這個問題，我決定處理另一個問題：「什麼使我們思考？」

注釋——第二章：表象世界裡的心智活動

1 《真實》（*De Veritate*），qu. XXII, art. 12。

2 《純粹理性批判》，B171-B174。

3 《判斷力批判》（*Critique of Judgment*），trans. J.H. Bernard，New York, 1951, introduction, IV。

4 《邏輯學》（*Science of Logic*），二版前言（Preface to the Second Edition）。

5 《權利哲學》（*Philosophy of Right*），前言。

6 Frag. 108.

7 修昔底德（Thucydides），II, 43。

8 《純粹理性批判》，B400。

9 同上，B275。

10 史達特勒（Ernst Stadter），《人類自由的心理學與形上學》（*Psychologie und Metaphysik der menschlichen Freiheit*），München, Paderborn, Wien, 1971, p. 195。

11 讀這一段絕妙的，對一場「完全寂寞」的夢境的描寫。見於康德《對美感與崇高之感的觀察》（*Observations on the Feeling of the Beautiful and Sublime*），trans. John T. Goldthwait, Berkeley, Los Angeles, 1960, pp. 48-49。

12 《純粹理性批判》，B157。參閱第一章 pp. 43-45（中文版九六至九九）。

13 同上，B158 n。

14 〈人類學〉（"Anthropologie"），no.28，《著作全集》，vol. VI, p. 466。

15 《三一神》（*The Trinity*），bk. XI, chap. 3. English translation: *Fathers of the Church* series, Washington, D.C., 1963, vol. 45。

16 同上。

17 同上，chap. 8。

18 同上，chap. 10。

19 《形上學導論》（*An Introduction to Metaphysics*），trans. Ralph Manheim, New Haven, 1959, p12。

20 〈外科醫生論〉（"Discours aux Chirurgiens"），《繁華》（*Variété*），Paris, 1957, vol. I, p. 916。

21 《斐多篇》（*Phaedo*），64。

22 戴奧吉尼斯・拉爾修（Diogenes Laertius），VII, 2。

23 《作品集》（*Sämmtliche Werke*），Leipzig, n.d., "Ueber den Tod," vol. II, p. 1240。

24 《斐多篇》，64-67。

25 參閱梵樂希，前引，同頁。

26 見格林柏格（N. A. Greeberg）之分析，〈蘇格拉底在《克里多》中的抉擇〉（"Socrates' Choice in the Crito"），*Harvard Studies in Classical Philology*, vol. 70, no. 1, 1965。

27 赫拉克利特（Heraclitus），frags. 104, 29。

28 《理想國》（*Republic*），494a 以及 496d。

29 同上，496a ff。孔恩佛（Cornford），《柏拉圖的理想國》（*The Republic of Plato*），pp. 203-204。

30 《斐利布斯篇》，62b。

31 《律法》（*Laws*），935：在爭論中，「所有的人都想嘲笑他們的對手。」我們「不可能欺凌而不嘲笑」。因此，「每一個寫喜劇、抑揚格詩或抒情詩的作者，都嚴禁嘲笑市民……如果違規，他將被趕出理想國。」但在《理想國》的段落中，被嘲笑的恐懼卻完全不重要，參見 394 ff 及 606 ff。

32 《泰阿泰德篇》（*Theaetetus*），174a-d。

33 《通靈者之夢》（*Träume eines Geistersehers*），《著作全集》（*Werke*），vol. I, p. 951.34。

34 《斐多篇》，64。

35 同上，66。

36 同上，65。

37 《訓誡》（*Protreptikos*），B43, ed. Ingemar Düring, Frankfurt, 1969。

38 同上，B110。

39 《理想國》，500c。

40 一六三八年三月之信件，《笛卡兒作品與書信集》，p. 780。

41 編注：此注資料來源尚未被尋獲。

42 Akademie Ausgabe, vol. XVIII, 5019, 5036.

43 柏拉圖在《斐多篇》84a 提到潘尼洛佩的紡織，卻有著完全相反的意思。那「哲學家的靈魂」一旦從快感與痛苦的束縛中解放，將不會像潘尼洛佩那樣拆散她織成的布。一旦（經由 *logismos*）除去了快感與痛苦那靈魂（即柏拉圖的思考）身上的「釘子」，靈魂就改變它的本質，不再推論（*logizesthai*）而只是凝視（*theāsthai*）那「真實與神聖」，並永置身其處。

44 〈哲學評論的本質〉（"Ueber das Wesen der Philosophischen Kritik"），《黑格爾研究》（*Hegel Studienausgabe*），Frankfurt, 1968, vol. I, p. 103。

45 《歷史哲學》（*Philosophie der Weltgeschichte*），Lasson ed, Leipzig, 1917, pt. II, pp. 4-5。

46 《歷史的理性》（*Reason in History*），trans. Robert S. Hartman, Indianapolis, New York, 1953, p. 89。

47 《歷史的理性》，作者自譯。

48 《心智的現象學》（*The Phenomenology of Mind*），前言。

49 《政治學》（*Politics*），1269a35, 1334a15; bk. VII, chap. 15。

50 韋斯（Paul Weiss），〈閒暇在哲學上的定義〉（"A Philosophical Definition of Leisure"），《閒暇在美國：是福賜還是咒語》（*Leisure in America: Blessing or Curse*），ed. J.C. Charlesworth, Philadelphia, 1964, p. 21。

51 VIII, 8。此處所用為 Kirk & Raven 之譯本，frag. 278。

52 《蒂邁歐篇》（*Timaeus*），34b。

53 〈機能的爭戰〉（"Der Streit der Fakultaten"），pt. II, 6 & 7，《著作全集》（*Werke*），vol. VI, pp. 357-362。

54 "Ueber den Gemeinspruch"，《著作全集》，vol. VI, pp. 166-167。

55 黑格爾（Hegel），《歷史哲學》（*Philosophie der Weltgeschichte*），序。

56 《智者篇》（*Sophist*），254。

57 《理想國》，517b；《費德羅篇》，247c。

58 《智者篇》，254a-b。

59 參見第一章，pp. 33-34（中文版六三頁）。在《詮釋學》（*De Interpretatione*）一開始，亞里斯多德提及他的另一著作《靈魂論》（*De Anima*）討論了相同的論點，但《靈魂論》中卻找不到與此相對應的部分。假如我的閱讀無誤，亞里斯多德指的可能是我在第一章引用過的章節，是《靈魂論》，403a5-10。

60 《詮釋學》，16a4-17a9。

61 〈人類學的反思〉（"Reflexionen zur Anthropologie"），no. 897, Akademie Ausgabe, vol. XV, p. 392。

62 《獨白》（*Monologion*）。

63 以下我大量借用了葛蘭言（Marcel Granet）的《中國思想》（*La Pensée Chinoise, Paris*, 1934）的第一章〈語言與字體〉（"Language and Script"）。我使用的是新的德文版，已被滿晰博（Manfred Porkert）更新：*Das chinesische Denken-Inhalt, Form, Charakter*, München, 1971。

64 康德，《純粹理性批判》，B180。

65 B180-181.

66 《哲學邏輯論》（*Tractatus*），4.016（*"Um das Wesen des Satzes zu verstehen, denken wir an die Hieroglyphenschrift, welche die Tatsachen, die sie beschreibt, abbildet. Und aus ihr wurde die Buchstabenschrift, ohne das Wesentliche der Abbildung zu verlieren."*）

67 《詩的辯護》（*A Defence of Poetry*）。

68 《詩學》（*Poetics*），1459a5。

69 同上，1457b17 ff。

70 《判斷力批判》（*Critique of Judgment*），no. 59。

71 同上。

72 同上。

73 《未來形上學之導論》（*Prolegomena to Every Future Metaphysics*），no. 58, trans. Carl J. Friedrich, Modern Library, New York, n.d。康德自知在三批判前的著作中的奇特語法：「我們更高層次的理性概念……常穿上了物質的衣服，以求得清澈。」《通靈者之夢》，p. 948。

74 No. 59。有趣的是審察康德從早期直到《康德遺著》（*Opus Postumum*）作品中所談論到「類比」的概念，令人驚異的是，他很早就注意到隱喻的思考——也就是用類比從事思考——可以將思辨思想從那特異的不真實中解救出來。在一七五五年出版的《自然通史與天體理論》（*Allgemeine Naturgeschichte und Theorie des Himmels*）中，他談上帝存在的「或然率」：「我並不是那麼地投注於我理論的結果，以致於我毫無準備以承認它們實是……不能被示範的。然而，我預期……此一對無限所畫的圖表，旨在闡明一永遠逃避著人們了解的主題，**不應立即被看成是一怪物，尤其他有類比的依靠**。」（粗體字為強調）。英譯自 W. Hastie，自《康德的宇宙論》（*Kant's Cosmogony, Glasgow*, 1900），pp. 146-147。

75 見孔恩佛（Francis MacDonald Cornford），《柏拉圖的知識論》（*Plato's Theory of Knowledge*），New York, 1957, p. 275。

76 〈以中文字體寫詩〉（"The Chinese Written Character as a Medium for Poetry"），龐德（Ezra Pound）編，《煽動》（*Instigations*），Freeport, N.Y., 1967，此文為中文字進言：「它們的字源清楚可見。」一個語音字「並不把它的隱喻寫在臉上。我們忘記了性格原先的意義不是靈魂，而是靈魂的面具〔由此靈魂出聲，即 *per-sonare*〕。而使用中文字的記號，這樣的事就不會被遺忘……對我們而言，只有對詩人，那文字所累積成的寶藏才是真實與活動的」。（p. 25）

77 IX, 1-8.

78 這出自孔恩（Marshall Cohen）不幸未被出版的文章，〈隱喻的概念〉（"The Concept of Metaphor"），我有幸取得參閱的機會，這篇文章裡有極多的例子，並對隱喻的文獻有著非常優異的評介。

79 荷馬，《奧德賽》（*The Odyssey of Homer*），bk. XIX, ll. 203-209, trans. Richmond Lattimore, New York, 1967, p. 287。

80 〈荷馬的明喻與哲學的肇始〉（"Das Homerische Gleichnis und der Anfang der Philosophie"），《古典》（*Die Antike*），vol. XII, 1936。

81 戴爾、堪斯（Diels and Kranz），先哲學殘篇，frag. B67。

82 《思想的發掘》（*Aus der Erfahrung des Denkens*），Bern, 1947。

83 斯乃爾（Bruno Snell），〈從神話到邏輯：類比的角色〉（"From Myth to Logic: The Role of the Comparison"），《心智的發現》（*The Discovery of the Mind*），Harper Torchbooks, New York, Evanston, 1960, p. 201。

84 約納斯（Hans Jonas），《生命之現象》（*The Phenomenon of Life*, New York, 1966），p. 135。他對「視像的崇高性」的研究，在澄清西方思想史上有獨特的助益。

85 戴爾、堪斯，先哲學殘篇，frag. 101a。

86 在一篇科學論述中，亞里斯多德似乎同意這樣的看法：「在所有的感官機能中，為應對日常生活的所需，視覺是較為重要的，但對心智〔*nous*〕而言，間接的〔*kata symbēbekos*〕聽覺反是較重要的……〔它〕對智慧做出最大的貢獻。因為激起學習的論述可被聽到，但它本身並不被聽到，而是要間接地被聽到；因為話語是由字句組成，而每一個字句都是一個合理的象徵。因而，在那些天生失去某些感官功能的人之中，盲目之人要比聾啞的人聰明。」但重要的是，當他寫哲學著作時，他卻從未記起這些論點。亞里斯多德，《感官與可感對象》（*On Sense and Sensible Objects*），437a4-17。

87 見前引，p. 152。

88 約納斯，第三章，有關費羅（Philo of Alexandria），特別在 pp. 94-97，《來自神祕哲學的神話》（*Von der Mythologie zur mystischen Philosophie*, Göttingen, 1954）。這是《後古的精神表述》（*Gnosis und spätantiker Geist*, Göttingen, 1934）的第二部分。

89 《生命之現象》（*The Phenomenon of Life*），pp. 136-147。參照《來自神祕哲學的神話》，pp. 138-152。

90 Bonn, 1960, pp. 200 f.

91 《泰阿泰德篇》，155d。

92 982b11-22.

93 983a14-20.

94 見《尼可馬格倫理學》（*Nicomachean Ethics*），VI, 8，此處 *nous* 是心智對「不可變更的原初與限制」的自覺（*aisthēsis*），在其中「並無 *logos* 存在」（1142a25-27）。Cf. 1143b5。

95 《第七封信》，341b-343a，此處是對原文的重述。

96 一八八五年七月二日。

97 No. 160.

98 《尼采》（*Nietzsche*），Pfullingen, 1961, vol. II, p. 484。

99 《哲學探索》（*Philosophical Investigations*），trans. G.E.M. Anscombe, New York, 1953），nos. 119, 19, 109。

100 《費德羅篇》，274e-277c。

101 《物理學》（*Physics*），209b15。

102 286a, b.

103 275d-277a.

104 《斐利布斯篇》，38e-39b。

105 同上，39b-c。

106 342.

107 同上，344b。

108 同上，343b。

109 同上，341e。

110 《純粹理性批判》，B33。「我不能光靠著思考就能知道某一對象，卻只能在我決定一所予之直覺時，我方可知道那一對象。」（B406）

111 引自海德格早期對柏拉圖《智者篇》的課程演講（1924-25），來自文字紀錄，pp. 8, 155, 160。同時見於孔恩佛（Cornford），《柏拉圖的知識論》（*Plato's Theory of Knowledge*）中對《智者篇》的注解，p. 189 及 n. 1。在該段落，*noein* 被解釋為是「直覺」（*noēsis*）的行為，可直接看見而不需推理論述。

112 38 c-e.

113 第一章，頁五〇（中文版一〇四至一〇五）。

114 亞里斯多德，《形上學》（*Metaphysics*），1003 a 21。

115 同上，984 b 10。

116 阿奎那（Thomas Aquinas），《真實》（*De Veritate*），qu. I, art. 1。

117 《純粹理性批判》，B82, B83。

118 《存有與時間》（*Sein und Zeit*），Tübingen, 1949, no. 44 (a), p. 217。

119 亞里斯多德，《分析後論》（*Posterior Analytics*），100b5-17。

120 《形上學導論》（*An Introduction to Metaphysics*），1903, trans. T.E. Hulme, Indianapolis, New York, 1955, p. 45。

121 同上。

122 《純粹理性批判》，B84, B189-B191。

123 《形上學導論》，頁四五。

124 《訓誡》（*Protreptikos*），Düring ed, B87。

125 1072b27.

126 1072a21.

127 這個誤譯使羅斯（W. D. Ross）的《亞里斯多德》（*Aritotle*, Meridian Books, New York, 1959）蒙上汙點。好在，這個錯誤並沒有出現在他的《形上學》（*Metaphysics*）譯文中，收於麥基恩（Richard McKeon）的《亞里斯多德的基本著作》（*The Basic Works of Aristotle*）。

128 《歷史哲學》（*Philosophy of History*），序，頁九。

129 黑格爾的《權利哲學》（*Philosophy of Right*），trans. T.M. Knox, London, Oxford, New York, 1967, addition to para, 2, p. 225。

130 《路標》（*Wegmarken*），頁一九。

131 《尼可馬格倫理學》（*Nicomachean Ethics*），1175a12。

132

《哲學邏輯論》（*Tractatus*），401。對我而言，維根斯坦早期的語言理論，是深植於古老的形上學中，而認為真理乃知識與其對象的吻合（*adequatio rei et intellectus*）；這個定義一直有個問題是，此一等式只可能存在於直覺中，也就是那自感官所予的有形物件，拷貝於內在的影象。維根斯坦所謂「思想」的「事實的邏輯圖像」（此處，我是根據羅素為雙語版所寫之序，《哲學邏輯論》，London, 1961, p. xii），其實是個矛盾，除非我們把「圖像」當作隱喻的用法。「語言與世界之間必然有著連繫的關係」，不管這關係為何，它絕不是「圖像式」的。如果這關係是圖像式的，那麼所有的命題——除非在感官感覺上犯了錯誤（遠看像一棵樹的東西，近看卻是一個人）——都將為真；然而我卻可以對一項「事實」列舉出極多的命題，雖有意義，卻不必然為真：「太陽繞著地球打轉」，或是「一九三九年九月，波蘭入侵德國」——這裡一個是錯誤，一個是謊言。此外，還有些命題本身就不可能被接受，比如「三角形大笑」，這不為真，亦不為假，卻是一個無意義的陳述。命題在語言上的唯一基準則是合理，或不合理。

審察著這些問題，並審察著維根斯坦後來如何放棄了他這「命題的圖像理論」，有趣的是探討他最初是如何想到這理論的。對此，我們有兩種不同的說法。第一種說法，當他「閱讀著一本雜誌，那雜誌上有一圖示，顯現著一場車禍發生的過程。在此，這圖像即為命題；也就是做為事物的境況的形容者。它之所以有這樣的功能，是因為圖像中的每一部分都應對著現實中的諸般事物。於是維根斯坦想到，我們可以逆轉這個類比，而說一個命題可以做為一個圖像，所根據的亦是每一部分與現實的對應。命題各部分的結合——即命題的結構——也就描述了現實中各個成分可能的組合方式」（見G. H.von Wright's "Biographical Sketch" in Norman Malcolm's *Ludwig Wittgenstein:* A Memoir, London, 1958, pp. 7-8）在此，很有決定性的一點是，他並不是由現實出發，卻起自對已被思考過的某事有系統的重建，也就是說，他的起點是一思想的插圖。在《哲學探索》（*Philosophical Investigations*）（663）中，卻有一讀來像是反駁此一觀念的段落：「假如我說『我指的是他』，很可能有一個圖像自心中浮起……但這圖像只不過是一個故事的插圖。我們無法單單從它得到任何結論，只有在清楚了故事以後，我們才能知道那個圖像的意義。」

第二個對「命題圖像理論」來源的說法可在《哲學邏輯論》中找到（4.0311），且聽來更為可信。以語言遊戲取代了早期理論的維根斯坦，似乎是受了另外一種遊戲的影響。那是一個在他的時代普遍被玩的一種遊戲「靜態畫」（*tableaux vivants*）：遊戲的規則要求某人猜出一群人共同組成的靜態畫的命題。「一個名字是一物，另一名是另一物，它們組合後再與另一物結合。如此，這像靜態畫的整群人呈現出一事物的境況；它事實上是意味著某一命題。」

133

我列舉這些，只是為要顯示出維根斯坦的思考風格。這也許有助於了解他「後期那些令人困惑的哲學……如是地零散」也「無一中心格局」（見 David Pears, *Ludwig Wittgenstein*, New York, 1970, pp. 4 f）。《哲學邏輯論》也是由一散漫的觀察開始，好在作者能自該處發展出一貫穿的理論，故而不必續做散漫的觀察，並使他能完成一有序的作品。雖然經常有停頓，《哲學邏輯論》卻是有一致性的。《哲學探索》顯示了維根斯坦那活躍的心智如何運作，如果它不是湊巧地被單一的假設所引領，比如，確信「必有某共通點存在於句子的結構與事實的結構之間」（Russell，見前引，p. x.，正確地稱此為「維根斯坦理論的最基本的主題」）。《哲學探索》最明顯的特徵，就是它的令人屏息：就好像有人真正實現了思想天生固有的**停下並思考**的特質，這到了一個地步之後，就停止了整個思考過程，並又退回自己以打斷思潮。英譯本緩和了這個效果，因為它把不斷重複的「*Denk dir*」以不同的字眼如「suppose」、「imagine」等譯出。

《哲學探索》，nos. 466-471。

第三章

什麼使我們思考？

What Makes Us Think?

14 希臘哲學中前哲學的假設

——The pre-philosophic assumptions of Greek philosophy

「什麼使我們思考？」這個問題所要探索的並不是思考的原因或目的。如果我們將人類思考的需要視為理所當然，那麼思想活動應屬於「*energeiai*」（自生自發）的範疇，就像吹奏笛子的活動，它們的目的是在活動的本身，且不在世界上留下任何實質的成果。雖然我們不能確切地指出思考的需要最初被人感覺到的時刻，但語言之存在、史前歷史所示，以及許多作者不詳的神話，在在都給了我們做這樣假設的基礎，即，思考的需要是人類在地球上出現的那一刻就發生的。我們所能清楚定下時日的，卻是哲學與形上學最初的發生。而可被更明確地描述的，是不同的歷史時刻對「什麼使我們思考？」這個問題所提出的答案。希臘給了我們部分的答案，她所有偉大的哲學家都認為哲學能使會寂滅的（mortal）人類進駐於不朽的（immortal）宅域，因而在自身內滋育出「可被容許的最大極限的不朽」。[1]在人類所能包容的短暫參與中，哲學活動使他變成像神一般，即西塞羅所說的「會寂滅的神」（mortal gods）。（基於這樣的信念，古代字源學中，如「沉思」〔*theōrein*〕，甚至「劇場」〔*theatron*〕這一連串的字，都是從「神」〔*theos*〕這個字衍生而出的。[2]）但是希臘所給我們的這個答案，卻也有它的問題，那就是它和「哲學」（philosophy）這個字之間的不協調，哲學的意思是對智慧之愛與欲求，但我們卻不能把對智慧之愛加諸於神。以柏拉圖的話來說：「神不會致力哲學活動或愛戀智慧，因為祂本身即是存有。」[3]

讓我先來討論「不朽」（*athanatizein*）這個概念，它對傳統形上學議題的影響，大到無以復加的地步。你應該記得在前面的章節中，我曾從判斷的角度來詮釋畢達哥拉斯的寓言，但是判斷做為一個獨立的心智機能，卻要到現代才被發現，也就是當康德追索著十八世紀對品味的興趣及其在美學與社會交流中所扮演之角色而寫成《判斷力批判》時。在歷史的參照中，我那樣的詮釋自有其不足之處。但畢達哥拉斯對觀察者的看法，對於哲學在西方的興起，卻有著另一更遠大的意義。那寓言對「*theōrein*」——即沉思無為——之高超地位的信念，緊緊地與希臘對神的概念相連。在荷馬的宗教觀裡，眾神並非是超驗的，他們也並非永遠居於「銅色天空」以外，或在那無極中「穩固的城堡裡」。[4]人與神其實極為相似，兩者同屬一類（*hen andrōn, hen theōn genos*），來自同一個母親；如希羅多德（Herodotus）所說，[5]希臘的神有著和人一樣的自然天性（*physis*），具有人形（*anthrōpophsis*），他們只是有著比較優異的特質：

不像人類要面對死亡，眾神不死，且享有「安逸的生活」。在免除了凡人為生計的煩憂後，他們可以盡情地做為旁觀者，在高高的奧林匹克山上觀看著人間事務，就像看一場足以娛樂的好戲。而奧林匹克眾神對人間諸事所顯現出的偏愛，卻和不如他們幸運而居住地上的人類弟兄是一致的。這種對神的描述，有異於其他族裔對神的概念，在別的文化中，神的天職在於創造、立法、建立與管理社區等那些有著神聖性質的事務。

希臘人對觀察的熱愛，比對知識的飢渴更為強烈（前文已提到），這甚至顯現在希臘文的文法裡，所以希臘人這普遍的基本態度，已明顯到不需更多的資料佐證。自然與宇宙（*kosmos*）和諧的秩序、自生自發的事物、經由人手「引至存在」的事物（*agein eistēn ousian*）[6]（此即柏拉圖對製造〔*poiein*〕的定義），還有人類在世事上的優異表現（*aretē*）等等，所有這些顯象的事物之所以存在，就是為了能被觀看與讚賞。引人進入純粹沉思的是現象的純美（*kalon*），所以潛在於最榮耀之顯現裡的「善的最高理念」（*touontos phanotaton*），[7]以及人的美德（*kalon k'agathon*），就不能以它們天生的特質或是行為者的企圖來衡量，更不能依據行為的後果，而只能以行動執行的本身、也就是行動者在**行動那一刻的顯現**為依歸，故美德（virtue）實是我們所謂的技藝的精湛（virtuosity）。和藝術一樣，人類的行為必然要像馬基維利（Machiavelli）所說的，「從它們內在的優點中放出光輝。」[8]所有事物的存在，都是為了能適合地做為眾神觀看的對象，自然地，奧林匹克眾神在地下的窮親戚，也希冀能分享這觀看眾事眾物的特權。

因此，亞里斯多德雖然認為運用詞語的功能、推理的話語是希臘人特有而異於其他野蠻人的，但所有人類皆有觀看的欲望。也因此，柏拉圖洞穴裡的居民，滿足地觀看著他們前方壁上的投影（*eidōla*），隻字不吐，也因為腳與脖子都被綑綁，他們甚至不能轉身和彼此交談。芸芸眾生和神祇共有著對觀看的熱愛。畢達哥拉斯式的觀察所暗指的是自外於人類繁瑣的俗務，因而能屬於神聖。一個人需要越少的時間照顧他的身體，就有越多的時間從事於觀察這神聖的事業，也因此就更接近神的生活方式。更進一步而言，因為人與神屬於同類，神不死的特質，也並非完全超出凡人可及的範圍；偉大的名字，除了一直是令人稱羨的對象，乃是「偉大的行為及偉大的立言」之珍貴的獎賞。而且一向有著不朽的潛力，當然相形之下這是微不足道的代價。但這個名聲的報償卻必須由觀察者給予行動者。哲學家所處理的是永遠無形、無生死、永遠持續的事物，也就是「*agenēton*」（無出生者），它們不僅無結束，亦無開始，也就是沒有出生。但赫希奧德（Hesiod）《神譜》（*Theogony*）裡的神雖然無死，卻非無生；在哲學家之前，詩人與歷史學家早在處理那些顯象的、隨時間消長、最終亦消逝於有形世界的事物。因此，哲學興起前，要清楚地了解人類事務以外的領域，我們可能可以仔細審察希臘對詩的功能及詩人地位所持有的概念。

有一篇論文提及了平恩德（Pindar）一首佚失的詩。這首詩形容宙斯在婚宴上詢問著聚集的眾神，在快樂的神賜生活裡他們是否有任何的不滿足。眾神則央求宙斯為他們創造一種神聖的生物，那生物知曉如何以「文字與音樂」美化神的偉大作為。在此，平恩德心中所想的神聖生物，當然就是詩人，[9]詩人使凡人不朽，因為「講述行動的故事要比行動本身更能長存」，而「被述說之事，如果述說得精彩，將在永恆裡流傳」。[10]詩人們，像荷馬，「以神妙的文字使故事流暢……並永遠歡愉著後世之人。」[11]詩人並不只在報導，他們亦給予了故事某種正當性（*orthōsas*）——艾爾斯（Aias）因羞憤而自殺，荷馬知之更深，故「給他超過所有人的榮耀」。被做之事與被想之事之間有一條界線，而被想之事卻只能被「觀察者」而非行動者得之。

這對詩人的評價，完全來自荷馬。與此最相關的詩行是對奧德修斯在法亞西恩（Phaeacians）宮廷裡的描寫。奉國王之命，一位詩人吟唱著奧德修斯的故事以娛客，唱到奧德修斯與阿基里斯（Achilles）的爭執時：奧德修斯聽之，掩面哭泣，雖然他在此之前從不曾為此事哭泣過，甚至在那些被敘述的事件正發生的時候，他也沒有哭泣。但在聆聽故事時，他才真正了解那事件的意義。荷馬自己則說：詩人為人類**以及**眾神，唱出了繆斯與記憶女神放置於他心中的事物。繆斯所賜予他的有好有壞：她奪去他的視覺，卻給了他甜美的歌曲。

平恩德在那首已佚失的、有關宙斯的詩作裡，必定曾從主觀與客觀兩個面向，清楚地交代過這些早期的思考經驗：人與世界都需要讚美，否則他們的美好就將失去被賞識的機會。人既然顯象在表象世界裡，他們就需要觀察者，而那些前來觀察生命慶典的觀察者，充滿著豔羨的想法，並以文字表示出這些讚嘆。沒有觀察者的世界是一個不完美的世界；身陷於活動中、被急務催逼的參與者，無法看出世事俗務中每一特定行為之間如何彼此契合而製造出的和諧，這有形世界中的無形物，若無觀察者的觀察、讚賞、整序，並付諸文字，就永遠不為人所知。

以概念化的語言陳述此一情況：顯象與發生之事物，它們發生時的意義，一直要到消失時才能被呈現；經由記憶，你可將不在眼前或過往之事，呼上心頭，再以故事的形式呈現其意義。說故事的人並不涉入現象之中；他是盲眼者，與有形之物阻隔，為的就是能「看見」那些無形的事物。他以盲眼所見並以文字描述的是那故事，而**不是**行為本身，也**不是**行為者，即使行為者可能因此而得到高達天際的名聲。此處出現了一個極為典型的希臘式問題：是誰得到了不朽？是行動之人，還是說故事之人？或是，是誰依靠著誰？是行動者依靠著給他名聲的詩人？還是詩人依靠著那做成了足以被銘記之事的行動者？我們只要一讀修昔底德（Thucydides）所寫的伯里克里斯（Pericles）的葬禮演說辭，就能了解這個問題的爭議性，而其答案為何，則端看是誰在回答這個問題——是行動者，還是觀察者。伯里克里斯這位樂與哲學家結交的政治家，認為雅典的「希臘學院」（因荷馬乃所有希臘人之師）的偉大之處就在於它「不需要荷馬或……其他有類似技藝的人」來使它不朽；雅典的市民，以其冒險犯難之氣魄，已在其身後及四海各地留下了「不朽的紀念碑」。[12]

而希臘哲學最明確的特質，就在於它完全地背馳著伯里克里斯所認為是最高與最神聖的生活方式。單從伯里克里斯同時代的朋友、哲學家安那薩格拉斯（Anaxagoras）的著作中就可看出：當被問及一個人何以要選擇被生於世，而非不被生於世——這正好是一個不只是哲學家，而是所有希臘人都處心積慮思索著的問題——他回答道：「為了能觀看穹蒼，以及在那兒的眾物，如日月星辰，好似，除此之外，無事足以令他掛懷。」亞里斯多德也同意：「一個人應該從事哲學活動，否則他盡可拋棄此生，離棄此世。」[13]

但伯里克里斯與哲學家們也有相同之處，那就是希臘人普遍追求的不朽，而不朽之所以可得，則是基於希臘人對人神互似的信念。和其他生物相比，人的確是神；[14]做為一個「有生死的神」（*quasi mortalem deum*，此處再引西塞羅），[15]人主要的工作就在於從事著能彌補必死命運的活動，以便能更像神——他最接近的親屬。否則，他就將降低到動物的層面。「最優秀的人在諸事中唯一欲選取者就是在人世間永不磨滅的聲名；而芸芸眾生卻如牛群般地任由宰割。」[16]此處的重點是，前哲學的希臘人深信，人類唯一有價值的動機是努力不懈以取得不朽；偉大行徑之所以為美，之所以值得讚賞，並非因其對國家或人民有利，而完全只是因為它「可被不朽的聲名錄提及」。[17]正如狄奧提瑪（Diotima）向蘇格拉底指出的：「你想艾塞斯提斯（Alcestis）難道會一死以救阿德米特斯（Admetus）、阿基里斯會肯為派特勞斯（Patroclus）報仇……如果他們不曾相信他們優異的行為（*aretē*）會永遠存留在人們的記憶中，就像它們如今真的存留在我們的記憶中？」[18]而最終統籌了柏拉圖《饗宴篇》（*Symposium*）中各種不同形式的愛的，也是凡事凡物對不朽的努力與追求。

我不太清楚是哪一位希臘人，最先覺察出了這對像神一般不朽的欽羨與讚賞，但這不朽也並不完美：眾神雖然無死（*a-thanatoi*，那永遠 *aien eontes* 者），卻不是永恆的。「如神譜所詳細告訴我們的，眾神都被生出於世：他們的生命過程有著時間上的起點。而哲學家所提出的絕然初始（*archē*），卻沒有時間上的起點，它永遠恆在，它是不能被製造出的製造原力。開始提出此中矛盾的，大概是安那希曼德（Anaximander），[19]但我們可在巴曼尼德斯的詩作中看到更清楚的結果。[20]巴曼尼德斯的存有**是永遠地**強而有力；它不是被製造出來的（*agenēton*, ungenerated），亦不腐朽（*anōlethron*, unperishing）。它不為生死所局限，它**存有的**期間，不但取代、而且超越了奧林匹克眾神那僅是不死的存在。」[21]換言之，對哲學家而言，**存有**，無生亦無死，取代了僅是不死的奧林匹克眾神而成為哲學中真正的神聖，以赫拉克利特的名言來說，它「並非為神所造，亦非人造，但過去是，現在是，將來也是：永生之火，燃起固定之節奏，熄滅固定之節奏」。[22]神祇的不朽是不可恃的；被生出者亦可停止生存——前奧林匹克的神不是都已死去消失？而使他們成為柏拉圖嚴厲攻擊對象的原因，就是這種不完美的不朽（而不是他們經常不道德的行徑）。荷馬式的宗教從不是一組可被另一組教條取代的教條；但「奧林匹克的眾神卻被哲學踩低了」。[23]這新的永恆的神聖，在前引的赫拉克利特的段落裡被稱為「*kosmos*」（不是指世界或是宇宙，而是指它們的秩序與和諧），所以自巴曼尼德斯開始，我們終於有了「存有」這個名稱，因如查爾斯・康（Charles Kahn）所說的，存有（Being）這個字自開始就含有**持續進行式**（durative）的隱意。的確，「語言中的進行式，與字根不分，影響到所有動詞的用法，也包括所有哲學上的用法。」[24]

如果說存有取代了奧林匹克的眾神，那麼哲學就取代了宗教。哲學活動成為虔誠唯一可能的「方法」，而這個新神的特色，就在於他是唯一。這唯一確實是神，並且完全不同於我們所了解的「存有」，當我們讀到亞里斯多德稱他的「第一哲學」為「神學」時，這就十分明顯了。亞里斯多德所謂的「神學」，並不是指有關神的理論，而是後來——在十八世紀時——被稱為的主體（*ontologia*）。

這新學說的最大優勢，是人不需再依靠死後那不確定的方式來取得不朽。不朽可在他活著的時候，不假借他人或詩人的幫助，就能實現。在古時，他必要仰賴詩人所賜的名聲而永遠流傳。但要得到這新的不朽，一個人只需進駐於不朽的事務之中，所依靠的新機制是心智（*nous*）。*Nous* 出自荷馬，在他的詩中，*nous* 除了指個別的心智活動，也隱含著所有的心智活動。*nous* 對應著存有，當巴曼尼德斯說「存有與思考為同一」（*to gar auto noein estin te kai einai*）時，[25]他已間接說出後來柏拉圖與亞里斯多德所明白說出的：人的內裡有著對應於神聖的某物，使得他能居住於神聖的鄰近。神聖使得存有與思考成為同一。應用 *nous*，且在心智上遠離可腐朽之物，人就可與神聖合一。這種相合是實質的。正如存有是神，根據亞里斯多德（引自爾摩提莫斯〔Ermotimos〕或安那薩格拉斯），*nous* 即是「我們內在的神」，且「每一個凡人的生命都擁有某些神性的部分」。[26]柏拉圖說 *nous* 是「天地的主宰，所有智者都同意」；[27]因此，它超越整個宇宙，正如存有高於一切。因此哲學家願意冒險涉足那「日夜之門」以外的旅程（巴曼尼德斯），與凡人之外的世界，他們「可被稱為是神之友，如果不朽可賜予凡人，那必為他們所得」。[28]簡言之，涉身亞里斯多德的「理論活動」（*theōretike energeia*），就幾乎等於是神的活動（*hē tou theou energeia*），也就是「不朽的行為」（*athanatizein*），致力於此使我們不朽，「在可能範圍內，盡量依照我們內裡的最崇高者生活。」[29]

對我們而言，此處值得一提的重要觀點是，人內在那不朽與神聖的部分，除非專注將之實現於外在的神聖，否則根本不能存在；換句話說，是思考的**對象**將神聖賜予了思考本身。那對象無論在任何情況下都是恆常的，它過去是、現在是、未來也是，因而沒有本身以外之存在，也不能不存在。這永恆的對象主要就是「宇宙的運轉」，因能在心靈中追隨它，證明了我們「並不成長於地上，而在天上」，這生物的「親屬」不在地上，而在天上。[30]在這概念裡，我們能很容易地察覺到那原始的驚奇，其本身就是哲學性的。也就是這種驚奇，使得科學家們開展了他們「掃除無知」的行程，使得愛因斯坦說：「世界〔宇宙〕恆在的神祕是它的可解性。」職是之故，為了配合宇宙之可理解性（universe's comprehensibility），理論所有隨之而來的發展，在某種意義上，只不過是從「驚奇」開始一段綿延不絕的馳騁。[31]我們很想做下如此的結論，科學家眼中的上帝，以自己的形象創造了人，將之放諸於世，卻只給他一個誡命：現在你自己去搞清楚一切是如何被創造，是如何運作。

總之，對希臘人而言，哲學旨在「成就不朽」，[32]並以兩個階段進行。首先有 *nous* 的活動，那基本上是對永恆的沉思，且是無言的（*aneu logou*）；然後就是把這視景轉換為文字的企圖。亞里斯多德稱此為「*alētheuein*」，這不單只意味著對事件毫無隱瞞地真實陳述，也意味著只陳述那必然與永恆卻不能有其他顯現方式的命題。人之所以異於其他的動物，就因為他是 *nous* 與 *logos* 的結合體：「他的本質是依 *ous* 與 *ogos* 所建構出的秩序。」（*ho anthrōpos kai kata logon kai kata noun tetaktai autou hē ousia*）[33]在這兩者之中，是 *nous* 使他參與著永恆與神聖，而負責「陳述其真面貌」（*legein ta eonta*）（希羅多德）的 *logos*，卻是人類獨有的特殊能力，它也被運用在其他「俗事的思想」、意見或**教條**、與人類事務範疇中發生之諸事上，換句話說，它也被運用在並非**存有**，卻只「似是」的事物之上。

Logos 與 *nous* 不同，它並非神聖，故將哲學家的視景轉換為語言的過程——依照哲學家

對 *alētheuein* 嚴格的定義——就產生了許多難題。哲學陳述的標準是形似（*homoiōsis*）（相對於 *doxa*，意見），也就是「似真的模仿」，或將 *nous* 的視景盡可能地吸納於文字裡，*nous* 本身沒有論述，因它「直接看視而不經任何理性推論過程」。[34]視景功能的標準並不是 *alētheuein* 這個字所暗示的「真理」。*Alētheuein* 是由荷馬的 *alēthes*（誠實的）衍生而來，但在荷馬的詩裡，這個字是以祈使動詞（*verba dicendi*）的用法，意指著：毫無隱藏地（*lanthanai*）告訴我，也就是不要欺騙我——好似語言的通用功能，如隱含在其字首（*alpha privativum*）的，就是欺瞞。語言的評估標準卻仍是真理，只是在將本身納入並遵從 *nous* 的視景時，它改變了原有的特性。視景的唯一評估標準卻只能是被觀看對象的永恆性；心智可直接參與其中，但「如果一個人所專注的是欲望及野心，並竭其力以追求這些事物……那麼他將注定成為凡俗，因為他所盡心培植的就是自己必將腐朽的命運」。但是「如果他傾心」於對永恆事物的沉思，他不可能「不擁有人性可被容許的最大極限的不朽」。[35]

自亞里斯多德起，哲學就是一門學科，旨在探索發生於物質以外（*tōn meta ta physika*）的事物，並企圖超越它們。一般也都認為哲學起源於希臘。也因這希臘的根源，哲學為己身設立了原本希臘式的目的，亦即對不朽的追求，從語言上來看，對於稱自己為**會死者**（mortal、*thnētoi*，或 *brotoi*）的希臘人而言，這目標似乎是再自然不過了。對他們而言，死亡是亞里斯多德所說的「最大之惡」，而他們又有著那些「來自同一個母親」的不死的眾神做為親戚。

哲學並沒有改變這自然的目標；哲學只是提出了另一種如何得到不朽的方式。簡言之，這個目標隨著希臘人的興衰而有起落，最終在基督宗教到來時，完全消逝。基督宗教帶來了「福音」，告訴眾人他們並不會死，與異教信仰不同，基督宗教能使他們在死後得到肉身的復活。希臘人對永恆追索的最後痕跡，只能在中世紀神祕主義者沉思中那「靜止時刻」（*nunc stans*）的概念中稍有一瞥。這個概念是十分驚人的，我們在以下的討論中也可看見，它其實是和思我的經驗相互吻合。

雖然從事哲學活動的動機消失了，但形上學的主要課題卻留存，並在以後的幾個世紀中繼續決定著什麼是值得思考的，什麼不是。柏拉圖所視為當然者——即「純粹的知識所關懷的是那些永不變更，永不混雜，並永遠保持本質的事物，或與這事最相親者」[36]——亦以不同的變奏保持在哲學中，幾乎直到現代的最後期。自其中排除的是所有關乎人類事務的題目，人類事務因事制宜，故必然已異於其本質。所以當黑格爾在法國革命的影響下——黑格爾認為在法國革命中，某些永恆的原則如自由與正義，已被實現——欲將歷史引入哲學的領域時，他也只能在一種假設下行事，即除了天體的運行，以及如數字等智思物是遵循著固定且必然的定律之外，他假設人世的事務也是遵循著同樣的、絕然的心智所化身的律法。但從那一刻起，哲學的目的就不再是不朽，而是必然：「哲學的沉思無它，僅在去除所有的偶然性。」[37]

原本有著永恆與必然特性的神聖形上學課題，藉著心智「停留」與保持在神聖跟前的努力，超越了「求取不朽」的需要，但當基督宗教降臨時，這個努力就成為多餘，信心取代了思想，成為取得不朽的途徑。但在另一方面，認為觀察者是引領著哲學與最優異的生活方式的信念，卻依然持續著。

在前基督宗教時代，這樣的概念仍充斥於上古晚期的哲學學派中，俗世生活並不是福賜，涉入人世事務，不僅是對神聖事業的分心，而且是一種危險與毫無喜樂的生活方式。自外於政治糾纏的意義，是企圖在人事的顛沛痛苦與不可避免的動蕩之外，自尋一個定位。但到了羅馬時期，觀察者卻不再坐在劇場中階梯式的看台上，像神一樣地觀看著人世的戲劇；他們的位置是安全的岸邊或堡壘，在那裡他們毫無危險地觀看著狂野不可測的風暴襲捲海面。這是羅克雷修斯（Lucretius）盛讚觀察者優勢的話語：「當外海的海面被狂風襲擊時，能夠安全地在岸上觀看他人於困境中掙扎，將是何等的喜悅！倒不是因為別人的痛苦，成為我快樂的泉源；是對自己倖免於難的了悟，成了真正的喜悅。」[38] 此處觀察者在哲學上的相關性已盡失——當希臘人落入羅馬人的手中時，許多其他的概念也歷經著同樣的殞歿。在此我們所失去的，不僅只是我們在康德中所見的觀察者能下判斷的優勢，以及思考與行動之間最基本的分野，喪失的還包括更基本的一個洞見，即所有顯象者顯象的目的就是為要被看見，表象最基本的條件就是對觀察者存在的需求，因此看見與凝視在所有活動中處於最高的地位。

自羅克雷修斯的命題中，伏爾泰做出了他的結論。對他而言，觀看的欲望不過是廉價的好奇：將沉之船吸引了大量的圍觀者，人們爭相爬上樹去觀看戰爭裡的屠殺，或是出席公開的死刑執行。伏爾泰認為人對觀看的熱愛，和猴子與小狗並無不同。換句話說，假如羅克雷修斯是對的，人們想觀看的熱情只是為要有一種安全的感覺，那麼對看視的純粹欲望也就是來自一極不成熟的非理性衝動，那衝動將危及我們的存在。羅克雷修斯為之代言的哲學家，其實不需要觀看著沉船才能警覺到不可將自身的安全交付於海洋的野闊。

不幸的是，這只是用一個淺薄的形式，來闡釋傳統給予我們的、有關觀察者與對象之間互利且「高尚」的距離——假如我們不考慮在中古世紀有極高地位的沉思所暗藏的不同隱意。有趣的是，最常被直接或間接地引述的竟是羅克雷修斯。赫爾德（Herder）有關法國革命的書寫：「我們可以從一個安全的港口，觀看著法國大革命，就好像我們看著廣大與冷漠大海上的船沉，除非壞運違逆願望，將我們也捲入。」歌德在耶拿（Jena）戰役後被問及他的處境時，也用了同樣的意象：「我不應抱怨。我像是一個站在穩固的岩石上向著怒海看望的人，雖然我無法給予那遭遇船難的人任何幫助，但我自己不會被巨浪襲捲，根據某位古時的作者，這應該是令人十分欣慰的感覺。」[39]

現代降臨，它越接近我們，希臘前哲學的假設所剩也越少——不是在教科書裡，而是在實際的經驗裡。但這些前哲學裡的假設卻確實曾促生了「令人敬畏」的形上學的助產士。

15 柏拉圖的答案與回響

——Plato's answer and its echoes

前哲學的諸般假設，在形上學的歷史中有著極大的重要性，但也在很久以前就已失去了它們的相關性。對於「什麼使我們思考？」這個問題，希臘哲學卻還提出了另一個、和前哲學的假設毫無關連的答案。那就是我已引述過的、柏拉圖的驚奇（wonder）的概念，我認為這個答案的合理性，絲毫未減。也因為這驚奇的概念和不朽毫無關連，就連在亞里斯多德著名的將驚奇解釋成「*aporein*」（因無知而起的困惑，可藉由知識祛除）的詮釋裡，也並未出現《尼可馬格倫理學》（*Nicomachean Ethics*）[40]中提及的柏拉圖式的不朽事業（*athanatizein*）。而這驚奇的概念，柏拉圖也只在一場有關感官知覺相對性的討論裡，匆促地提出（據我所知，也從未再被重複過）。說到「失序」，這個段落本身的出現也是失序的，但這種現象在柏拉圖的著作中是司空見慣的，最有深意的句子往往不能與上下文接榫，也因此極易從上下文中拆解出來閱讀，特別是在有邏輯與困惑纏結的時候，他會突然停頓，不再繼續討論。（這種情形在那個世紀也是很典型的，柏拉圖的著作自也不能超脫它的時代。）在這段落中，泰阿泰德（Theaetetus）說他「正臆想著」（wondering）——這只是一個很普通地表示「困惑」的說詞——蘇格拉底卻據此對他大加稱讚：「這是哲學家的真正標記」，但他們卻再也沒有回到原來所討論的議題。這短短的段落是這樣被記錄著：「哲學家最主要的熱情（*pathos*）就是驚奇（*thaumazein*）。此外，哲學沒有其他的起點或肇因（*archē*）。我覺得他〔即赫希奧德〕是個不錯的譜系編者，因為他將伊瑞絲〔Iris，彩虹，眾神的信使〕編成是塔瑪斯〔Thaumas，海神〕的女兒。」[41]粗看這段落，它似乎只在重述著伊奧尼亞（Ionian）學派的想法，即哲學是天文學的子嗣，因為哲學是由讚嘆天際的奇景而誕生。因為彩虹連接著天地，把天上的信息帶至人間，所以，思考或哲學，在驚奇中等於是那讚嘆者（Wonderer）的女兒，它連接了天地。

細讀後，這短短的幾個字中卻有著更多其他的暗示。「彩虹」這個字也出現在《克拉帝羅斯篇》（*Cratylus*）[42]中，在該著作中，柏拉圖將其溯源到「告訴」（*eirein*）這個動詞，因為她是一個信使」，至於「驚奇」（*thaumazein*）這個字——在此柏拉圖去掉了泰阿泰德最初使用它時的意義，卻提出了神譜的參照——事實上在荷馬的詩行中時常出現，它來自希臘文中和凝視（*theasthai*）有關的幾個動詞，和我們先前所見的畢達哥拉斯的 *theatai*（觀察者）有著同樣的字根。在荷馬的詩行裡，這充滿驚奇的凝視，只有與神照面的人才有；而「啊！多麼值得讚頌！」這樣語氣的形容詞，常保留給神的令人驚奇讚嘆的品質，也能用於形容一個像神一樣的人。此外，當神向人顯象時，常是以這樣的形貌：他的裝扮熟悉而平常，他的神性只能被與他面對面的人發覺識別。因此，人對神性所做的驚奇回應，並不是自發的，而是一種不能不承受的激情，被動而不能自控；在荷馬的詩行中，有行動的是神，對於他的顯現，人卻只能收受，不能規避。

換言之，讓人有此驚奇的，是那些看似熟悉卻隱藏著某些不可見之特質的事物，使人不得不讚美。故開啟思考的驚奇，不是疑慮，也不是吃驚，更不是迷惑，而是一種**讚嘆的**驚奇。令我們驚奇的事物，經由讚嘆而被確定後，迸發成彩虹信使所賜予的語言。然後，語言趨向著讚頌的形式，榮耀並不歸於一特定的現象，或是所有世事的總和，而是針對藏在事物之後的和諧與秩序，這和諧雖然無形，表象世界卻讓我們有機會對它稍作一瞥。如安那薩格拉斯（Anaxagoras）所說：「因為表象只不過是不可顯現出來的驚鴻一瞥而已。」（*opsis gar tōn adēlōn ta phainomena*）[43] 哲學的開端就是對宇宙和諧秩序的知覺，它顯現在熟悉的視景之中，使可見的事物變得透明。哲學家所驚嘆的「不可見的和諧」，對赫拉克利特而言，是「優於那些可見的事物」（*harmoniē aphanēs phaneēs kreittōn*）。[44] 另一個形容這現象中的無形之物的詞彙，是自然（*physis*），依照希臘人的定義，自然是指涉那綜合著非人造、非神創、而是自然生成的事物的總和；赫拉克利特說，「自然喜歡把自己隱藏起來」，[45]也就是，躲在現象的後面。

我引進赫拉克利特以做為詮釋，因為柏拉圖自己並沒有言明他所謂讚嘆的驚奇所指為何。他也沒有明說這最初的驚奇，如何被轉換為思考對話。而赫拉克利特卻至少在某些段落中，暗示了 *logos* 的意義：他說，阿波羅，「那戴爾菲神諭（Delphian oracle）的主人」——我們可在此加上阿波羅亦是詩人之神的注腳——他「從不明言，亦不隱匿，他只指示」（*oute legei oute kryptei alla sēmainei*）。[46]也就是說，阿波羅曖昧地暗示著某事，只有知悉那暗示的人才能了解（神只打著手勢〔*winkt*〕，海德格如此翻譯）。赫拉克利特另一更具挑逗與暗示性的段落如此寫著：「壞的見證人，是有著野蠻靈魂之人的眼與耳。」[47]也就是，指涉他們不具有 *logos*——*logos* 對希臘人而言不只是語言，更是推理論證的天賦，這是區分希臘人與野蠻人的特質。簡言之，驚奇引導著用文字思考的方向；無形之物在有形現象中顯現所激起的驚奇，繼被語言占據，語言足以袪除耳目這類感知有形事物的感官，在沒有思考的相助下所可能產生的錯誤與幻覺。

由此，我們可明顯地看出，這降臨於哲學家身上的驚奇，其所關切的，絕不是有個別性的事物，驚奇永遠被整體（whole）激起，這整體又不同於所有個體的集合總數，因為整體從不顯現。赫拉克利特用相反聲音的合聲來解釋這個概念——合音的效果絕不能被個別聲音的特色所形容。所以在某種意義上說，這和諧是與眾聲分離的 *kechōrismenon*（合成），就如同 ***sophon***（合聲），「我們或可以宙斯之名稱之」，[48]是「自外於所有的事物」。[49]在畢達哥拉斯的寓言中，這和諧也就是世上的戲劇之美，個體中有意義與無意義的事物同時演出。如此，和諧也就僅能彰顯給那些、能在心中將個別事件與時序做無形結合的觀察者。

自巴曼尼德斯起，這隱藏在表象世界中的無形且不被感知的整體，被稱為**存有**（Being）——Being 似乎是我們的詞彙中最空洞、最普遍，且最沒有意義的一個字。但對存有在表象世界無所不在的突然感知，初被希臘哲學發現的數千年後，仍被精確地描寫著。我以下所引的這個段落是相當近代的書寫，與希臘的文本相比，它較堅持個人與主觀的感情，但也因此，對於有心理訓練的讀者而言，它也更有說服力。柯勒律治（Coleridge）如此寫著：

> 你是否曾經想過存在的問題，也就是存在本身，那單純的存在的動作？你是否曾深思地對自己說，這就是了！在那一刻你什麼也不顧，不顧在你跟前的是人，或是一朵花，或是一粒沙——簡言之，你不需有任何參照，不需任何特定的關乎存在的模型或形式？你如果曾對此注意過，你必然能感到一種神祕力量的存在，它以令人畏懼及驚奇震懾著你的精神。無一物存在！或曾經毫無一物存在，這些詞句是自相矛盾的。我們的內裡有著抗拒這命題的某物，它發出充沛卻短暫的光亮，好像在

反證著它自己的永恆。

不存在是不可能的，而存在是不可解的。如果你對絕對存在的直覺了然於心，同理你必也知曉，就是這個，而不是別的，在古早時捕攫住那些崇高的心靈，那人類中的翹楚，以一神聖的驚懼將他們捕攫。就是這事物使他們感到內裡的某物，它不可言說的壯大，大過於他們各自擁有的個別天性。[50]

最初震撼著哲學家，使他們走上哲學之路的柏拉圖的驚奇，在我們的時代裡又被復甦，一九二九年海德格以「什麼是形上學」為題的演講中，以我在前面引述的文字作結，「何以有物，而非無物？」並稱此為「形上學最基本的問題」。[51]以現代語彙表現哲學家驚奇的疑問，在海德格之前已被提出。它出現在萊布尼茲的「自然與慈恩的原則」（*Principes de la nature et de la grâce*）：「何以有物，而非無物？」，因「無物似比有物更為簡單、更為容易」，[52]故有物之存在必有其充分原因，而這原因又必由其他某物引起。隨此思緒，我們最後必然到達**自因**（*causa sui*），即某物是自身存在的原因，據此，萊布尼茲的答案停止於那最終極的原因，且稱之為「上帝」，這個答案其實早出現在亞里斯多德的「不動的發動者」（unmoved mover）——那哲學家的上帝。而將這上帝處死的，當然就是康德，在他的文字中我們可以清楚地辨別出柏拉圖所暗示的理念：那無原因亦「無條件的必然」，做為我們因果論證所「不可或缺的、眾事眾物最終的孕育者，這是人類理性可印證的一個深淵……我們不能置之不理，卻也不能承受這樣的想法——一個我們認為是所有生物中最高的物種，必須做如此的自言：『我從永恆到達永恆，除我的意志外，那兒空無一物，**那麼我從那裡而來？**』此處所有的證據都無用，最完美和**最不**完美的並無不同，對於思辨的理性而言，都無實質，亦無基底。思辨理性並不亟欲保留兩者之一，亦不在乎兩者同時消逝」。[53] 這段話尤有現代感，巴曼尼德斯在他早先對非存有乃不可解、不可想的重述中，已將重點從無物轉移到存有：康德卻從未說過，就因那無物的深淵不可想像，所以**不存在**，他所說的是，這理性上的二律相悖使他從教條的沉睡中驚醒，而開始思考，但他從未說這深淵的經驗——這柏拉圖的驚奇的另一面——使他思考。

謝林（Schelling）的著作大量引用康德，所以很可能是從上述的章節，而不是萊布尼茲那較不經意的說辭裡，謝林導出了自己對這「終極問題」——何以有物，而非無物——不能捨棄的堅持。[54] 他稱此問題為「最叫人絕望的問題」。[55] 謝林的晚期作品，觸及了這從思考本身升起的絕望，所以他的這句話別有深意，因為這想法似乎在更早時就已縈繞著他的思想，即使他在年輕時，仍相信所謂「靈魂精髓」裡的「絕對肯定」，足以獨力祛除這虛無。由此，「我們確認無有（non-being）是絕不可能的」，它不能被認知或被了解。對年輕的謝林而言，知性所提出的這個終極問題——何以有物，而非無物——在深淵的邊緣被暈眩把持，且永遠被對存有的洞見壓抑，「存有是必然，認知中對存有的絕對肯定〔使其必然〕。」[56]

這一切似乎指向著返回巴曼尼德斯的立場，唯一不同的是，謝林認為「對上帝的**假設**」保證著這種肯定，對他而言，這種肯定是「對空無的絕對否定」：「可確定的是理性永遠否定著空無，空無並非無物，理性亦確定地肯定了那整體以及上帝是永恆的。」如是，唯一「對那終極問題——**何以有物，而非無物**——的合理答案，就是整體或是上帝」。[57]理性，沒有上帝這信念的扶持，依據「它純粹的本性」，可能「假設著一永恆的存有」，但是與這問題面對面時，理性看似「被驚嚇（*quasi attonita*），癱瘓，而不能移動」。[58]在哲學家的驚嚇中，並沒有彩虹那樣的信使帶來語言的禮物，也沒有隨語言而來的理性論證，以做理性的回應；這種對存有的肯定，明顯地是對應著柏拉圖驚奇中那讚嘆的成分，但此處它卻需要有著對上帝的信心，方能將人類的理性自它瞥見深淵時無語的暈眩中解救出來。

但當這信心一旦瓦解、理性被迫依恃己力時，那思想的「終極問題」所面對的境況，就將如沙特在《嘔吐》（*Nausea*）中所描寫的了。到目前為止，《嘔吐》一書仍是沙特最為重要的哲學著作。小說中的主角凝視著栗樹的根部時，卻突然被淹沒在「什麼是『存在』的意義……；存在常掩藏著自己。但它在那兒，在我們四周，在我們內裡，它就是**我們**，你每說兩個字就一定要提到它，但是你卻永遠摸不到它」。但是現在，「存在突然暴露了自己。它不再是一個看來無傷的抽象範疇：它是所有事物的汁液……是根，是公園的大門，是椅凳，是稀疏的草地，是所有消逝之物：事物的多元，以及它們的個別性，都只是一個現象，一層表面的鑲飾。」沙特的主人翁對此的反應，不是讚嘆，甚至不是驚奇，而只是欲嘔的感覺，面對單純存在的混濁以及現實所給予的赤裸裸的彼境（thereness），它們從未被任何思想成功觸及，更不用說被闡明並透明化：「你甚至從來不知道，這一切來自何處，或這世界為何存在著，或這世界不是完全的虛無。」現在那一切驚奇與讚嘆都被消除，存有的醜聞是在於那虛無乃是「不能想像的」。「在它**之前**沒有任何事物存在。無物……那是我所擔憂的：當然這些流動的岩漿沒有存在的**理由**。但**不可能**要它不存在。那是不可想像的：要想像虛無，你必須置身彼處，在世界中，活生生，眼睛大睜……我對這事的不可解感到厭倦。沒有辦法。但它卻在那裡，等待著，看著你。」是那彼境全然的無意義，使小說的主角大叫著：「『齷齪啊！這腐爛的齷齪！』……但它固持在那兒，許多許多，成噸成噸地存在，永無止境。」[59]

在這逐漸由存有轉向虛無的過程中——不是因為失去了驚奇或困惑，而是因為失去了在讚美與思考中肯定它的意願——我們很容易會覺得哲學已走到了盡頭，至少那種由柏拉圖所始創的哲學。毫無疑問地，由讚嘆到否定的移轉很容易被了解，倒不是因為我們有任何明顯的事件或思想做為標誌，而是因為如康德所說過的，理性的思辨「並不覺得有任何失落」，或任何獲得，不管它面對的是哪一邊。因此，認為思考即是對單純存在做實質肯定的理念，也可在現代哲學史上找到許多不同的變奏。最著名的是史賓諾莎（Spinoza）「默許」的概念，在那過程中，所有存在的事物只輕輕搖擺，「大魚」永遠吃著小魚。還有就是在康德寫批判前的著作中，對形上學者所提出的他們應問的第一個問題：「可不可能，根本無物存在？」此一思想必引至這樣的結論：「如果沒有存在，也就沒有可思考之事物」，因而又引出了「絕對必然的存有的概念」，[60]——這樣的結論，對於寫批判時期的康德而言，是極難認可的。更有趣的是他更早時所說過的有關居住在「那最好的可能的世界」裡的一段話：他重複著那古老的令人安慰的想法，「整體是最好的，凡事皆是為了整體之好」，但他同時又並不十分信服於這古老的形上學的主體，因為他隨即突然地加入了這聲驚呼：「我向每一個生物呼叫……我們的每一個存在萬歲！」[61]

這種對存在的肯定，或者毋寧說是對思想與實在（界）的折衷之需要，也是黑格爾作品中的要旨之一。它影響了尼采「熱愛生命」（*amor fati*），以及「恆久重現」（eternal-recurrence）的概念，恆久重現是「肯定所能到達的最高形式」，[62]也就是因為它同時有著「最持重的重量」。

如果魔鬼對你說：「你所過的生活……你將重複地再過無數次；沒有新事物加入，每一痛苦，每一快樂，每一思想，每一口嘆息……都將重新回到你的身上——而且完全以同樣的次序，同樣的時段發生……存在的永恆沙鐘，將不停地被翻轉再

> 翻轉，連你這群沙中的一粒沙塵也包括在內。」你難道不會摔倒在地……詛咒說這話的魔鬼？抑或是，你曾有過某種完美的時刻，使你想回答他說：「你是神，我從未聽過比這更有神性的話。」……你要多愛著你自己以及你的生命，才能**不顧一切地熱切想望著**這樣終極、永恆的肯定與誓約。[63]

這些段落的重點是，尼采恆久重現的概念不只是一個「理念」，或康德式的對思辨的歸化，它當然也不是一個「理論」，或一個對古代錐形運轉時間觀念的重溫。它的確只是一個想法，一個思想實驗，但它的力量卻在於，它切身地將存有虛無的思想結合於一處。此處的肯定並不是來自希臘的對結合著個別多元的無形和諧的讚嘆，它來自一簡單的事實，即沒有對於存有原始的肯定，或想及意義而不同時想及枉然、虛榮與意義的真空。

要走出這困惑的途徑，似乎還是要靠那古老的理論，即沒有一原初的肯定就無物可思，亦無人可從事思考；換句話說，思考活動的本身，不論是何種形式的思考，已預設著存在。這單純的邏輯解答其實是十分危險的；一個相信「沒有真理」的人，不可能會信服，這命題是自我駁斥的（self-defeating）。另一個存在的、後設邏輯的（meta-logical）解答來自海德格，在重複著他那「何以有物，而非無物」的問題時，他顯示出了類似於柏拉圖的驚奇。對於海德格而言，「**思考**」（to think）和「**感謝**」（to thank）兩字基本上是相同的，衍生自同一字根。很明顯地，和其他對此問題的討論相比，這是最接近柏拉圖之讚嘆的驚奇。它的困難不在於這字源的演繹，或是欠缺推論的闡釋。它的困難仍是那古老的、柏拉圖的難題。柏拉圖對這個難題清楚地自知，並在《巴曼尼德斯篇》中討論過。

讚嘆的驚奇，做為哲學的起點，沒有給實際經驗中的不和諧、醜陋及最終的邪惡留下空間。柏拉圖的對話從未探討過邪惡的問題，只有在《巴曼尼德斯篇》中，他稍微顯示了某種憂慮，憂慮那些不可避免的惡事醜行可能對理念產生負面的後果，如果所有顯象的事物都占有一個只有心智之眼可見的理念，根據此一理念衍生出它在人類事務的岩洞裡——即感官知覺的世界——所將呈現出的形式，那麼所有顯象的事物，而不只有那些可被讚嘆的事物，都可將它們呈現出的表象歸諸於一超感官的存在，以此來解釋它在表象世界中的出現。如此，巴曼尼德斯問道，何以那些「全然猥瑣及低下的事物」，如「毛髮及爛泥及塵土」，卻從不能激發起任何人的讚嘆？透過著蘇格拉底來回答問題的柏拉圖，並沒有用慣常對邪惡與醜陋維護理由，而宣稱邪惡與醜陋只是整體的必要部分。相反地，在蘇格拉底的答案中，他認為把任何理念歸諸這類事物上的企圖，都是十分荒謬的——「……在這些情況裡，這些事物只不過是我們看到的事物」——並建議立即轉移話題，「以免掉入那荒謬的無底之洞」。（在這對話中已是一位老人的巴曼尼德斯卻說：「那是因為你還很年輕，蘇格拉底，哲學還沒有在你身上生根，有一天它會的。到時，你就不再鄙視這些事物，但此時，你的年輕使你還在乎這個世界的意見。」[64]但這個難題從未被解決，柏拉圖也沒有再提起這個問題。）在此，我們的興趣並不在於有關理念的教條，只是在某種程度上，我們也許可以證明，柏拉圖的理念是衍生自那些美好的事物，如果他只是被「猥瑣及低下的事物」環繞，那些理念也許永不會發生。

當然，柏拉圖與巴曼尼德斯對神聖的追索，以及索龍（Solon）與蘇格拉底較為謙卑的、對結合人類事務的「無形律令」的定義，兩者之間有著明確的不同，而這種不同，對哲學史——而非思想史——的相關性是極大的。不過與我們目前討論相關的，是在這兩組情況裡，思考所關懷的都只是表象所指涉的無形事物（充滿星辰的天空，或是人的作為與命運），無形之物出現於有形世界裡，就像荷馬的眾神一樣，他們只顯現給那些與他們接近的人們。

16 羅馬的答案
——The Roman answer

上文中解析一非認知式的思考時，我曾以讚嘆及肯定的語氣強調這幾項在希臘及前哲學的思想中隨處可見的元素，其實也在後來的幾個世紀中留下痕跡，但這痕跡並非是留在思想上的影響，而是在第一手的經驗中。我不能確定我的描述是否背逆著當前的思考經驗，但我能確定的卻是，我的描述與當前對思考的意見是背道而馳的。

承繼希臘，羅馬人也有對哲學的一般意見，但這意見卻並不含括羅馬所特有的、以政治為核心的經驗（此一經驗以最純粹的形式保存在維吉爾〔Virgil〕中），卻反而有著羅馬共和國最後一個世紀的性格，彼時公共事務（*res publica*）經歷著消亡，在奧古斯都（Augustus）的極力復興下，最終轉為皇室的私有財產。與他們的藝術文學、詩及史學一樣，羅馬的哲學一直都是希臘傳入的舶來品；即使在公共事務全盛的時期，羅馬人也總是用懷疑的眼光看待著這些文化事業，但這些事業至少是被容忍著，甚至被崇拜，而成為知識份子的高尚嗜好，或是美化永恆之都羅馬的方法與手段。直到共和國與羅馬帝國衰落時，這些文化訴求才變得「嚴肅」起來，而大量借用希臘的哲學，也發展成一門「學問」，成為西塞羅所說的 *animi medicina*（靈魂的救藥），但它卻已有著和希臘完全相反的本質。[65]此時，哲學的用處是藉著思考逃避俗世，並以此治療人類絕望的靈魂。它著名的口號是 *nil admirari*：即對世事不驚不喜，亦不讚美。[66]這與柏拉圖讚嘆的驚奇，完全唱著反調。

羅馬所給予我們的遺產，不只是那通俗的、哲學家無驚於事的智者形象；比如黑格爾有關哲學與現實的著名言說（「希臘智慧女神米娜娃的貓頭鷹只在黃昏後起飛」），[67]就印記著羅馬而非希臘的經驗。對黑格爾而言，米娜娃的貓頭鷹所代表的，是柏拉圖與亞里斯多德自派羅伯奔尼撒戰爭（Peloponnesian war）災難中的復興。但自這城邦衰微中升起的，並不是他們的哲學，而是柏拉圖與亞里斯多德的政治哲學，「那生命老去的長影」。至於他們的**政治**哲學，巴斯卡（Pascal）在《沉思錄》（*Pensées*）中對它所做的直率形容，其實有著不少的真理：

> 我們一想到柏拉圖和亞里斯多德，就想到他們穿著堂皇的學院長袍的樣子。他們是誠實之人，也和其他人一樣，愛與朋友說笑，他們想散散心時，就寫成了《律

法》或《政治學》這些著作，聊以自娛。那是他們生命中最沒有哲學性的部分，也最不嚴肅……他們寫政治時，好像只是在為瘋人院寫下一些規則；假如他們裝作是在講述什麼大事，那是因為他們知道那些聽他們言說的瘋子，總以為他們是國王皇帝。他們也就順勢假作，為的是要把那瘋狂可能造成的傷害，減到最低的程度。[68]

總之，連黑格爾這樣一位形上哲學家，都深受了羅馬的影響。這些影響表現在黑格爾第一本書中、[69]對哲學與現實關係的討論章節裡：「人類對哲學的需要，經常發生在統籌著生命的力量消失的時候，那時，相對的事物失去了彼此相關的張力，也失去了相互的依恃，而各自獨成一格。自這分崩與離析，思想於焉升起」，也就是說，思想是升起於對協調的需要（*Entzweiung ist der Quell des Bedürfnisses der Philosophie*）。黑格爾這概念裡的羅馬性格，顯現在對哲學根源的解析：哲學的誕生非出自理性的需要，而是來自那不快樂的根源——這不快樂的羅馬性格，早被有敏銳歷史感的黑格爾識見，而詳述於他後期出版的講稿《歷史哲學》中對「羅馬世界」的討論裡。「禁欲主義，縱欲主義，或懷疑主義……雖然……彼此互相對立，卻有著一共同的主旨，即如何使靈魂無感於現實世界之所予。」[70]但黑格爾卻沒有自覺到他將羅馬的經驗如此地一般化了：「世界的歷史並不是一個充滿快樂的舞台。快樂時期是書中的空白頁數，因為那是和諧的時期。」[71]思考從世界的解體中升起，當人與世界不再和諧統一時，找尋另一個更和諧更有意義的世界之需要顯得更為迫切。

這些論述聽來都十分合理。的確，當世界變得不能忍受時，思想的衝動常與逃避的衝動同時發生。然而這逃避的衝動必然與讚嘆的驚奇同樣古老。但我們沒有在羅馬衰亡前幾個世紀的概念語言中見到它的痕跡，卻一直要到羅克雷修斯與西塞羅將希臘哲學轉變成了有著完全羅馬性格的學問時才能見到——在兩者眾多的不同之中，最主要的是羅馬哲學的實際取向。[72] 隨著這些時有憂患意識的先驅——羅克雷修斯所說「事事都在腐朽，接近死亡，被暮年銷損殆盡」[73]——要再過一百多年後，這樣的思想序列才發展成為較有一致性的哲學系統。這發生在愛比克泰德（Epictetus）身上，他是一名希臘奴隸，是晚期斯多噶學派中最敏銳的心靈。根據他的理論，為使生命可被忍受，我們所應學習的不是思考，而是「正確地使用想像力」，那是我們唯一可控制的事物。愛比克泰德所使用的仍是非常希臘式的詞彙，但他所說的「論理的機能」（*dynamis logikē*），和希臘的 *logos* 及 *nous* 關係之淡薄，就如同他所說的「意志」也和亞里斯多德的 *proairesis*（抉擇）無甚關連。他認為思考的機能本身缺乏繁衍的能力；[74] 對他而言，哲學的主題應關乎個人生命，哲學所能教導人的，也是「生活的技藝」，[75] 它應教導人們如何面對生活，就像木匠教導學徒如何處理木材。重要的不是理論的抽象層面，而是其使用及應用（*chrēsis tōn theōrēmatōn*）；思考與了解只是為行動所做的準備；崇拜解說的力量——即文句，推論的論證及思想序列自身，只能使人「成為文法家，而非哲學家」。[76]

換句話說，思考做為一特殊的技藝（*technē*），可能是地位最高，也是最被需要的技藝，因為它最終的產品是一個人生命的作為。此處所指的並不是一理性或政治的（*bios theōrētikos or politikos*）、專注一特定活動的生活，而是愛比克泰德所說的「行動」——這行動與他人無關，除自己外，它不能改變任何人，只見於智者的 *apatheia*（情感知覺）及 *ataraxia*（無感靜定），也就是拒絕對降諸己身的、美的或是惡的事物做任何的反應。「我雖必死，但我總能唱著歌死去吧？我不能阻止被人綑綁，但我非要哭泣不可嗎？……你威脅著要加手銬於我。欸！你在說什麼呢？你根本不能箝制住我，你只不過是銬住了我的雙手。你威脅著要砍我的頭，我什麼時候說我的頭不能被割下？」[77]這些顯然並不只是思考的習作，也是意志力的習作。「不必求事情順己願發生，卻讓己願順從所要發生，如此你就能得到平靜」，這是「智慧」的精華；因為「我們不可能使所要發生之事有所變更」。[78]

這些論點在我們討論意志現象時，將提供出極有興味的觀點。意志是一全然不同的心智活動，與思考的能力相比，它最主要的特色，是不以反思的聲音言說，亦不使用論證，卻只用命令的語氣，即使它所統馭的只不過是思想，或應該說是想像。為了達到愛比克泰德所要求的、自現實的激進撤離，思考的重心由反思轉向想像，以期能使不在面前之事出現於面前，但這並不是烏托邦式的對另一更好的世界的想像；這想像的目的只在強化思考的超然無涉，直到使現實完全消失為止。如果說思考的慣常功能是在使不在眼前之事出現於眼前，那麼愛比克泰德式的「對印象的處理」則在移走眼前的事物，使之最終消失於眼前。生活在表象世界裡，在存在的層面上你所唯一需要關注之事，是那些對你能發生作用的「印象」。而這些印象將成為真實存在或是幻象，則完全取決於你是否意欲承認它的真實性。

認為哲學是一門將心智當作純粹意識來處理的「學問」——因此，真實可被虛懸，完全棄置於括號之內——代表著古老斯多噶學派的立場。只是斯多噶學派並沒有探討將思想用做工具且只依意志命令行事的原始動機。在我們目前的討論中，值得記取的是，真實之所以能被棄置於括號之內，並不是由於意志力量的強大，而是由於思考的本質使之成為可能。如果有人把愛比克泰德視為哲學家，那完全是因為他發現了意識可使心智活動毫不外放地蜷縮於自身之內。

假如在感知著某一身外之物時，我所專心的是觀察的動作，而非被觀察的對象，那麼我就似乎喪失了原有的對象，因為它失去了對我的作用。換句話說，我改變了主題——我所處理的不再是那棵樹，而是我對那棵樹的知覺，也就是愛比克泰德所說的「印象」。這種轉向有著極大的好處，因為我不需要一心貫注於被知覺的外在對象，被觀察的樹於是被放置於我的內在，不為外界所見，就好像它根本不曾是一感知物。重要的是，那「被見之樹」並不是一智思物（thought-thing），而是一「印象」。它並不是一缺席之物，靠著記憶喚出，歷經去感覺的過程後，成為可被思考處理的心智對象。位於我內在的「被見之樹」仍保有著它完整的感官存在，所少去的只是它的真實感，這是一棵樹的意象，而不是一個有關樹的思想產物。斯多噶學派發掘出的技巧，就是使用心智的力量，使主體雖未自現實抽離，卻仍能超脫現實對他的作用；與其自眼前的事物做心智上的遁離，他卻將所有的現象引進心靈之內，用他滿溢著印象與意象的意識，取代外在的世界。

在這樣的時刻，意識果真歷經著一決定性的改變：它不再是那靜默的自覺，伴隨著我所有的行動與思考，並保證著單純的我是我（I-am-I）的認同（在此處那滲入認同的奇怪差異〔difference〕也並不成問題，我們將對此做更多的討論，但這心智活動特有的滲入，是由於心智能蜷藏於自身之內的特性）。因為我不再專注於感官所予的對象（雖然這個在「本質」結構上毫無改變的對象，以意識的對象顯現，也就是胡塞爾所說的「意向性的對象」〔intentional object〕），那成為單純意識的自我，以一全新的實體出現。這新的實體，可以完全獨立自主地存在，卻又似乎保有著這個世界的特質，只是祛除了它「存在」性格的單純「本質」，使它不再有可影響或可傷害我的真實性。我實實在在地變成我為我自己（I-for-myself），在自我中可找到一切原先只是「陌生」的現實。而給予我這永恆的、似乎安全逃離現實的避難所的，卻也不必然是那已成為一擴大意識的心智。

將現實放在括號裡——亦即僅將它當成一「印象」的方法來消除它——一直是「職業思考者」最大的誘惑，到了他們之中最偉大的黑格爾時，這傾向更行更遠，黑格爾哲學的基石，就是將世界精神（World Spirit）建立在思我的經驗之上：當他用意識的模式重新詮釋思我時，他把整個世界帶進了意識，就好像世界只不過是一個心靈現象而已。

對於哲學家而言，背離世界而蜷縮於自我之中的效率，是不容置疑的。從存在的層面來看，巴曼尼德斯所說、存有只在思考中顯現，故亦與思考同一，卻並不正確。如果意志強求心智，即使非存有亦可被思考。但在此情況下，離世的努力常化為一種消泯的力量，最終虛無全然取代了現實，只因為虛無可帶來紓解。但是這種紓解卻是不真實的；它只是一種心理作用，減輕焦慮與恐懼而已。我仍懷疑是否有人在法拉瑞亞銅牛中被烤炙時，還能覺得自己是那些「印象」的主人。

愛比克泰德，和塞內卡（Seneca）一樣，生活在尼祿（Nero）的統治下，也就是生活在極端困難的時代裡，和塞內卡不同的是，他幾乎沒有受過迫害。但在一百多年前、共和國的最後一個世紀裡，熟悉希臘哲學的西塞羅，已發現了思想序列（thought-trains），可供搭乘著走向離世的道路。他發現這類的思想，雖然不如愛比克泰德所提出的那樣精密與極端，卻仍可能在那時代中，為人們提供安慰與幫助（在任何時代，多少都是如此）。有能力教導這類思考方式的人，在羅馬的文藝圈內享有極崇高的地位；羅克雷修斯稱愛比克泰德為「一尊神」——在死後兩百多年，愛比克泰德終於有了一位不辱師門的弟子——因為「他是第一個提出現在被稱為智慧的生活方式，他的技藝，可將生命自風暴與黑暗中拯救而出」。[79]在我們目前的討論中，羅克雷修斯卻不是一個好的例子；因為他所堅持的，不是思考，卻是對知識的求取。經由理性獲得的知識可以袪除無知，因而可摧毀恐懼——恐懼乃惡與迷信的最大根源。在此，更貼切的例子應該是西塞羅著名的「西庇亞之夢」（Dream of Scipio）。

要了解西塞羅《理想國》最後的這一章節是如何的不尋常，以及其中理念對當時羅馬人而言多麼陌生，我們必須對它寫作時的氛圍稍作描述。紀元前一世紀，哲學在羅馬找到了一個庇護所，但在那個高度政治化的社會裡，哲學卻必先證明它的益處。在《托斯卡倫爭論》（*Tusculan Disputations*）中，我們可找到西塞羅對此訴求所提出的第一個答案：哲學之用在它能使羅馬更美、更文明。故哲學成為自公共事務退休之人的最理想職業，因為那些人不再有要務煩心。但哲學活動並不是非有不可的。它也不需和神聖有關；對羅馬人而言，建立與保存共同生活體才是最類似於眾神的活動。哲學也並不需以不朽為題旨。不朽有著人性與神性，但不朽卻不應是個人特有的品質，「對個人而言，死亡不僅有必要，而且有好處。」相反地，不朽卻絕對應該是人類生命共同體的特質：「如果一個團體（*civitas*）被摧毀殆盡，以小見大，整個世界亦將殞歿癱瘓。」[80]對共同體而言，死亡不但不是必然，也沒有好處；它只是一種懲罰，「因為一個團體本就應被建構成是有永恆性的」。[81]這些理念完全來自那以西庇亞的夢境做為結束的著作——由此可見，西塞羅此時雖已衰老且希望破滅，但他的初衷一點也沒改變。事實上，在《理想國》裡，除了卷五的哀悼，沒有一個章節能使讀者預見西庇亞夢境的到來，卷五的哀悼中有如是的言辭：「只有在文字裡，我們還保有著公共事務〔*res publica*，即這論述的主題〕；只因我們的罪惡，而別無其他理由，我們早已佚失了事物的本身。」[82]

然後出現了那個夢境。[83]西庇亞·阿費卡那斯（Scipio Africanus）是征服迦太基的勝利者，他講述自己在摧毀迦太基之前不久所做的一個夢。夢中他看到來生，並遇到一位先祖，這位先祖預告著他將摧毀迦太基的事實，並警示，事後他必須掌握最高指揮者的權威，以復興羅馬的公共事務，這一切當然都假設著他能逃過被刺殺的命運——最終他卻未能逃過此劫。（此處西塞羅想說的是，西庇亞其實有著拯救共和國的可能。）為了要適當地執行這個任務，並結集起足夠的勇氣，他必要堅信（*sic habeto*）以下的指示：保衛*patria*（家國）之人必在天堂占一席之地，並獲賜永恆。「因為統領世界的至高之神的最愛，就是集會及人在團體中的交流；治理與保護著這些團體的人，離世後，必歸返天堂。他們在人世的工作就是衛護人世。」這當然不是基督宗教傳統中那來生復活的應允，雖然如此清楚地列舉神的願望，仍是羅馬特有的傳統，但此處已暗藏了一個令人不安的音符：好似若無神賜的報償，人們不再願意去履行公共事務的義務。

因為——這是極為重要的——如西庇亞的先祖所說的，今生給予公共事務執行者的報酬絕不足以酬勞他的辛勞。從妥善的角度觀之，這些報償毫無分量，亦不真實：西庇亞在高高的天上向下望，地球看來如此微小，「他痛苦地看到我們的帝國只不過是一個小點。」他被告知：地球由天上看去是如此之小，所以你應時時往天上看，才能略窺人間之事。

在人的談話與人間的榮光中，你能得到什麼樣的名聲呢？你難道沒有看見名聲與榮耀是存在於多麼窄小的空間裡？那些談論著我們的人，他們還能講多久？就算有理由使我們把信任放在傳統與後代的記憶裡，自然災難總會來臨——水災或是火災——所以我們根本不能得到持久的名聲，更不用說是永恆的名聲了。假如抬眼上望，你就能看出這一切的徒然；名聲絕不能永久，永恆的遺忘將它滅絕。

我花了很長的時間講述著這個段落的要義，旨在顯示出這樣的思序，如何逆反著西塞羅和其他羅馬知識份子所共同相信、並寫在同一本書裡的理念。為便利我們的討論，我將提出另外一個例子（一個極為出名的例子，可能是首次被記錄在學術史中的例子），以顯示思想序列，有時以相對（*relativization*）的手法，經由思考將自我移至世界之外。相對於宇宙，地球不過是一個小點；發生在其上之事，有什麼關係？相對於時間的無垠，幾個世紀只是片刻，遺忘終將覆蓋所有的人事，人的所作所為，又有什麼要緊呢？在死亡面前，萬事萬物皆化為平等，其個別的特性也已失去重量；如果沒有來生——對於西塞羅而言，來生並不是信心的條文，而是道德的假設——那你所有的作為與所受的苦難也就無關痛癢。而在此，思考的意義，在於隨著長串理性的程序，你可以被提升到表象世界之外、亦即你生命之外的觀點。哲學被召喚，以彌補政治予人的挫折感，更籠統地說，也就是彌補生命的挫折感。

這只是一個傳統的開端，此一傳統在愛比克泰德的時代有高度的發展，更在五百年後、羅馬帝國的末期，達到最高峰。波伊提伍斯（Boethius）的《哲學的安慰》（*On the Consolation of Philosophy*），是中古世紀最流行的著作之一，現今卻幾乎不再被閱讀，它是在西塞羅毫未預見的極端情況下寫成。波伊提伍斯是羅馬的貴族，卻從財運的高峰上墜落，身陷囹圄，在獄中等著被處決。因為它寫作的背景，這本書常被人與《斐多篇》（*Phaedo*）相提並論，這是一種非常奇怪的類比：因為蘇格拉底被囚禁時始終有友人為伴，在審判中能長篇大論地為自己辯護，等待著的又是一個簡單而且並不痛苦的死亡，而波伊提伍斯卻未經聽證就被拋入獄中，死刑在空有形式的審判中被判下，他非但未能出席，更不用說為自己辯護，下獄後，他完全是孤獨一人，等待著的又是那以緩慢且恐怖的以折磨為手法的死刑。雖然他是一個基督徒，最終給他安慰的卻是哲學，而不是神或耶穌；雖然當他還在高位、從事著「祕密的休閒」時，他所研讀與翻譯的是柏拉圖與亞里斯多德，而最終給予他安慰的，卻完全是西塞羅那一式的哲學，以及斯多噶學派的思想序列。除此之外，在西庇亞夢中僅只是相對的東西，現在已蛻化成暴力的銷毀。在「永恆的浩瀚空間」箝制之下，你必須控導你的心智朝向它，而實在界勢必銷熔在其中，只因它（實在）之所以存在係為了滅寂。命運善變的本質銷毀了所有的快樂，因為當你享受著好運所帶來的一切（財富，榮耀，名譽）的同時，你時時害怕會失去它。恐懼銷毀了所有的快樂。每一件你不經思考就相信的事，在你開始思考時，就都不存在了——這就是哲學的安慰女神所給他的訊息。在此，未被西塞羅談及的有關邪惡的問題卻被提出了。雖然波伊提伍斯的著作中論及邪惡議題的思想尚嫌原始，卻也涵蓋了後來出現在中世紀的、較為複雜與精密的議論中所有的基本元素。它的思考程序是如此鋪陳的：上帝是所有存在事物的最終原由，神做為「最高位的善」不可能是任何邪惡的根源；而所有存在的事物都有其根源；如是，邪惡只有似是的根源，卻沒有終極的根源，因此邪惡是不存在的。哲學顯示，邪惡者不僅沒有力量，而且根本就**不存在**。你在不經思考時所認定的邪惡者，在宇宙的秩序中雖有其位置，但在存在的範疇裡，它卻必然是良善的。那邪惡的部分只是來自感官的幻覺，可經由思考而被祛除。這是斯多噶學派古老的箴言：經由思考而被否定之事——而思考是完全在你的控制之內——不能對你起任何的作用。思考使它們變得不真實。這使我們立刻想起愛比克泰德斯所稱頌的、現今稱為的意志力；不可否認的是，這種思考方式的確運用著極大的意志力。此種思考方式，意味著反求諸己——當世上所有活動都成為徒然時，這是唯一可能的行動方式。

在這古老的思想中，最叫人覺得驚異的部分，是它幾乎全然的自我中心。對此，生活在與世事緊密連接的環境中的亞當斯，有著這樣的說辭：「據說，在人將死時，看清了所有頭銜的空虛。事實可能真是如此。〔但是〕……像法律及政府這些管理世事的事業，難道只因為它們在死亡接近的時刻看來毫無意義，就該全被棄置嗎？」[84]

至此，我處理了思考在歷史上的兩個源頭，一為希臘，一為羅馬。在一邊，我們有讚嘆的驚奇，針對人生所有的奇觀，及身心天生具備著對此奇觀的讚賞；在另一邊，我們卻有著那被拋入一充滿敵意的世界的困境，恐懼是統馭的力量，而人爭相努力著想從那世界逃離。但本著我們所持有的、不算少數的證據，後者的經驗也並非不為希臘人所有。索福克里斯（Sophocles）的「不出生於世比所有的 *logos* 都好，次佳者則是以最快的速度回到我們所來之處」。[85]似乎就是詩人對那信念的變奏。但值得注意的是，這種情緒卻從不曾激勵過希臘的思想，也許更值得我們注意的是，這樣的情緒亦從未製造出任何了不起的哲學——除非我們要將叔本華算作是一位偉大的思想家。但是雖然希臘與羅馬的心態如此的涇渭分明，而一般教科書式的哲學史又極力想撫平他們之間的尖銳對立——甚至到了聽來都差不多是同一件事的地步——這兩者之間的不同已到了互反的地步，但這兩種心態卻仍有它們的相同之處。

在兩個傳統中，思考都要離開表象世界。正因為思考含蘊著遁世，它可做為逃避的工具。此外，如我們曾強調過的，思考亦含蘊著對身體與自我的不自覺，並企圖以純粹思考活動的經驗來取代它們，對亞里斯多德而言，這思考經驗比任何欲望的滿足，更能帶來喜悅，因為其他的快感都要依恃著他物或他人。[86]思考是唯不假外求的自給自足的活動。「一個慷慨的人需要錢財才能實現他的慷慨……一個要實行自我控制的人，都還需要誘惑的機會。」[87]所有其他的活動，高上或低下，都需要克服某些外在事物。連那以演奏本身為目的的藝術表演，如吹奏笛子，都不能例外——更不用說那些製造成品的活動，它們的目的是成品而不是活動本身，在那情況下，快感與完成的滿足感，在活動完成後才能得到。哲學家對世事的淡泊是出名的，亞里斯多德對此有所提及：「一個從事理論工作的人對世事沒有需求……世事反而是它的阻礙。也只是因為他是一個人……他才需要照管那些做為一個人〔*anthrōpeuesthai*〕的雜事」——要照顧身體，要與他人共居共處，等等。同樣地，德謨克利特（Democritus）主張思考要禁欲：因為它可以教導 *logos* 如何在自身之上求取樂趣（*auton ex heautou*）。[88]

在思考經驗中，對身體的不自覺，結合著思考活動純粹的喜悅，更理想地解釋是，為何有人認為思想可提供鎮靜與安慰的效果，它們也更能解釋何以會有那奇異且極端地將心靈放諸身體之上的理論——雖然這些理論明顯違反一般的經驗。吉朋（Gibbon）在對波伊提伍斯的評注中提到：「這些談到安慰的話題，如此明白，如此含糊，又如此抽象，但它們是無法壓抑住人性的。」但對這些哲學的「話題」提出字面事實與明確保證的基督宗教，最終之所以完全勝利，證明了吉朋是多麼地正確。[89]他接著又說：「人不幸的感覺，思想的努力可將之轉移。」他以實際情況描述，生理的恐懼得以消失，是因為「思想的努力」正在持續，這並不是因為思想的內容克服了恐懼，而是因為思考的活動使你忘卻了有一個身體，所以思考甚至能克服小小的不適的感覺。這思考經驗所具有的異常力量，可能可以解釋這個無法用其他理論來解釋的歷史現象，也就是那上古對身體有強烈敵意的身體心靈二分法，居然會完整地被基督宗教教義採納，雖然基督宗教的基石是建立在肉體化身的教條上（文字成為肉身），並相信肉身復活，基督宗教這樣的教義照理是應該一舉消除那身體、心靈的二分法，以及其他相關的謎題。

在討論蘇格拉底前，我想稍提一下「哲學化」（philosophize）這個動詞（不是名詞）最初出現的有趣背景。希羅多德講述索龍十年周遊的故事。索龍在立下雅典的律法後，決定出遊，除了政治的理由外，也為了觀看景物——*theōrein*。他到了撒狄（Sardis），那時克瑞塞斯（Croesus）的權力正值最高峰。向索龍展示他的財富，克瑞塞斯對他說：「陌生人，人們對你的讚辭甚至傳播到我們這裡，都是有關你的智慧以及你的到處周遊，你到過許多地方，且對所見的奇景盡其做**哲學思考**。所以我想到問你，你是否曾見到過一個你認為是最快樂的人。」[90]（故事的其他部分是我們所熟悉的：克瑞塞斯自以為會被提名為那最快樂的人，沒想到卻被告知，一個人不管多麼幸運，在他未死前都不能算是快樂的。）克瑞塞斯想與索龍對話的原因，並不是因為索龍走訪了許多不同的地方，而是因為他以哲學化出名，對他所見之事必從事反省；而索龍的答案，雖然是根據經驗，但也是超越經驗的。因為對那個「誰是最快樂的人？」的問題，他用了「什麼是凡人覺得最快樂的事？」的問題取代。他對這個問題的答案是一（*philosophoumenon*），亦即是對人類事務（*anthrōpeiōn pragmatōn*）的反省，人的生命裡，沒有一天是「與另外一天相同」，所以「人生是由機會所堆砌的。」在這樣的情況下，「等待並記取著結束」才是最明智的，[91]因為人的一生是一個故事，只有在故事的結束、一切都完成後，你才能講述它的來龍去脈。人的生命因有著開始與結束的標記，故也只有當它在死亡中結束時，才能被評估。死亡不僅結束著一個生命，它也為那生命畫上了一個沉寂的完成，那是從人所必須歷經的危險與動盪中搶奪下來的一個句點。這也就是後來盛行於希臘與拉丁古老格言的要義——*nemo ante mortem beatus dici potest*（無人在死前可被稱為快樂）。[92]

索龍自己也意識到這看似簡單的命題中所暗藏的困難。在另一個與希羅多德所講述的故事可相連接的段落裡，他曾如此說過：「最難的是察覺出那隱藏（*aphanes*）著的判斷尺度，它〔雖不顯象〕仍舊界定著所有的事物。」[93]此處索龍聽來像是蘇格拉底的先驅，傳說蘇格拉底後來也想將哲學由天上拉到地上，因而開始審察那些我們用以判斷人類事務的不可見的標準尺度。當被問到誰是最快樂的人的時候，索龍以一問題來回答，請問什麼是快樂，你將如何去衡量它？——就像蘇格拉底後來以提出問題來回答問題，什麼是勇氣、友情、*sōphrosynē*

（謹慎）、知識、正義等等？

但是，索龍確實也給了我們某種答案，這個答案如能被正確地了解，其實包含了今日我們所說的 *Weltanschauung*（世界觀）式的全面哲學：未來的不確定使人生充滿了痛苦，「危險潛在於所有的工作與行為裡，一件事一旦開始後，沒有人知道它會有什麼樣的結局，一個事事順遂的人看不到將要掉在他身上的惡運，而神卻給那些惡人所有的好運。」[94]因而，「沒有人在還活著的時候，能被稱為是快樂的」這句話事實上意味著：「沒有一個人是快樂；所有陽光下的人都是悲慘的。」[95]這不只是一種反省；它已是一種信條，是一種非蘇格拉底式的信條。而蘇格拉底，在面對這類問題時，幾乎以同樣的方式為所有蘇格拉底式的對話做結：「我完全找不到它的真意。」[96]而蘇格拉底思想的這種懷疑特色意味著：在對可見的正義與勇敢行為做出讚嘆的驚奇時，我們產生了這類的問題，什麼是勇氣？什麼是正義？勇氣與正義的存在，由我所見而顯示給我的感官，雖然它們不存在於感官知覺，也不是自明的真實所予。蘇格拉底所問的最基本的問題——當我們用著這些後來被稱為「理念」的字時，我們是什麼**意思**？——來自經驗。但那最初的驚奇的問題，不但未被解決，因為它們未被回答，而更被強化。開始的驚奇轉化為困惑，繼之又回到驚奇：叫人驚奇的是，雖然人們並不了解，也不能言明勇氣與正義的意義，他們卻能有勇敢與正義的作為。

17 蘇格拉底的答案

——The answer of Socrates

在處理「什麼使我們思考？」這個問題時，我列舉了職業哲學家所提出、並在歷史上有代表性的（索龍是個例外）答案。也就因為如此，這些答案都是可疑的。當職業哲學家提出此一問題時，答案經常不是來自思考發生時的真正經驗，而是基於對外緣因素的考量——這是由於思考者的職業興趣，或是由於常理對異反於日常生活的思考活動的質疑。如此得到的答案，常過於普遍與含混以致於不能在生活中有太多的意義。但日常生活卻仍是思考發生的道場，也是被思考打斷的生活程序的所在——就如同日常生活不停地打斷思考。但在除去諸般答案中極端不同的理論內容後，我們卻能得到一種頗為一致的、對某種需要的表白：企圖具體化柏拉圖的驚奇的需要，理性想超越可知範疇的需要（康德），協調異議以尋出這世界真意的需要——亦即黑格爾的「哲學的需要」，在於將外在事件轉化為自己的思想——或是，如我所陳述於此的，以籠統與概略的方式找尋出所發生事件之意義的需要。

思考的本我無法自述的無助，使得做為職業思考者的哲學家，成為難以處理的一個群體。如我們所見，困難在於思我是不同於存在於思考者內裡的自我，它完全沒有顯象於表象世界的欲望。它是一個滑溜的傢伙，不但不被他人看見，也不能被自我觸摸得到，亦不能被掌握。部分的原因在於它是全然的活動，部分的原因則是如黑格爾所說：「〔做為〕一抽象的自我，它超越了所有個別的特性與性向，而只在個體共有的普遍性的範疇中活動。」[97] 總之，從表象世界或從眾人相聚的市場觀之，思我永遠活在藏匿之中（*lathē biōsas*）。而這「什麼使我們思考？」的問題，卻在找尋著不同的方法與手段，想引它出殼、哄它，使它顯象。

我所能想到的最好、也是唯一掌握住這個問題的辦法，就是發掘出一個模式、一個思考者的範例，這位思考者對思考與行動有著同樣的熱情，但他卻不能是職業思考者——他並不是那種急切地想應用思想去建構行動規範的典型，而是能在兩種領域之中同感自在，並自如地出入其間，就如同我們自己經常穿梭於表象世界以及沉思現象的需要之間。這最適合的人選，應不自認為是屬於大眾或是小眾（早自畢達哥拉斯起，我們就有對這兩者的區別），他沒有做統治者的志向，甚至不想做有權階級的輔佐智囊，當然他也不是那願意卑微地接受統治的人；簡言之，這位思考者是人中之人，他不避市集，是市民中的市民，除了市民應有的義務與權利之外，他不多做事，也不多做索求。這樣的人應是難以尋獲的：因為如果他能為我們呈現出真正的思考活動，他一定不會留下太多的教條，也不會想寫下他的思想，即使他在思考過後，仍有具體並足以用白紙黑字寫下的遺跡。你大概已猜到我心中想的這個人選就是蘇格拉底。要不是因為他給了柏拉圖那樣大的衝擊，我們對他所知可能不會太多，至少不會有太了不起的印象；要不是他決定放棄他的生命，我們甚至不會從柏拉圖那兒知道他的存在；而他也不是為了任何特定的信仰或教條——對此他一無所有——而放棄他的生命，他只是為了要維護審察他人意見的權利，思索著它們，並要求審問他的人做同樣的事。

我希望讀者不要以為這項對蘇格拉底的選擇，只是隨意的決定。但我必須在此提出一個警告：對於歷史上的蘇格拉底，我們有著極多的爭議，雖然這是學術論戰裡稍微有趣的話題之一，我並不打算對此多著筆墨，[98]我只將簡短地提出這些爭議可能的核心——即，我相信真正的蘇格拉底，與柏拉圖所教授的哲學之間，有著一明顯的分界線。此處的絆腳石是，柏拉圖不僅在早期那些明顯是「蘇格拉底式」的對話中，將蘇格拉底呈現為**模範**哲學家（*the* philosopher），卻也在後期那些有著反蘇格拉底的理論與信條的對話中，強把蘇格拉底當成發言人。有許多時候，柏拉圖指出了這其中的區別，比如在《饗宴篇》那出名的底奧帝瑪（Diotima）的演講中，他就明白地告訴我們蘇格拉底對那「更大的神祕」一無所知，可能也根本不能了解它們。但是在其他的情況下，這界線就十分模糊，主要由於柏拉圖指望讀者大眾能看得出這些龐大的不一致——比如在《泰阿泰德篇》（*Theaetetus*）中，[99]他讓蘇格拉底所說的「偉大哲學家……自年輕時就從不知去市集的路」，則完全是一個反蘇格拉底的言論——如果我們可用這樣一個形容詞。更糟的是，這並不代表同一對話中就一定沒有真確的蘇格拉底寫像。[100]我想沒有一個人會嚴重地質疑，我這選擇在歷史上的合理性。比較難自圓其說的，可能是這將一歷史人物轉化為模型的企圖，但如果我們討論的人物要執行我們所指派給他的功能，這種轉化無疑是有其必要的。吉爾松在寫但丁的那本書中提到，在《神曲》裡「一個角色……所能保有的歷史真實，只能全等於但丁所意圖指派給他的代表功能」。[101]我們似乎能毫無困難地給予詩人這樣的自由，並稱之為詩人的執照——但當非詩人想如此做時，情況就轉壞了。然而，不管講不講得通，當我們建構出一個「理想的典範」時，我們的操作方式就是如此——用壞詩人及某些學者所愛用的比喻與擬人化的語彙來說，我們並不是從一匹布中剪出那個模型，而是從過去及現在的眾生裡，挑出那有代表意義的人選。吉爾松在討論但丁指派給阿奎那的代表成分時，暗示著這種手法（或技巧）的合理性：吉爾松指出，真實生活裡的多瑪斯絕不會做但丁派他去做的事——也就是頌揚斯葛（Siger）與巴爾班特（Brabant）——但是現實生活中的多瑪斯拒絕做此事的唯一理由，是某種人性的弱點，也就是他性格上的缺陷，而「他性格中的這一部分」，如吉爾松所說，「在進入天堂前，必須被留在門外。」[102]色諾芬所寫的蘇格拉底的若干性格上的特點，其歷史的可信性無庸置疑，但卻似乎也有留在天堂門外的需要。

在柏拉圖所寫的蘇格拉底對話中，首先引起我們注意的，是它的懷疑取向。所有的推論不是毫無進展，就是在原地打轉。如要知道什麼是正義，你必先知道什麼是知識，而要知道什麼是知識，你必有先前未經審察過的有關知識的概念。[103]因而，「一個人不可能找出他所知，或他所不知。因為如果他已知，就沒有問訊的需要；如果他不知……就根本不知道他所要找尋的是何物。」[104]又如在《歐帝佛羅篇》（*Euthyphro*）裡，為了要虔敬，你必須知道虔敬的意義。使神歡喜的事就是虔敬；但它們所以虔敬是因為它們使神歡喜，抑或是，它們使神歡喜是因為它們是虔敬的？

沒有任何一個推論（*logoi*）有靜止的時刻；它們到處移動。藉著問那些他沒有答案的問題，蘇格拉底推動著這些論證，當理論轉了一圈時，常由蘇格拉底提議再重新開始，一再問著什麼是正義、虔敬、知識，或是快樂。[105]因為這些早期的對話處理的是非常單純、日常生活中的概念，也就是那些人們一張口談論就會觸及的題目。這些推論通常是這樣開始的：誠然，我們看得見許多快樂的人、正義的行為、勇敢的人們，與值得觀賞與讚頌的美麗事物，每個人都知道這樣的人與這樣的事物；問題出在那些衍生自形容詞的名詞，這些形容詞是我們用以形容某些**出現**在我們面前的特例（我們**看見**了一個快樂的人，**知覺**到一件勇敢的行為或公正的決定）。簡言之，麻煩始自**快樂**、**勇氣**、**正義**等這些字眼出現時，這就是我們現在所謂的「理念」——即索龍的「隱藏的判斷尺度」（*aphanes metron*），「最難為心智了解，但仍界定著所有的事物。」[106]——也就是柏拉圖後來所說的，只能被心智之眼看見的理念。這些字眼其實是我們日常生活中所用的語彙，但我們仍然不能把它們講述清楚；當我們想定義它們時，它們變得滑溜起來；當我們討論著它們的意義時，沒有一樣事情是靜止的，每件事物都開始移動。與其重複亞里斯多德所說，而重申蘇格拉底發現了這些「理念」，我們所應該提出的問題是，發現它們時，蘇格拉底在做著什麼。因為在蘇格拉底強迫著雅典人及他自己清楚地說出他們真正的意思之前，這些字眼早已存在於希臘的語言中——他們似乎深信著，沒有這些文字，就不可能有任何議論的話語存在。

現在我們卻不能如此地確定了。對若干原始語言的知識使我們了解，將眾多個別事物結集於一共有名稱之下，並不是語言必然的結構方式；這些原始語言雖有著豐富的字彙，卻缺少抽象名詞，即使它們有著對應可見物件的名詞。為了簡化討論，讓我們選取一個已不再是那麼抽象的字眼。我們可以用「房子」這個字來形容很多不同的事物——原始部落的泥屋，國王的住所，城市居民在鄉間的渡假屋，村落裡的農舍，城中的公寓——但我們卻不能用它來形容游牧民族的帳篷。房屋的自有形式（*auto kath'auto*），也就是我們用以形容眾多不同建築物的共有特質，從未被看見過，肉眼或心靈都沒有見過；但每一個被想像出的房子，即使是抽象且僅有最低可被識別的特質，卻都是一個個別的房子。而那不可見的房子，也就是我們用以辨識建築物的概念，在哲學史上有著不同的名目；這不是我們要在此討論的重點，雖然我們發現較之其他如「快樂」或「正義」等概念，它還是比較容易被定義的。重要的是，那個無形的房子所暗指的某物，是要比任何肉眼可知覺的建築物更不可觸摸。而這個字有著「庇蔭某人」（housing someone）以及「居宿於內」的隱意，因而那今天搭起明日拆下的帳篷，因為沒有庇護的功能或成為居所的可能，故不能以此名詞稱之。所以「房子」這個字，是那「隱藏的判斷尺度」，「界定著所有的」有關居住的物件；除非有關被庇護、居宿以及有一個家的這些思考預先存在，房子這個字是不可能存在的。做為一個字，「房子」是所有這些概念的速成記號，若沒有這類的記號，思考及它快速的特色是不可能的。「房子」**這個字，像是被凍結的思想**，要追溯它的原始意義，**思考必先將之解凍**。這解凍的過程在中古世紀被稱為「沉思」（meditation），這不僅不同於默想（contemplation），甚至是與其相對立的。總之，這種沉思不能製造出定義，因而是完全沒有結果的，有人如果沉思「房子」這個字的意義，至多也只能使他對自己的房子更滿意一些。

一般都認為蘇格拉底相信美德是可被教授的，他也確實相信，雖然對於虔敬、公義、勇氣及其他美德，我們無法有確切的定義與固定的價值，可供人們做為未來行為的指引，但對這些美德的討論與思考，卻可以使人變得更虔敬、更公義與更勇敢。在這些事宜的討論上，最能闡明蘇格拉底信念的，其實是他用在自己身上的明喻。他稱自己是牛蠅及助產士；在柏拉圖的敘述裡，也有人稱他為「電光」，一隻魚在與電光接觸的那一刻，就變得麻痺無覺，蘇格拉底認為這樣的比喻是合適的，如果他的聽眾能了解到那「電光是以自己的麻痺來造成他人的麻痺……而並不是因為知道答案，而以此迷惑他人。事實是，我把自己所感覺到的困惑傳染給他人」。[107]這當然總結了思考能被教導的唯一方式——雖然蘇格拉底不停地說著他並不是在教學，因他無物可以教授；他是「不孕的」，就像希臘的助產士，都已過了生育的年紀。（因為他無物可教，無真理可交遞，他常被人指控為不肯明示自己的看法觀點〔*gnōmē*〕——我們從色諾芬那兒得知這點，而色諾芬自己也不斷地針對這樣的指控，為蘇格拉底提出辯護。）[108]蘇格拉底並不像其他的職業哲學家，他卻有著審察他人是否和自己一樣困惑的衝動——這和找出謎題的答案、或向他人示範的衝動是截然不同的。

讓我們簡短地檢視這三個明喻。首先，蘇格拉底是一隻牛蠅：他知道如何刺螫市民們，因為除非有人叫醒他們，他們將「沉睡不驚地度過他們的餘生」。但把他們叫醒了做什麼呢？當然是思考與自我審察。對他而言，若無此活動，生命不僅沒有多少價值，也不算全然活著。（有關這個題目，蘇格拉底在《申辯篇》及其他幾處所說，幾乎和柏拉圖在《斐多篇》裡引述他所說的「改良本的申辯」完全相反。在《申辯篇》中，蘇格拉底告訴他的同胞，他為何應該活著，但生命對他雖然可貴，他也並不畏懼死亡；而《斐多篇》卻描寫他向友人解釋生命已成為負擔，以及他為何樂於死去。）

其次，蘇格拉底是一個助產士：在《泰阿泰德篇》裡，他說因為不能生育，所以知道如何接生他的思想；此外，因為不育，他有著助產士的專門知識，能看出要出生的是一個真正的嬰兒，還只是一個必自身上清除的未受精的卵子。而與蘇格拉底對話的人之中，卻還沒有人提出過不是非受精卵子的思想，使蘇格拉底認為應被留存。相反地，蘇格拉底所做的，正是柏拉圖在《智者篇》裡以蘇格拉底為模型對智者所做的形容：他濯清著人們的「意見」，也就是清除那些沒有被審察過的、會阻撓著思考的先判斷——如柏拉圖所說，他幫他們除去壞的，也就是他們的意見，但是卻並不給予他們好的，也就是真理。[109]

第三，蘇格拉底雖深信我們無法有真知，但他並不就此打住，卻堅守著自己的困惑，如那電光，麻痺了自己，再去麻痺那些和他接觸的人。電光初看起來，似乎是牛蠅的相反。它麻痺，而牛蠅喚醒。但是由外觀看來是麻痺的狀態——從人類事務的角度看去——**感覺**起來卻是最高度的活動與醒活的狀態。雖然我們欠缺著有關思考經驗的文獻，但幾個世紀以來對於思考的描述，卻都支持著這樣的觀點。

所以，這個是牛蠅、助產士以及電光的蘇格拉底，並不是一位哲學家（他什麼也不教授，他也無物可教授），他也不是一位智者，因他從不號稱使人變得更有智慧。他只是指出人們的沒有智慧，沒有人有智慧——這「追求」使他忙碌不堪，以致他沒有多餘的時間從事私自或公眾的事業。[110]當他激烈地為自己辯護，欲洗清他腐化年輕人的控訴時，他也從不假裝他曾對青年有任何的助益。但他卻認為以自己為例、那些出現在雅典的思考與自審，是發生在那個城市裡最好的事情。[111]因此他關懷著思考的好處，雖然對於此，就像對於其他的問題一樣，他沒有任何清晰的答案。我們可以十分確定，環繞著「思考有什麼好處？」這個問題的對話，必定像其他的對話一樣，將以困惑做結束。

假如西方思想有一蘇格拉底的傳統，或套用懷海德的話來說，假如哲學史只是對蘇格拉底而不是對柏拉圖的注腳的集合（這當然是不可能的）（譯注：懷海德宣稱西方兩千年的哲學史只不過是柏拉圖的哲學之注腳而已），那麼我們必然不能在漫長的歷史中找到任何對這問題的答案，最多只有對它的某些變奏。蘇格拉底清楚地知道，他所處理的是無形之物，所以曾用一個風的隱喻來形容思考活動：「風雖是無形，但它對我們顯象，我們亦能感知它的到來。」[112]我們在索福克里斯中也找到相同的隱喻，他（在《安蒂岡妮》〔*Antigone*〕中）[113]把「迅疾如風的思想」（windswift thought）視為可疑且令人生畏之物，對人類而言，此物可能是福賜，亦可能是詛咒。不清明卻「令人驚畏」（*deina*）的。在當代，海德格也在他唯一論及蘇格拉底的著作中提到了「思想的風暴」，在那段落裡，他明白地用了這隱喻：「他的一生，直到死去的那一刻，都無所作為，只是將己置身於風中，在這〔思考的〕氣流裡，維持著他的位置。這就是為什麼蘇格拉底成為西方思想史中最純粹的思考者。這也是為什麼他沒有從事任何的書寫。那些從思考中撤離，而開始著書立說的人，最終都像那些不敵強風而逃向避難所的人……蘇格拉底之後的所有思想家，不論多麼偉大，也都只是這樣的逃難者。他們使思想最終成為文學。」但在後來一個注釋中，海德格卻加注，最「純粹」者並不必然是最偉大者。[114]

色諾芬永遠焦急地為蘇格拉底辯護，用粗鄙的論點去擊散那些同樣粗鄙的指控，也是在這樣的一個辯護中，他提到了這個隱喻，但卻意義不清。他提到無形的思想之風，將現身於蘇格拉底所審視的理念、美德以及「價值」中。問題在於，這陣風，不管是因何颳起，卻有著吹散曾經顯現事物的特性：這也是為什麼同一個人可以是牛蠅，也可以同時是電光。而這無形之風的天性，正在於還原並解凍那做為思考媒介的語言所凍結住的思想——也就是文字（概念、語句、定義、學說），其「弱點」與僵硬，柏拉圖在《第七封信》中做過精采的駁斥。最終，思考的必然後果是摧毀並破壞既定的標準、價值觀以及對善惡的評估，簡言之，也就是註銷所有我們認定為是道德與倫理的常規與律令。蘇格拉底似乎是說，這些封存的思想是如此唾手可得，以致你可在睡夢中使用它們；但當攪動思想的風一旦將你從睡夢中吹醒，使你完全清醒與活現，你就將看到，除了困惑之外，你什麼也沒有掌握到，最多，你也只能與他人分享你的困惑罷了。

因此，思考所引發的癱瘓是雙重的：一方面，它必要**停下**再思考的天性，打斷了其他的活動——在心理的層面上，我們將「問題」定義為「一種多少要停頓生機以達到目標的情況」；[115]另一方面，思考只能製造迷亂的效果：當你從思考中浮出，開始對你原先不假思索地就從事的活動產生了新的不確定。假如在此之前你慣於將普遍性的規則應用到特例中，此時你必有著無力的癱瘓感，因為這有著普遍性的規則，沒一樣能通過思考之風的考驗。拿「房子」那個字中凍結的思想來看，你一旦思及那個字中所有的隱意——宿居，對家之擁有，被庇護等——你可能就無法再接受自己的房子，不管那時流行的屋宇是什麼樣式；但這也並不保證著你一定能對如今變成「有問題」的情況，提出解決的辦法。

這牽引到了最後一個、可能也是這既危險又毫無益處的思考活動的最大危險。在蘇格拉底的圈內，有像阿爾斯巴德斯（Alcibiades）及克瑞提阿斯（Critias）這樣的人——天知道，在所謂蘇格拉底的學生中，他們還不是最壞的——最終成為城市的大威脅，並不是因為他們被電光麻痺了，相反地，是因為他們被牛蠅激起。但被激起的卻是放縱與犬儒。他們不滿於被人教導如何思考，也不接受任何教條，他們將蘇格拉底無結果的思考審察，轉向負面的結果：如果我們無法為虔敬定義，那就讓我們不虔敬——這當然完全與蘇格拉底談論虔敬所想達到的目的背道而馳。

對意義的追索，因其不止息地銷融並重新檢視所有已被接受的教條及規則，故隨時可能與自己為敵，製造出與原來價值完全相反的價值，並宣布這些相反者是「新的價值」。在某方面來講，這正是尼采逆反柏拉圖主義時的所為，但他忘了一個反轉過來的柏拉圖，畢竟仍是柏拉圖，或如馬克思將黑格爾倒轉，卻在過程中製造了一個全然是黑格爾式的歷史系統。這些思考的負面結果，將再同樣地以不經思考的過程被運用著；一旦用在人類事務之上，看來就好像它們從來未曾歷經思考的過程。我們通常所謂的「虛無主義」——我們常企圖為它在歷史上定位，在政治上反對它，並將之歸於那些膽敢思考「危險思想」的思考者——事實上是潛藏在思考活動中的先天危險。沒有所謂危險的思想，因為思考本身就是危險的，但虛無主義卻並不應是它的產物。虛無主義只不過是傳統主義的另一面；它的信條在於否決它不能脫離的、當前的正面價值。所有批判性的審察，至少必須經歷一否決的過程，即經由對其潛在意義與無聲預設的追索，而假設性地否決既定的意見與「價值」，以此觀之，虛無主義確是思考恆在的危險。

但是這個危險的根源，並不是蘇格拉底所認為的未經審察的生命不值一活的信念，卻是那急求結果以便不用再思考的欲望。思考對所有的教條有著顛覆性，卻又不能提供新教條以為替代。從常理的角度觀之，思考最危險的部分，其實是下述的事實，亦即在思考時有意義的事物，一旦運用於日常生活，它的意義立即銷融。當公眾意見把持「理念」，也就是，思考的顯象出現在日常用語中，並像認知的結果一樣地被處理時，它的結果可能只顯示出沒有任何人是有智慧的。在實用的層面，思考意味著每一次有難題出現在生活中時，你都必須重新做下決定。

但是，不思考，這在政治上與道德上看來更為合宜的選擇，卻也有著它的危險性。保護著人們使之不受審察可能帶來的危險，就等於教導他們緊緊地擁抱當時當世所固守著的行為規範。然而人們所習以為常的並不是那些規則的內容，因為任何對這內容的審察都會使他們陷入困惑，人們所習慣的是對這些規則的**擁有**，以便概括地將之用到所有的特例之中。不論基於何種理由，如果有人決定剷除舊有的「價值」與美德，他會發現那並不是難事，只要他能提供一組新的規則，他並不需要費太多的力氣，也不需要任何的勸服——也就是新的比舊的好的證據——就能將之付諸實行。人們對舊規則擁抱得越緊，他們也就越容易將自己納入新的規章，這意味著，率先服從新規則的總是那些社會的中堅份子，而那些在舊制度中看來最不可靠的份子，也將是最不可馴服者。

如果倫理與道德的議題，的確有著它們在字源學上所顯示出的意義，那麼更改一國人民的習俗與習慣，應該不比變更他們在飯桌上的禮儀困難。這逆轉能如此容易地發生在某種情況下，已然暗示著當它發生時，所有人都是沉睡著。在此我所指的當然就是納粹德國，亦可包括史達林的蘇聯，那時，西方道德中的基本戒律：一是「不可殺人」，二是「不可作假見證陷害人」，竟可以在一日之間被翻轉。而此事件的後續——也就是再翻轉那被翻轉的，第三帝國之後對德國人民的「再教育」，竟也出奇地容易，如此之容易，再教育簡直就像是自動化的過程——這並不應使我們覺得安慰。這只不過是前次翻轉的同一現象。

再回到蘇格拉底。雅典人告訴他思考是有顛覆性的，思想之風是一場颶風，颳除了所有人們藉以定位的固有成規，為城市帶來了混亂，為市民帶來了困惑。蘇格拉底雖然否認思考有腐化力量，但他也不假裝思考能改進任何人。思考將人自沉睡中喚醒，他認為這對城邦是好的。但他也不認為從事審察事業，能使他成為一個有利家國的人。對他而言，他只能說沒有思想的生命是全然無意義的，雖然思想並不能使人更有智慧，或回答思想本身的問題。而蘇格拉底所有作為的意義完全存在於那活動之中。用不同的方式來說：思考和完全的存在是同一件事，這暗示著思考要不停地重新開始；它是一個伴隨著生命的活動，關懷著諸如正義、快樂以及美德這些理念，語言給了我們這些理念，而它們的意義，卻是顯現在生命發生的事件，以及活著的時候發生在我們身上的事。

我所稱為對意義的「追索」，在蘇格拉底的語言中成為愛欲，這種愛欲是希臘式的 *Eros*，而不是基督宗教式的 *agapē*。*Eros* 式的愛欲主要是一種需求；它欲想成為自己所欠缺者。人愛欲著智慧，因而將它哲學化，是因為他們沒有智慧，他們也愛欲著美，將美哲學化——伯里克里斯在葬禮演說中稱之為「*philokaloumen*」[116]——因為他們是不美的。愛欲是蘇格拉底自認唯一有天分的領域，這技能同時也是他選擇伴侶與朋友的指引：「我在別的事上可能一無所長，但我卻有著這樣的天分：我能很容易地辨識出一位有愛與可愛之人。」[117]在對己身所缺乏者的欲求裡，愛欲與那所欠缺之物建立起關係。為要使這關係公開，使它顯現，人們必須談論著它——就像愛戀之人需要講述他之所愛。因為思想的索求是一種欲求之愛，思想的對象就必須是可愛之物——美、智慧、正義等等。醜陋與邪惡幾乎必定要從思考的關懷中剔除。它們不足以顯象，醜陋是美的欠缺，而邪惡，*kakia*，是善的欠缺。如此，它們沒有各自的根源，亦欠缺思想可以掌握住的本質。如果思考是將明確肯定的概念（positive concepts）融入它們的原始意義，則相同的過程必可將否定的概念融入原初的無意義性。亦即對思我而言，無物可資融入。這就是蘇格拉底為什麼相信沒有人會自願地行惡——那是因為它的本體狀態：它係由沒有（an absence）所組成，由不存在的東西所組成。德謨克特斯相信話語跟隨行動，就如影子不離於真實之物，這是真實與幻象的分野，他亦據此而勸人不言惡：勿視邪惡，不給它語言顯現的機會，如此將它變為幻象，變為那無影之物。[118]柏拉圖的讚嘆與肯定的驚奇在思考中開展時，邪惡也被排除；這在西方哲學系統中是一致的。似乎，蘇格拉底對於邪惡與思想泛乏之間的關連，並無更多的討論。他所提及的僅止於此，不愛戀美、正義或是智慧者，無能從事思考，反之，愛戀著自我審察因而「從事哲學活動」之人，亦無能行惡。

18 二合一
——The two-in-one

這樣的討論對我們的主要問題——思想的泛乏與邪惡的相關性——有何助益？至此，我們得到的結論是，那些有著蘇格拉底的 *erōs*，被智慧、美與正義的愛欲所啟發的人，有能力從事思考，亦可被信任。換句話說，我們所能依恃的也只是柏拉圖「高尚的天性」的說法，對少數人而言，沒有人「會自願行惡」的結論也許是正確的。但此一說法所暗示的結論卻十分危險，因為「每一個人都希望行善」的假想，連在少數人中也不能為真。（可悲的真象是，多數的惡行，實是來自那些根本沒有立意要行善或要行惡的人。）蘇格拉底與柏拉圖不同，他思考所有的題目，並與所有的人對談，他不相信思考只是少數人的事業，也不相信只有某些特定的對象——那只被訓練有素之心靈看見、卻不可在推論中被言說的題材——才能賦予思考活動尊嚴及相關性。如果思考真有某種防止人們行惡的特質，那必是含藏在活動本身的某物，並無關乎其對象。

愛戀著困惑的蘇格拉底，極少做正面的陳述。但在他僅有的少數正面陳述中，卻出現了兩項彼此相連的命題，與我們所討論的題目有關。兩者都出現在《高爾奇亞篇》（*Gorgias*）中。《高爾奇亞篇》是一部有關修辭學的著作，談論演講與勸說的技巧。《高爾奇亞篇》不屬於蘇格拉底早期的對話，是柏拉圖在成為學院院長之後才寫成。此外，因為是以論述的技藝及形式為主題，這篇著作必須避免沾帶懷疑色彩，否則不能達成它以說服為目的的主旨。儘管如此，這對話篇仍散布著懷疑，只不過柏拉圖刻意在結尾加上了一則有關死後獎勵與懲處的神話，如此明目卻也諷刺地化解了各樣可能的難題。因為是對大眾的演說，這些神話的嚴正與肅穆完全是屬政治性的。然而，這些非蘇格拉底的神話也自有其重要性，它們雖以非哲學的形式出現，卻已暗示了柏拉圖亦承認人確會自願行惡，此外，柏拉圖亦坦白承認，他不比蘇格拉底更知道該如何在哲學的層面上處理這令人不安的事實。我們也許無法知道蘇格拉底是否真正相信邪惡是由無知引起、美德是否可被教導；我們卻知道柏拉圖相信威脅利誘是比較聰明的辦法。

蘇格拉底的兩項正面命題是這樣寫成的。第一：「情願被人虐待，卻絕不虐待他人。」於此，像所有其他希臘人一樣，卡利克里斯（Callicles）回答道：「被人虐待不是做人應有的一部分，而是生不如死的奴隸的一部分，也是那些被虐待而不知自衛，或知人被虐而不能起而護衛的人的命運。」[119]第二：「對我而言，我情願我所彈奏的七弦琴、或所指揮的合唱團走了調、亂了合音，或是大眾都不能同意於我，但我卻不願意我自己，這一**體的存有**（Being one）與自我互相矛盾。」[120]這些說辭使得卡利克里斯說蘇格拉底是「終將為了雄辯美辭而瘋狂」，為他好，也為他人好，他勸蘇格拉底最好不要再碰哲學。[121]

蘇格拉底自有他的道理。使蘇格拉底做下這些結論的，的確就是哲學，或者應該說是思考的經驗——當然在展開思考活動時，他並沒有立意要達到這些結論，就如同其他思考者，並不是為了要「快樂」才從事思考的活動。[122]（我認為將這些結論看成道德認知活動的產物，是不正確的；它們當然是洞見，但卻是來自經驗的洞見，對思考活動而言，它們最多也只能算是意外的副產品。）

我們極難明瞭第一個陳述在當時所呈展出的矛盾，因為經過幾千年的濫用，它讀來已像是一則廉價的說教。要示範第二個陳述如何不易被現代讀者了解，最好的證據就是它的文字，「一體存有」這幾個字（是寫在「與自我互相矛盾，比與大眾對立是更壞的事」之前），常在翻譯中被省略。第一個陳述是主觀的；它意味著，**對我而言**，承受惡事比做惡事好。而在那段對話中，被提出與之抗衡的是一個同樣主觀的陳述，只不過那個陳述較為可信。明顯的是，卡利克里斯和蘇格拉底所談論的是不同的我：對一個我是好的，可能對另一個我是壞的。

但另一方面，我們如果從整個世界的觀點來看這個命題，我們會有與這對話的兩人都不相同的看法，重點是惡行被做出了，對誰較有利，是行惡者，或是受惡者，都已與事無關。做為公民，我們必須防止惡行的發生，因為它所危及的是我們共同居住著的世界，包括行惡者、受害者以及旁觀者。我們的法律條文也含括著這樣的考慮。它區分著某種必被懲治的罪行，以及屬於私人領域、可由受害人決定是否起訴的侵犯。如此，我們幾乎可以將罪行定義為是對法律的逾越、是不論受害者為何人都必須接受懲罰的行為；即使受害者願意忘記並原諒，而只要行惡者不再重犯，此一行為也並不危及其他的人。但法律卻不容許那樣的決定，因為此處的受害者是整個社區團體。

換句話說，在此，蘇格拉底並不是以一個對世界的關心超過對自我關心的公民的立場發言，他是以一個投注於思考的人的立場發言。他似乎是在對卡利克里斯說：如果你和我一樣，愛戀智慧，欲求對一切事物思考，對一切事物審察，你應該知道，這世界如果是如你所描繪、是劃分為強者與弱者兩個陣營，「強者能為所欲為，而弱者必須承受一切」（修昔底德），而選擇只限於行惡與承受兩者之間，那麼在這局限的選擇中，承受是比行惡要好的。但這所有一切的前提當然是：**如果你愛戀著智慧與哲學，如果**你知道審察的意義。

據我所知，只有另外一段希臘文學的章節，用著幾乎雷同的文字，講述蘇格拉底在此講述的事。「比惡行的受害者更不幸的〔*kakodaimonesteros*〕是那行惡之人。」[123]這來自德謨克利特，他是巴曼尼德斯的對頭，可能也因此，他從未被柏拉圖提及。這個巧合值得我們注意，因為德謨克特斯和蘇格拉底不同，他對人類事務並無特殊的興趣，卻對思考的經驗有著相當的興趣。如此看來，我們以為是一純然道德的命題，其實源自思考的經驗。

這帶引我們到了第二個陳述，它實是第一個陳述的先決條件，卻也是非常弔詭的。蘇格拉底講到「同為一體」，**所以**他認為不能冒著與自我失去和諧的風險。但沒有任何東西是與自己同一的。真實與絕對的一（One），像是A即是A，可以是跟自己和諧的，也可以是跟自己不和諧的。要產生合音，你必要有兩個不同的音調。當我顯象，被他人所見時，我是一體；否則我就不能被識別。但只要我與他人在一處，就對自我不能知覺，我只是向他人顯象者。我們所稱的**意識**（如我們所見，它字面的意義是「和自我一起認知」），有那怪異的性格，也就是我的認知亦是為我，雖然我幾乎不向自我顯象，這事實顯示出蘇格拉底的「同為一體」並不像表面看來那樣沒有問題；我不只是為他人，也是為自我，在後者的情況裡，很明顯的我並不只是一體。有著某種差異注入了我的一體。

我們更可從別的方面，對這差異有所認識。與眾多他物共同存在的事物，不僅是以自身的本質定義，它被不同於他物的質地界定；而這與他物的差異，其實是事物本質的一部分。當我們意欲在思想中掌握某物、企圖定義它時，我們必要將此物與他者的關係（*altereitas*）

列入考慮。當我們說一物件是什麼的同時，我們也必須說它**不是**什麼，否則我們就只在重複著同樣的字句：如史賓諾莎所說的，所有的決議都是否定。有關這認同與差異的議題，海德格曾指出了柏拉圖《智者篇》中十分有興味的一個段落。在這對話中，陌生人說在兩件事物裡——比如，休止與活動——「每一件都〔與另外一件〕不同，但每一事物對**己身**而言則是同一」（*hekaston heautō tauton*）。[124]在詮釋這個句子時，海德格將重點放在「*heautō*」這間接受詞上，因為，柏拉圖並沒有如我們所想的那樣說著「*hekaston auto tauton*」（每一事件自己是同一的），也就是以那A即是A的重複方式，差異只存在於多件事物並存的情況下。對海德格而言，這個間接受詞意味著「每一事物返回自身，對其自身而言是同一的〔因其〕是與自身同在……同一暗指著『與』這層關係，也就是一種調解，一種連結，一種合成：結合成為一體的統籌」。[125]

海德格討論的這個段落，是在《智者篇》最後有關共存（*koinonia*）的一節，在此，不同的理念相合相融，尤其是關乎看似相反的互異與認同之理念的共存。「所謂的差異永遠要參照其他的事物」（*pros alla*），[126]但是與它們相反的，那些「在自身乃為同一」（*kath' hauta*）的事物，參與著這差異的「理念」，只要它們「返回自身」——為其自身，與其自身，它們都是同一的，是故每一 *eidos*（理念）與他者不同，「並非因其本質，而是因其參與了差異的特質」，[127]也就是說，並不是因為它與一不同之事物有著某種關係（*pros ti*），而是因為它存在於多重的理念之中，而「每一真正的實體都潛藏著被看作不同於某物的可能性」。[128]以我們的字彙來說，只要有複數存在——複數的生物、事物、理念——就有差異的存在，而這差異並非源自外界，而是內在於具有互補形式（form of cluality）的每一個元目（entity）中，由此做為統一的整體得以具現。

此一出自柏拉圖的隱意以及海德格的詮釋的建構，對我而言，似乎是錯誤的。將一物從與它物的參照中分離而出，而僅審察它和己身的「關係」（*kath' hauto*），也就是它的認同，不可能彰顯出任何差異或任何異他性（otherness）；隨同著此物與**非它**事物的關係的喪失，它也失去了真實性，而取得一怪異的不真實。事物常以此種方式出現在藝術作品中，尤其是卡夫卡早期的短篇小說，或是表象一物件、一張椅、一雙鞋的梵谷的某些畫作。但是這些藝術作品是智思物，而賦予它們意義的——好似它們並不僅只是它們自己，而是**為了**自己——就正是經思考處理後所產生的蛻變。

換言之，在此被轉移的，是思我經驗的轉至事物本身。因為除了蘇格拉底所發現的思想的二合一的本質，以及柏拉圖用概念語言表達我與自我之間無聲的對話（*eme emautō*），[129]沒有一物可以是它本身，而同時又為它本身。同時，統一這二合一使之重合為一的，並不是思考活動；相反地，是當外界侵入了思想者的世界，而打斷了思考過程時，這二合一才再度變成為一體。當他被喚回他永遠以一體存在的表象世界時，被思考一分為二的個體，又重新合而為一。在存在的層面上，思考是孤獨卻不是寂寞的事業；孤獨是一種我與自我為伴的狀況。而寂寞則是獨處，卻又未被一分為二，因而無法有自我為伴，也就是如雅斯培（Jaspers）曾說過的，「我欠缺著自我」（*ich bleibe mir aus*），或以不同的方法來說，是我成為一體，卻沒有伴侶。

最能顯示人在**本質上**是存在於一複數的世界裡的事實，就是孤獨使他有的自覺，在思考過程的二元性中得以完成。而也就是這自我伴隨著自我的**二元**，使思想成為一項真正的活動，在其間，我是發問者，也是回答者。思考有著辯證性與批判性，因為它歷經著這問答的程序，也歷經著那在「文字間的悠遊」（*poreuesthai dia tōn logōn*）的對話（*dialegesthai*），[130]在此過程中，我們不斷地提出那蘇格拉底式的問題：**當你說……你是什麼意思？**只不過這些話語（*legein*）是無聲的，故也快速飛逝，難被察覺。

而評估這心智對話的標準，不再是真理，因為真理強制回答我對自我提出的問題，故必以直覺的模式（這是依恃著感官證據的力量），或以協調數學及邏輯推理結果產生必然的結論（這是依恃著腦力的結構與它的天然力量）。評估蘇格拉底思考的唯一標準是一致性，也就是與自我的調和一致（*homologein autos heautō*），[131]與此相反地，是自我的衝突矛盾（*enantia legein autos heautō*），[132]也就是成為自己的敵人。因此，亞里斯多德在最早對矛盾建立的教條中，就曾明白地說出這公認的原則：「我們必須相信它，因為……它並不是對外的詞句〔*exō logos*，也就是那些對他人所用的言詞，那人可能是朋友，亦可能是敵手〕，而是在**靈魂內裡**的推論，雖然我們可以在對外的言詞中提出反對，對**內向的推論**，我們卻不能反對」，因為此處的伴侶是我自己，我不可能希望成為自己的敵手。[133]（在這個例子中，我們可以看出，得自思我實際經驗的洞見，一旦概約成哲學教條，就完全迷失了——「A不可能在同一時間、同一情況下，是A又是B」——因為我們發現亞里斯多德自己在他的《形上學》中討論同一主題時，就有著這不可能的轉化。）[134]

細讀《理則學》（*Organon*）一書——即從第六世紀以降被稱為「工具書」的、亞里斯多德早期的邏輯論述——我們可很明顯地看出，現在所稱為「邏輯」者，最初絕不是「靈魂內裡」內向推論所使用的「思想工具」，它被設計為精準陳述與辯論的學問，可用於說服他人或細述自己的論點，且如蘇格拉底所做的一般，它永遠要以最可能被多數人、或最有智慧之人同意的前提開始。在這早期的論述中，內在思考的對話必須要不自相矛盾的原則，還未成為一般推論的基本規則。也只有在這特例成為所有思考的指南後，康德——在《人類學》（*Anthropology*）中，他將思考定義為是「與自我的對話……因而也是內向的傾聽」[135]——才能將「永遠做一貫性的思考，並自我一致」（*Jederzeit mitsich selbst einstimmig denken*）列為「思考者永恆不變的戒律」之一。[136]

簡言之，人類意識必在思考思我與自我的對話中實現，這暗示著差異與異他性——這是表象世界的特出性格，顯示在人類所被給予的充滿複數的居所——是人類心智自我存在的先決條件，因為這心智的自我只存在於二元之中。而此一自我——即我是我——對認同中差異性的經驗，並不是發生在與顯象之物相交，卻是在與自我相交的時刻。（這最初的二元正巧也解釋何以現今流行的、對認同的追逐必定只是徒然。當代的認同危機只能以永不獨處的方式去解決，也就是永不嘗試去思考。）但若沒有那最初的分裂，蘇格拉底所說的一體中的和諧，或所有現象呈現為一體的存在，都是無意義的。

意識與思考不同；意識行動與感官經驗的共通處，在於兩者皆為「有目的性的」，因而是**認知**的行動，而思考卻不是思考著某事，而是**相關**於某事，此行動是辯證的：它以一沉默的對話進行。沒有自覺的意識，思考根本不可能發生。思考在其永無止盡的歷程中，思考所實現的是那些呈現為意識中純粹原始事實的差異性。意識才會成為人之所以為人，而非神亦非動物之最顯著的特徵。正如隱喻連接著表象世界與發生於內在的心智活動，蘇格拉底的二合一也治療著思想的孤獨；它所含蘊的二元性指向著無極的複數，而那正是這個世界的律法原則。

對蘇格拉底而言，這二合一中的對偶性（duality）也只不過意味著如果你要思考，你必須確定這從事對話的兩者是處於良好的狀況，這兩位夥伴是**朋友**。那位在你敬謹獨處時出現的夥伴，是你永遠不能離開的——除非你停止思考。寧做惡行的受害者也不做行惡者，那是因為如此你所保有的是一位受害者的朋友；誰會想要與一位謀殺者為友，甚至與他共住一處？連謀殺者都不會願意。最終，也就是這簡單的、對我與自我之間一致與和諧的考慮，成為康德斷言令式的訴求。在「僅依照那你**立意**要它成宇宙之法的格律行事」的底層，[137]其實就是「不要逆駁自我」的命令。殺人犯或竊賊絕不立意要使「不可殺人」與「不可偷竊」成為通法，因為他自然會為自己的生命與財產擔憂。假如你使自己成為通法的例外，你已駁逆了自我。

真偽仍被爭議的《希皮爾斯篇》（*Hippias Major*），就算不是柏拉圖所寫，它卻似乎真確地為我們呈現出了蘇格拉底，而在這篇章裡，蘇格拉底簡單且精確地形容了我們正在討論的情況。這是在對話將結束的段落裡，對話者各自回家。蘇格拉底對冥頑不靈的希皮爾斯說，和可憐的蘇格拉底相比，他是多麼「幸福好命」，因為在蘇格拉底的家裡，總有一個嚴苛的傢伙，等著審問他。「他是一個近親，和我住在一起。」當他聽到蘇格拉底講述希皮爾斯的意見時，他一定會問：「他難道不覺得羞恥，如此地談論那種美好的生活方式，但詢問之間早已明白地顯示，他根本不知道『美』為何物。」[138]當希皮爾斯回家時，還是獨一，因為他雖然獨住，卻並沒有找尋與己為伴的伴侶。他當然並沒有喪失他的意識，只是沒有將之實現的習慣。但是當蘇格拉底返家時，他不是獨處，他有自我為伴。明顯地，有這樣一個伴侶等在那裡，蘇格拉底必要與他達成某種諧和，因為他們住在同一個屋簷之下。你情願與舉世不和，卻不能與這位你離開群眾後、必須與之同住的唯一夥伴有爭執。

蘇格拉底所發現的是，我們可與自我交流，也可與他人交流，而這兩種交流是彼此相關的。亞里斯多德講到友情時說道：「朋友是另一個自我」[139]——意味著：你可與他有著持續的對話，就像你與自我。這種說法仍屬蘇格拉底的傳統之內，只不過蘇格拉底自己卻會這樣說：自我也是一種朋友。當然這些陳述的主導經驗是有關友情的，而不是有關自我；在與自我交談之前，我先與他人交談，審察著相互的交談，我發覺了我不只是可以與他人有對話，我也可以與自我對話。然而，這兩者的共同點在於，思想的對話只能在相好的友朋間展開，其最基本的標準、最重要的規則，即：不與自我駁逆。

「有著低下人格的人」的特色，就是「與自我敵對」（*diapherontai heautois*），而邪惡之人總逃避著與自我為伴；他們的靈魂叛逆著自我（*stasiazei*）。[140]當你的靈魂與自我不能和睦共處而彼此交戰時，你和自我之間的對話將會是什麼樣子？那將完全像莎士比亞在《理查三世》（*Richard III*）中理查三世獨處時，他讓我們所聽到的：

> 我怕什麼？我自己嗎？這裡沒有別人了：
> 理查愛著理查：也就是，我是我。

這裡有殺人者嗎？沒有。有的，我就是：
那就快逃吧：什麼！從我自己這裡？有足夠的理由的：
不然我會報仇。什麼！自己在自己身上？
唔呀！我愛我自己。為什麼？為了什麼好事
我為我自己做過的？
喔！不：天啊！我情願恨我自己
為那些自己所做的可恨的事。
我是一個惡棍。但我說謊，我不是。
蠢人，你把自己說得好：蠢人，不要諂媚。

但中夜一過，一切就都不同了。理查逃離了自我的陪伴，加入了其他的同伴。他的話語就成了：

良知只不過是懦夫用的字眼
當初設計了為的是使強者敬畏……

連那麼喜愛著市集的蘇格拉底，都必須回家，在那兒，他將獨處，在孤獨中他可與那一位夥伴見面。

我引《希皮爾斯篇》，強調它極端的單純性，主要因為它提供了一可以簡化議題的隱喻——幾乎有著過於簡化的危險——這些困難的議題常淪於過度複雜。後來的時代給了那位在家中等待蘇格拉底的人「良知」這個名字。用康德的語言來說，在它的法庭之前，我們必須出席並細述自己的行為。我選擇了《理查三世》中的段落，因為莎士比亞雖然用了「良知」這個字，但在此處它並不是我們所習慣的用法。經過了很長的時間，語言才最終將「意識」（consciousness）這個字自「良知」（conscience）中分出，而在某些語言中，如法語，這樣的拆分卻從未發生。良知，如我們在道德與法律事務中所了解的意義，是一直存於內在，就如同意識一樣。而這良知也應告訴我們如何行事，如何懺悔；在它成為天啟（*lumen naturale*）或康德的實踐理性之前，它是上帝的聲音。

與這時時俱在的良知不同，蘇格拉底所說的夥伴是被留在家裡；他怕他，正如《理查三世》中的殺人犯害怕良知——那不在眼前的。在此，良知是事後才出現，引發它的不是已犯下的罪行，如理查三世的例子，就是未被審察的意見，如蘇格拉底的例子。它也可能只是對事後思想的預期恐懼，如理查所雇用的殺人者。而這良知，不像上帝的聲音或是天啟（*lumen naturale*），並不給我們正面的行為指南（連蘇格拉底式的神聖的聲音〔*daim-ōn*〕，也只告訴他不該做什麼）；而莎士比亞則說「它使人充滿著障礙。」它使人害怕的，是對那見證人出現的預期，那見證人等著他，**如果**他回到家裡。莎士比亞的殺人者說：「每一個想好好活著的人都應努力……將它從生活中袪除。」這其實是不難做到的，他所需要做的，就是永遠不要開始那我們稱為「思考」的無聲與獨自的對話，並永遠不要回家，不做任何審察。這不是邪惡或善良的問題，也不是聰明或愚蠢的問題。一個人如果對那沉默的交流（藉此，我們得以審察自己的言行）一無所知，他也就不會在意與自我逆反，這也意味著他絕不能、也不願對自己的言行做細目的數列；他也不介意作奸犯科，因為他可以在頃刻間將之遺忘。惡人——儘管亞里斯多德正是相反的極端——並**不**「充滿著悔意」。

在非認知與非專業化的層面上，思考是人類生命中一項自然的需求，實現意識所得的差異，並不是少數人的特權，而是每一個人都擁有的機能；同理，無能思考也並不只是缺乏腦力的大眾的一種失敗，它隨時可能發生在每一個人的身上——科學家、學者、其他心理行業的專家亦不例外。每一個人可能都想逃避那與自我的交流，它的重要性與可行性最先被蘇格拉底發現。思考伴隨著生命，是生命非物質的本質；生命既然是一過程，它的本質也就只能存在於思考過程中，而不在任何穩固的結果或特定的思想中。無思考的生命也是一種可能，只是那樣的生命因為不能發展出它真正的本質，不只是無意義，它根本不能充分地存活。不思考的人像夢遊者。

對於思我與其經驗而言，那「使人充滿著障礙」的良知，只是一個副作用。不論思考所行經的是什麼樣式的思想序列，自我必須謹慎行事，盡其所能地使二合一成為朋友，並和諧共處。這就是史賓諾莎的「在自我中默從」（*acquiescentia in seipso*）所意指：「它可自論理中生出，而這滿足感乃是最大的喜悅。」[141]它的行事規範將不同於一般被眾人與社會認可的規則，其唯一的標準是：當我想及自己的言行時，我是否能與自我和諧共處。良知就是對那回家時、在家等候的夥伴的預期。

對思考者而言，這道德上的副作用並沒有太大的重要性。思考也因此不能對社會有太多的好處，可能還不如對知識的飢渴有用，知識只是用思考為工具以達到其他的目的。思考不能製造價值；它也不能絕然地發掘出「良善」的意義；它不能肯定，卻只能銷融既定的行為規則。除了在緊急狀況中，它也沒有政治上的相關性。當我活著時我必須能與自我共處的考量，除了那些「邊際情況」（boundary situations），並不在政治格局裡發生。

「邊際情況」是雅斯培為人類不可變更的境況所創造出的名詞——「我不可能活著而不掙扎與受苦；我不能避免罪咎；我必會死亡」——用以指涉那「幾乎指向著超越的內在經驗」，應和於這經驗，就將使我們成為「**我們有潛力成為的存在**」。[142]在雅斯培的著作中，這句所暗指的可信性，並非來自某些特定的經驗，而是來自生命最單純的事實，即被生與死所局限的生命是一有著邊際的事物，而在世界裡的經驗，常迫使我們去審視我們尚未存在的過去，以及我們將不再存在的未來。此處的重點是，當我們超越一己生命的時限，而開始對過去反省，對它生出判斷，對未來審思，對它投之以意志，思考就不再只是一政治上無足輕重的活動。而這種反省幾乎不可避免地發生在政治的緊急情況裡。

當每一個人都不經思索地跟隨普遍的作為與信念時，從事思考的人，就被強引出他們慣常的藏匿，因為他們拒絕附和的行為引人注意，他們的行動也因此有了政治性。在這樣的緊急情況裡，思考純化的成分（即蘇格拉底的助產功能，它牽引出未經審察的意見、價值、教條、理論，甚至信念，而加以摧毀之）也就隱含著政治性。而這種毀滅對另一心智機能，即判斷的機能，亦有著解放的效果。判斷算是人類心智能力中最富政治意味者。它判斷著**個別**案例，不被涵蓋於可被學習與教導的普遍規則之內，而這些規則久之就成為習慣，卻可被另外的習慣與規則取代。

判斷個別的機能（被康德所發現），也就是說出「這是錯誤」、「這是美的」等能力，並不同於思考的機能。思考處理的是無形之物，處理的是不在眼前的事物表象；而判斷卻永遠關懷著個別與就在眼前的事物。但兩者仍是緊密連接的，就如同意識與良知是緊密相連的。假如思考——那無聲對話的二合一——在意識的認同裡實現了差異，因而有著良知作為副產品，那麼判斷這思考解放效用的副產品，實現著思考，使它顯象在表象世界裡，在那兒，我們永不能獨處，永遠太忙碌而不能從事思考。思考之風的顯象並不是知識，而是能分辨善惡、美醜的能力。而此一機能，在某些特有的時刻，當有大量的賭注擺在桌上時，可能有著防止巨大的災難的能力，至少對自我而言，它是有著這樣的功能的。

注釋——第三章：什麼使我們思考？

1 《蒂邁歐篇》（*Timaeus*），90c（下見注 35）。

2 見資料豐富的洛勃維奇（Nicholas Lobkowicz），《理論與實用：亞里斯多德至馬克思的歷史觀》（*Theory and Practice: History of a Concept from Aristotle to Marx*），Notre Dame, 1967, p. 7n。

3 《饗宴篇》（*Symposium*），204a。

4 平恩德（Pindar），《尼米亞》（*Nemea*），6；《平恩德詩歌》（*The Odes of Pindar*），trans. Richmond Lattimore, Chicago, 1947, p. 111。

5 I, 131.

6 《智者篇》（*Sophist*），219b。

7 《理想國》（*Republic*），518c。

8 《論述》（*The Discourses*），bk. II，序。

9 斯乃爾（Bruno Snell），〈平恩德對宙斯的讚美詩〉（"Pindar's Hymn to Zeus"），見上引，pp. 77-79。

10 《尼米亞》，4，《伊緒米亞》（*Isthmia*），4，兩者均為拉提摩（Lattimore）譯本。

11 《伊緒米亞》，4，拉提摩譯。

12 修昔底德（Thucydides），II.41。

13 《訓誡》（*Protreptikos*, Düring ed.），B19 and B110。參照《尤底米安倫理學》（*Eudemian Ethics*），1216a11。

14 《訓誡》，B109。

15 《最大程度之善與惡》（*De Finibus Bonorum et Malorum*），II, 13。

16 赫拉克利特（Heraclitus），B29。

17 《饗宴篇》，208c。

18 同上，208d。

19 安那希曼德（Anaximander）似乎是最早將神聖與 *apeiron*（無限制）做對等的哲學家，*apeiron* 基本是永恆的，沒有年齡，不會消逝，不會腐朽。

20 Frag. 8.

21 查爾斯康（Charles H. Kahn）在他極有興味的著作〈希臘文中原形動詞 be 及存有的概念〉（"The Greek Verb 'to be' and the Concept of Being"）中研討著「哲學前對這動詞的使用……有助於在希臘文中表達存有的概念」（p. 245），見《語言的基礎》（*Foundations of Language*），vol. 2, 1966, p. 225。

22 B30.

23 斯乃爾（Snell），上引，p. 40。

24 查爾斯康（Kahn），上引，p. 260。

25 Frag. 3.

26 《訓誡》，B110。

27 《斐利布斯篇》（*Philebus*），28c。

28 《饗宴篇》，212a。

29 《尼可馬格倫理學》（*Nicomachean Ethics*），1178b3, 1178b22, 1177b33（引自 Martin Ostwald trans., Indianapolis, New York, 1962）。

30 《蒂邁歐篇》，90d, a。

31 引自伯恩斯坦（Jeremy Bernstein），〈老舊的祕密〉（"The Secrets of the Old-II"），《紐約客》（*The New Yorker*, March 17, 1973）。

32 孔恩佛（Francis MacDonald Cornford），《柏拉圖與巴曼尼德斯》（*Plato and Parmenides*, New York, 1957），序，p. 27。

33 《訓誡》，B65。

34 孔恩佛，《柏拉圖的知識論》（*Plato's Theory of Knowledge*），p. 189。

35 《蒂邁歐篇》，90c。

36 《斐利布斯篇》，59b, c。

37 〈歷史哲學〉（"Philosophie der Weltgeschichte"），《黑格爾研究》（*Hegel Studienausgabe*），vol. I, p. 291。

38 《萬物原論》（*De Rerum Natura*），卷二，第一行：《宇宙之本質》（*On the Nature of the Universe*），trans. Ronald Latham, Penguin, Harmondsworth, 1951, p. 60。

39 這些自歌德及赫爾德（Herder）的引言：來自將航行、船難及旁觀做為「存在的隱喻」的文章，布魯門伯格（Hans Blumenberg），〈對隱喻的觀察〉（"Beobachtungen an Metaphern"），《心智典藏》（*Archiv für Begriffsgeschichte*），vol. XV, Heft 2, 1971, pp. 171 ff。伏爾泰的段落來自〈奇觀〉（"Curiosité"），《哲學字

典》（*Dictionnaire Philosophique*）。赫爾德的段落見於《人文的轉移》（*Briefe zur Beförderung der Humanität*, 1792），17th Letter；歌德的段落見於《歌德對話》（*Goethes Gespräche*），Artemis ed., Zürich, 1949,vol.22, no. 725, p. 454。

40 1177b27-33.

41 《泰阿泰德篇》（*Theaetetus*），155d。

42 《克拉帝羅斯篇》（*Cratylus*），408b。

43 B21a.

44 B54.

45 B123.

46 B93.

47 B107.

48 B32.

49 B108.

50 《友人》（*The Friend*），III, 192，被引於瑞德（Herbert Read），《批評家柯勒律治》（*Coleridge as Critic*），London, 1949, p. 30。

51 現有兩種注釋，引言及跋，《路標》（*Wegmarken*），pp. 19 & 210。

52 1714, no.7.

53 《純粹理性批判》，B641。

54 《著作全集》（*Werke*），6. Ergänzungsband, ed.M. Schröter, München, 1954, p. 242。

55 同上，p. 7。

56 見作者死後出版之〈哲學系統〉（*System der gesammten Philosophie* of 1804），《全集》（*Sämtliche Werke*），Abt. I, Stuttgart and Augsburg, 1860, vol. VI, p. 155。

57 《全集》，Abt. I, vol. VII, p. 174。

58 同上，Abt. II, vol. III, p. 163。參閱雅斯培（Karl Jaspers），《謝林》（*Schelling*），München, 1955, pp. 124-130。

59 巴黎，1958, pp. 161-171。

60 見 *Preisschrift* "Uber die Deutlichkeit der Grundsätze der natürlichen Theologie und der Moral"（1764）, 4th Consideration, no. 1，《著作全集》（*Werke*），vol. I, pp. 768-769。

61 〈樂觀論〉（"Uber den Optimismus"），《著作全集》（*Werke*），vol. I, p. 594。

62 《瞧，這個人！》（*Ecce Homo*），〈查拉圖斯特拉如是說〉（"Thus Spoke Zarathustra"），1。

63 《愉悅的知識》（*The Gay Science*），bk. IV, no.341。

64 130d, e.

65 《托斯卡倫爭論》（*Tusculanae Disputationes*），III, iii, 6。

66 同上，III, xiv, 30。參照賀拉斯（Horace），《書信集》（*Epistolae*），I, vi, 1。普魯塔克（Plutarch）（*De recta Ratione*, 13）提到斯多噶的格言，而將其——希臘的譯文是 *mē thaumazein*——歸諸畢達哥拉斯。德謨克利特稱讚斯多噶智慧中的 *athaumastia* 及 *athambia*，但他所指可能不過是「智者」的不驚與不懼。

67 黑格爾的《權利哲學》（*Philosophy of Right*），p. 13。

68 《巴斯卡作品集》（*L'Oeuvre de Pascal, Pléiade ed.*, Bruges, 1950），294, p. 901。

69 《費希特與謝林哲學系統的相異處》（*Differenz des Fichte'schen und Schelling'schen Systems der Philosophie*, 1801），Meiner ed., 1962, pp. 12 ff。

70 Trans. J. Sibree, New York, 1956, p. 318.

71 同上，p. 26。

72 這種轉變明顯的是在對希臘哲學的借用，如當西塞羅說到人是注定 *ad mundum contemplandum*，然後立刻加上：*et imitandum*（*De Natura Deorum*, II, xiv, 37），他是以一種道德及政治的方式來解，而不是以科學的方式，如幾世紀之後的培根所了解的：「要被支配的自然必被服從；而那在沉思中是為因者，在實行上則是規則……」（*Novum Organon*），Oxford, ed., 1889, p. 192。

73 《萬物原論》（*De Rerum Natura*），卷二，1171；《宇宙之本質》（*On the Nature of the Universe*），trans. Ronald Latham, Penguin, Harmondsworth, 1951, p. 95。

74 《論述》（*Discourses*），bk. I, chap. 17。

75 同上，bk. I, chap. 15。

76 《手冊》（*The Manual*），49；《斯多噶及伊比鳩魯學派的哲學家》（*The Stoic and Epicurean Philosophers*），ed. Whitney J. Oates, New York, 1940, p. 482。

77 《論述》，bk. I, chap. 1。

78 《手冊》，8, Oates ed., p. 470；《殘篇》（*Fragments*），8, Oates ed., p. 460。

79 上引，V, 7 ff.，作者譯。

80 《理想國》（*De Republic*），I, 7。

81 同上，III, 23。

82 同上，V, 1。

83 這當然是以柏拉圖理想國結尾的 Er 神話做為模型。對於兩者的重要相異處，見德國著名之語言學家哈德爾（Richard Harder）的分析，〈論西塞羅的西庇亞之夢〉（"Uber Ciceros Somnium Scipionis"），《克萊錫瑞登》（*Kleine Schriften, München*, 1960），pp. 354-395。

84 〈達維拉論述〉（"Discourses on Davila"），《亞當斯作品集》（*The Works of John Adams*, ed. Charles Francis Adams, Boston, 1850-1856），vol. VI, p. 242。

85 《伊底帕斯在科倫諾斯》（*Oedipus at Colonnus*）。

86 《政治學》（*Politics*），1267a12。

87 《尼可馬格倫理學》（*Nicomachean Ethics*），1178a29-30。

88 Frag. 146.

89 《羅馬帝國興亡錄》（*The Decline and Fall of the Roman Empire*），Modern Library, New York, n.d., vol. II, p. 471。

90 I, 30；這是我的翻譯，原文為「*hōs philosopheōn gēn pollēn theōries heineken epelēlythas*」。

91 I, 32.

92 這格言的思想內容只在海德格的《存有與時間》中對死亡分析裡有著詳細的分析。這分析自人類的生命中得到方法上的啟示——人的生命不同於「事物」，事物在世上的存在是始於它們被完成的時刻——而人的生命卻只有在它不存在的那一刻才算完成。因此，也只有等待著它的死亡，它才能「呈現」出一個整體，也才能被分析。

93 戴爾（E. Diehl）所編，《希臘抒情詩集》（*Anthologia Lyrica Graeca*, Leipzig, 1936），frag. 16。

94 同上，frag. 13, ll. 63-70。

95 同上，frag. 14。

96 《查爾米德篇》（*Charmides*），175b。

97 黑格爾的《哲學百科全書》（*Encyclopädie der philosophischen Wissenschaften*），Lasson ed., Leipzig, 1923, 23，原文為：「*Das Denken... sich als abstraktes Ich als von aller Partikularität sonstiger Eigenschaften, Zustände, usf. befreites verhält und nur das Allgemeine tut, in welchem es mit allen Individuen identisch ist.*」

98 令人驚訝的是，浩瀚文獻中的學術研究，並不能幫助我們了解這個人。我所能發現的唯一例外，是古典學者與哲學家維拉斯托（Gregory Vlastos），對蘇格拉底所做的寫像，〈蘇格拉底的矛盾〉（"The Paradox of Socrates"）。參閱他的著作《蘇格拉底的哲學》（*The Philosophy of Socrates: A Collection of Critical Essays*, Anchor Books, New York, 1971）的序言部分。

99 173d.

100 有關蘇格拉底的問題，請參閱維森意（Laszlo Versényi）的短文，附於其書之後。《蘇格拉底的人文主義》（*Socratic Humanism*），New Haven, London, 1963。

101 《但丁與哲學》（*Dante and Philosophy*），trans. David Moore, Harper Torchbooks, New York, Evanston, London, 1963, p267。

102 同上，p. 273。

103 在《泰阿泰德篇》（*Theaetetus*）及《查爾米德篇》（*Charmides*）中。

104 《美諾篇》（*Meno*），80e。

105 一般人認為蘇格拉底用提問的方式，企圖引領對話者到他事先預期的特定結果——就好像一位聰明的教授對待他學生的方式——對我而言，這並不正確，即使是像上引的維拉斯托的文章所暗示（p. 13），蘇格拉底希望對話者「自己能去發現」，像在並無懷疑的《美諾篇》裡。我們最多只能說，蘇格拉底希望與他對話的夥伴和他一樣困惑。當他說他什麼也不教授時，他是真心的。所以在《查爾米德篇》中，他對克瑞提阿斯（Critias）說道：「你好像以為我知道我問你那問題的答案，如果我願意，我隨時能給你答案。其實不是這樣的。我與你一同探問……是因為我自己也並無知識。」（165b; cf. 166c-d）。

106 戴爾（Diehl），frag. 16。

107 《美諾篇》，80c，參閱以上所提的章節，n.105。

108 《回憶錄》（*Memorabilia*），IV, vi, 15 and IV, iv, 9。

109 《智者篇》，226-231。

110 《申辯篇》（*Apology*），23b。

111 同上，30a。

112 色諾芬（Xenophon），《回憶錄》（*Memorabilia*），IV, iii, 14。

113 《安蒂岡妮》（*Antigone*），353。

114 德文出自《思考是什麼？》（*Was Heisst Denken?*），Tübingen, 1954, p. 52，原文如下：*Sokrates hat zeit seines Lebens, bis in seinen Tod hinein, nichts anderes getan, als sich in den Zugwind dieses Zuges zu stellen und darin sich zu halten. Darun ist er der reinste Denker des Abendlandes. Deshalb hat er nichts geschrieben. Denn wer aus dem, Denken zu schreiben beginnt, muss unweigerlich den Menschen gleichen, die vor allzu starkem Zugwind in den Windschatten flüchten. Es bleibt das Geheimnis einer noch verborgenen Geschichte, dass alle Denker des Abendlandes nach Sokrates, unbeschadet ihrer Grösse, solche Flüchtlinge sein mussten. Das Denken ging in die Literaturein.*

115 韓佛瑞（G. Humphrey），《思考：其實驗心理學的介紹》（*Thinking: An Introduction to Its Experimental Psychology*），London and New York, 1951, p. 312。

116 修昔底德（Thucydides），II, 40。

117 《呂西斯篇》（*Lysis*），204b-c。

118 Frags. 145, 190.

119 《高爾奇亞篇》（*Gorgias*），474b, 483a, b。

120 同上，482c。

121 同上，482c, 484c, d。

122 亞里斯多德常說思考「製造」快樂，並不是像醫藥製造健康那樣，而是因為健康使人健康。《尼可馬格倫理學》（*Nicomachean Ethics*），1144a。

123 戴爾、堪斯（Diels and Kranz），先哲學殘篇，B45。

124 254d.

125 《認同與差異》（*Identity and Difference*），trans. Joan Stambaugh, New York, Evanston, London, 1969, pp. 24-25。

126 255d.

127 《智者篇》，255e；孔恩佛，《柏拉圖的知識論》，p. 282。

128 海德格，《智者篇》演講稿，p. 382。

129 《泰阿泰德篇》（*Theaetetus*），189e；《智者篇》，263e。

130 《智者篇》，253b。

131 《普羅塔哥拉篇》（*Protagoras*），339c。

132 同上，339b, 340b。

133 《分析後論》（*Posterior Analytics*），76b22-25。

134 1005b23-1008a2.

135 No. 36，《著作全集》（*Werke*），vol. VI, p. 500。

136 No. 56，同上，p. 549。

137 〈道德形上學的基本原則〉（"Grundlegung zur Metaphysik der Sitten"），《著作全集》（*Werke*），vol.4, pp. 51-55。

138 304d.

139 《尼可馬格倫理學》，1166a30。

140 同上，1166b5-25。

141 《倫理學》（*Ethics*），IV, 52; III 25。

142 《哲學》（*Philosophy*, 1932）, trans. E.B. Ashton, Chicago, London, 1970, vol.2, pp. 178-179。

第四章

思考時，我們在何處？

Where Are We When We Think?

19 「有時我思，有時我在」（梵樂希）：無處

——"Tantôt je pense et tantôt je suis" (Valéry): the nowhere

在逐漸接近討論的尾聲時，我希望讀者並沒有在期待一個具有結論性的總結。對我而言，這個嘗試將汙衊且牴觸了我在此所描述的一切。如果思考是一種以自身為目的的活動，而唯一來自感官世界並足以形容它的隱喻，是那全然醒活的感覺，那麼所有涉及思考的目標與目的的問題，都和涉及生命的目標與目的的問題一樣，是不可回答的。我把「思考時，我們在何處？」這個問題放在討論的最後，並不是因為它能提供任何結論，而是因為這個問題與它所引發的考量，只能在討論的全局中被了解。因為以下的討論，將大量地參照我在前面的章節中曾提出過的論點，所以我決定把這些論點簡述於這些看來（卻絕非我所意欲）十分教條性的命題中：

首先，思考永遠是脫序的，它不但打斷日常生活的活動，也被日常生活的活動所打斷。

對此最好的示範，可能還是那古老故事所描寫的、蘇格拉底慣常於突兀地「將心智轉向自己」，離開他的同伴，而靜處於他的思考的姿態裡，「對所有請求充耳不聞」，以繼續他正從事的活動。[1]根據色諾芬的描寫，一次在軍營中，他維持著同一姿勢，長達二十四個小時，這就是我們所說的，深深地浸淫在思考裡。

第二，思我的真確顯象是多重的：我們有形上學二分世界的謬誤，更有趣的，我們也有將思考與死亡對等的那類非理論的形容，或者與此相反的理論，形容思考時我們處於另一個、主體的世界——在真實世界此境的黑暗裡，對我們閃爍著啟示——或如亞里斯多德將哲學家的理性生活（*bios theōrētikos*）定義為異鄉人的生活（*bios xenikos*）。同樣的經驗卻也引發了笛卡兒對世界真實性的懷疑，我們亦有梵樂希的「有時我思，有時我在」（好似真實與思考是兩件完全相反的事），還有梅洛龐蒂的「只有在不知我們存有時，我們是寂寞的；而這無知，就正是我們的〔哲學家的〕孤獨」。[2]的確，思我不論實現了什麼，它始終無法到達那所謂的真實，或能說服自己有任何真正存在的事物，或能說明人的生命並不只是一場夢。（對生命只是一場夢的懷疑，是亞洲哲學最主要的特色；我們在印度哲學中可以找到許多這樣的例子。在此，我將引述一個中國的例子，它的簡短尤具深意。這是有關道家〔反儒家〕的莊子的一個故事。「昔者莊周夢為胡蝶，栩栩然胡蝶也，自喻是適志與！不知周也。俄然覺，則蘧蘧然周也。不知周之夢為胡蝶與，胡蝶之夢為周與？周與胡蝶，則必**有**分矣。」）[3]

而思考經驗的強度，在另一方面卻顯示於思想與實在可以輕易地互換的情況裡，這種互換到了某一程度後，就只有思想是真實的，而所有真實的卻好似只是暫存，因而並不真實，「**被思考**之物，真實存在著，而**真實**之物，只在被思考時才能真實**存在**。」（*Was gedacht ist, ist; und was ist, ist nur, insofern es Gedanke ist.*）[4]重要的是，思考者的孤獨一旦被打破，所有的懷疑都被祛散，而世界的呼聲以及他人的存在必將內在的二合一，再度轉化為「一」。因而，凡事皆為夢的想法，若不是自思考經驗中生出的惡夢，就只是一個聊以自慰的念頭，即並非我自世界遁離，而是世界自我遁離所以變得不真實。

第三，思考活動的這些怪異性格，皆來自遁離的事實，這是所有心智活動的天性；思考永遠處理著不在眼前之物，永遠必將自身從真實與在眼前的事物中抽離。這當然並不足以證明在日常生活的世界之外，尚有另一個世界的存在，但它卻意味著只能在時空裡被感知的真實與存在，可暫時地被虛懸，因而喪失了它們的重量，隨同著重量，它們也喪失了對思我的意義。在思考活動中成為有意義的則是被提煉過的事物，也就是那些被祛感覺後的產物，這些提煉物並不只是純粹的理念；它們一度被稱為「本質」。

本質不能有局限性。掌握住它們的思考必要離開充滿個別性的世界，以尋覓那有著普遍意義、卻不必然是放諸宇宙皆準者。思考永遠從事著「概約化」，企圖自個例中搾擠其內含的意義——也由於感覺的過程，個別性可被快速地整頓處理。概括性是思想與生俱有的特質，即使是堅持個別優先性的思想。換言之，「本質性」所意指的就是隨處可被應用，而這給予思考特殊重量的「隨處」（everywhere），在空間上來講，卻實是一個「無處」（nowhere）。在宇宙性與不可見的本質中遊走的思我，嚴格說來，是不在任何一個所在；它顯然是無家可歸的——這也許能解釋為什麼哲學家極早就有四海為家的精神。

據我所知，在所有的哲學家中，只有亞里斯多德意識到無家可歸是思考活動最自然的歸宿的——這也許是因為他對行動與思考之間的分野所知甚深，亦對那分野做過如此清晰的描述（這也是政治生活與哲學生活之間最大的不同），由此推論，亞里斯多德拒絕和蘇格拉底「分享同樣的命運」，也拒絕讓雅典人「對哲學犯兩次罪」。當面對不虔敬罪名的指控時，他離開了雅典，「退隱到有強烈馬其頓影響的哈爾基斯（Chalcis）。」[5] 亞里斯多德早期的作品《訓誡》（*Protreptikos*），在上古時期仍為眾人所熟知，至今我們卻只有部分的殘篇，在那著作中，亞里斯多德視無家可歸為哲學家的生活方式。他讚頌理性生活，因為理性生活「不需要特殊的工具，也不需特定的地點以完成交易；人可在地球的任一所在從事思考，只要真理存在，他就可在任何地方找到真理」。哲學家們熱愛這個「無處」，好像那是一個國家（*philochōrein*），為了可以 *scholazein*（即我們所說的無所事事），他們情願放棄所有的事物，為的都是哲學與思考中那先天的甜美。[6] 這天賜的獨立來源，是在於哲學（那對 *kata logon* 的認知）所關注的不是感官所予或具個別性的事物，而是那不可被區域化的普遍性（*kath' bolou*）。[7]在實用與政治事務中找尋這種普遍性，是一項嚴重的錯誤，因為政治與實務所關注的永遠是個別性；在這領域中，具有「普遍性」的論述雖然隨處可用，但一被運用，它們立即退化成空泛的概略。行動處理的是具個別性的事物，故在倫理學與政治學的領域裡，只有深具個別性的論述才能是中效的。[8]

換句話說，追問思我的方位可能是一個問錯了的問題。從日常表象世界的角度來看，思我的隨處——其隨心所欲地將來自不同時空之物召喚至眼前者，在彼處，它以快於光速的速度悠遊——其實是一個**無處**。因為這個無處不同於另外兩種無處，即我們驟然降生與猝然而死時所身在的那兩個無處，思我的無處可被想成是一空無（Void）。絕對的空無可能是一有界限的概念；它雖非不能被思索，卻無法被想像。明顯地，如果根本無物，也就無物可被思考。擁有這界限的概念——它們將思考收攏至不可被逾越的圍牆之內，而一絕然的初始或絕然的終結亦是這圍牆之一——至多也只是顯示著我們實是**有限**的生物。認為這些限制圈畫出了思我可被定位的範圍之假設，亦是二分世界理論的另一變奏。與伸展至過去與未來的無限相比，人不能更改地被局限在短暫的時限之內，這有限建立起所有心智活動的內在結構：當思我從表象世界抽離，並喪失了常理給予我們在世界中定位的真實感時，這內在結構是思考所能意識到的唯一真實。

換言之，如果我們的真實感完全建立在空間的存在上，那麼梵樂希的觀察——有時我思，有時我在——就可能是正確的。思想的隨處，的確是一無處的地域。但是，我們並不只是存在於空間裡，我們也存在於時間裡，自「記憶的臟腑中」（奧古斯丁語），我們追憶、收集、再蒐集著那些已不在眼前的事物，或以意志的形態期待、計畫尚未發生的事物。也許我們所問——思考時，我們在何處？——是一個問錯了的問題，因為在探索這個活動的方位（*topos*）時，我們完全是以空間為座標，好像我們已經遺忘了康德那著名的洞見：「時間只不過是內感的形式，也就是對自我與內在情況的直覺。」對康德而言，時間與所謂的表象是無關的——對於感官所予，「不僅無關於形狀，或是位置」——但卻只和影響著我們「內在情況」的現象有關，在那兒，時間決定「表象的關係」。[9]而這些表象——也就是那使在表象中缺席者出席——當然就是智思物，也就是那些經去物質過程處理過後的經驗與概念，在那去物質的過程中，心智以「概約化」的手段準備著對象，而此一過程中亦除去了對象的空間特質。

時間強將表象排列成一有時間先後的序列，以此定奪其間之關係，這時序常被稱為思想序列。所有的思考都是推論性的，只要它遵循著一思想序列，就可用「直線延展至無限」的比喻來呈現，這也與我們通常呈現時間的方式是一致的。但為了創造這一系列的思想，我們必須把所予**同時並列**的經驗，轉化為有**先後秩序**的無聲的文字——這是我們可用以思考的唯一媒介——因之，對原始的經驗，我們不僅要剝除感覺，還要剝除空間。

20 過去與未來間的縫隙：靜止的此刻

——The gap between past and future: the nunc stans

為了找到思我在時間裡的座標，並探詢這不止息的活動能否暫時地被定位，我將引用一則卡夫卡的寓言以助了解，這寓言被收錄在命名為「他」（HE）的格言集裡，所處理的正是這個議題。[10]

他有兩位敵手；第一位敵手從背後、也就是他的起點的方向推著他。第二個擋住他的前行之路。他同時與兩者爭戰。其實，在這推攘裡，第一位敵手幫他鬥爭著第二位敵手，因為第一位敵手也想把他往前推，同樣地，第二位也協助著他與第一位的爭戰，因為第二位敵手想把他推向後方。但也只是理論上如此。因為身處於那爭戰中的，並不只有這兩位敵手，還有他自己。有誰知道他真正的意圖？他的夢想其實是這樣的，有朝一日，在大家都不注意的時候——那必然是一個暗夜，有著他從未經歷過的漆黑——他將跳出這場爭戰，本著在這爭戰中累積下的經驗，升而為裁判，在一旁冷眼看他的兩個敵手相互打鬥。

在我看來，這則寓言所形容的正是思我對時間的感覺。它以詩的手法分析著我們面對時間時的「內在處境」，也就是當我們自現象抽離而蜷縮於自我內在時——即我思自思，我立意要己立意，等等——所意識到的時間。當不再處心積慮於那些我們所思考的不在眼前的無形事物，而將注意力轉移至思考活動的本身時，時間的內感於焉升起。在這情況中，過去與未來兩者同時列席，也就正因為兩者都已自我們的感官中離席；如是，那不可再來的過去被轉化為位於我們**身後**的空間的隱喻，而尚未發生的未來則是那**迎面而來**之物（德文的 *Zukunft*，和法文的 *avenir*，都有著迎面而來的意思）。卡夫卡的寓言用戰場做場景，讓過去與未來的兩軍激烈地爭戰著。而在這兩個戰鬥的軍隊中間，我們看到了那個叫「他」的人，如果想在兩者間取得一平穩的立足點，他必須同時與兩個力量搏鬥。這兩個力量同是「他的」敵手；但是如果沒有「他」夾在中間，同時與兩者力拚以取得自己的席位，那兩個力量本身並不全然是敵對的，它們之間也可能根本不會有爭戰；即使這兩者之間存有敵意，它們也不需要「他」的介入，就可以展開力搏，而且也許早就彼此和解互融，因為這兩股力量顯然是同樣龐大的。

換句話說，因為他的介入，那永遠持續變遷的時間被切割成了不同的時態：現在、過去與未來；不再來的過去與尚未發生的未來之所以成為敵對，也只是因為這個人的出現；這人有他自己的開端（出生）與結束（死亡），因此他生命中的每一刻就都處於過去與未來之間，這中間就是所謂的現在。也因這有生死及局限生命之人的介入，那持續流動的變遷之河──在我們的想像裡，它不停地流轉，無限地直行，而無絕對的開端或結束──才被轉化為我們所體會的時間。

在這寓言中，那被認為是敵對的兩個時態──過去與未來──撞擊後崩解成為現在式的此刻。不論我們所持有的是哪一種時間的概念，這樣的寓言聽來都是極為怪異的。此外，這則寓言的語言又極盡清簡，為了營造寓言的氛圍，所有可茲製造思想的真事實況都被刪除，更使這個故事聽來有著超出它思想的怪異。因此，我將另選一段相關的故事，這個故事出自尼采寓意豐盛的《查拉圖斯特拉如是說》（*Thus Spake Zarathustra*）。這故事比卡夫卡的寓言容易了解，如題目所示，它只在陳述一個「視景」、一則「謎語」。[11] 故事開始時，查拉圖斯特拉來到了一座大門之前。像所有的門一樣，這座大門，有入口，也有出口，所以可被看成是兩條路的會集之所。

兩條路在此交會；但沒有人曾走到其中任何一條路的盡頭。兩條路中的一條向

> 後延伸到永恆。另一條亦伸向不同方向的無極。它們彼此作對，互蹙眉目——卻在此處，在這大門邊，相互會合。大門上寫著這門的名字：「此刻」（*Augenblick*）……請看著此刻！自這此刻的大門，一條永恆的長路**向後**伸展；在我們的身後延拓著一片無窮〔而另一條路向前伸展，直至那無盡的未來〕。

海德格曾在《尼采》（*Nietzsche*）[12]一書中試圖詮釋這個故事。他認為這故事並非由旁觀者的觀點敘述，而是採取了站在門邊那人的觀點；對旁觀者而言，時間是以我們慣常想像的方式流動，它有一連串的現在，一事接續著另一事。時間沒有會集之點，亦沒有兩條岔路，時間只循一條直線流動。「這衝突其實只是被**在現在**裡的人所製造……他站立在現在那點面對兩個方向時，才會認為過去與未來是**彼此對立**的。」海德格以尼采恆久重現的概念來解讀這個故事，他說：「這是永恆重現最真確的內容，永恆**即在**此刻之內，而此刻並不是旁觀者眼中那徒然的現在，卻是過去與未來的互相撞擊。」（在布雷克〔Blake〕的作品裡，你也可找到同樣的想法——「將永恆盈握掌心／永恆即在一刻。」）

讓我們再回到卡夫卡，應記取的是，這些例子所處理的不是教條或理論，而是有關於思我經驗的想法。從持續流動的永恆之河的角度來看，那人的介入以及與兩方的奮戰，在河水的流動中製造出一個斷層，而這由兩個對立方向中所搶救出的斷層，延展為一罅隙，那戰士所力拚的戰場就是現在。卡夫卡用戰場的隱喻，指涉人在世上的居處。而從那人的角度觀之，每一次介入，**他的**過去與**他的**未來自兩面夾攻，而他在這夾縫中所捕捉到的時刻，就成為了生命的基礎——現在。現在式是日常生活中最徒然與最滑溜的時態——當我才說著「現在」、用手指著它時，它已消逝——它只不過是不再存在的過去，與尚未到來的未來之間的衝撞。人生活在這夾縫中，所謂的現在則是一生不停爭戰的結果——抗爭著那充滿死沉重量並不停地想將他推向前去的過去，也要抗爭那充滿恐懼的未來（它唯一的確定是死亡），未來不斷地想將他向後推回到「那沉靜的過去」裡，過去是他能確定的唯一真實，使他對之充滿依戀的嚮往。

我們不必太過驚訝這時間的建構是如何地不同於我們所慣常的時序——在日常生活中，三種時態平穩地彼此接續，而時間也依照日曆所定位的數字順序被了解，依據日曆，現在就是今天，過去始自昨日，而未來由明日開始。然而在此，現在雖仍被過去與未來環繞，它卻成為立足點，由此，我們回看過去並盼望未來。我們之所以能將永恆流動與變化的時間之河塑造成一接續的形狀，並不是因為時間本身的特性，而是因為我們有在世上的事業與活動，靠著這些活動，我們**繼續**著昨日開始的工作，希望在明日完成。換言之，時間的持續有賴生活的持續，而日常生活相反於思我的活動：思我活動永遠獨立於環繞著它的空間的環境，而日常生活卻永遠要在空間的領域裡被決定與調整。也因為日常生活徹底的空間性，我們才可在空間的範疇裡，可信地講述著時間，過去對我們而言就好像是在「身後」的事物，未來則在我們的「前方」。

卡夫卡的寓言不能運用到日常生活中的人們身上，它只適於形容已從日常生活中抽離的思我。過去與未來間的縫隙在沉思默想中開綻，默想的主題永遠是不在眼前的事物——不是已然消失的過去，就是尚未出現的未來。沉思將這些不在眼前的「地區」喚至心智的眼前；從這個角度來看，思考可被了解為對時間的逃離。就是因為「他」思考，所以不再被表象世界中持續的日常生活所牽絆，過去與未來只以一實體顯現，以致「他」可意識到那不再存在的力量推他前進，亦有一尚未存在的力量將他推回。

卡夫卡的寓言當然是包裹在隱喻的語言裡，所有來自日常生活中的意象，也就只有譬喻的功能，我們已討論過，沒有這樣的語言用法，心智現象就完全無法被形容。但這也給了我們恆有的詮釋上的困難。此處所特有的困難是，讀者必須覺察到，思我並不像在世界中顯象活動的自我那樣，能記得自己的生平歷史，就好像「他」只是在追憶著往事（*à la recherche du temps perdu*）或計畫著未來。由於思我是沒有年紀的，過去與未來不能以如是的面貌向其顯現，它沒有具體的內涵，並且超脫著所有空間的範疇。思我所意識到「他的」雙重敵手，其實是時間本身，以及時間所隱含的持續的變化，不止息的動盪不允許任何事物存在（be），它不斷地將存有（Being）轉化為生成（Becoming），而以此方式不停地摧毀著**現在**。以此觀之，時間是思我最大的敵人，因為心智在身體中再生，且其內在的活動永不能停止，時間因而不可原諒地經常擾亂著心智所需的沉靜，心智必須在一不變更的沉靜中，才能從事無所作為卻極為激烈的思考活動。

卡夫卡寓言的最後一層意義，強烈地顯現在最後一個句子中，當處於時間的縫隙、靜止的此刻，「他」夢想著時間用盡力量而最終鬆懈的一刻；沉靜將降臨於世，這沉靜雖然不是永久，卻持續地夠長，足以給「他」一個跳出戰局而升等為裁判的機會，在生命的戰戲之外，他成了旁觀者與評審委員，而可對夾在生死之間的時段，從事思考，因為「他」已不再被牽絆其中了。

這個夢想以及這片夢想的超然地位，豈不就是西方形上學自巴曼尼德斯到黑格爾以來所夢想著的那個古老夢境？他們所夢想的是那沒有時間的地域與那在完全沉靜中的永恆存在，而這自外於人類時鐘與日曆的，不正是思想的領域？而什麼是那引發這夢想的「裁判的地位」？它豈不就是畢達哥拉斯的觀察者的椅座，那觀察者有「最佳」的價值？因為他們不涉入對名利的爭奪，他們無利益之心，不牽扯，不驚心，只意在景觀本身，因此最終能找到意義、並對景觀表演做出裁決的，也只有他們。

在不過分糟蹋卡夫卡優異的寓言的前提下，我們可能可再為這寓言加上一層意義。卡夫卡故事的問題在於，跳出那戰線的同時，「他」也完全跳出了這個世界，從外緣而不必然是從上裁判者。還有，如果是這個人的介入打斷了原本漠不關心的變化之河、而給了這河流一個新的目標——也就是他自己這爭戰的生命，如果也因他的介入，使得那原先無所謂的河流有了新的區劃——被劃分成了在他後面的過去，在他前方的未來，與他所身處的現在，那麼我們就可以說，這個人的出現改變了時間的流向，使之偏離了原來的方向，或是原來的無方向（假設一循環式的動向）。這種偏離是不可避免的，因為投入水流中的並不只是一個被動的物件，隨那可滅頂的波浪任意翻捲，在此投入的是一名戰士，誓死保衛著自己的存在，因而必將所有對他漠然的事物，定義為是「**他的**」敵手：他可用未來的助力以與過去爭戰，並用過去的支持以與未來抗爭。

如果沒有「他」的存在，過去與未來之間就沒有區分，都只是那永恆更迭的一部分。或者，這些力量可能彼此迎頭相撞而相互消解。但這戰鬥生命的介入，卻使它們相遇於一角，物理學家所稱的平行四邊形的力量，應該才是對這情況的正確描寫。這個圖解的好處在於，思想的領域再也不必位於世界與時間之外或之上；那位戰士也再不必從戰線上跳出，才能找到那思考所需要的沉靜。「他」應該可以看出「他的」爭戰並沒有白費，因為那戰場本身提供了他在疲於思考時休憩的所在。換言之，思我在時間裡的位置是那過去與未來之間的夾縫，也就是現在——這神祕與滑溜的現在，是時間裡的縫隙，只要它們所代表的是不再**存在**的與尚未**存在**的，固實的過去與未來都會朝它衝來。然而過去與未來的**存在**，亦全靠著那一人，靠他將自己投入其間，建立自己的存在。讓我簡短地解釋這被改正後的圖示。

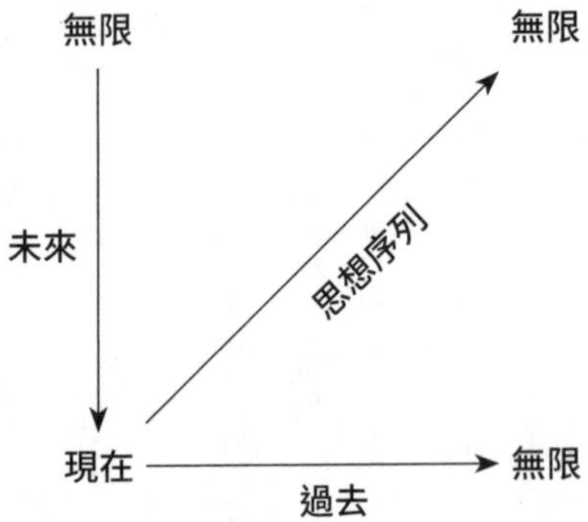

在理想的情況下，形成平行四邊形的兩股力量應能產生第三股力量，即對角線的，其源起點應是兩個力量相遇與相互作用的那一點。對角線仍在同一平面上，並沒有跳出時間的面

向，但它與製造它的兩個力量，有一極重要的不同。過去與未來這兩個相對的力量，其原點都來自無限；從處於中間的現在的角度看去，一來自無限的過去，另一來自無限的未來。雖然它們沒有可確知的起點，它們卻都有著確切的終點，就是它們相遇相衝突的那一點，也就是現在。相反地，對角的力量有一確切的起點，它的起點即是那兩股力量衝撞之點，但它的終點卻在無極，因為它是兩個以無限為起點的力量的匯聚。這對角的力量，它的起點可知，它的方向亦可由過去與未來決定，但它所施展的力量，卻朝向一不能確定的終點，好似它可到達無極，對我而言，這是描述思想活動的最完美的隱喻。

假如卡夫卡的「他」能循著這對角線行走，並強迫自己與過去和未來保持著完全同等的距離，他就不必如那寓言所要求的，自戰線上跳出，才能超脫那場混戰。因為這對角線，雖然指向無極，它的區域卻是局限與攏聚的，被過去與未來的力量界定，也因而被保護著而不致陷入虛無；它根繫於現在——這全然人性化的現在，只在思考的過程中實現，而不延續於這過程之外。這就是在時間裡被緊迫與激盪的人類存在中那沉靜的現在，換一個隱喻來描寫，它是風暴中心的安寧，雖然不同於風暴，卻依然是風暴的一部分。在這過去與未來的縫隙中，我們找到了思考時我們在時間裡的位置，也就是說，我們與過去和未來維持著足夠的距離，故可發掘出它們的意義，並可採取著「裁判」與仲裁者的地位，批判人類存於世的諸多不止息的事務，雖然不能對它們的謎題提出最終的解答，卻隨時準備著回答它們可能為何物的問題。

為避免誤會，我在此所用的意象，是以隱喻及試驗的方式來顯示我們思想的位置，也只有在心智現象的領域中有效。運用到歷史或傳記的時間裡，這些隱喻就完全沒有意義；因為在那些領域裡，沒有時間的罅隙。只有在他思考時，也就是只有當他像梵樂希所說的**不**在時，一個人——這是一個「他」，如卡夫卡如此合宜地稱呼他，而不只是一個「某人」——才能完全地實現他具體的存在，也才能活在過去與未來的縫隙裡，亦即活在超越時間的現在裡。

有關這時間的罅隙，雖然我們最初聽到的是中古世紀哲學中所說的「靜止時刻」（*nunc stans*），在那時，它是以 *nunc aeternitatis*（永恆時刻）的形式出現，是暗指神聖永恆的隱喻與模式，[13] 而不只是一項歷史的資料；似乎與人類在世的存在並驅並行。用一個不同的隱喻，我們可以稱它為精神的領域，但它更可能是思考所鋪陳出的道路，是思考活動在人類有生有死的時空裡，打造出一條沒有時序且不引人注意的小道。循此道路，思想序列用記憶與預期，自歷史與生平時間的廢墟裡，拯救出它們曾碰觸到的事物。而這小小的、位於時間中心的無時序的空間，不同於我們所生入的世界與文化，不能做為遺產，由傳統交付予後代，雖然所有偉大的思想書籍，都神祕地指向著它——如我們所見赫拉克利特說的，那出名的神祕而不可靠的神諭：「*oute legei, oute kryptei alla sēmainei*」（從不明言，亦不隱匿，他只指示）。

每一時代的每一個人，當他意識到夾纏在無限的過去與無限的未來之間的縫隙時，必然會發現、並蹣跚地重鋪出那思想的小徑。而那些偉大著作的奇異流傳，以及它們在數千年內相當的重要性，最終之所以可能，就是因為它們最初是生於那小小的不引人注意的、沒有時序的小徑之上，那是它們的作者在無限的過去與無限的未來之間開拓而出的，他們接受著那指向他們並迎面而來的過去與未來——那是**他們**的先祖以及後人，是**他們**的過去與**他們**的未來——因而可以用來為自己建立一沒有時間性的現在，在其中，人們得以創造出沒有時間性的作品，以超越他們自己的有限。

超越時間（timelessness）與永恆（eternity）不同，超越時間是從過去與未來的衝撞中跳出，而永恆卻是一個無法思考的邊際概念，它指陳著所有時序向度的崩潰。思考活動所經驗的 *nunc stans*，它的時間向度，攫取缺席的、不再有與尚未有的時態，將之融合為自己的存在。這就是康德的「純粹智性的國度」（*Land des reinen Verstandes*），「是在不可更改的界限之內，被自然圍繞的島嶼」，而它「被寬廣且暴烈的海洋所環繞」，也就是日常生活的海洋。[14]雖然我並不認為這就是「真理的國度」，它卻的確是唯一的境地，在此一個人生命的整體與意義——這是人永遠無法捕捉到的（*nemo ante mortem beatus esse dici potest*），因為他們的存在異於其他的事物，事物的真正存在，是開始於它們被完成與結束時，也就是它們已不在的時候——與那不能被掌握的整體，可以顯現在我是我的純然持續裡，也就是在舉世恆變的無常中的恆久存在。在表象世界的時態中，正是由於思我的這種經驗，最短暫的現在之先要性，已然變成哲學思辨中近乎獨斷的教義。

在這冗長的反思後，我想把注意力轉移到的方向，不是我的「方法」，也不是我的「標準」，更不是我的「價值」——在研究事業中，這些不為作者自覺的特質，卻常特別受到讀者與聽眾的注意——而是我所認為的這項探究的基本假設。我曾提及所謂的形上學的「謬誤」，如我們所發現的，它們的確暗示出這特殊異常的思考活動的某些特色。換言之，我很明顯已加入那些意在拆解形上學及不同哲學範疇的人的行列，我所指的是我們了解中的自希臘至今日的哲學研究。這樣的拆解只有在某種假設之下才有可能，也就是當傳統的線索完全被切斷，而我們也不能再重新建立它。從歷史的眼光來看，真正解體的其實是所謂羅馬的三位一體，在數千年的時間裡，它統一著宗教、權威及傳統。這三位一體的喪失並不能摧毀過去，而拆解的過程本身也沒有毀滅性；只是我們從此要由這喪失中找出結論，而這喪失是一件事實，它不屬於「理念的歷史」，卻屬於政治的歷史，也就是這個世界的歷史。

我們所失去的是過去的持續性，當過去被一代一代地傳下，並在這過程中發展出它的一致性。拆解的過程有它獨特的技術，對此我只稍稍提及，並沒有細述。所遺留下的仍是過去，但卻是一個**斷簡殘篇**的過去，它已然失去了評估的確定性。有關於此，為了簡短，我將引數行詩句，它們比我更能簡要地說出我想說的：

整整五
尋以下，你父親躺著
珊瑚是他的骨
珍珠是他的眼
他沒有湮滅
只有大的改變
變得更富有更奇妙。

——《暴風雨》，第一幕，第二景

也就是這樣的斷簡殘篇，在經過巨大的改變之後，才是我在此處理的材料。它們之所以還能被用，全然是因為它們乃來自那思考在時空世界裡所打造出的超越時間的小路。如果我的聽眾與讀者中有人想一試那拆解的技術，但願他們小心，不要摧毀了那「富有與奇妙」的，那「珊瑚」與「珍珠」，雖然這些也只能被零落地保留。

喔！把手放入水中，

讓水湮沒你的手腕；
盯著看，盯著看那水盆，
想想你失落了什麼。
冰河在碗櫃裡衝撞著
沙漠在床上嘆息，
茶杯上的裂口張開
一條通向死者的道路……

——W・H・奧登[15]

或者以散文的句子說：「有些書被不公平地遺忘，但卻沒有一本書會不公平地被人記取。」[16]

21 附記

Postscriptum

本書的卷二將處理意志與判斷這另外兩種心智活動。從時間思辨的角度來看，它們所關切的事物都不在眼前，因為它們不是尚未發生，就是已不存在；但與那總是處理無形之物、並永遠有著概約化傾向的思考活動完全相反的是，這兩種心智活動處理的都是個殊物，如此看來，它們似乎與表象世界較為接近。為了不以理性對毫無目的之意義的追索來觸犯常理，我們會企圖將理性的此種需要，解釋成是必要的準備工作，為的是能決定尚未發生之事，或是評估已經發生之事。過去是已然發生者，故成為判斷的主題，而判斷卻又是對意志力的準備。這樣的觀點，對於一位以行動為重心的人而言，不可否認應是最可被接受且最合理的觀點。

但是這種護衛著思考、使之不被指控為不實際或毫無用處的企圖，卻是行不通的。意志力做下的決定，絕對不是來自欲望的機制，或是智性的慎思。意志力如果不是一自由奔放的器官，打斷了所有意欲綑綁住它的因果動機，它就僅只是一個幻象。一邊有著欲望，一邊有著理性，意志活動就如柏格森所說的，像是「一種政變（*coup d'état*）」，這當然暗示著「自由意志的行動是少有的」：「每當我們立意要回到自我，我們雖是自由的，**卻很少是自願的**」（粗體字為強調）。[17]換句話說，在處理意志活動時，我們很難不碰觸到自由的問題。

我建議嚴肅看待內在的證據——以柏格森的語言來講，即「意識的立即數據」——因為我與大多數作者對這題目的看法一致，而認為這種數據以及與它相關的問題，並不為上古時代的希臘人所知，所以我必須接受這項機能是被「發現」的說法，我們甚至可為這項發現在歷史上定位，它正巧和人類對「內在」的重要性的發現同時發生。簡言之，我將在歷史的架構裡分析意志的功能。

我將追蹤這項充滿著自我矛盾的功能的經驗（每一決意，因它以命令和自我對話為基礎，是故必然製造著另一相反的決意），這是從使徒保羅極早發現意志的無能開始——「我所願意的，我並不作。我所恨惡的，我倒去作。」[18]——再到中古世紀留下的見證，如奧古斯丁的洞見，認為相互爭戰的不是肉體與精神，而是心智（即意志）與它自己，以及人「最內在的自我」與它自己。然後我將移向現代，當進步的概念興起，古時哲學中對現在勝過其他時態的先要性，被未來的先要性所替代，未來是黑格爾所說的強大的力量，是「現在無法抵抗」的，所以思考被了解為「主要否定著直接在眼前的事物」（*in der Tat ist das Denken wesentlich die*

Negation eines unmittelbar Vorhandenen）。[19]或以謝林的話說：「在最終與最高的事例中，除了意志外沒有其他的存有」[20]——這種態度在尼采的《權力意志》（*Will to Power*）中展現出最後的高潮，與最終自敗的結局。

同時，我也將追蹤意志在歷史上的另一平行發展，根據那個理論，意志力是內在的能力，人們可依此來決定他們想成為的「是誰」，或是他們想以什麼形狀出現在表象世界裡。換句話說，意志是以計畫（project）而非對象（object）為其主題，它創造出了**個人**，所有的責難或讚美也都該歸諸於意志，它不僅要對行動負責，也要對整個「存有」——它的**性格**——負起責任。在二十世紀的思想中扮演著重要角色的馬克思主義與存在主義，都假設著人是自己的製作者與創造人，所依據的就是這樣的經驗，即使很顯然地，沒有人可以「創造」自我，或是「製作」他的存在；我認為這是形上學的最後一項謬誤，反映著現代思潮對意志的重視，與欲將其替代思考的企圖。

我將以對判斷的分析為卷二做結。此處的最大困難，是對此題目權威討論的欠缺。一直要到康德的《判斷力批判》，此一心智的機能才成為一位大思想家的主要關懷。

我將在此顯示，判斷之所以是一獨特的心智能力，是由於它不能以歸納或演繹的方法達到；簡言之，它與那種我們所謂的邏輯——如：凡人都將死去，蘇格拉底是一個人，所以蘇格拉底也將死去——無關。在判斷裡，我們所找尋的是一種「無聲的感覺」（silent sense），這種感覺就算能被處理，也一直是——甚至在康德裡——被了解為「品味」，因而屬於美感的範疇。在現實與道德的事物裡，它卻被稱為「良知」，但良知並不做判斷，它只像一個來自神或理性的神聖聲音，告訴你什麼該做，什麼不該做，以及為何要懺悔。不管那良知的聲音是何物，它卻不是「無聲」的，而它的合理性所依恃的，卻完全是人類法律與規則以外的權威。

在康德的理論中，判斷是「一特異的稟賦，只能練習，卻不能被教導」。判斷所處理的是個別案例，當思我在普遍性中遊走，從遁離中浮現，再進入充滿個案的表象世界時，心智需要一新的「技巧」去處理它們。康德相信，「一個笨拙或心胸狹窄的人……可能可以經由勤學，而到達有學問的境地。但這樣的人通常欠缺著判斷力，我們經常可以遇到很有學問的人，在應用他們科學的知識時，透露出那種欠缺是永遠無法補救的。」[21] 康德認為能協助判斷的，是理性的「軌約理念」（regulative ideas），但是當此機能與其他的心智機能分離，我們就只能將其歸諸於它自己的運作程式（*modus operandi*）了。

這與困擾著現代思想的一連串問題，有著某種程度的相關性，特別是理論及其應用的問題，還有就是那對半成可信性的倫理理論的嘗試。從黑格爾及馬克思開始，這些問題就一直是從歷史的觀點被處理，而其所本也是那所謂的進步的概念。最終，對於這些事物，我們只有一種選擇——我們要麼如黑格爾所說：「世界的歷史即世界的法庭」（*Die Weltgeschichte ist das Weltgericht*），而讓成敗做最終的判決；要麼像康德一樣，維護人類心智的自主權，使之獨立並自外於那些存在或變更的事物之上。

在此，我們並不是第一次牽涉到歷史的概念，我們可能可以從反思歷史這個字最古老的意義來探詢它的真義，而這個字像許多其他政治與歷史語言裡的文字一樣，是來自希臘，「*historein*」有著探究以描述真相的意思（是希羅多德的 *legein ta eonta*）。但是這動詞的出處卻又是荷馬（《伊里亞德》〔*Iliad* XVIII〕），在那章節裡，*histor*（歷史學家）這個名詞出現了，在荷馬的史詩裡，歷史學家就是**判官**。因此判斷力成為我們處理過去的能力，當歷史學家在研究與講述過去時，他們是在對過去進行批判。若果真如此，我們可以自現代稱為歷史的假神聖中，重新尋回人的尊嚴，我們並不否定歷史的重要性，我們所要否定的是它做為終極判官的權利。在我們討論的開始，我曾引用過加圖的話：「沒有任何時候比一個人什麼都不做之際，更為活躍；一個人獨處之際，則最不寂寞。」其實加圖曾留給我們另一段有趣的話，似乎更適宜重申我們討論中所隱含的政治原則：「勝利者取悅了神，而失敗者取悅了加圖。」（*Victrix causa deis placuit, sed victa Catoni.*）

注釋——第四章：思考時，我們在何處？

1 《饗宴篇》（*Symposium*），174-175。

2 梅洛龐蒂（Merleau-Ponty），《跡象》（*Signs*），〈哲學家和他的影子〉（"The Philosopher and His Shadow"），p. 174。

3 引自格拉其亞（Sebastian de Grazia），〈有關莊子〉（"About Chuang Tzu"），《達爾豪斯期刊》（*Dalhousie Review*, Summer 1974）。

4 黑格爾，《哲學百科全書》，465n。

5 若斯（Ross），《亞里斯多德》（*Aristotle*），p. 14。

6 《訓誡》（*Protreptikos*）、Düring ed., B56。

7 《物理學》，VI, viii, 189a5。

8 《尼可馬格倫理學》，1141b24-1142a30. Cf. 1147a1-10。

9 《純粹理性批判》，B49, B50。

10 《作品集》（*Gesammelte Schriften*, New York, 1946, vol. V, p. 287。英譯：幕爾（Willa and Edwin Muir），《長城》（*The Great Wall of China*），New York, 1946, pp. 276-277。

11 Pt. III，〈視景與謎語〉（"On the Vision and the Riddle"）、sect. 2。

12 Vol. I, pp. 311 f.

13 董思高（Duns Scotus），《主論述》（*Opus Oxoniense*）I, dist. 40, q. 1, n. 3. 引自何爾瑞斯（Walter Hoeres），《董思高後之純意志完美》（*Der Wille als reine Vollkommenheit nach Duns Scotus*, München, 1962），p. 111, n. 72。

14 《純粹理性批判》，B294 f。

15 〈黃昏時當我走出〉（"As I Walked Out One Evening"），《詩選》（*Collected Poems*），p. 115。

16 奧登（W. H. Auden），《染者之手及其他》（*The Dyer's Hand and Other Essays*），Vintage Books, New York, 1968。

17 《時間與自由意志》（*Time and Free Will*, 1910），trans. F. L. Pogson, Harper Torchbooks, New York, Evanston, 1960, pp. 158, 167, 240。

18 《羅馬書》七章第十五節（Romans 7: 15）。

19 《哲學百科全書》，12。

20 《人類自由》（*Of Human Freedom*, Gutmann trans.），p. 8。

21 《純粹理性批判》，B172-B173。

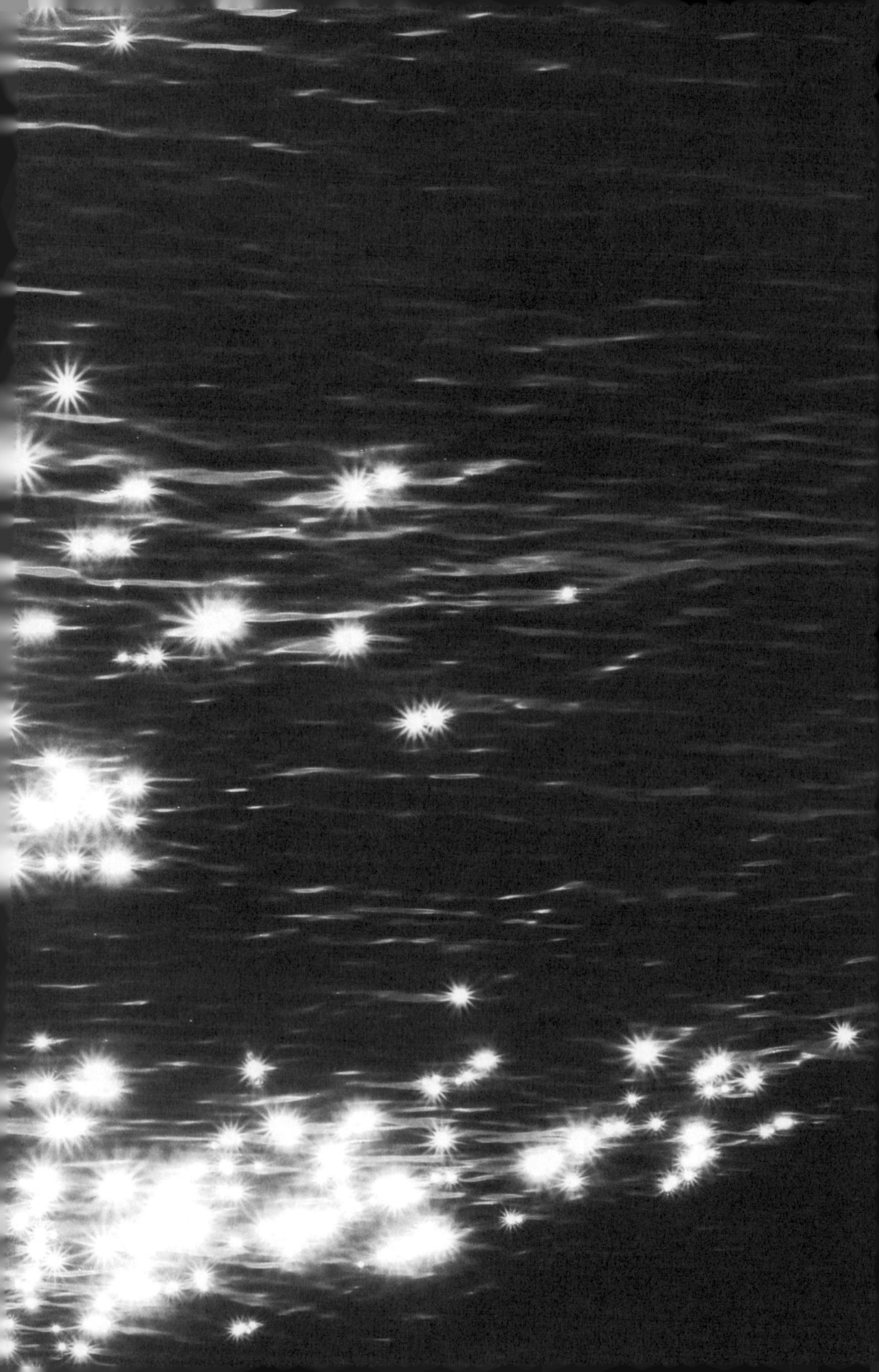

Two / Willing

第二部

意志

導論

《心智生命》的卷二將專注於對意志這心能的討論，連帶地，當然也包括了對自由的議題的討論，如柏格森所說，這議題「對現代人的意義，相當於埃利亞學派（Eleatics）所潛心研究的悖論（paradoxes）對古代人的意義」。我們在此所處理的現象，卻嚴重地被罩上了一層理論的外衣，這些理論因為不是隨意而發，故也不能稍被忽視，但是它們卻捨棄了意志自我的真實經驗，而用旨不在「求取表象」的教條及理論取代。

對於這些難處，我們能做如此簡單的解釋：意志這心能並不為古希臘所知，一直要到基督宗教初期，因為有了引發出意志的經驗，方才被初次發現。在後來的幾個世紀中，這個議題所面對的困難，則來自企圖將意志機能與古希臘哲學融合的各種努力：從事思考的人不願捨棄哲學，他們不能像保羅那樣，明白地宣稱：「我們傳布釘在十字架上的基督之福音，對猶太人而言是絆腳石，對異教徒而言卻是愚拙的。」如我們在下文所描述，似乎也只有保羅可以如此地行事。

但這些難題並未終止於基督宗教的末期。基督宗教最基本的難題——即，如何化解對全能之神的信心與自由意志之間可能有的衝突與矛盾——卻以不同的形式一直留存到近代，即使是在近代，對此議題的爭論，在本質上似乎也一成未變。自由意志被認為是與因果律相衝突，又被認為與歷史的定律不相協調，因為歷史的意義是建立在進步或**必然**的世界精神的發展之上。就是在傳統的（形上學或是神學的）利益已漸消亡時，這些難題仍一直固執地存在著。約翰．彌爾（John Stuart Mill）就曾對這些爭議做過化約性的概論：「**內在**意識告訴我們，我們有著某種力量，而所有的外在經驗卻告訴我們，我們從未使用過這個力量。」否定意志最極端的例子，見於尼采，他說：「整個有關意志的信念，是心理學上迄今最致命的**偽造**……要是為了懲治的目的。」

事實上，意志理論所面臨的最大困難，就在於沒有任何其他心智機能的存在，曾如此恆久地被一系列有威望的哲學家懷疑與反駁。最近的一位是萊爾（Gilbert Ryle）。對他而言，意志是一「人造的理念」，不能印證於任一存在的事物，只能製造出類似於形上學謬誤那種無用的謎題。萊爾很明顯並不知道那些顯赫的前人在此題目所下的功夫，他竟開始駁斥「那些肯定『意志』機能存在的信條，因為有著這些信條，我們才有了對應著、被形容成是『意志力』的運作與過程」。他亦清楚「柏拉圖與亞里斯多德之所以在他們冗長、對靈魂本質與行動泉源的討論中，從未提及〔意志力〕」，是因為他們尚未知悉這「〔後世〕特殊的假設，但對這些假設的接受，並非建立在新的發現，而是建立在〔某種〕虛無衝動的假想」。

以批判的態度審察意志這項機能，自然成為「職業思考者」（*Denker von Gewerbe*，康德語）的努力，他們發出對意志的懷疑，認為意志只不過是意識的假象，然而他們對意志存在的駁斥——支持此一意見的各樣論理，雖基於不同的假設，卻幾乎有著全然相同的本質——可能只是源自思考自我與意志自我經驗間的衝突。

雖然從事思考與行使意志力的是同一個心智，而結合身體、靈魂與心智的也是同一個自我，這卻並不意味著，在評估其他心智活動時，思我的判斷是不偏離或是「客觀的」。事實上，「自由意志」這個概念不僅只是所有倫理與律法的必要假設，相較於康德的我想、或是笛卡兒的**我思**，它亦不失為是一「意識的立即數據」（柏格森語），但思考機能的存在，卻從未被傳統哲學質疑過。對此，我將提出如是的理論：引起哲學家對意志機能不信任的原因，是它與自由議題不可避免的緊密連接：如奧古斯丁所說的，「假如我必然且必要行使意志力，那我還有什麼意志力可言？」衡量一件行為是否自由的準則，永遠是意識到我們是否可以不做那我們已做過的事，這在欲望與嗜求的領域裡，卻是完全不可能的，因為身體的需要、生活的必要程序，以及對身邊事物想望的種種巨大力量，必然壓倒了對意志與理性的任何考量。

與思考相比，意志看來似乎有著無限的自由；因為就是在最自由與最充滿臆測的時刻，思考也必須受制於不能自相矛盾的法則。但這項確切的事實，卻從未被看成是單純的福賜。對以思考為業的人而言，在多數時候，這反而像是一道符咒。

在以下的論述中，我將使用自我行使意志力的內在證據，做為意志現象的充分證明，又因為我同意萊爾及眾多其他哲學家的說法，而相信意志的現象以及與它相關的問題並不為古希臘所知，我將接受被萊爾所駁斥的事實，也就是說，意志的機能的確是被「發現」的，我們甚至可在歷史上為這項發現定時。簡言之，我將在歷史的架構中分析意志，當然這也將有多重的問題。

與生命境況不同，人的機能應是啟動於人類剛在世界上出現的那一刻，否則我們怎能了解先遠年代的文學與思想？的確，我們擁有所謂的「觀念的歷史」，故不難在歷史中追溯自由這一概念的遞嬗：它如何由一個指涉政治地位的字眼——自由的公民而非奴隸，轉變成形容身體的事實——一個健康者的身體不致癱瘓而能遵循心智的指令，再成為一個指陳**內在**狀況的字眼，即，一個人可能**感到**自由，即使他是一個奴隸，或不能移動他的四肢。觀念是心智的製造物，它們的歷史預設著製造者不可變更的身分。我們將再回到這個問題。總之，在基督宗教興起以前，我們完全找不到一個可以對應自由「觀念」的心智機能，不像我們有著對應真理的知性，與對應超越人類的知識（即意義）的理性。

在審察意志的能力、以及它的心智功能的本質時，我們必須首先檢驗後古典及前現代時期的相關文獻，尤其是那些涉及意志之所以被發現的心智經驗，以及此一發現所導引出的相關經驗——這就包括了從保羅的《羅馬書》到董思高（Duns Scotus）對多瑪斯．阿奎那的質詰的所有文獻。但首先，我將簡短地討論亞里斯多德，一則是因為這位「哲學家」對中古世紀的思想所具有的巨大影響力，再則是他的**抉擇**（*proairesis*）的概念，我認為就是意志的先驅，也同時可做為意志尚未發現之前、提問有關靈魂問題的典範。

但在討論這些議題的第二及第三章之前，我將先有一冗長的、對諸般議論及理論的考量，這些議論從哲學再度興起的十七世紀起，就一直籠罩、並重新解釋著意志真確的經驗。畢竟，當我們展開對此題目的討論時，心中所想及的也就是這些理論、信念與議論。

在最後的幾個章節裡，我將討論尼采以及海德格，他們在重估與反駁意志機能後，如何地「皈依」古典哲學。然後，我們應自問的問題是，較之本書卷一所討論的思考之人，行動之人是否反而更能融通與解析意志的問題。此處論及的意志是那做為行動泉源的意志，也就是做為「開動一系列事件與狀況的**自發**力量」（康德）。毫無疑問地，每個人的出生，都是一個新的開始，而使他成為此一開始的力量，可能就是對應於意志的一種人類的處境。這和奧古斯丁及其他人的反思相合，也就是，意志可被視為是個體特性（*principium individuationis*）的實現。問題在於這個能引進新事物、進而「改變世界」的機能，如何在表象世界裡運作，表象世界是一個充滿實在且基本是陳舊的環境，它不止息地把新到者的自發性轉變為「既成」的事實——故一切都將成為已是（*fieri; factus sum*）。

第一章

哲學家與意志

The Philosophers and the Will

1 時間與心智活動
——Time and mental activities

在《心智生命》的卷一，我以某些對時間的思辨做結束。目的是在釐清一個極為古老的問題，這個問題最先由柏拉圖提出，但卻從未被回答。哲學家所居處的心智領域（*topos noētos*）到底是在何處？[1] 在訊問此一問題的過程中，我如此地重述了這個問題：思考時，我們是在何處？當我們自表象世界遁離、停止所有日常的活動，而開展了巴曼尼德斯在哲學的傳統之初就鼓勵我們的、「凝視那些雖不顯現〔於感官〕，卻穩固地存在於心智的事物」時，[2] 我們到底遁離到了什麼所在？

在空間的領域裡重述這個問題，我們所得到的是一個否定的答案。由於身體在表象世界中，有著明確的降臨的日期，亦深知它有離去的一日。故能穩固地居處於其中，但無形的思我，因為只能透過與身體的結合才能為我們所知，嚴格說來，在表象世界裡並無安身立命之所。思我從包容著它的身體的表象世界遁形，因此與自我分離，也不再對它有知覺。此種離異到了某種極端，使柏拉圖反諷地形容哲學家是愛戀著死亡，而梵樂希亦說「有時我思，有時我在」，暗指著思我失去了所有真實的感覺，而真實與能顯象的自我卻不能從事思考。由此，我們可以推論，我們所問的問題——思考時，我們在何處？——是由思考經驗的外緣提出的，也因而並不是一個貼切的問題。

但探索思我的時間經驗，我們卻發現這問題也並非完全不合時宜。記憶這項心能，能使不可喚回、因而不能被感官感知的過去重新顯現，因而一直是示範心智能使無形者現形的最可信的典範。由於有此功能，心智似乎能戰勝實在（界）；心智傾其全力讓那些與生俱來即會變化的事物，不至於變得一無是處。它收集、再收集那些命定要消亡與被遺忘的事物。這項搶救工作所發生的場域是思我的現在，那是一種恆在的「今天」（即被奧古斯丁稱為神的永恆的「是日」〔*hodiernus*〕），[3]是中古世紀思想中的「靜止時刻」（*nunc stans*），是「持續的現在」（柏格森的 *présent qui dure*），[4]或是卡夫卡時間寓言裡所說的「過去與未來間的縫隙」。但也只有相信中古世紀對時間經驗的詮釋是直指著某種神聖的永恆，我們才能做如是的結論：在心智活動中，暫時被虛懸的不只是空間，也是時間。如此的解釋使心智生命籠罩在一片神祕主義的氛圍裡，它忽視了心智經驗的尋常性。其實那「持續的現在」是由「知性所習慣的正常且平凡的活動」所組成，[5]它發生在各式各樣的沉思活動中，沉思的主題可能是平凡的日常瑣事，它的注意力也可能集中於那些無形且位於人類能力範疇以外的事物。無論如何，心智活動永遠為其自身創造著「持續的現在」，和「過去與未來間的縫隙」。

（亞里斯多德似乎是第一位提到了時間如何在持續的現在中、停息它的活動的哲學家。有趣的是，這些討論出現在《尼可馬格倫理學》第十卷、討論快感〔*hēdonē*〕的章節裡。他說：「快感不存於時間內。因為發生在現在的是一整體」——也因而沒有動態。對亞里斯多德而言，思考的活動有著「令人欣喜的純粹與確切」，是所有活動中「最能予人快感」者，在此處，他明顯地是講述著那不移動的現在，[6]也就是後來的哲學家所說的 ***nunc stans***〔靜止時刻〕。對於亞里斯多德這位最冷靜的哲學家而言，這似乎與中世紀神祕主義中狂喜的瞬間毫無二致，只不過亞里斯多德絕不可能縱情於那歇斯底里的奢華。）

我在前面的章節說過，從汲汲營營的表象世界的角度看去，所有的心智活動，尤其是思考，總是「失序」的。在心智活動裡，「現在」的鎖鏈不停地滾動，以致現在成為了過去與未來危顫的結合：在我們想落實時間的那一刻，它就散化為「不再」或是「尚未」。從那樣的觀點觀之，那持續的現在看來像是一個被延展的「此刻」——這本身就是一個矛盾的詞彙——好似，思我有某種異能，能夠將現在向外延伸，由此創造出一個它自己在空間裡的居所。但這看似有空間性的時間現象其實是一種謬誤，源自我們傳統中形容時間現象所用的隱喻。如柏格森最先發現的，它們都是「借自於空間語言的詞語。當我們沉思時間時，對應的總是空間」。因而，「持續永遠是以延展表態」，[7]而過去也就被了解為是在我們身後，而未來位於前方。這對空間隱喻偏愛的理由十分明顯：在思我可以沉思卻永不涉入的日日營生裡，我們需要度量時間，但我們卻只能用空間的距離來度量時間。即使是普通對空間並列與時間序列的區別，也預設著一個延展的空間，在其中，時間的序列得以發生。

這對時間觀的初淺考量，當然不能令人滿意，但這對意志自我的討論，卻是十分必要，因為意志力如果存在——卻有令人不安的大量重要哲學家，毫不懷疑地認為意志力只不過是一個幻象——它必然是心智處理未來的器官，就如同記憶是處理過去的器官。（英語語言中的奇異模稜，其實正見證著我們對這些議題的不確定。在英文中，做為助動詞，「will」表現的是未來式，而做為動詞，「to will」卻指向著意志力。）我們討論議題的最基本困難是，意志力所處理的不只是感官無法知覺卻倚賴心智表象能力使之顯象的事物，它同時也處理著那些有形或是無形、卻根本不存在的事物。

當我們的心智轉向未來的那一刻，我們所涉入的就不再是「對象」（objects），而是**投射**（projects），我們無法決定這些投射是自發地形成，還只是預期未來情況時的反應。向心智顯現的過去有著確定的特質，而不論我們對未來的預期能達到多高的或然率，它的基本性格卻是不確定。換言之，意志所要處理的事物從未存在過，也尚未發生，並可能永遠不會存在。

最後的遺囑（The Last Will and Testament）所處理的唯一可確知的未來，就是我們自身的死亡，這顯示出了意志對行使意志力的需要，並不稍弱於理性對思考的需要；在兩者中，心智都超越了它先天的極限，一則以提問那些不可回答的問題，一則將意志自我投射到那意志主體可能永遠不會存在的未來。

亞里斯多德為意志在哲學上奠定了基礎，在後來的世紀中，這些有彈性的基礎，戰勝了重大的考驗與挑戰。對亞里斯多德而言，[8]所有可能或不可能、發生或可能不曾發生過的事物，都受機運（*kata symbēbekos*）的控制——或如拉丁文的翻譯，是意外或是偶發——這與那必然是、或不可不是的事物不同。被他稱為「*hypokeimenon*」的後者，它藏在機運所附加之物的底層，所謂機運所附加之物就是那不屬於本體之物——如顏色是附加物，而事物的本質是獨立於這些「次要特性」（secondary qualities）之上的。可能附加於物質底層的特性——即物質的 *substance* 或 *substratum*（*hypokeimenon* 的拉丁譯文）——都屬意外與偶發。

在這樣的定義下，意志的行為就成為最具偶發性的行為了。在自由意志的假設之下，所有的意志行為，照定義都是可以不做的行為。所謂不自由的意志本身就是一個自相矛盾的詞句——除非我們將意志力的機能看成是執行欲望與理性指令的附屬器官。在這些範疇的架構中，所有在人類事務領域中所發生的事，都屬意外與偶發（「因為所有被人引發的事，同時都可能完全不必發生」〔*prakton d'esti to endechomenon kai allōs echein*〕）[9]：亞里斯多德的言詞已暗指出了人類事務在本體上的地位——而這個地位，在黑格爾發現歷史的意義與必然性之前，卻一直沒有被嚴重地質疑過。

在人類活動的範圍中，亞里斯多德卻列舉了一個在此規則之外的活動，即製造的行為——*poiein*，有異於 *prattein*（演藝或習作）。在此我們也就用亞里斯多德所舉的例子，一位製作「黃銅球體」的工匠，結合了物質與形式，也就是結合了黃銅這個材料與球形這個形式概念，而這兩者在工匠開始工作之前就都已存在，因此這位工匠製造出了一件**新的**成品，可被添加到充滿著人為與獨立於人為事物的世界裡。而這人為的成品，這「物質與形式的合成物」——比如，一座木造的房子，是依照先存於工匠心智（*nous*）中的形式所建造的——很明顯的並非出於無物，而是亞里斯多德所說的，在被人手完成之前，就已「富含潛力」地預先存在。這個概念源自生物所特有的存在模式，也就是說，所有能顯象者都是成長於潛含著那將被完成之物的物件，如橡樹潛存於橡樹的種子之中，而動物則潛存於精液中。

認為所有真實事物必有潛存的特性以為其肇因的觀點，間接地否定了未來是一可能的真確時態：在此，未來僅只是過去的餘緒，而自然與人為之事的分野，在於自然事物是潛存的必然發展，而人為事物則是那些可能或不可能的實現與完成。在此情況下，將意志當作主掌未來的器官（而記憶是主管過去的器官），是完全沒有必要的概念；亞里斯多德其實並沒有覺察意志力存在的必要；希臘人對於「行動的泉源」甚至「連一個形容它的字詞都沒有」。

（*Thelein* 的意思是「預備好，為某事做準備」，*boulesthai* 的意思是「認為某事是〔更〕可欲的」，但在亞里斯多德所自製的新字中，最接近我們所形容的行動前的心理狀態的，則是 *proairesis* 這個字，它的意思是對兩種可能的抉擇，或是一種偏好，使人選擇某一行動，而棄絕另一。）[10] 熟悉希臘文獻的作者都非常清楚希臘哲學在此概念上的空缺。由此，吉爾松（Gilson）指出了此一眾所周知的事實，「亞里斯多德所指，並非自由，亦非自由意志……這個字本身是十分欠缺的」，[11] 而霍布斯亦早在這一點上做了明白的解釋。[12] 但我們還是不能做確切的指證，因為希臘文當然能夠區辨企圖性與非企圖性、自願（*hekōn*）與非自願（*akōn*）的行為，用法律的詞彙來說，也就是謀殺與誤殺之間的分野，而亞里斯多德也非常小心地指出，只有出自自覺的行為才應受到懲治或讚賞，[13] 但在他的了解中，有自覺性的行為也不過是指那並非隨意、卻是出自身心健全的行事者的行為——「運作的泉源來自行事者」[14]——這分際的涵蓋，並沒有超出無知或錯誤所造成的傷害的範圍。然而在這樣的區分裡，一項雖非出於暴力強逼、卻在暴力威脅下所做出的行為——比如在一個持槍之人的面前，我自己交出錢財的行為——就會被歸類為是自願的。

在此，值得我們注意的是，希臘哲學中這奇怪的空缺——亦即「柏拉圖與亞里斯多德在他們冗長、對靈魂本質與行動泉源的討論中，從未提及〔意志力〕」，[15] 因此「我們無法宣稱自由這個議題曾是蘇格拉底、柏拉圖或是亞里斯多德哲學辯論中的主題」[16]——事實上是與古代對時間的概念相互對應的。那時，時間被天體的運行以及人類事務中同樣循環的運轉方式所定義：不停交替的日夜、冬夏，以及物種不停經由生死而有的更新。當亞里斯多德說：「物之生成必然暗指著那先天存在、有潛力卻尚未實現的某物」時，[17]他所引用的就是一種循環的動向——在那樣的結構裡，所有的終點都是起點，所有的起點也是終點，如是「物之生成不斷地在物之毀滅裡進行」[18]——這不僅只存於生物，亦可見於人類事務的領域中，甚且超越事件的發生，而見於意見（*doxai*）的生成，「因為意見在人群中生成，不僅循環一次或幾次，而是永遠以高度的頻率重複著。」[19]這種怪異的對人類事務的觀點，並不僅見於哲學的臆想。屠西底德之所以能夠宣稱為後世留下 *ktēma es aei*——基於對尚未發生的大事的清晰知識，形成一永遠有用的審視未來的典範——間接地也是依據同樣的理念，而認為人類事務遵循著重複循環的動向。

對我們這些以線性時間概念思考、著重「歷史時刻」獨特性的人而言，希臘前哲學時期對偉大的讚賞，與對不平凡的重視——這些不平凡的事物，「不論是以善或以惡為目的」（修昔底德語），都已超過了道德的考量，值得先被詩人、再被歷史學家，自遺忘中搶救出來——似乎和他們這循環式的時間觀相悖逆。但直到哲學家發現了那無生無死的、恆在的存有之前，時間裡的序列與變更並不是一個問題。荷馬的「迴旋的年代」也只不過是故事發生與被講述的背景。早期這種非思辨性的觀點，其痕跡遍布於希臘的文獻中；因此亞里斯多德自己，在討論幸福（*eudaimonia*）時（見於《尼可馬格倫理學》）就是用荷馬的語詞來思考，亞里斯多德指陳，起伏上下、意外與偶發事件（*tychai*），「在人一生中循環發生」，而他所討論的幸福，卻是持久的，因為它〔幸福〕內在於某些因其本身之優越性，而值得被記住的事件中（*energeiai kat' aretēn*），同時，對它們而言，是難以被遺忘的（*genesthai*）。[20]

不論其歷史的根源及影響的來處——是巴比倫、波斯或埃及——我們還是可以追溯這週期性的時間觀。一旦哲學家發現了那無生無死的、恆在的存有，這種時間觀的出現就變得很有邏輯性，且幾乎是不可避免的。因為哲學家必然要在那恆在的存有的架構裡解釋如移動、變遷，以及生物不斷出現與消亡這些現象。亞里斯多德明白地指出此一假設的先要性，即「天堂不是被造出的，故也不能如有些人以為的可被摧毀，它是獨一並恆在的，它的存在無始亦無終，在其自身內包含並擁抱著無極的時間」。[21]或如尼采所言，「一切返回之物」的確「是〔最可能的〕由變更世界到存有世界的迫近」。[22]因此，希臘人沒有意志機能的概念，這事並不值得驚異，因為此心能所處理的是一個不能被定奪、因而可能引進新事物的未來。值得驚異的倒是，在希伯來基督教教義中那神聖初始的概念——「起初神創造天地。」——成為哲學信條之後，我們竟仍有著如此強烈的、否定意志機能的傾向，不是將之描寫為一個幻象，就是將之斥為一完全沒有必要的假設。尤其，教條中言明了人是唯一依照神的形象所造的生物，因而被賞賜了形似初始的機能。所有的基督宗教哲學家，除了奧古斯丁，似乎都做下了這樣的結論：「人之被造是為初始。」（*[Initium] ut esset, creatus est homo.*）[23]

拒將意志視為一分別獨立的心能的堅持，終於結束於基督宗教哲學的世紀裡。對此，我們在後面的章節中將有詳細的討論。不論所受希臘哲學、尤其是亞里斯多德的影響有多麼深重，它最終卻必須與古哲學中那週期與不停反轉重複的時間觀分道揚鑣。始於亞當被逐出伊甸園，而終於耶穌死而復生的故事，這是一件獨一且不能被重複的事件：「神一旦為我們的罪而死；並從死裡復生，祂將不再死亡。」[24]這故事預設著一個線性的時間觀；它有一個確切的開始，一個轉折——我們日曆上的第一年[25]——以及一個確切的結束。這是一個對基督徒有著重大意義的故事，雖然它對俗世事件的運轉幾乎沒有起任何作用：帝國仍將如過去一樣地興起與衰亡。更甚者，因為基督徒的來生在他還是「世上的朝聖者」時，就已被決定，在他生命必然與確切地結束後，還有一個未來，也就是關乎對這未來生命的準備、意志與必有的自由的複雜性，初次被保羅發現。

因之，這題目最大的困難之一，是由於其「歷史的根源」在神學，而不在哲學延續的傳統裡。[26]不論自古代以來將自由定位於「我立意」（I-will）中的假設有多少優點，我們確知，在基督宗教前的思想傳統裡，自由是定位於「我能夠」（I-can）；因之，自由是一客觀的、用以形容身體狀況的字眼，而非意識的數據或心理狀態。自由意味著一個人可以做他想要做的事，不受制於主人的命令，也不受制於為生計的必要操勞，更不受制於某些肉體上的殘缺，如體弱或器官的癱瘓。根據希臘的字源學，也就是根據希臘的自我詮釋，自由（*eleutheria*）這字的字源是 *eleuthein hopōs erō*，即隨心所欲地移動，[27] 所以自由毫無疑問是被了解為行動的自由。一個人如能隨心所欲地行動，他就是自由的，「我能夠」才是衡量它的標準，而不是「我立意」。

2 意志與現代

——The Will and the modern age

在目前這初步的討論裡，我們可能可以跳過複雜的中古世紀哲學，而簡短地處理思想史中的下一個重要轉捩點，那就是近世時期的崛起。在此，我們有理由預期比中古世紀更強烈的、對這處理**未來**的心智器官的興趣，因為興起於現代的、認為**進步**主控人類歷史的概念，賦予了未來前所未有的重要性。但中古世紀對這議題的疑慮，還是留下了重大的影響，至少在十六及十七世紀是如此。對意志機能的懷疑曾是如此之強，拒絕賦予人類決定自己命運不受神聖指引保護、因而需肩負事物發生及存在的責任的力量又是如此地銳利，而康德所形容的「思辨理性在處理自由意志……〔即〕**自發性**地開啟一系列事件與狀態」[28]——這有別於在兩件或多件事物中做選擇的抉擇機能（*liberum arbitrium*）——所面臨的困窘又是如此之廣大，以致於要到現代的末期，意志才開始取代理性，成為最高的心智機能。巧的是，這正好也是所謂正統形上學思想的最後一個紀元，十九世紀初，巴曼尼德斯所開始的將思考對等存有的形上傳統仍然興旺，但突然地在康德以後，意志對等於存有，卻成了風尚。

席勒因此宣稱「人除意志之外，沒有其他力量」，意志亦「是真實的基底，主控理性與感性」，與此二者對反的——即真理與激情的必然性——正是自由的根源。[29]叔本華亦因此決定，康德的物自身、那在現象之後的存有、那世界「最內裡的本質」、那「表象世界……只〔是〕它的外層」的「核心」，正是意志。[30]而謝林更在較高一層的思辨中，斷然地宣告：「在最終與最高的事例中，除了意志外沒有其他的存有。」[31]這種發展在黑格爾的歷史哲學中達到了高峰（對此我將另有討論）。但這一切卻也在同一個世紀的末期，倏然中止。

以意志即權力中心的尼采哲學，乍看之下似乎是讓意志在理論反思中的重要性上達於頂點。我卻認為對這尼采哲學的詮釋是一種誤解。部分原因來自他死後所出版的、那些不幸未經仔細編輯的版本。尼采的確在意志機能與意志自我的理論上，給了我們許多洞見，這將在本書後面的章節裡細述。但他著作中多數有關意志的章節，對意志卻有著明顯的敵意。指陳那「『意志自由』的理論，曾被駁斥過百遍」，正是因為〔它的〕被駁斥，「而有了持久性」：「永遠會有人，對此有強烈的感覺，而決定再次對它反駁。」[32]

尼采自己對此的最終駁斥，含藏在他「回歸永恆的思想」裡，這正是「《查拉圖斯特拉》

一書中最基本的概念」，它表達著「斷言命題的最高形式」。[33]如此，它成為了歷史中一系列的「神論」之一，也就是那奇異的對上帝或存有的合理化。自十七世紀起，哲學家似乎覺得這種合理化的提出，對於調解人的心智與它存在的世界，是有必要的。然而「永世輪迴」（eternal recurrence）的概念，卻是無條件地否定了現代的線形時間觀與進步前行的動向；它幾乎明白地返回了古代週期的時間觀。使它有現代感的是其悲愴的語調，顯示出人需要強烈的堅持，方可重得那單純的讚嘆與肯定的驚奇，*thaumazein*，那一度被柏拉圖所認定的哲學的初始。相反地，現代哲學的初始，卻是笛卡兒與萊布尼茲對存有是否可被合理化的懷疑——「何以有物，而非無物？」尼采是以一個宗教信徒的語氣講述著永世輪迴的觀念，而他發現此一觀念的經驗**的確是**一種皈依，只不過不是在宗教上的。依此，他試圖轉向古代對存有的理念，全然否定了他診斷為是一「懷疑的年代」的現代哲學的信條，將己之思想歸諸於一「靈感」，他毫不懷疑「一個人必須要回溯數千年，才能尋覓到那有資格告訴他『這正是我的經驗』的人」。[34]

雖然在本世紀的前數十年，尼采幾乎被歐洲知識界的每一個人閱讀或誤讀過，但正式說來，他對哲學的影響還是極微小的；直至今日，我們還沒有類似於康德學或黑格爾學的尼采學。他在哲學上最初被認可的，是隨那些對學院哲學反叛的思想家所發展出的、不幸被命名為「存在主義」的哲學。在雅斯培與海德格的著作之前，[35]幾乎沒有任何有關尼采較為嚴肅的研究；即便如此，雅斯培與海德格也並不能被視為是遲來的尼采學派的哲學家。與我們目前的討論更相關的一點其實是，雅斯培與海德格都不曾將意志放置於人類心能的中心。

對雅斯培而言，我們之無法擁有絕對真理（the truth）正是人類自由的保證。真理有強制力，人之所以自由，就是因為他並不知道那終極問題的答案：「我必須立意，因為我並**不**知道。那不能為知識所及的存有，只透露給我的意志力。無知是我必須行使意志力的根源。」[36]

海德格的早期著作，亦帶有現代哲學普遍有的、對未來時態的重視——「未來是原始與真確的時間觀中最主要的現象」——並新創了*Sorge*的概念（這個德文字在《存有與時間》裡第一次成為哲學名詞，意思是「照料」，也是「關懷未來」），將之認定是人類存在的關鍵實況。十年後，他卻完全與現代哲學分道揚鑣（在他有關尼采的書的第二卷），正是因為他發現了這個年代，而不只是這個年代的理論作品，完全是建立在意志支配一切的理念上。在他後期的哲學裡，他以那看似矛盾的命題作結，「不行使意志力之意志」（willing not-to-will）。[37]

海德格在早期的作品中，的確有著現代對進步的信心，而他那「不行使意志力之意志」，和尼采不斷立意於必然發生者、以戰勝意志的理念，也並無相同之處。然而他晚期哲學的大轉彎（*Kehre*），卻和尼采的皈依有著相同處；首先，那也**的確是**一種皈依，其次，它也有著同樣的、引領海德格回到古希臘哲學家的後果。似乎到了最後，現代的哲學家都逃到了那「思想的國度」（康德），[38]在那兒，他們的現代執念——對於未來，對於意志做為處理它的心智器官，還有對於自由的議題——並不存在，換句話說，不像思考對應著真理，那兒沒有一個對應著自由的心智機能。

3 中古世紀後的哲學對意志提出的主要異議

——The main objections to the Will in post-medieval philosophy

這些序言式的評述，旨在協助我們了解意志自我的繁複性。但在方法論上，卻有一不容忽略的事實存在，即每一有關意志的哲學，都是思考的產物，而不是意志自我的經驗。雖然思考與行使意志力的是同一心智，但我們已看見，思我對其他心智活動的評估，並非完全不偏頗；而來自不同領域的哲學家，竟然都對意志提出相同的反對意見，這已足以讓我們對這些觀點存疑。故在討論黑格爾之前，我將簡略地列舉中古世紀以後的哲學，對意志所曾提出的反對意見。

首先，對於人具有意志這種機能，始終一直有著不相信的聲浪。意志被懷疑是一假象，是意識的幽靈，或是意識結構中先天必有的幻覺。也就是霍布斯所形容的「一個木製的陀螺」，「被孩童丟擲出後……它有時旋轉，有時打在人的腳踝上，如果這陀螺對運轉有知覺，它必以為這些運動是來自意志的行為，除非它能感到丟擲它的力量。」[39]史賓諾莎遵循著同一思考路線：一個被外力移動的石頭，「可能以為自己是自由的，或以為這樣的移動是完全出於自己的願望。」這假設它「可以意識到自己的活動」，並「能夠思考」。[40]換句話說，「人自以為是自由的，那是因為他們對自己的行動有所知覺，但對決定那行動的力量卻沒有知覺。」因此，人在主觀上是自由的，在客觀上卻是被動的。反對史賓諾莎意見的人自然要說：「果真如此，那麼所有的邪惡都是該被原諒的。」史賓諾莎毫不為此所動，他回答道：「來自必然的邪惡，並不使作惡之人少一分可怕，也不使他們的惡行少一分傷害。」[41]

霍布斯與史賓諾莎都承認意志的存在能被主觀地感知，但他們卻都否定意志是自由的：「我承認只要立意就可以自由地做成某事。但是如果說只要我願意，我就可以行使意志力，那就是一種荒謬的說法。」因為「隨意或是自由，意味著沒有外力能阻撓我的行動……但是如果阻撓行動的力量，是存在於事物的本身，那它不但沒有自由，也根本沒有移動的能力；就像石頭靜止不動，或是一個人因病而困臥在床」。這些想法其實和希臘哲學的立場完全一致。但不同於古典傳統的是霍布斯所做的結論：「自由與必然並不衝突；就如同水流，它有著自由，亦有向下流入水道的必然性；同理可見於自願的行為：因為出自意志力，所以是自由；但人的意志行為……卻必出於某種源自另一原因的原因，這一連串的原因……最後必定追溯到必然。所以對那些可以看得見這一連串原因的人而言，人意志行為中的必然性是十分明顯的。」[42]

對霍布斯與史賓諾莎而言，對意志的否定深植於他們各自不同的哲學裡。但我們卻也能在有著幾乎完全相反哲學的叔本華的著作裡，找到同樣的理論。在叔本華的哲學裡，意識與主觀是存有的本質。和霍布斯一樣，叔本華並不否認意志的存在，卻否認意志是自由的：意志的經驗中有一種令人感到自由的幻覺；當我執意地決定下一步要做什麼、否決某些可能、而達到最後的決定時，那「意志似乎自由得像流水，它對自己說：『我能衝下山去，充滿著泡沫與激流……我亦能上升，成為空中的一隻水柱（……在噴泉中）……但我現在決定不做那些，而自願成為一方安詳清澈、可供人照影的水塘』」。[43]這類的理論，被彌爾做下了我們前面已引用過的總結：「**內在**意識告訴我們，我們有著某種力量，而所有的外在經驗卻告訴我們，我們從未使用過這個力量。」（粗體字為強調）[44]

在這些對意志機能的存在的反駁中，最令人驚異的現象是，它們都以現代新有的、關於意識的概念做為基礎。意識的概念，就像意志的概念一樣，並不為古哲學所知。希臘文裡的 *synesis*——我可以與自己（*syniēmi*）分享、而無法被他人證實的知識——是良知的先驅，卻不是意識的先驅，[45]這可從柏拉圖所講述的、血腥的行為如何追索著殺人者的情況看出。[46]

第二個重點是，這些理論事實上也可以用來質疑思考機能的存在，但這卻幾乎從未發生過。比如說，霍布斯的清算結果，如果能當成是思考，就從未被如此地質疑過，但是清算結果所行使的計畫與盤算未來的機能，卻和意志自我用心找尋達成目的的手段或解答謎語及數學問題的機能，十分類似。（這樣的類比，明顯是支撐了萊爾去駁斥「那些肯定『意志』機能存在的信條，因為有這些信條，我們才有了對應著被形容成是『意志力』的運作與過程」。萊爾自己也說：「從來沒有人說過，在上午和午餐之間，他行使五個快速簡單的意志力，以及另外兩個緩慢困難的意志力。」[47]不會有人嚴肅地主張，不朽的思想鉅著，諸如康德的《純粹理性批判》〔*Critique of Pure Reason*〕，或是黑格爾的《心智現象學》〔*Phenomenology of Mind*〕，可以用這種語詞來理解。）我所知道唯一膽敢懷疑思考機制的存在的哲學家，只有尼采及維根斯坦。後者在他早期的思想實驗中提及，思我（他稱之為「*vorstellendes Subjekt*」，是借自叔本華的詞彙）可能「最終只是一種迷信」，是一空洞的幻象，但意志的主體是存在的」。為將此命題合理化，維根斯坦重述著在十七世紀被用以反駁史賓諾莎對意志否定的理論，亦即，「如果意志不存在，那麼肩負倫理的責任亦不存在。」[48]至於尼采，他對意志與思考兩者都存著懷疑。

但令人覺得不安的是，那些意志論者——即那些像霍布斯一樣全然相信意志力量的人——似乎能夠十分輕易地就滑轉到懷疑它的立場。這種現象可能可用我們的第二個難題來做解釋。使哲學家對意志起疑的，正是意志與自由不可分割的緊密關係——再一次重複，不自由的意志是一個自相矛盾的概念：「如果我不得不行使意志力，那我還有什麼意志可言？……除非在我們的掌握之內，否則意志就不成為意志。因為它在我們的掌握之內，所以它必須是自由的。」[49]在此，我們可以引述另一位同是意志論者的笛卡兒：「沒有一個人在獨處時，會不能感覺到行使意志力與自由是同一件事。」[50]

如我不止一次說過的，衡量自由的準則——早晨自床上起來，或是在下午散步，或是以最高的決心計畫未來——永遠是意識到我可以不做那已做過的事。以此角度看來，與思考相比，意志力的行使就有著幾乎沒有限制的自由。但在此我再重複，這個不容置疑的事實，卻從不曾是一個單純的福賜。因此，我們聽到笛卡兒說：「我知覺到那意志，如此地向外延伸，以致沒有邊界……我感到內裡的自由意志如此宏大，使我想不出還有什麼比這更宏大的理念；也就是說……這樣的意志力使我知道……我有著與神相似的形象，」但他馬上又接著說，這種經驗，「只發生在我行動時，不感覺到有任何的外力限制我如何選擇一物，而不選擇另一物。」[51]

這樣的言詞一方面為他的後繼者敞開了懷疑之門，另一方面，又使他同時代的人企圖「調解〔神給的〕注定的命運與自由意志之間的張力，使之和諧共存」。[52]笛卡兒自己不願「涉身於這些難題，它們索求著對神之先見全能與人類的自由之間緊張關係的調解」，他因而明白地訴求於那「有限思考」中限制的好處，思考因為有限，故必受制於某些規則，比如，不自相矛盾的格律，以及自明真理中所有制約的「必然性」。[53]

也就是因為意志力享有的這種「毫無規則」的自由，以致康德也偶爾將意志刻畫成是「思想的一個項目，是腦部的幻影」。[54]其他的人，如叔本華，因為較能調解自由與必然性之間的張力，因而逃離了人同時是意志與思考的生物——此一巧合有其嚴重的後果——對於這事實中所先天含帶的難題，他們僅做如此的宣稱：「人隨時照他的意願行事，但他如此做，卻有其必然性。一個人……就**等於是**他所行使的意志力……主觀上，每一個人都覺得他們是在做自己立意去做的事。但這只不過意味著，他的行動是他存有的表現。每一自然生物，就連最低等的，都會這樣地感覺，如果它**能夠**感覺的話。」[55]

我們的第三個膠著點也與這難題有關。在那些以思我為其語彙的哲學家眼中，人類事務中的**偶發性**，降低了它在本體排行裡的地位。但在現代來臨之前，我們還有著些許——不多，但有幾個——布滿腳印的逃逸路徑，至少可供哲學家使用。在古代，我們有 *bios theōrētikos*（理性生活）：在那兒，思考者居於必然與永恆的鄰近，在凡人可及的範圍裡，與存有來往。在基督宗教哲學的時代，我們亦有寺院與學院提供的 *vita contemplativa*（默觀生命），還有神意的安慰與來生的預許，在那應允的來世，俗世裡的無意義與暫時性都將透明起來，靈魂可「面對面」地看視，而不必再「在黑暗中，經過一面玻璃」，也不再只是「部分地」知曉——因為他將「知道，正如同〔他將〕被知道」。沒有這樣的來生，連康德都覺得人生的無意義，太痛苦且不堪負荷。

很明顯地，隨著現代世界世俗化——或應說去基督宗教化——的演進，再加上全新的對未來與進步——也就是對沒有必然性或恆久性的事物——的強調，使得從事思考的人，比從前更激烈且更殘酷地被暴露於人類事務的偶發性中。直至古代結束前的所謂「自由的問題」，現今被籠罩在歷史的偶然性裡，「充滿了聲音與憤怒」，「一個白痴說的故事……毫無意義可言」。與此相對應的是那源自於自由意志的個人抉擇，毫不受理性或欲望的指引。這古老的問題穿上新時代的新衣，重新出現。而這新的進步的時代，已漸在我們的時代裡走進尾聲（踏著進步的腳步而到達了人類在此世可及的境況）。那個古老的問題，在十九世紀的**歷史哲學**中，找到了它的假答案。那學說最偉大的代表人，解析出了一個以潛藏在世界大事中的理性及意義為基礎的理論。因此將人類充滿偶發性的意志，導向了一個他們欲想的終極目標。這個故事一旦結束——黑格爾似乎相信這個故事的結束，始於法國大革命——哲學家向後凝望的眼神，經由思我的單純努力，能內化並重拾（*er-innern*）發生過的事件中的意義及必然性，使他能再次地與那存在者及不能不存在者同居一處。最後，換句話說，思考的過程再一次與真實的存有若合符節：思考純化了僅是偶發性的實在（界）。

4 「新」的問題

The problem of the new

如果重新考量哲學家對意志所提出的反對意見——反對那機能的存在，反對它所暗指的人類自由，反對意志自由所含帶的偶發性、亦即使已做過的事物有被註銷的可能等等——我們可以明顯地看出，這些異議所指涉的不是傳統所說的自由意志（*liberum arbitrium*），即那在兩個或多個事物或行為中做抉擇的自由，這些異議所指涉的，是意志做為一處理未來的器官，亦即做為一開啟新事物的機能。*Liberum arbitrium* 的行使是依恃著事物的原初狀態（*statu nascendi*）或其潛在的特質，以此為準則，而在數件同樣可得與可欲者中做一選取；但開啟一真正新的事物，卻不能有潛在特質的先設，否則這潛在的特質，就將成為那被完成行為的肇因。

我在前面的章節中提到康德所形容的「思辨理性在處理**自由**意志」時所面對的尷尬——比如說，假如「我在此刻從座椅中站起……一個新系列事件……的**絕對**初始就是這個事件。

雖然〔他附加〕在時間上而言，這個事件只不過是前有的一系列事件的延續」。[56]在此，最有問題的，就是那**絕對**初始的概念。「發生在世間的事件系列，只能有一相對的初始，因為事件永遠有其他的事件發生於其前。」當然，對從事思考的人而言，情況亦是如此。因為不論思考者如何成功地在心智上從現象中遁離，他卻永遠是眾多現象中的現象之一。這絕對初始的概念，無疑是來自《聖經》中有關創造的教義，不同於東方「散發」的理論——既存的能量經發展散播後，衍生成這個世界。但創造的教義，只有在加上了神的創造是無中生有（*ex nihilo*）的理念後，才能成為我們討論中的充分理由。但這種方式的創造，並不見於希伯來聖經；它是後來思辨的附加物。[57]

這種思辨始自教會神職元老以希臘哲學來論述基督宗教信心的古老傳統，也就是他們初次面對希伯來文中所沒有的**存有**的那個時刻。在邏輯上講，如將存有對等於宇宙，則暗示「無物」應是存有的對反。然而從無物躍至有物，在邏輯上是如此之困難，以致我們開始懷疑那發現絕對初始概念的，其實是新起的意志自我。它在教義與信條之外找到了適合於創制計畫的經驗。康德的例子並不必然有本質上的錯誤。如果他自椅座上起身，是為了要去做某件事。如此，這一「事件」的確開啟了「一系列」的其他事件；若非如此，如果他只是習慣性地自椅座上起身，或是起身去取某物，好完成他正在做的事，這個事件就只不過「是前有的一系列事件的延續」。

讓我們假設這只是一個疏忽，康德心中明顯地想著的是那「開啟的自發力量」。所以他在意的，是如何圓融地化解「新系列的事件與狀況」與這「新系列」所切斷的時間連續。傳統對這問題的解決方式，仍要上溯至亞里斯多德對潛在（potentiality）與實現（actuality）之間的分野。藉著「新系列」乃包藏於「前發系列」的假設，而保有了時間的一統性。但亞里斯多德這解釋十分明顯不足：我們難道真的能夠認為一首交響樂曲「在完成前已有潛在的可能？」[58]——除非我們所謂的「可能」不過是指它的不是不可能。這當是完全不同於說它已存於潛在的狀況、只等著某個願意煩心的音樂家將之實現。

然而，如柏格森所知甚深的，這議題還有它的另一面向。從記憶的角度，也就是回顧過去時，一件隨意做出的事物，一旦完成後，就失去了它的隨意性，而成為生活現實的一部分。現實的力量是如此地龐然，以致我們無法想像它們的不存在；那事件如今穿上了必然的衣飾，這種必然絕不是意識的幻象，亦不是來自我們不能想像其他可能的有限能力。這在行動的領域中尤然，在那兒沒有一件行為可被安全地註銷。就是在其他不如此明顯的領域中，我們也不停地有著人所製造的新物——藝術品與實用物品——加入世界及它的文明之中。我們幾乎無法想像文明遺產中那些偉大藝術品的不存在；也不能想像兩次世界大戰或是其他決定現實結構的事件的不存在。用柏格森自己的話來說：「以它單純的實在，現實將它的長影投射在無垠的過去；因而它在被實現之前，似乎已存於潛在的模式。」（*Par le seul fait de s'accomplir, la réalité projette derrière son ombre dans le passé indéfiniment lointain; elle paraît ainsi avoir préexisté, sous forme de possible à sa propre réalisation.*）[59]

從這角度，也就是意志自我的角度觀之，自由不是意識的幻象，必然性才是。我認為柏格森的觀點是十分重要且有深長意義的。然而就連他觀點中那單純的可信性，也一直未在對必然與自由不停息的討論中扮演過重要的角色。這個現象的本身難道不也是意義深長的嗎？據我所知，這個觀點在柏格森之前，只被提出過一次。提出這觀點的是董思高那位寂寞的、為意志的先要性做辯護的哲學家。董思高不僅認為意志的重要性在知性之上，更認為偶發性存在於所有的事物之中。如果有所謂的基督宗教哲學，那麼董思高不僅應該被視為是「基督宗教中古世紀最重要的思想家」，[60]也是唯一並不企圖在基督宗教信仰與希臘哲學之間找尋協調的哲學家，而他更是唯一膽敢認為「能〔說〕神是隨意行事」才是真正基督宗教認同標誌的哲學家。他說：「那些否認某種存在是偶發性的人，應受酷刑，直至他們讓步，承認他們的不受折磨也是一種可能。」[61]

我們無法確知偶發性這被古典哲學認為是最終極的無意義者，早期成為現實的原因，是由於《聖經》的信條「樹立起了幾組敵對：偶發性敵對著必然性，個別性敵對普遍性，意志敵對知性」，如此才保有「『偶發性』在哲學中的地位，一反後者原有的偏見」[62]——或是因為古世紀中的幾個世紀以來破壞力強大的政治經驗，開放了古典哲學的利他性與可信性。但我們可以確知的是，那原本對偶發性、個別性以及意志的偏見——也因而相對地將先要性給予了必然性、普遍性與知性——倖存於各種挑戰之後，遺留至現代。中古世紀的宗教哲學，以及現代的俗世哲學都尋覓著不同的方法，意欲將意志這自由及未來的器官，吸納入事物原有的秩序之中。不論我們將如何看待這些事物，柏格森**事實上**是正確的，他說：「多數的哲學家……都無法……思索全新與不可預測的事物。即使是那些少數相信自由意志的哲學家，也將它化減到一種在兩者或多者中的單純『選擇』，好似這些選項是『可能性』……而意志只局限在『實現』其中的一項。他們因而仍認為凡事皆為所予，而絲毫不能有一全然新創活種的概念……而此種活動才是最終的自由活動。」[63]無疑地，甚至在今日，當我們聆聽兩位哲學家的爭執，一位是站在決定主義的立場，另一位是站在自由的立場，「那位站在決定主義立場的哲學家，聽來總是對的……〔聽眾〕總會認為他簡單、清楚且正確。」[64]

在理論的層面上，不論被解釋成是選擇的自由或是創新的自由，自由意志的問題在於它不僅看似與神旨天命相違，似乎也與因果律相衝突；基於內在經驗的強度——或應說它的微弱——意志的自由可被假設，卻不能被證明。這對自由的假設與對臆測的不可信任，是來自我們在表象世界中的外在經驗。在該處，不論康德如何描寫，我們都不太能開啟一新的系列。雖然柏格森的哲學是建立在「每人都能直接知悉……他自由的自發性」的信念上，[65]他也不得不如此承認，「雖然我們有著隨時返回自我的自由，但我們卻很少願意。」「自由的行為是異於常規的。」[66]（多數的行為乃被習慣主導，就如同我們日常的判斷，常被偏見左右。）

笛卡兒是第一位刻意拒絕直接攻擊自由意志的不可信的哲學家：「僅僅因為我們不能了解那些我們深知是不可能被了解的事物，就懷疑我們內在可感知並認為存在的事物，是極為荒謬的。」[67]因為「對於這類的事物，我們應在自身內去感覺，而不是經過推理才去相信；但你……似乎並不關注心智在其自身內的活動。你可以拒絕自由，**如果自由非你所悅**」。（粗體字為強調）[68]對此，我們忍不住要回答，笛卡兒式的思我完全就是「心智在其自身內的活動」，但笛卡兒或反對他哲學的人，卻從來沒有認為思考是某種被假設卻不能被證明的事物，或認為思考只是意識的單純數據。到底是什麼使我思自思（*cogito me cogitare*）處於比自立己意（*volo me velle*）更高的地位——即使在笛卡兒這樣一位「意志論者」的哲學裡？**有沒有可能，將臆想建立於思我經驗的職業思考者，對於必然性的喜愛總是超過對於自由的喜愛？**在審視所有紀錄中的理論後，我們幾乎不可避免地生出這樣的懷疑，所有的理論，若不是全然否定「內在」自由的存在，就是以相對於必然的調整而削弱自由的力量，但這都是以臆測性的辯證思辨方式得來的，不能訴諸任何經驗。而所有有關自由意志的問題，都終將與邪惡的議題掛鈎，這更進一步加深了我們上述的懷疑。因此奧古斯丁有關意志自由抉擇的論文，也是以這個問題開始的：「請告訴我，上帝是不是邪惡的肇因？」這問題的複雜性，最先由保羅提出（在《羅馬書》中），最後被概約成邪惡的根源是什麼？這樣的問題，有著許多的多樣性，包括自然對人身體上的傷害，或是他人對一己的惡意傷害。

但這卻是一個哲學家永遠揮之不去的問題，而他們解決這個問題的企圖卻也總是落空；原因是他們經常規避了那最單純的議題。他們不是否定邪惡的真實存在（它只是良善的欠缺），就是將之視為一種視覺上的幻象（人的知性有限，故不能適宜地包容可將邪惡合理化的整體）。這些都是建立在一個未經辯論的假設上，也就是黑格爾所說的「只有整體為真」（*nur das Ganze hat eigentliche Wirklichkeit*）。邪惡和自由一樣，是屬於那些「最有學問與最聰敏的人也無法知悉的事物」。[69]

5 思考與意志的衝突：心智活動的音色

——The clash between thinking and willing: the tonality of mental activities

假如我們用未被宗教或俗世理論混淆的眼光來閱讀這些文獻，似乎難逃這樣的結論：哲學家天生就不能掌握某種心智現象，及它在世界裡的地位，我們亦不再能相信哲學家可對意志有公允的評估；就像我們不能信任他們能對身體達成任何公平的考量。但是哲學家對身體的敵意是眾所皆知的，且至少自柏拉圖起就有歷歷可考的紀錄。這種敵意主要並非來自感官的不可靠，因為這不可靠是可被糾正的。也不是由於它蠻橫的激情，因為這激情可被理性馴服。那敵意其實是來自身體單純且不可或移的需要與欲望。如柏拉圖極正確地指出的，身體「需要不停的照管」，就是在最佳的、有健康與閒暇以及規畫完善的公益的情況下，它也會以不止息的要求，阻撓著思考活動的進行；用洞穴寓言的語言描述，身體強制著哲學家從理念的天空降回到人類事務的洞穴裡。（我們通常將對肉體的敵意歸諸基督宗教。但這敵意其實比基督宗教更古老，而基督宗教的核心教義，亦不同於古老的靈魂不朽說，它講的是肉身復活，這不僅與神祕信仰不同，也與古典哲學的理念形成強烈的對比。）

思我對意志的敵意卻有著全然不同的本質。衝突是存在於兩種似乎不能共存的**心智**活動之間。行使意志力，也就是當我們將注意力放在未來的計畫時，我們亦自這世界遁離，這與追索思緒的情況並無大異。所以思考與意志的敵對關係，只存在於心靈狀態的層面；兩者的確都將不在眼前的事物喚至心智的跟前。但是思考所喚出的是現正存在或是曾經存在的事物，意志卻向未來延伸，在那毫無確定可言的領域中遊走。而心靈的機能——是靈魂而不是心智——處理未知領域的事物時，使用的是期待，期待的主要模式卻是希望與恐懼。這兩種情感模式緊密相連，彼此有著相互倒向對方的傾向。更由於未知領域的不確定，這種轉換幾乎成為自動。每一希望中都含帶著恐懼，而每一恐懼也都能被相對的希望治癒。也就是因為它們之間這種不停轉換、不穩定以及騷動的特質，古典哲學將兩者都列為來自潘朵拉盒中的壞東西。

在這令人不安的狀況裡，靈魂所要求於心智的，並不是告知未來以確定希望或恐懼的預言能力；與預言家及星象家之流的卜算者誆人的理論相比，萊爾那同樣有著欺瞞性的理論——現在存在或未來將存在者都「已注定要存在」[70]——卻更具安定人心的力量。「第一、二流哲學家從不維護……也不費力攻擊」的宿命論，卻在世俗的思想中長久地有著令人驚異的成功率；如萊爾所說的，「我們都有宿命的時刻」，[71]原因在於，沒有任何其他理論更能平息行動的衝動、制定計畫的強烈欲望，簡言之，任何形式的我立意（I-will）。宿命論在存在上的優勢，被西塞羅仔細列舉於他的著作《命運論》（*On Fate*）中，成為對這題目最具代表性的論述。在對「事事皆已注定」的命題中，他舉了以下的例子：當你生病時，「你是否能康復都是命定，與你叫不叫醫生無關。」[72]但當然，你會不會去叫醫生，也已是命定。這樣的推論最終將引至那「無窮的倒退」。[73]這「無聊的推論」終於被拒，因為這樣的推論明顯地將「導至對生活行動的全盤否定」。但它最大的吸引力，也就在於「心智被免除了所有移動的必然性」。[74]但在我們的討論裡，這命題的相關性卻是它全然地消除了未來式，並將之納入過去式。**將**有，或**可能**有，都早已「注定會有」，因為，如萊布尼茲所說，「凡將發生之事，**如果真的發生**，就不能被想像不發生。」（*quicquid futurum est, id intelligi non potest, si futurum sit, non futurum esse*）[75]這個公式安定力量的來源，是黑格爾所說的「過去的安寧」（*die Ruhe der Vergangenheit*），[76]安寧源於過去的不能被更改或被註銷，意志「不能對過去行使意志力」。[77]

對於（感官）所與（the given）加以**否定**的並非是未來本身，而是意志的**投射**。在黑格爾與馬克思的理論中，推動歷史前進的引擎正屬於這否決的力量，而它動力的來源則是意志能夠實現所投射的能力。所投射的東西否定了現在，也否決過去，因此它威脅著思我持續的現在。當心智自表象世界遁離，而將那不存在的「不再」與「尚未」喚出時，過去與未來似乎被結合於一共有的元素之下，如是地自時間的流動中被搶救而出。但是我們為思我定位的靜止的此刻，以及那過去與未來之間的縫隙，雖然可以不驚動世界地吸納著那些不再發生的事物，它卻不能以同樣的平穩來面對意志所處理的未來計畫。意志雖然是一心智活動，但它必須與表象世界相關，表象世界是意志投射實現的場所；與思考形成強烈對比的，是意志從不為自身，也不可能只在自己的活動中得到滿足。意志力不僅專注於個體，並期待完成目標，也就是將對於某一事物的意志力，轉變成對某一事物的行動——這是極端重要的。換言之，意志自我通常的情緒是急切、不安以及關懷（*Sorge*），這並不只是因為靈魂以希望與恐懼面對未來，也因為意志計畫所預設的我能（I-can），是完全沒有保證的。意志憂慮的不安，只有靠「我能且我做」（I-can-and-I-do）才能被平息，也就是要中止意志的活動，將心智自活動的籠罩中釋放而出。

簡言之，意志永遠立意要**做**某事，因而間接透露出對單純思考的輕視，單純思考的所有活動都是建立在「什麼也不做」之上。當我們檢視意志的歷史時，我們會看到，沒有任何神學家或哲學家曾讚嘆過意志自我經驗的「甜美」，但他們卻慣於用那樣的形容詞讚美著思我。（在此，我們有兩個重要的例外：董思高與尼采，他們兩人都了解意志的力量——「*voluntas est potentia quia ipsa aliquid potest*」〔意志之力量在於它能成事〕。也就是說，當我願〔I-will〕

期待著我能〔I-can〕的時刻，意志自我對自身是喜悅的——「*condelectari sibi*」；因此，「我願**且**我能」〔I-will-and-I-can〕是意志力喜悅的泉源。）[78]

在我所稱為心智活動的「音色」上，意志使尚未發生之事現身的能力，與記憶完全相反。記憶與思想有極自然的親密關係，如我所說，所有的思考物都是後思考後之物。思想序列很自然且幾乎是自動地不斷從記憶中升起。這就是為什麼柏拉圖的 *anamnēsis*（追憶）成為人類學習能力的可信假設，而奧古斯丁能如此可信地將心智對等於 *memoria*。記憶使靈魂想望著過去。但這懷舊的心情，雖然帶著憂傷與悲情，卻不致擾亂心智的安寧。因為它所勾起的是我們無能改變的、已成過去的事物。相反地，意志自我看向前方，而不是後方。它處理那些我們有能力去做但卻不確定能否完成的事物。這所造成的緊張，是不同於解決問題活動中的刺激。這緊張在靈魂中引起騷動，並製造出混亂，其中混合著希望與恐懼。當心智如奧古斯丁的公式所陳述，而發現立意與能夠實行（*velle* and *posse*）是不同的兩件事時，這緊張就變得不可忍受。而這緊張只能以行動紓解，也就是，完全地中止那心智活動；從意志轉向思考，也只造成了意志力暫時的癱瘓。就如同從思考轉向意志，對思我而言，也只是思考活動的暫停。

我們若是以音色的詞彙來描述這兩種心智活動——也就是注意心智如何影響靈魂、製造

情緒，不顧外緣事件的發生，僅依此而創造出心智**生命**——思我最顯著的情緒是**靜謐**，也就是對那不需克服它物的活動的享受。由於這活動與記憶牽扯的程度，它的心情偏向憂鬱——對康德及亞里斯多德而言，這是哲學家所特有的心情。意志最顯著的情緒卻是**緊張**，它摧毀了「心智的靜謐」，即萊布尼茲的「*animi tranquillitas*」，對萊布尼茲而言，心智的靜謐是所有「嚴肅的哲學家」所堅持的，[79] 也是他自己在思想序列中所找尋到的，證明這是「所有可能性中的最美好者」。由這觀點來看，意志所該做的工作應是「不行使意志力的意志」（will not to will），因為每一件意志行為只能干擾著世界裡的「宇宙和諧」，在那世界中，「從整體的觀點觀之，所有的事物都是最美好的。」[80]

如此，萊布尼茲以令人崇敬的一致性，裁定猶大的罪不是出賣耶穌，而是他自殺的行為：在自棄的同時，他也間接地棄絕了上帝所造的整體；他恨自己時，也恨著那造物者。[81] 這種想法最激烈的表現，可在埃克爾大師（Master Eckhart）的句中找到：「如果一個人曾犯千樁罪行，正確對待之法，是不立下不再犯同樣罪行的意志。」（*Wenn jemand tausend Todsünden begangen hätte, dürfte er, wäre es recht um ihn bestellt, nicht wollen, sie nicht begangen zu haben.*）[82] 我們可做如是的猜測，來自埃克爾的兩位哲學家這令人驚異的拒絕悔改的手勢，可能是出於太過滿溢的信心。因而要求犯罪者要像耶穌一樣，寬恕自己，就像信心要求他寬恕他人，「一天七次」。不如此，就等於認為出生不如不被出生（「把磨石拴在這人的頸項上，丟在海裡」）——

這不只是對他自己，也是對所有的創造物的態度。然而對萊布尼茲而言，這卻被視為是思我最終將戰勝意志的示範，因著後者向過去行使意志力的徒然企圖，一旦成功，只能造成萬有的滅寂。

6 黑格爾的解答：歷史哲學

——Hegel's solution: the philosophy of History

有關意志自我與思考自我之間的傾軋衝突，在思想史中，沒有任何一位哲學家對之有過比黑格爾更多的同情、洞見及研究結果。但這些討論卻是相當複雜的，不僅因為黑格爾用了極為深奧與奇特的語彙，更因為他討論這個議題的段落，是出現在對時間思辨的章節，而不是在《心智現象學》、《權力哲學》，《哲學百科全書》等書中篇幅不多卻意義深長、直接討論意志的章節裡。柯瓦雷（Alexandre Koyré）一篇不太為人所知卻極端重要的文章（出版於一九三四年，有著一個容易令人誤解的〈黑格爾在依艾拿〉〔*Hegel à Iéna*〕的題目），[83]收集並詮釋了這些段落。這篇文章專注於討論黑格爾有關時間的文字——從早期的《耶拿邏輯》（*Jenenser Logik*）及《耶拿現實哲學》，到《心智現象學》及《哲學百科全書》，還有其他屬於《歷史哲學》的段落。科耶夫（Alexandre Kojève）那極有影響力的對《現象學》的解讀，[84]就是以柯瓦雷的翻譯及注釋為其「來源與基礎」。我在以下的討論，將依循著柯瓦雷的論述。

柯瓦雷的中心主題：黑格爾「最了不起的創見」，是他「對未來的堅持，並給予未來高於過去的先要性」。[85]這意見若不是對黑格爾而發，我們也不應會有任何驚異。一位十九世紀的哲學家，在十七、八世紀前人及他同時代的人強調進步前行的氛圍中，何以能不下同樣的結論，而將未來的重要性置於過去之上？畢竟，黑格爾曾說過：「每一個人都是他所身處的時代的子嗣，因此哲學是**時代解析成的思想**。」循同一脈絡，他又說過：「了解存在之事物乃哲學的工作，因為存在者即理性」，或「被思考就是存在，事物存在只因它被思考」（*Was gedacht ist, ist; und was ist, ist nur, insofern es Gedanke ist*）。[86]也就是在這樣的命題中，黑格爾對哲學做出了最重要與最有影響力的貢獻。因為，黑格爾最重要的建樹，是孕育了歷史哲學的概念，也就是孕育了有關過去的哲學：思考與記憶的自我，在回眸的凝望中重新拾集過去，將之「內化」（*er-innert*）且經「概念化的努力」（*die Anstrengung des Begriffs*）而使之成為心智的重要部分。在這內化的過程中，心智與世界得以「**和解**」（reconciliation）。思我還能有比這更大的勝利嗎？在與表象世界的遁離中，思我不必再付那「心不在焉」的代價，也不必再與世界漠然地隔離。根據黑格爾，心智以純粹的反思能力，可以不必吸收（即納入己身之內）所有的現象，而只吸收有意義的部分，進而將那被棄置與未被吸收者視為意外偶然，使之不在歷史的過程或推論思想的軌跡中留下任何後果。

如柯瓦雷發現的，在黑格爾開始討論時間的那一刻，過去的先要性完全消失了。對他而言，最重要的是「人類時間」的變迭。[87]時間最初是不被思考、而純粹以一種動態被人類經歷著，直到人類開始沉思外在的事件，這才有所改變。此時，心智的注意力專注於未來，也就是那正迎面而來的時間（如我曾提及的，在德文中，*Zukunft*〔未來〕來自*zu kommen*〔to come〕，而法文的*avenie*則來自*à venir*）。這被期待著的未來，否決了心智「持續的現在」，而將之轉變成預期的「不再」。在此脈絡中，「未來超越了過去，而成為最重要的時間向度。」「時間在未來中找到了真理，因為能完成並實現存有的是未來。但完成與實現了的存有，卻立即屬於過去。」[88]人對現在的否決，逆反了時間所慣有的過去、現在、未來的順序：他對「現在說**不**」，並製造自己的未來。[89]雖然黑格爾與柯瓦雷在此處都沒有提到意志，但很明顯的是，那否決了現在的心智活動，是意志而不是思考，而黑格爾所形容的被人經驗的時間，亦契合著意志自我的經驗。

契合的原因是，當意志自我建構著投射時，它的確活在未來。用黑格爾出名的話語來說，「今日不能抗拒明日」的原因，並不是無法轉變的今日必成為明日的連接時序（若無意志的投射與控制，這樣的明日只將淪為今日的重複——如我們所經常經驗到的）；今日的本質只能因心智的操縱而有所改變，意志可將之否決，並喚出不存在的未來，因而在心理的層面上取消了現在，或將現在變成一飄渺的時段，而無存在的本質：「現在是空虛的，只能在未來中被完成。未來才是真實。」[90]從意志自我的觀點來看，「未來直接以一否決的力量存在於現在之內。現在是那隨時會消失的存有，也同時是那即將被轉化為存有的非存有。」[91]

當自我與意志自我認同時——這認同的模式是由意志主義者所提出，他們相信個體的個別性（*principium individuationis*）是來自意志的機能——那認同存在於「把未來變為現在的持續轉化裡，它的存在將停止於不再有未來的那日，也就是不再有任何未了之事的那日〔*le jour où il n'y a plus d'avenir, où rien n'est plus à venir*〕，即所有的事物都已到達、都已被『完成』的時候」。[92]在意志的觀點上，耆老是未來向度的縮減，而死亡所意味的，並不完全是從表象世界裡的消失，更是對未來最終的喪失。但這喪失卻也正是一個人生命最終的完成。在終點上，自我終於逃離了時間不停的變更與未來的不確定。因而能面對那「過去的安寧」與沉思默想，並用思我回眸的凝視找尋出意義。因此，從思我的角度觀之，耆老，是海德格所說的沉思的時候，用叔本華的話來說，那則是「平靜與自由」的時候[93]——自我被釋放出禁錮：這些禁錮所包含的，不僅只是身體的激情，或是心智加諸於靈魂的耗人激情，更還有意志中那被稱為「野心」的激情。

換言之，過去開始於未來消失的那一刻，在沒有未來焦慮的安寧中，思我嶄露頭角。但這卻只發生在所有事物的終點，也就是存有的生成（Becoming）停息的那一刻。因為「不安是存有的基礎」；[94]這是對生命必付的代價，就如同死亡，或者應該說對死亡的預期，是對安寧必付的代價。但生命中的不安，並非來自對宇宙或歷史的沉思；它不是自然事物不停移動或人類命運不停起伏那些外在事物的結果；那不安位於心智之內，是心智所造。存在主義後來所謂人類心智自製的概念，也就是黑格爾著作中的「時間的自動組成」；[95]人不只是有時間性，人**就是**時間。

沒有人就沒有時間，而只有事物的移動與運轉。但人的心智如果只能從事思考，只能對所予做沉思，那麼除了存在於現在者之外，不能有其他可能。那就不能有時間。因為在那情況下，人在心智上是活在一個永恆的現在。他不能知曉他曾經不存在，有一天也將不再存在；也就是說，他不能了解他存在的意義。（因為有了心智製造出的時間概念，黑格爾對邏輯及歷史的指認才有可能，而這後者，如布倫斯維奇〔Léon Brunschvicg〕很早就指出的，「是他哲學系統的主要梁柱之一。」[96]）

但在黑格爾的思想中，心智只有透過意志這處理未來的器官才能製造出時間。如此觀之，未來成為了過去的根源。因為過去是產生在心智對未來的預期中，發生在「我將是」（I-shall-be）即刻轉變為「我將已是」（I-shall-have-been）的時刻。在這系統中，未來製造著過去，那以過去為沉思對象的思考，就成為意志的成果。因為最終，意志必要歷經它投射的挫敗，也就是死亡；當所有投射都成為「已是」時。（有趣的是，海德格也曾說過，「*Die*

Gewesenheit entspringt in gewisser Weise der Zukunft」——過去，以及「曾是」的來源，都是未來。[97]）

在黑格爾的理論系統中，人與動物不同，並不是因為人是理性動物（*animal ration-ale*），而是因為人是唯一對自己的死亡有知覺的生物。而也就是在意志自我期待的最終點，思我組成自我。在對死亡的期待中，意志的投射因為有著預期的過去的面貌，故可成為沉思的對象；在這樣的意義中，黑格爾認為，只有那「不漠視死亡」的心智，才能使人「戰勝死亡」，「在一己之內對之持忍並予以維護。」[98]用柯瓦雷的話來說：當心智面對自己的終結的那一刻，「時間辯證不停歇的騷動才安定下來，時間『完成』了自我；而這『被完成』的時間，自然且完全地落入了過去的範疇」，這意味著「未來失去了對它的掌控」，而它亦準備著成為思我那持續的現在。是故，「〔未來的〕真正存有，就是成為現在。」[99]但在黑格爾的理論中，這「*nunc stans*」（靜止時刻）已沒有時間性；它實是「*nunc aeternitatis*」（永恆時刻）。因為對黑格爾而言，永恆也是時間的本質。柏拉圖的「永恆的意象」，被看成是「心智永恆的動態」。[100]當「現在，未來與過去結合在一起」，[101]時間自己就成為永恆。

我們可將這些理論做一誇張的簡化：心智**生命**之所以存在，要歸功於它處理未來的器官，以及它的「騷動不安」；**心智**生命的存在，則要歸功於死亡。死亡這被預見的絕對終點，停止了意志，而將未來轉換為一預期的過去，將意志的投射轉化為思考的對象，並將靈魂的期盼轉化為記憶。如此被簡述與簡化後，黑格爾的理論顯現出極強的現代感，它的時間思辨所予未來的先要性，與他的時代對進步的專斷信心，配合得天衣無縫。而它由思考轉向意志，再轉回思考的轉折，是對現代與傳統契合問題的一個如此巧妙的現代解答。我們幾乎要將黑格爾的哲學建構視為一真確的對意志自我問題的重要貢獻。然而在對時間的思辨上，黑格爾卻有著一位怪異的先驅，對那位先驅而言，沒有比進步這概念更疏離的概念，也沒有比統籌歷史事件規則的事業更無趣的事業。

那位先驅就是普羅提諾（Plotinus）。普羅提諾也認為人的心智（人的「靈魂」〔*psychē*〕）是時間的創造者。時間產生自靈魂「過分好動」的天性（*polypragmōn*，這個字有著忙碌不堪的意思）；在對己身未來不朽的渴望中，它「尋覓著超越目前的事物」，因而總是「移向『下一個』，『後面一個』，不同的一個，另一個再另一個。如此地移動，我們拉長了〔朝向我們未來不朽的〕旅程，建構出了那不朽意象的時間」。因此，「時間是靈魂的生命」，因為「向生命之外延伸，牽扯到時間」，靈魂「延伸著它的活動，製造出持續的〔時間〕」，以「推論思想」為其形式，推論思想的延宕，對應著「靈魂從一到另一的動向」；因此，時間「並不是靈魂的伴侶……而是位於內在且是它的一部分」。[102] 換句話說，對普羅提諾及黑格爾而言，時間的產生，是來自心智天生的不安，它的投射，以及它對「現今狀況」的否決。而對這兩位哲學家而言，永恆乃是時間的真正完成，或以世俗的語言來說，在存在的層面上，時間的完成是發生於心智由意志轉向思考的那一刻。

不論這兩人的觀點如何接近，黑格爾著作中的許多章節卻顯示著，與古代以及他前後時代的哲學家相比，他的哲學較少受前人影響，較少是對前人意見的反應，亦較少是想「解決」形上學的問題。簡言之，他的著作較少學究氣。他的特異，到近代才逐漸被人注意。[103]黑格爾在建構一對應著實事政治歷史的哲學史時——在他之前，這是鮮為人知的——其實打破了傳統，因為他是第一個嚴肅對待歷史的思想家，他認為歷史能給予我們真理。

人類事務的領域——即由人力所促發的事件道場——從未被哲學家如此地審視過。這個改變來自一重大的事件——即法國大革命。「那革命，」黑格爾亦如此承認，「它的第一個衝動，可能是來自哲學的。」但它在世界歷史上的意義，卻在於這是人第一次膽敢將世界翻轉，「倒立在頭上以及思想上，並據此建構現實。」「自太陽立於中天，星球環繞著他運行起，人的存在從未被想及是以他的頭——也就是他的思想——為中心。……這是心智光榮的黎明。所有思考的生物共享著這新紀元的喜慶……一種精神的熱流，振奮著世界。好似神聖與世俗之間的和解，首次被完成。」[104]那事件所顯示的是人類新有的尊嚴；「使舉世皆知事物應有的理念，〔將使〕對事物逆來順受的沉睡的人們〔*die gesetzten Leute*〕，它銷毀了他們的萎靡。」[105]

黑格爾永遠不能忘記他這早年的經驗。直至一八二九／三〇年間，他還對學生說道：「在政治轉變的時候，哲學找到了它的道場。此時思想領先並塑造著現實。當一種形式的精神不再能滿足人類，哲學敏銳地觀察，並企圖去了解那不滿。」[106]簡言之，他幾乎明目地違背了他著名的、出現在《權力的哲學》前言裡的米娜娃貓頭鷹的說辭。年輕時的「心智光榮的黎明」是他一生著作的靈感與泉源。在法國革命中，原則及思想被**實現**；人思想時所處於的「神聖」，以及人類事務所處於的「世俗」之間，得有某種**和解**。

這和解是黑格爾整個哲學系統的中心。我們可將**世界歷史**——而不僅是一國或一個時期的歷史——了解為乃事件的單一序列，它最終的結果應當是「精神的國度……在外在經驗中顯現」，並「被包含」於「俗世的生活」裡，[107]如是，歷史的過程就不再是隨意，而人類事物的領域也不再是無意義。法國革命證明了「真理以它活生生的形式〔可被〕展現在世界的事務裡」。[108]此時，我們的確可以將每一歷史的序列看成是「已注定要發生」，並派給哲學家那「了解整個設計」的工作。從初始那「隱藏的泉源」或「在發源地的……存在的原則」開始，到它「在現象裡的實際存在」。[109]黑格爾將「精神的國度」對等於「意志力的國度」，[110]因為人的意志力是使精神領域發生的必要條件，也因此，他斷言，「意志自由的本質〔即意志必要行使意志力的自由〕……是絕對的……它是人之所以成為人的原因，也因而是心智最基本的原則。」[111]事實上，世界精神能在世界事務中展現的終極目標必為自由，對此的唯一保證——如果能有此事——是隱藏在意志所暗含的自由裡。

「哲學所要引領我們到達的洞見，即現實世界應如其所應為」，[112]因為對黑格爾而言，哲學所關心的是「那真正的永恆者，不是昨日，亦不是明日，而是現在，即有著絕對存在的『此刻』」，[113]又因為被思我知覺的心智即是那「如是的此刻」，哲學因而必要調解思我與意志自我之間的衝突。它必須結合屬於意志的時間思辨中對未來的專注，以及思考那持續現在的觀點。

這種努力離成功尚遠。如柯瓦雷在文章的結語中所指出的，黑格爾哲學中「系統」的概念，是與他所給予未來的先要性相互衝突的。後者要求只要有人存在於世，時間不能停止。而黑格爾所定義的哲學——米娜娃的貓頭鷹只在黃昏後起飛——卻要求著時間的停息。他不僅在思我活動裡，並要在現實裡虛懸時間。換句話說，黑格爾的哲學，只有在下述的情況中，才能號稱擁有客觀的真理：歷史最終成為真實，人類不再有未來，沒有任何事件能再發生，沒有新事物能再被引進。柯瓦雷又做了如此的附加：「黑格爾可能是如此相信的⋯⋯他甚至可能相信⋯⋯他所形容的〔歷史哲學〕必要情況**已經**為真⋯⋯而這也是他為何相信他自己能夠——或早已能夠——完成它。」[114]（這其實也是柯瓦雷自己的信念，對他而言，黑格爾的系統**就是**真理，因此也是哲學及歷史的最絕對的終點。）

在調解思考與意志這兩種心智活動、以及它們相反的時間觀的努力上，黑格爾最終的失敗在我看來是十分明顯的。但是他自己可能不會同意：思辨正是「思想與**時間**的結合」；[115]它所處理的不是存有（Being），而是**生成**（Becoming），思考心智的對象不是存有，而是一「直覺到的中現」（intuited Becoming）。[116]而唯一可被直覺感知的動態是在圓圈內的擺動，它形成「一個回到自身的週期……預設一個開始，並在終點處到達它的起點」。這週期性的時間觀，如我們已審視過的，是與古典希臘哲學的時間觀完全一致，而後古典哲學，在發現意志乃行動的心智泉源後，要求一種線性的時間觀，否則進步無法被想像。黑格爾對這個問題——即如何將圓圈轉化為前進的直線——的解決方法，是假設在人種眾多個體之後存在著某物。而這名之為人本（Mankind）的某物，事實上是某人，他稱之為「世界精神」（World Spirit）。對他而言，含蓄於這人本之內的，並不僅只是智思物，而是一種存在，就如同個人是那內在心智的化身。而人本所化身的世界精神，有異於個人或個別的國家，它追尋的是一種隱藏在世代演繹中的線性移動方式。每一新世代形成一「存在的新時期，一個新世界」，因而是「重新再開始」，但它「**開始於更高的層次**」，因為生為有心智的人類，也就是有記憶的人類，它「保存了〔早先〕的經驗」。[117]（粗體字為強調）

這種運作結合並調整了週期與線性的時間觀，而形成一**螺旋形狀**，但這卻完全不是思我或意志自我的經驗了；這是那並不存在的、組成黑格爾的*Geisterreich*之世界精神的動向：「精神的領域……以一確切的形狀存在，〔藉著〕一種持續的承繼，一物脫離時啟動著另一物，自前者每一物因而承領了精神世界的王國。」[118]這毫無疑問是一個對意志問題的聰明解答，它紓解了意志與單純思想之間的衝突。但是所得到答案，卻同時犧牲了兩者，思我那持續現在的經驗，以及意志自我對未來的先要性的堅持都已消失。換句話說，這只能是一個假設。

此外，這個假設的可信度，完全建立在只有一**個**世界心智存在的前提。這世界心智統領著複數的人類意志，引領它們走向理性所需要的「有意義」。或在心理層面上說，就是人類欲求生活在一個**本應如是**的世界的需要。我們可在海德格的理論中找到一個類似的解答。海德格對意志本質有著更深奧的洞見，但他對此機能的缺乏同情也更明顯。這其實正標示著海德格晚期哲學的轉向（*Kehre*）：「人類的意志，並不是行使意志力的意志的來源」，反而，「人被意志力驅使而行使意志力，但卻毫不能經驗到意志的本質。」[119]

有鑑於在過去幾十年中不少優秀的哲學家助長了黑格爾復興現象，我們有必要在此加入一些技術上的說明。黑格爾那三元辯證動向的巧妙——從正到反到合——實在叫人驚服，尤其是將之運用到現代的進步概念裡。雖然黑格爾自己所相信的，可能是時間的停息，也就是歷史的終點，以容心智對生成的整個過程做一直覺與概念上的處理，但這辯證過程的運行，卻似乎保證著一**無止境**的前進。只要第一個正題與反題形成為一合題之後，那產生的合題立即成為了一個新的正題。雖然開始的動向並非前行，而是向後擺動並回到自身。但在這旋轉的週期之後，從一正題到另一正題的移動，卻形成了一個直線的前進動向。如果我們將這動態形象化，就產生了以下的圖示：

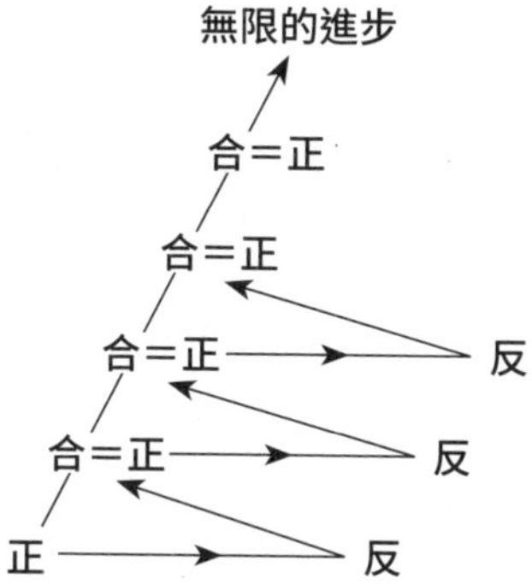

整體而論，這個系統的優點，是它能在不打破時間持續性的情況下確保前進，並能解釋歷史中不可避免的文明興衰。這設計中的週期部分，尤其能容許我們將每一個結束看成一個新的開始：存有（Being）與虛無（Nothingness）「是同一的，都是那生成（Becoming）……

一個方向代表著流逝：存有變成為無物（Nothing）；而它的對反亦同樣是無物，即一趨向存有的轉折，是為興起」。[120]此外，這動態的無限雖然與黑格爾著作中其他的段落衝突。但卻正合於意志自我的時間觀，以及它所給予未來的、超過現在與過去的先要性。意志不為理性或思考的需要所局限。它否決了現在（以及過去），即使它要面對實現計畫的現在。如果任其為所欲為，人的意志「情願立意於虛無，也不願毫不行使其意志力」，尼采曾如是說。[121]而那無止境的前行，間接地「否決每一目標，它容納終點，只是為了能立即超越它」。[122]換句話說，意志那著名的、天生即有的否決力量，雖被視為是歷史的推動力（不僅是在馬克思，也暗藏於黑格爾），事實上卻是一銷毀的力量。那被視為是無窮的前進者，同時也可被視為是一連串對永恆的註銷。

黑格爾循序著行動之人背後的「理性運作」，而以一**上升**直線來建構世界歷史的動態依我看來，他之所以能如此做的原因，是在於他那從未被質疑過的假設，也就是辯證過程的**開始**是存有，在前往非存有（Not-Being）與生成（Becoming）的前進過程中，存有被視為是理所當然（這是有異於那無中生有的創造論的）。這開始的存有賦予轉型階段中的每一物以真實及存在的特性，並防止它們落入非存有深淵。只因「非存有（Not-Being）相對於存有的關係；是故存有與它的否定同時可以成立，所成立者即為生成內的無物（Nothing）」。黑格爾以巴曼尼德斯及哲學的初始（也就是「認同著邏輯與歷史」），來合理化這樣的起點。如是，他有技巧地拒絕了「基督宗教的形上學」。但是我們只需一簡單的實驗，即以非存有做為辯證的起點，就可以看出生成是不可能自這過程中產生。在過程初始的非存有必將註銷一切。黑格爾十分清楚這情況；他也深知他所明示的論述「天地之間無一物不含存有與非存有二者」，是建立在存有的先要性之上。而這亦對應著一個**事實**：單純的無物，也就是一個不否決確切或特殊事物的否定，是不可想像的。我們能夠想像的只有那「能導證出某物的無物；故存有已含藏在那初始之中」。[123]

1 見《智者篇》（*Sophist*），253-254，以及《理想國》（*Republic*），517。

2 岱爾斯及康瑞斯（Hermann Diels & Walther Kranz），《前蘇格拉底哲學殘篇》（*Die Fragmente der Vorsokratiker*, Berlin, 1960），vol. I, B4。

3 《懺悔錄》（*Confessions*），bk. XI, chap. 13。

4 《思想與改變》（*La Pensée et le Mouvant*, 1934），Paris, 1950, p. 170。

5 同上，p. 26。

6 1174b6 及 1177a20。同時參見亞里斯多德對柏拉圖快感理念的反對，1173a13-1173b7。

7 見前引，p. 5。

8 下一段落，見《形上學》（*Metaphysics*），bk. VII, chaps. 7-10。

9 《靈魂論》（*De Anima*），433a30。

10 斯乃爾（Bruno Snell），《心智的發現》（*The Discovery of the Mind*），New York, Evanston, 1960, pp. 182-183。

11 《中世紀哲學的精神》（*The Spirit of Medieval Philosophy*），New York, 1940, p. 307。

12 「發生之事是否都遵循著必然，還只是依照機運，這個問題在哲學家之中已被辯論多時，甚至在我們的救世主顯現之前……但是事情亦可能因為第三種原因……那就是自由意志，這卻從未被他們提及，在基督宗教初時，也不曾被基督徒提及……但很久以前，羅馬教會的主教們就已將人的意志，從神的意志的領域中除去；並引進了新的教義，也就是……〔人的〕意志是自由的，而取決於……意志本身。」〈有關自由、必然與機運的問題〉，《英國作品》（*English Works*），London, 1841, vol. V, p. 1。

13 參見《尼可馬格倫理學》（*Nicomachean Ethics*），V, chap. 8。

14 同上，bk. 3, 1110a7。

15 萊爾（Gilbert Ryle），《心智的概念》（*The Concept of Mind*），New York, 1949, p. 65。

16 威廉斯（Henry Herbert Williams），有關意志的文章，《大英百科全書》（*Encyclopaedia Britannica*, 11th ed.）。

17 《誕生》（*De Generatione*），bk. I, chap. 3, 317b16-18。

18 同上，318a25-27 及 319a23-29；《亞里斯多德的基本著作》（*The Basic Works of Aristotle*），ed. Richard McKeon, New York,1941, p. 483。

19 《氣象通典》（*Meteorologica*），339b27。

20 Bk. I, 1100a33-1100b18.

21 《論天》（*De Caelo*），283b26-31。

22 《權力意志》（*The Will to Power*），ed. Walter Kaufmann, Vintage Books, New York, 1968, no. 617。

23 《上帝之城》（*De Civitate Dei*），bk. XII, chap. 20。

24 同上，chap. 13。

25 我們現今的曆法，以耶穌的出生為依據，以做為向前及向後的計時定點，起於十八世紀末。教科書最先提出這項改革，是為應付學術研究的需要，防止各種以繁雜曆法定位歷史事件的方法。黑格爾是我所知的，唯一對此改革從事思索，他在這改革中看出了明顯的基督宗教的歷史，因為耶穌的誕生如今成為了世界歷史的一個轉捩點。但意義更大的是，現在我們可以向前與向後推算時間，過去可被推至無限，未來同樣也可被推至無限，這兩重無限絕對地消除了所有開始與結束的概念，並為人類在世界上建立了一個潛在的永恆位置。更不用說，沒有比世人可以不朽這樣的概念，更與基督宗教的思想相對反了。

26 見前引《大英百科全書》中有關意志的文章，n.16。

27 見內斯德（Dieter Nestle）的《自由，第一部：自由與自然在希臘與新約》（*Eleutheria. Teil I: Studien zum Wesen der Freiheit bei den Griechen und im Neuen Testament*），Tübingen, 1967, pp. 6 ff。值得注意的是，現代的字源學總將「*eleutheria*」這個字的字源追溯到印德系統的「*Volk*」或是「*Stamm*」，其結果是只有屬於同一族裔的人才能被他的同胞認為是「自由」的。這種學術上的結論，令人不安地接近德國在上一世紀三〇年代的人種研究。

28 《純粹理性批判》（*Critique of Pure Reason*），B476。其他的引述見史密斯（Norman Kemp Smith）所譯《康德的純粹理性批判》（*Immanuel Kant's Critique of Pure Reason*, New York, 1963），此譯本為本作者大量引用。

29 *Uber die ästhetische Erziehung des Menschen in einer Reihe von Briefen*, 1795, 19th letter.

30 《意志與理念的世界》（*The World as Will and Idea*, 1818），trans. R. B. Haldane & J. Kemp, vol.I, pp. 39 & 129。此處所引出自寇連達（Konstantin Kolenda）所寫之序：叔本華（Arthur Schopenhauer）之《有關意志自由的論文》（*Essay on the Freedom of the Will*），Library of Liberal Arts, Indianapolis, New York, 1960, p. viii。

31 《人類自由》（*Of Human Freedom*, 1809），trans. James Gutmann, Chicago, 1936, p. 24。

32 《善惡之外》（*Beyond Good and Evil*, 1885），trans. Marianne Cowan, Chicago, 1955, sect. 18。

33 〈查拉圖斯特拉如是說〉（"Also Sprach Zarathustra"），《瞧，這個人！》（*Ecce Homo*），1889, no. 1。

34 同上，no.3。

35 見雅斯培（Karl Jaspers），《尼采：了解其哲學活動的簡介》（*Nietzsche: An Introduction to the Understanding of His Philosophical Activity*, 1935），trnas. Charles F. Wallraff & Frederick J. Schmitz, Tucson, 1965；以及海

德格，《尼采》（*Nietzsche*），2 vols., Pfullingen, 1961。

36 《哲學》（*Philosophy*, 1932），trans. E. B. Ashton, Chicago, 1970, vol.2, p. 167。

37 "*Das primäre Phänomen der ursprünglichen und eigentlichen Zeitlichkeit ist die Zukunft.*" 收於《存有與時間》（*Sein und Zeit*, 1926），Tübingen, 1949, p. 329。《順應自然》（*Gelassenheit*），Pfullingen, 1959，英譯：《思考論》（*Discourse on Thinking*），trans. John M. Anderson & E. Hans Freund, New York, 1966。

38 編注：我們仍未找到此引之出處。

39 《英國作品》（*English Works*），vol. v, p. 550。

40 給夏勒（G. H. Schaller）之信，一六七四年十月。見史賓諾莎（Spinoza），《主要作品集》（*The Chief Works*），ed. R. H. M. Elwes, New York, 1951, vol. II, p. 390。

41 《倫理學》（*Ethics*），pt. III, prop. II, note in ibid, vol. II, p. 134；給夏勒（G.H. Schaller）之信，同上，p. 392。

42 《利維坦》（*Leviathan*），ed. Michael Oakeshott, Oxford, 1948, chap. 21。

43 《有關意志自由的論文》（*Essay on the Freedom of the Will*），p. 43。

44 《對漢彌爾頓哲學的審察》（*An Examination of Sir William Hamilton's Philosophy*, 1867），chap. XXVI，引自《自由意志》（*Free Will*），eds. Sidney Morgenbesser & James Walsh, Englewood Cliffs, 1962, p. 59。

45 見卡勒（Martin Kähler），《良知》（*Das Gewissen*, 1878），Darmstadt, 1967, pp. 46 ff。

46 見《律法》（*Laws*），bk. IX, 865e。

47 見上引，pp. 63-64。

48 《筆記 1914-1916》（*Notebooks* 1914-1916），雙語版，trans. G.E.M. Anscombe, New York, 1961，所引條例記於一九一六年八月五日，p. 80e；以及 pp. 86e-88e。

49 奧古斯丁（Augustine），《意志的自由選擇》（*On Free Choice of the Will*, De Libero Arbitrio），bk. III, sect. 3。

50 在對反駁條例 XII 對第一沉思的反對的回覆：「意志自由被沒有證明地假設」。見《笛卡兒哲學論著》（*The Philosophical Works of Descartes*），trans. Elizabeth S. Haldane and G. R. T. Ross, Cambridge, 1970, vol. II, p. 74-75。

51 《沉思錄》（*Meditation*）IV，同上引，1972, vol. I, pp. 174-175，作者自譯。

52 《哲學原理》（*Principles of Philosophy*），見上引，pt. I, prin. XL, p. 235。

53 同上，prin. XLI, p. 235。

54 《純粹理性批判》，B751。

55 見上引，pp. 98-99。

56 《純粹理性批判》，B478。

57 見約納斯（Hans Jonas），〈哲學中的猶太與基督教成分〉（"Jewish and Christian Elements in Philosophy"），《哲學論文：從古典教義到科技人》（*Philosophical Essays: From Ancient Creed to Technological Man*），Englewood Cliffs, 1974。

58 柏格森（Henri Bergson），上引作品，p. 13。

59 同上，p. 15。

60 王恩德邦（Wilhelm Windelband）在他那著名的作品中曾如是寫過：《哲學歷史》（*History of Philosophy*, 1892），New York, 1960, p. 314。他同時也稱董思高是「經院哲學家中最偉大者」（p. 425）。

61 董思高（John Duns Scotus），《哲學著作：選集》（*Philosophical Writings: A Selection*），trans. Allan Wolter, Library of Liberal Arts, Indianapolis, New York, 1962, pp. 84, 10。

62 約納斯，見上引，p. 29。

63 見上引，p. 10。

64 同上，p. 33。

65 《時間與自由意志：有關意識的立即數據的論文》（*Time and Free Will: An Essay on the Immediate Data of Consciousness*, 1889），trans. F. L. Pogson, Harper Torchbooks, New York, 1960, p. 142。

66 同上，p. 240, p. 167。

67 《哲學原理》（*Principles of Philosophy*），prin. XLI，《笛卡兒哲學論著》（*The Philosophical Works of Descartes*, p. 235）。

68 在反駁條例 VI 對沉思反對的回覆，見上引，p. 225。

69 董思高，上引，p. 171。

70 見他對宿命論的徹底審察，〈「必須如此」〉，《難題》（*Dilemmas*），Cambridge, 1969, pp. 15-35。

71 同上，p. 28。

72 《命運論》（*De Fato*），xiii, 30-14, 31。

73 同上，V, 35。

74 如克瑞斯普斯（Chrysippus）已指出。同上，xx. 48。

75 《哲學自白》（*Confessio Philosophi*），雙語版，ed. Otto Saame, Frankfurt, 1967, p. 66。

76 《耶拿邏輯，形上學與自然哲學》（*Jenenser Logik, Metaphysik und Naturphilosophie*），Lasson ed., Leipzig, 1923, p. 204，〈自然哲學：對行動之了解〉（"Naturphilosophie I A: Begriff der Bewegung"）。

77 見尼采《查拉圖斯特拉如是說》（*Thus Spoke Zarathustra*），pt. II，〈有關救贖〉：「意志不能向後行使……時間不向後流，這是他憤怒的所在；『那屬於過去者』就是他不能移動的巨石的名字」，《袖珍尼采集》（*The Portable Nietzsche*），trans. Walter Kaufmann, New York, 1954, p. 251。

78 見 chap. III, p. 142，及 n.89。

79 見上引，p. 110。

80 同上，p. 122。

81 同上，p. 42, 44, 76, 92, 98, 100。

82 被黎蒙（Walter Lehmann）所引，寫於一德國作品之序中，《艾克哈特大師》（*Meister Eckhart*），Göttingen, 1919, sent. 15, p. 16。

83 此文現收於《哲學思想史研究》（*Etudes d'Histoire de la Pensée Philosophique*），Paris, 1961。

84 現有英譯版：《黑格爾導讀》（*Introduction to the Readings of Hegel*），ed. Allan Bloom, New York, 1969, p. 134。

85 見上引，p. 177。

86 《權利哲學》（*Philosophy of Right*），序；《哲學百科全書》，第二版，no. 465。

87 見上所引處。

88 同上，pp. 177, 185, note。

89 同上，p. 188。

90 《耶拿邏輯》，p. 204。

91 柯瓦雷（Koyré），上引，p. 183，引自黑格爾《耶拿現實哲學》（*Jenenser Realphilosophie*），ed. Johannes Hoffmeister, Leipzig, 1932, vol. II, pp. 10 ff。

92 柯瓦雷，上引，p. 177。

93 柏拉圖，《理想國》（*Republic*），329b-c。

94 柯瓦雷，上引，p. 166。

95 同上，p. 174。

96 柯瓦雷，〈黑格爾的術語〉（"La terminologie hégélienne"），如上引，p. 213。

97 海德格，《存有與時間》（*Sein und Zeit*），no. 65, p. 326。

98 柯瓦雷，上引，p. 188，引自《精神現象學》（*Phänomenologie des Geistes*）。

99 柯瓦雷，上引，p. 183，引自《耶拿現實哲學》。

100 柯瓦雷，〈黑格爾在依艾拿〉（"Hegel à Iéna"），見上引，p. 188。

101 柯瓦雷，上引，p. 185，引自《耶拿現實哲學》。

102 此處所引自普羅提諾（Plotinus）的段落，是對柏拉圖《蒂邁歐篇》（*Timaeus*）37c-38b 的注解。出自《九卷書》（*Ennead*），III, 7, 11：〈時間與永恆〉（"On Time and Eternity"）。我引用此英譯版本：trans. A. H. Armstrong, Loeb Classical Library, London, 1967，以及法文雙語版：*Ennêades*, trans. Emile Bréhier, Paris, 1924-38。

103 我們現有一極優秀之有關黑格爾文獻的報告：Michael Theunissen, *Die Verwirklichung der Vernunft. Zur Theorie-Praxis-Diskussion im Anschluss an Hegel*, Beiheft 6 of the *Philosophische Rundschau*, Tuübingen, 1970。與我們討論有關的著作包括：Franz Rosenzweig, *Hegel und der Staat*, 2 vols.（1920），Aalen, 1962; Joachim Ritter, *Hegel und die französische Revolution, Frankfurt*/Main, 1965; Manfred Riedel, *Theorie und Praxis im Denken Hegels*, Stuttgart, 1965。

104 《歷史哲學》（*The Philosophy of History*），trans. J. Sibree, New York, 1956, pp. 446, 447；《歷史哲學》（*Philosophie der Weltgeschichte*），Hälfte II, "Die Germanische Welt", Lasson ed., Leipzig, 1923, p. 926。

105 一七九五年四月十六日給謝林之信，《書信集》（*Briefe*），Leipzig, 1887, vol. I, p. 15。

106 見上引自 Theunissen。

107 《歷史哲學》（*The Philosophy of History*），p. 442。

108 同上，p. 446。

109 同上，p. 30, 36。

110 同上，p. 442。

111 同上，p. 443，作者自譯。

112 同上，p. 36。

113 同上，p. 79，作者自譯；《著作全集》（*Werke*），Berlin, 1840, vol. IX, p. 98。

114 見上引，p. 189。

115 《心智現象學》（*The Phenomenology of Mind*），trans. J. B. Baillie (1910), New York, 1964, p. 803。

116 柯瓦雷，上引，p. 164，引自《哲學百科全書》，no. 258。

117 黑格爾，《心智現象學》（*The Phenomenology of Mind*），pp. 801, 807-808。

118 同上，p. 808。

119 〈征服形上學〉（"Uberwindung der Metaphysik"），《講稿與論文》（*Vortäge und Aufsätze*），Pfullingen, 1954, vol. I, sect. xxii, p. 89。

120 黑格爾，《邏輯學》（*Science of Logic*），trans. W. H. Johnston & L. G. Struthers, London, New York, 1966, vol. I, p. 118。

121 《道德系譜學》（*On the Genealogy of Morals*, 1887），no. 28。

122 海德格，〈征服形上學〉（"Uberwindung der Metaphysik"），如上引，sect. xxiii, p. 89。

123 《邏輯學》（*Science of Logic*），vol. I, pp. 95, 97, 85。

第二章

我成了自己的問題：內在的發現

Quaestio mihi factus sum: The Discovery of the Inner Man

7

抉擇的機制：意志的先驅

——The faculty of choice: proairesis, the forerunner of the Will

在思考心能的討論中，我用了「形上學的謬誤」這個詞，但卻從未將之駁斥為邏輯或科學上的錯誤。相反地，我是從思我與表象世界衝突的實際經驗中，引證出它們的真確存在。如我們所見，思我雖暫時遁離於世，卻從不能真正離開這個世界，因為它是身體的一部分，而身體又是世界眾多表象中的表象之一。在意志的討論中，糾纏著我們的難題，也和這些謬誤有著明顯的相似處，它們可能也是由機制的本質引起。然而，理性與它特性的發現幾乎和心智及哲學發生於同時，但意志機制，卻到更晚才被發現。因此，我們要問：到底是什麼樣的經驗，使人初次地知覺到他自己的意志能力？

對一項心能的歷史的追索，常被混淆成是對一觀念歷史的追索——比方說，在目前的討論裡，我們似乎是在探索自由這個觀念的歷史，或者說，我們誤將意志當成一單純的「觀念」，所以最終將之證成是一「人造的觀念」（萊爾）用以解決人造的議題。[1]觀念是智思物，心智的產物本就預設著製造者的存在。假設心智機能有不同於心智產物的歷史，就如同假設著同是工具製造者與工具使用者的身體——最主要是雙手——也會隨著新工具或儀器的發明而有所改變，或以類比而相信環境可隨人手的改造而發生變化。我們知道這是不真確的。但心智是否有所不同呢？心智可不可能在歷史過程中取得新的機能？

暗藏於這些問題之下的謬誤，是將心智理所當然地視為與頭腦相同的觀念。實用品與智思物的存在都依靠著心智。製造實用品的心智與製造工具者的心智是同一，也同時是擁有那雙手的身體的心智。同理，創造思想並以智思物將之具體化的心智，就是擁有人腦與腦力的生物的心智。做為心智工具的人腦，不能隨新的心智機能的發展而有重大的改變，就如同人的雙手不能隨新儀器的發明、或環境的變更而有大的改變。但人類心智所專注的事物及它的機能，卻受著世界改變的影響。對於這些改變，心智企盼著找出意義。但更具決定性的是，心智亦受它自身活動的影響。雖然這一切都是以反身的模式進行——我們將在下文中看見，意志自我最具有反身性——但如果沒有不變的腦力支持，這些功能也不可能妥當地運作。腦力是身體給予人類最寶貴的禮物。

我們所面對的這個問題，在藝術史上早為人所熟知，這就是眾所周知的「風格的謎題」：「不同的時代與不同的國家，何以能用如此不同的方式表象著同一的視覺世界。」這種表象之令人驚異的理由，是因為不同時地的藝術家在身體上並沒有不同，但更令人驚異的是，做為觀看者，我們可以毫無困難地指出他們所想呈現的現實，雖然我們各自有著不同的表象「傳統」。[2]換句話說，在數世紀中改變的是人的心智。雖然這些變化如此明顯，以致我們可以精準地依風格與國籍來為它們定位，但它們仍嚴厲地受著身體與生俱來之不能變更的器具所局限。

循序著這樣的思路，我們首先要提出的問題是，視意志為行動源泉的後古典「傳統」（conventions），將人類經驗歸諸於意志的各種現象與數據，在希臘哲學中是如何被處理。為回答這個問題，我們可先轉向亞里斯多德。這是基於兩個理由。首先，這是根據一個單純的歷史事實，也就是亞里斯多德的靈魂分析對意志哲學家的決定性的影響——此中唯一的例外是保羅；在後面的章節中，我們將看到，對保羅而言，經驗只需單純的形容，他拒絕將之「哲學化」。第二個原因是基於另一同樣不容置疑的事實，亦即沒有任何一位其他的希臘哲學家，更能縫合前文所提的希臘哲學中那奇特的裂隙，因此亞里斯多德可做為一個典範，示範在意志未被發現之前，心理問題是如何地被解決。

亞里斯多德對這題目的沉思，從對柏拉圖的反對開始，他認為理性本身並不足以移動事物。[3]因此，他要研討的問題是：「是靈魂中的何物，啟動了行動？」[4]亞里斯多德同意柏拉圖所說，理性是發號施令（*keleuei*）的心能，因為理性深知一個人應該追求或應該規避的事物，但他卻不同意這些指令一定會被遵行。一個縱欲之人（這是亞里斯多德在這範例中一直引用的例子）遵照自己的欲望，而置理性的命令於不顧。但反過來說，也正因有理性的介入，這些欲望才有被抵制的可能。因此，欲望在先天上並沒有必然的驅策力量：它們本身不能啟動行為。亞里斯多德在此所處理的問題，就是意志被發現後被描述成的，意志與性向之間的區別。這區別後來成為康德倫理學的基石，它初現於中世紀的哲學裡——比如，埃克爾大師所做的這項區別：「犯罪的傾向，不同於犯罪的意志，犯罪的傾向不能算是罪過。」在這種說法中，邪惡行為是否存在，並不是衡量的標準：「如果我從未做惡事，但有行惡的意志……這也是一大罪狀，就等於我殺了所有的人，即使我什麼也沒有做。」[5]

在亞里斯多德的哲學中，行動的發生來自欲望與理性兩者間的互動。但在推動行為的作用上，欲望還是占上風。對一事物的欲望，刺激理性的介入，以估算最好的得到它的方法與途徑。這算計的理性被他稱為「*nous praktikos*」（實踐理性）。這和從事思辨的純粹理性（*nous theōretikos*）不同。前者處理的是靠人完成（*eph' hēmin*）的事物。因為要靠人力，故有其權宜性（它們可以存在，亦可以不存在）。純粹理性卻只處理那些人力所不能改變的事務。

只有在某些情況下，欲望才需要實踐理性的協助。因為「欲望總是決定要得到手邊之物」，也就是那易得者——這隱藏在嗜求與欲望（*orexis*）這兩個字的字義裡，*orego* 是伸手去碰觸就在附近的事物。只有當欲望的滿足發生在未來，因而必須考量時間的因素時，實踐理性才被需要，也才會被激起。在縱欲的情況下，引發恣縱的，是對近在咫尺的可得之物的強烈欲望，在這情況下，實踐理性所出面干涉的，只涉及未來的後果。但人所欲求的並不只是身邊之物，他們亦能以想像力想像出所欲之物，並計算妥當的方式以得到之。故激發起實踐理性的，是對存在於未來的出於想像的所欲之物；對被激起的行動而言，那所欲之物只是一個起點，但對理性的算計過程而言，那同樣的所欲之物卻是行動的終點。

亞里斯多德對理性與欲望之間的此種描述，似乎並不滿意，他不認為這樣的描述足以解釋人類的行為。雖附加了修飾，這基本仍是建立在柏拉圖對理性與欲望的二分法上。在早期的《訓誡》中，亞里斯多德對此有著如是的詮釋：「靈魂的一部分是理性。在關乎我們的事務中，理性是自然的統治者與判官。而靈魂另一部分的天性，必須服從理性，並遵守它所立的規則。」[6]在後面的章節中我們會看到，發號施令是意志最主要的特性。在柏拉圖的理論中，理性之所以能有這樣的操控功能，是因為柏拉圖假設理性是處理真理的，真理自然有著它的強制性。理性雖然可以引導人走向真理，但在我與自我無聲的思考對話中，真理卻只有說服力，而沒有強制力。只有不能思考的人，才需要被強制。

在人的靈魂裡，理性之所以成為一個「統領」與發號施令的原則，是因為欲望是盲目且毫無理性的，故必須盲目地服從理性。這種服從對心智的安寧很有必要。所謂的心智安寧，也就是那不互相矛盾的律令所保證的、二合一之間不被攪動的和諧——不與自己矛盾，做自己的朋友：「所有對他人的友好，都是對自己友好的延伸。」[7]當欲望不服從理性的命令時，其結果就是亞里斯多德所形容的「低下之人」，他和自己互相矛盾，「與自己作對」（*diapherein*）。惡人不是「從己處逃離，就是將自己銷毀」，他們不能忍受與自己為伴，「與他人廝混連日；卻拒絕與己為伴。因為獨處時，他們記起了眾多使他們不安的事件……只有與他人為伍，才能對此暫忘……他們不能與自己友好……他們的靈魂與自己分裂……一方拖向這兒，一方拖向那兒，好像要把這人撕成碎片……惡人心中總是充滿著憾恨。」[8]

這對內部衝突的描寫，以及理性與欲望之間的傾軋，足以解釋行為（在此我們指的是那縱欲之人的行為，或應說是他的劣行），卻不足以形容行動。行動是亞里斯多德倫理學關懷的主題。因為行動並不只是對理性命令的執行；行動本身就是一有理性的活動。它雖然不是純粹理性的活動，卻是《靈魂論》中所指的實踐理性（*nous praktikos*）的活動。在倫理學的論述中，這被稱為「*phronēsis*」，也就是一種對世事好壞的洞見與了解，是處理人類事務所需的敏感與睿智——不是智慧或聰明，索福克里斯循例而將之歸諸年歲經驗，[9]而亞里斯多德則將之概念化。*Phronēsis* 是在處理關乎人力可行或不可行的事務活動中所必有的特質。

這種實際的考量，當然也能應用到製造及藝術的活動中。但是那些活動卻有著「不在己身之內的目的」，而不是「行動的目的在己」的活動。[10]（這之間的不同正如吹笛人與製笛人之間的不同。前者行動的目的是其本身，而後者的行動則是為達另一目的的手段，且將終止於笛子製成的時候。）我們有所謂的*eupraxia*，也就是美好地被完成的行動，不計後果且完美地做成某事，被稱為*aretai*，這屬於亞里斯多德所說的優異（或美德）。然而啟動這類行動的，不是理性，卻是欲望。這欲望又並非是對一種事物的欲望，亦並非對一個「什麼」（what）的擁有、掌握或用之以達其他目的；這是一個對「如何」（how）的欲望。也就是一種行事的態度與在公共場所的美好顯現——這正是人類事務所宜的道場。後來，本著亞里斯多德的精神，普羅提諾有此一說，解讀者將他的說詞重組如下：「真正在人掌控下的，也就是完全要靠人完成的……只有他行為的品質，*to kalōs*；一個人如果被迫上戰場，他還是有選擇勇敢或懦弱的自由。」[11]

而如何顯現行動的決定，卻要求著事先刻意的籌畫。為此亞里斯多德造了一個新名詞，稱之為*proairesis*，也就是在不同的可能性中對某一可能的偏愛——擇其一而拒其他。此種抉擇的初始與動力（*archai*），就是欲望**與**理智：理智給予我們行動的目的；抉擇成為行動的起點，[12]抉擇是一調解的機制，介入在理性與欲望二分的中間，施行它主要的調解功能。

與刻意抉擇或偏愛一方完全相反的是激情或情緒（*pathos*），啟動行動的激情只能被動地被人承受。（因此，一個人因為激情而犯姦淫，並不是因為他不愛貞潔而偏愛姦情；一個人「可能偷竊，但卻不是一個賊」。[13]）當一個人為某種目的而行事時，抉擇的機能成為必要。因為達到目標的手段必須被選擇，但目的本身也就是開始的行動所最終要達到的終點，卻不見得是能被選擇的。所有人類行為的終極目的都是幸福（*eudaimonia*），即「生活圓滿」，這是所有人都欲求的；因而所有行為都可被視為是被選擇來達到這個目的的不同手段。（目的與手段的關係，不論是在行動或製造的領域裡，都顯示著手段可被它的目的合理化。至於目的與手段關係的道德性——是否所有的手段都可被目的合理化——卻從未被亞里斯多德提出過。）抉擇中的理性成分被稱為「斟酌」（deliberation）。但使我們斟酌的，從不是目的，卻永遠是如何達到目的的手段。[14]「從沒有人選擇要幸福，人所能選擇的只有努力賺錢或甘冒風險，以達到幸福的目的。」[15]

亞里斯多德在《尤底米安倫理學》（*Eudemian Ethics*）中，更具體地解釋了在傳統的理性與欲望二分法的中間加入第三種機制的必要。他舉了縱欲的例子：所有的人都同意縱欲是一件壞事，不該為人所欲求；節制，或 *sō-phrosynē*——即拯救（*sōzein*）實踐理性（*phronēsis*）者——才應是所有行為的準則。如果一個人追隨著置未來於不顧的欲望，因而縱身於對此欲望的追求，這就好像「同一個人的行動同時是出於自願的（亦即，有意向性地），也是非自願的（亦即，與其意向相反）」，對亞里斯多德而言，這情況「是不可能的」。[16]

Proairesis（抉擇）是解決這個矛盾的途徑。假如理性與欲望的原始敵對不得被調停化解，就將有以下的情況：人被兩種機制相互衝突的衝動糾纏，當他有節制的時候，他「迫使自己

與欲望分離」，而當他被欲望掩蓋時，他「迫使自己與理性分離」。在這兩種情形下，我們都不能算是被迫使；這兩種行為都是有目的性的，「當行事的原則出自內在，即無強迫可言。」[17]當理性與欲望相互掙扎時，所真正發生的，是對這兩者做出一「偏愛」的決定，這是一種刻意的選擇。介入這過程的是理性，但這理性並非 *nous*，*nous* 所處理的是永恆與不變的事物，介入的理性是 *dianoia* 或 *phronēsis*，它處理著人力可及之事，這與欲望或想像有別，欲望與想像可延伸到我們不可及之事物，比如想成為神或不朽。

因此，我們可以認為 *proairesis* 這抉擇的機制，就是意志的先驅。它首次在人的心智中開啟了一個小小的限制區，沒有這個限制區，人的心智就將完全被兩種強制的力量所占據：一邊有著不容我們同意或不同意的自明的真理；另一邊有強勢的激情與欲望，除非理性「強拉」我們而出，它們必然淹沒我們。但這留給自由的空間也是極其微小的。我們所能考量的只有**手段**，以到達那個我們無法做選擇、且是理所當然的目的。沒有一個人需要刻意選擇健康或幸福做為自己的目的，雖然我們可以對它們從事思考；目的早已暗藏於人的天性之中，每人都是如此。[18]至於手段，「有時我們必須找出〔它們〕是什麼，有時我們要找尋如何使用它們，或透過什麼人可以找到。」[19]因此，不只是目的，手段也是所予，我們的自由選擇只是對所予手段的「理性」挑選；*proairesis* 是對幾種可能性做仲裁。

亞里斯多德的這個機制在拉丁文中被稱為 *liberum arbitrium*。在中世紀對意志的討論中，這個字所指涉的並不是啟動新事物的自發力量，亦非一自決於己之特性或自律於己之規則的有自律性的機制。有關這機制最怪誕的例子，就是布里丹（Buridan）的騾子：這可憐的畜生必須餓死在兩束與他距離相等、並有著同樣香味的草料之間，因為沒有任何一種斟酌與考量，能給他足夠的理由以做出選擇其一而棄絕另一的決定，這隻騾子最終能倖存於餓死，也只是因為它聰明地放棄了選擇的自由，改而信任自己的欲望，緊緊抓住可得的物件。

Liberum arbitrium 不是自發，亦無自律性。在康德的哲學中，我們還可找尋得到這理性與欲望的仲裁者的餘跡。它的「善意」（good will）卻陷於一尷尬的境況中：它或可是「無條件的美善」，因而有著完全的自律性卻沒有選擇的自由，它也可完全從實踐理性接收著「斷言令式」的指令，實踐理性命令著意志如何行事，並附加上：不要使你自己成為例外，服從自蘇格拉底起就統領著思想無聲對話的不自相矛盾的格律。在康德裡，意志就是「實踐理性」[20]，就如同亞里斯多德的 *nous praktikos*；它的必然力量來自自明的真理，或邏輯推論對心智的強制性。這也是康德何以一再強調，每一個不是外來而是升起於內在心智的「你將」，都暗指著一個「你能」。此處的關鍵是信念，也就是相信凡與我們有關，並必依恃我們才能成事者，必在我們的能力之內。這是亞里斯多德與康德所共有的信念，雖他們兩人對人類事務的重要性，有著極端不同的評估。只有當人懷疑「我將」與「我能」之間是否契合，或當他們自問「關

乎我之事是否真在我的能力之內」時，自由才成為一個問題，意志做為一有自律性的機制，才因此被發現。

8 使徒保羅與意志的無能

——The Apostle Paul and the impotence of the Will

對於我在本章開始時所提出的問題——到底是什麼樣的經驗，使人最初知覺到他有意志的能力？——第一個、也是最主要的回答應該是：它源起於希伯來，沒有政治性，也與世界無關，不僅與表象世界或人在其中的地位無關，也與全然依恃人作為與行動的人類事務無關，它完全位於人的內在。當我們處理和意志有關的經驗時，我們所處理的不僅是自身的經驗，更是位於自身**內在**的經驗。

這種經驗也並非完全不為古典希臘所知。在本書的卷一，我用了極長的篇幅講述蘇格拉底所發現的二合一。這二合一在今日可能被我們稱為「意識」。但它最初卻有著我們今日稱為「良知」的功能。在那些段落裡，我們看到了純然是意識的二合一，如何在「無聲的對話」中被落實與實現。而那「無聲的對話」自柏拉圖起，就被稱為「思考」。我與自我之間的思考對話，只發生在我們獨處、並自表象世界遁離的時候。在表象世界中，我們通常與他人同處，並以一個個體出現在他人及自己的面前。但思考對話中、使哲學成為黑格爾所說的「孤獨事業」的內向性（雖然它仍是對自己的知覺——笛卡兒的 *cogito me cogitare*，以及康德的 *Ich denke*，都伴隨我所做的每一件事），在主題上卻並非關乎著自我。相反地，它所關心的，是自我做為表象中的表象時所值得審察的問題與經驗。這對每一所予事件的反省與審察，可能會被生活的必要程序、他人的出現或其他緊要的事務所阻撓。但是干擾心智活動的元素，卻不能來自心智本身。因為那二合一中的二者，是良朋益友，維繫住這「和諧」是思我最主要的關切。

使徒保羅的新發現，被詳細地記載於《羅馬書》中（此書寫於西元五四—五八之間）。他所描寫的也是二合一，只是在此的二者卻絕不是良朋益友；他們不停地彼此鬥爭。因為在他「願意為善的時候（*to kalon*）」，他卻發現「有惡與我同在」（7: 12），因為若「非因律法說『不可起貪心』」，他「就不知何為貪心」。因之，是律法的命令才使「諸般的貪心在我裡頭發動。沒有律法，罪是死的」（7: 7, 8）。

律法的功能十分模稜：它「藉著那良善的，就顯出真是罪」（7: 13）。但因它以命令的聲音說話，它「激起熱情」，「罪又活了」。「那本來叫人活的誡命，反倒叫我死」（7: 9-10）。

其結果是「我所作的，我自己不明白。〔我成了自己的問題〕我所願意的，我並不作。我所恨惡的，我倒去作」（7: 15）。重要的是，這內在的衝突永不能以服從律法、或屈服於罪惡來解決；根據保羅，這內在的「苦楚」，只能被神的恩典治癒。也就是這樣的洞見，使那來自大數（Tarsus）的掃羅（Saul）「見到靈光」，如他自己所說，他是一位「更加熱心」的法利賽人（《加拉太書》1: 14），屬於「教中最嚴謹緊的教門」（《使徒行傳》26: 5）。他所要的是「義」（*dikaiosyne*），但義是「照律法書上所記一切之事去行」（《加拉太書》3: 10），這是不可能的，這是「律法的咒詛」，而「義若是藉著律法得到的，基督就是徒然死了」（《加拉太書》2: 21）。

但那只是一面之詞。保羅之所以成為基督宗教的創始人，並不只是因為如他自己所宣稱的「主託我傳福音給那未受割禮的人」（《加拉太書》2: 7），也是因為不論他去何處傳福音，他都宣揚「死人復活的道理」（《使徒行傳》24: 21）。與其他福音極端不同，他所關注的並不是拿撒勒耶穌的行徑與教訓，卻是那被釘十字架而死裡復活的耶穌基督。他從此處所發展出的新教義，在「猶太人為絆腳石，在外邦人為愚拙」（《哥林多前書》1: 23）。

而古典時期與新時代之間最徹底的劃分，就是那遍及羅馬帝國的對永生的執念，這對永生的執念也成為了連接眾多東方教派的一個共同點。而保羅對個人復活的專注，並非來自猶太的根源。對猶太人而言，只有那些感覺到此需要的人才會追求不朽。一般人只要有子嗣留後，或可以活到老以「頤養天年」就十分滿足。而在古典的希臘與羅馬，唯一被期求與想望的不朽，是不被遺忘的英名與偉蹟，能保證永遠被記憶的，不是個人而是公共團體——即都會（*polis*）或是城市（*civitas*）。（當保羅說「罪的代價乃是死」〔《羅馬書》6: 23〕時，他可能想到了西塞羅的話——西塞羅曾說過，人雖必死，但是城邦〔*civitates*〕卻應永存，它只會因人的罪孽而消亡。）在這眾多新信仰的後面，暗藏著一共同的衰退甚至是死亡的經驗。而基督宗教的「佳音」在末世的陰影中，卻清楚地說著：你們這些相信人會死而世界會常存的人，應將信心轉向，相信世界會亡，但你自己卻能有一永生。於此，那「義」的問題，就成了你是否該得永生的問題，也就當然有了完全新穎的、有著個人意義的重要性。

對個人自身不朽的執念，也出現在寫於第一世紀後三分之一的福音書中。當被問及，「我該做什麼才可以承受永生？」（《路加福音》10: 25）耶穌並沒有傳播復活的訊息。相反地，他談到人應照他的訓示行事——「去做同樣之事」，或「跟隨我」——然後「神的國就在你們中間」（《路加福音》17: 21），或「神的國降臨到你們」（《馬太福音》12: 28）。當人們繼續追問時，他的回答總是相同的：遵循你所知的律法，**並且**「變賣你一切所有的，分給窮人」（《路加福音》18: 22）。耶穌的訓示的力量，就在「並且」那兩個字上，這個字將眾所皆知並已接受的律法，推至更極端。當他說「我來不是要廢掉〔律法〕，乃是要成全〔它〕」（《馬太福音》5: 17）時，他大概就有這樣的用意。因此，不只是要「愛你的鄰舍」，而更「要愛你的仇敵」；「有人打你這邊的臉，連那邊的臉也由他打」；「有人奪你的外衣，連裡衣也由他拿去」。簡言之，不只是「己所不欲，勿施於人」，而更是「你們願意人怎樣待你們，你們也要怎樣待人」（《路加福音》6: 27-31）——當然最激烈的教訓，乃是要「愛人**如己**」。

保羅當然感覺得到拿撒勒耶穌那古老的、對遵守律法的訓示在此所做的激烈轉彎。他也許突然了悟到，這才是對律法的真正遵循，但又發覺這樣的遵循不是人的力量可以做到的：這只可能引領人們走到那「我願意但我**不**能」的終點，雖然耶穌從未告訴門徒，他們不可能做得到他們立意要做的事。但在耶穌的教訓中，已然有著對內在生命的強調。他不至於像一千年之後的埃克爾那樣極端，宣布只要有意志，就足以「得到永生」，因為「在神之前，立意去做我能力可及的事物，和真正做那事，是一樣的」。在十誡中唯一與內在生活有關的「你不可貪心」的誡律中，耶穌所強調的，的確是那樣的方向——「凡看見婦女就動淫念的，這人心裡已經與他犯姦淫了。」（《馬太福音》5: 28）。同理，在埃克爾的理論中，一個有著殺人意念卻未真正殺人者，已犯下了和殺害全人類一樣大的罪行。21

其實與此討論更相關的，可能是耶穌對法利賽人偽善的訓示及他對表面表象的持疑：「為什麼看見你弟兄眼中有刺，卻不想自己眼中有梁木？」（《路加福音》6: 41）以及「他們好穿長衣遊行，喜愛人在街市上問他們安」（《路加福音》20: 46），這必然地提出了一個遵循律法的人都熟知的問題。即，不管你做了什麼好事，它一旦出現在人前，甚至出現在你自己面前，就將激起自我懷疑。[22]耶穌對此深知：「不要叫左手知道右手所做的。」（《馬太福音》6: 3）也就是說，躲起來，甚至躲避著自己，不要想試著**成為**良善——因為「除了神一位之外，再沒有良善」（《路加福音》18: 19）。但如果行善以及**成為良善**，是克服死亡得到永生的必要條件，這樣的超然是極難維持的。

因此，當我們讀到保羅時，重點已完全從行為轉向了信心，從處於表象世界的外在個人（他自己是表象中的表象，因而可能成為幻象）轉向了內在。而所謂內在，就是那不確切地顯象的。故也只能被同樣不確切地顯象的神所審察。對異邦人而言，神最主要的特質是他的無形；對保羅而言，卻是他的不可測：「沒有律法之先，罪已經在世上。但沒有律法，罪也不算罪。」（《羅馬書》5: 13）所以完全可能的是，「不追求義的外邦人，反得了義……但以色列人追求律法的義，反得不著律法的義。」（《羅馬書》9: 30-31）律法之永不得實行、一心求得律法的意志必激起另一違犯的意志、意志永遠被另一意志伴隨——這些都是保羅在《羅馬書》中想要處理的問題。

保羅並不以兩種意志的框架來討論這個問題，他談的是兩種律法——心智的律法——使他在「最內裡的自我」中欣喜於神的律法——以及屬於他「器官」的律法——支使著他去做他內在自我所痛恨之事的律法。此處對律法的了解，是那主人所要求並期待著的自願服從與一種「我願」的同意。老的律法說「你必須如此做」（thou shalt do），新的律法說「你必須

願意如此做」（thou shalt will）。正是這強索**自願**臣服的經驗，最終導致了意志被發現。而深植於這經驗中的是一種古人——希臘人、羅馬人或希伯來人——所不曾知覺到的美好的自由。也就是說，人有一種機能，經由它，人可以撇開必然或強制，而說出「是」或「否」，同意或不同意實際存在的事物，包括他的自我與存在，這機制也決定著他未來的行事。

但這機制卻有著非常奇特的模擬性。使之實現的命令不僅說著「你必須」——正如心智向身體所說，以及奧古斯丁後來所描述的，身體立即不經思考地服從——也說著「你必須**願意**」，這已暗示著不管最後我如何行事，我可以回答：我願意，或我不願意。故每一誡律的「你必須」都將把我置身於我願意與我不願意的選擇面前，在理論上來講，也就是將我置身於服從與違逆的選擇之中。（我們必須記得，到後來，違逆成了最大的罪行，而服從卻成了基督宗教道德的基礎，是那「美德中的美德」〔埃克爾〕，而這項美德，不同於守貧與貞潔，卻不能從拿撒勒耶穌的教訓中學到。）如果意志沒有說「不」的選擇，它就不成為意志；假如我的內在沒有一個被誡律的「你必須」所激起的敵對意志，假如，以保羅的話來講，「罪」並不「住在我裡頭」（《羅馬書》7: 20），我也就根本不需要有意志。

我在前面的章節裡提到心智活動的反身性（reflexive）：*cogito me cogitare* 及 *volo me velle*（甚至連反身性最弱的判斷，有時候都會涉及到對判斷本身做判斷）。在後面的章節中，我們將看到，在心智活動中，反身性最強的就是意志自我。每一個「我願意」（I-will）都起自對自由的嚮往，也就是自由的人天生嫌惡著服從他人。意志永將反身於己；當指令說「你必須」時，意志回答「你必須**願意**」——而不是不經思考地盲目執行命令。這也就是內在鬥爭發生的時刻。因為那被激起的反意志，和指令有著同樣的力量。而「凡以行律法為本的，都是被咒詛」（《加拉太書》3: 10）的原因，不只是因為那「我願意但我**不**能」，也是因為「我立意」（I-will）最終必會被一「我逆意」（I-nill）所抗衡，就算律法最終被遵守且被實行，那內在的抗拒仍在。

「我立意」與「我逆意」之間的爭戰結果，完全取決於行動——如果成果不算數，那意志就變得全然無助了。就是因為衝突是在 *velle*（立意）與 *nolle*（逆意）之間，故勸說不能像它介入古老的、理性與欲望之間的爭戰那樣地介入。「我所願意的善，我反不作。我所不願意的惡，我倒去作。」（《羅馬書》7: 19）這並不是新的現象。我們在奧維德（Ovid）的著作中，幾乎可找到完全一樣的段落：「我看到更好的，贊同它；但我卻跟隨著那更壞的。」[23] 這也可能是譯自歐里庇得斯（Euripides）的《米蒂亞》（*Medea*）中那著名的章節（第 1078-80 行）：「我知道我將做的惡事；但是比慎思熟慮〔*bouleumata*〕更強大的力量，是 *thymos*〔那使我行動者〕，這是人最大之惡的起因。」歐里庇得斯與奧維德可能都在悲嘆著理性面對激情時的脆弱；亞里斯多德則可能會更進一步地發現這選擇更壞的行為中的自我矛盾。但是他們之中卻沒有一人，會用意志的自由抉擇來解釋這個現象。

意志所自動製造反意志而造成的分裂，需要癒合與再度合一。像思考一樣，意志活動已將一分為二。但對思考而言，那分裂的「癒合」是最壞的可能，因為它意味著思考活動的終止。當然，我們很想採用保羅對意志苦楚的解決辦法，也就是以神聖的恩典來終結。但是神聖的恩典在奇蹟式地消除了反意志的同時，也註銷了意志的本身。這種合一不能再被稱為意志力，因為神的恩典是不能以努力取得的；救贖「並不在乎那定意的，也不在乎那奔跑的，只在乎發憐憫的」。而神「要憐憫誰，就憐憫誰，要叫誰剛硬，就叫誰剛硬」（《羅馬書》9: 16, 18）。正如「律法的來到」不只是顯現出罪，也「叫過犯顯多」，是以恩典在「罪顯多處」更「顯多」——真是所謂的 *felix culpa*（幸哉罪孽）。人若未經苦楚何能知道光耀，若無黑夜，如何能知白晝？

簡言之，意志的無能並非來自外力的破壞，而是來自自身的阻礙。當它像在耶穌基督裡那樣沒有阻礙時，它就根本不存在。保羅對此做了極為簡單的解釋：衝突存在於精神與肉體之間，因為人同時是屬靈也是屬於肉身的。因為肉身終將死亡，故照肉身的方式存活，就是另一種死亡。精神的主要任務，並不只是統治欲望、強使肉體屈服，精神的任務是在引發自願的禁欲——將「肉體，連肉體的邪情私欲」都釘在十字架上（《加拉太書》5: 24），這當然不是人力可以做到的。我們在前面的章節中已看到，思我對肉體的懷疑，是極自然的事。人的肉欲，雖不見得必然是罪惡的根源，但的確干擾著心智思考的活動，並阻撓著那心靈與自己無聲與快速的對話。那對話中的「甜美」是一物質不能介入的精神狀態。但這與保羅對身體的激烈敵意，是相去甚遠的。而保羅的敵意除了來自對身體的偏見之外，更是由意志的本質所引起。不論意志在心智上的來源為何，它卻只有在抗衡著對立者時，才能知覺到自己的存在。在保羅的理論裡，「肉體」就成為來自內在的抵抗的隱喻。即使是在這樣簡單的陳述裡，意志的發現已打開了潘朵拉那不可解答的問題的箱子。保羅對此也並非不自知，這難題將以各種荒謬的形式一路困擾著基督宗教哲學。

保羅知道我們從他的陳述裡，可以很容易地做下這樣的結論，「我們可以仍在罪中，叫恩典顯多」（《羅馬書》6: 1）（「為什麼不說我們可以作惡以成善呢？這是毀謗我們的人說我們有這話。」〔《羅馬書》3: 8〕）他幾乎不能預見，要有多少的紀律與嚴格的教條，才能使教會不致陷入 *pecca fortiter*（不懼地犯罪）的陷阱。他也十分清楚什麼是基督宗教**哲學**最大的絆腳石：即那全知全能的神，以及奧古斯丁後來所說的意志的「怪異」（monstrosity）之間的自相矛盾。神如何能允許人類的苦楚？更重要的是，他如何能「指責人」，因為「有誰抗拒他的旨意呢」（《羅馬書》9: 19）？保羅是一羅馬的市民，能說寫阿提喀希臘文，當然對羅馬的律法與希臘思想都知之甚詳。但這位基督宗教（就算不是基督教會）的創始人，基本上仍然是一位猶太人，對此的最好證明，就是他對這些發自新信心與內在新發現的那些不可回答的問題，所提出的答案。

這與約伯對那不可知的希伯來的神的回答，幾乎有著逐字的相同。就像約伯，保羅的答案也非常簡單，且毫無哲學性可言：「你這個人哪，你是誰，竟敢向神強嘴呢。受造之物豈能對造他的說，你為什麼這樣造我呢。工匠難道沒有權柄，從一團泥裡拿一塊作成貴重的器皿，又拿一塊作成卑賤的器皿麼。倘若神要……顯明他權能，就多多忍耐那可怒預備遭毀滅的器皿。又將他豐盛的榮耀彰顯在那蒙憐憫早預備得榮耀的器皿上……」（《羅馬書》9: 20-23；《約伯記》10）以同樣的方式，神省略了所有的問訊，而對那膽敢質問**他**的約伯說：「我問你，你可以指示我。我立大地根基的時候，你在哪裡呢？強辯的，豈可與全能者爭論麼？」對此，約伯只能如此回答：「我所說的，是我不明白的。這些事太奇妙，是我不知道的。」（《約伯記》42: 3）

不像有關復活的教義，保羅在此僅以「你是誰，膽敢質問」的 *argumentum ad hominem*（人身攻擊的謬誤）截斷了所有問題，而這也僅見於早期的基督宗教信仰中。我們也只能在歷史中這樣講，因為我們自然無法知道有多少基督徒在那 *imitatio Christi*（效法基督）的世紀中，不曾受到欲結合希臘哲學與希伯來對造物神信仰的各種努力的影響。猶太人早就被警告不要對此做任何臆測；受了諾斯底教派（Gnosticism）的刺激，猶太法典告訴他們：「思索四件事物的人，不如不出生，此四件事即：在上，在下，在前，在後者。」24

像一個對神祕的存有充滿信心的微弱回音，在數個世紀後，我們聽到了奧古斯丁重說著這則在當時必然是笑話的陳述：「對於神在創造天地前做著什麼的問題，我的回答是……他在準備著地獄，為的是安置那些想探究這些問題的人。」但奧古斯丁並沒有讓那問題停在那一點上。幾個章節後（在《懺悔錄》中），他毫無幽默地譴責膽敢問這些問題的人，並診斷他們「罹患了一種罪惡的疾病，使他們渴望著那些他們無法掌握的知識」，隨後，他又提出了一個在邏輯上正確、在存在上卻不令人滿意的答案，既然造物主是永恆的，當他造天地時，必也創造了時間，故在萬物被創造之前，沒有「之前」。「讓他們看見，沒有創造，也就沒有時間。」25

9 愛比克泰德與意志的萬能

——Epictetus and the omnipotence of the Will

保羅在《羅馬書》中所描寫的是一種內在、「我願意而我**不能**」的經驗。此一經驗伴隨著神的憐憫後，形成了一龐然壓勢的經驗。保羅專注於解釋發生在他自身之事，並陳述出這兩起事件為何以及如何緊密地相連。在這解釋的過程中，他發展出了第一個闡明歷史為何存在的完整理論，也以此而為基督宗教教義奠定了基礎。保羅所用的方法是陳述實事，而不**推理議論**，這是他和愛比克泰德最大的不同，否則，兩人之間其實有著許多的相同之處。

他們兩人差不多是同時代的人，也來自位於中東的同一個地區，並使用同一種語言（阿提喀方言），雖然一位是羅馬市民，一位是被解放的奴隸，一位是猶太人，另一位是斯多噶派（Stoic）。他們也都有一種對道德的嚴謹性，這使他們凸顯於周圍的人群。兩人都認為貪念鄰人的妻子，就等於犯了姦淫的罪行。他們幾乎用同樣字眼來譴責當時知識界的偽善——保羅針對著法利賽人，愛比克泰德則攻擊哲學家（斯多噶派以及學院派〔Academicians〕），直接抨擊指他們不按自己的教訓行事。「給我一個斯多噶人，如果你能！」愛比克泰德驚嘆道，「給我一個斯多噶人，他病著卻快樂，在危險中也快樂，將死也快樂，被放逐也快樂，被羞辱了還是快樂……天啊！我多樂意見到斯多噶人。」[26] 較之於保羅，愛比克泰德似乎更公開地表現出對這些人的輕蔑。最後，他們兩人還有一共同點，也就是一種本能的對身體的看輕。愛比克泰德將身體形容成是一個「袋子」，每天要裝滿與清除：「還有比這更叫人厭煩的事嗎？」[27] 他們兩人也同樣地堅持著「最內在的自我」與「外在事物」之間的區別。[28]

所謂的內在，在兩人的理論中，也都是以意志的驅動來描述，保羅相信意志是無能的，愛比克泰德卻認為它是萬能：「良善在哪裡？在意志裡。邪惡在哪裡？在意志裡。非善亦非惡的事物在哪裡？在意志不能控制的領域裡。」[29] 初看，這像極了斯多噶學派，只是少了古老斯多噶學派在哲學上的意涵。愛比克泰德的理論中並不包含天性美好的自然，以供給人做生活及思考的依據（*kata physin*）——也就是說藉著思考，那顯現的惡（本是無所不包的善的一部分），得以被摧毀。愛比克泰德之所以與我們的討論相關，就在於他的學說中並沒有這種形上學的教條。

他主要是一位教師，也因為教授而不著述，[30] 使他自認為是蘇格拉底的傳人。但卻像其他自詡為蘇格拉底的傳人一樣，他全然忘卻了蘇格拉底一直宣稱自己是無物可授。總之，愛比克泰德認為自己是一位哲學家，並將哲學的主題定義為「如何生活的藝術」。[31]這藝術的主要本質，就在於對每一項非常的情勢、或每一個極端痛苦的狀況，都有預備妥善的議論。他由極古的 *omnes homines beati esse volunt* 為起點，也就是假設所有人都期望著幸福，哲學的唯一事業，就在於找尋到達這個理所當然的目標的方法。在情緒上，愛比克泰德雖與他的時代一致，而與前基督宗教時期成為對比。但他卻相信，俗世的生命，因必以死亡結束，故永遠糾結著恐懼與顫慄。這樣的生命，除非運用意志獨特的努力，否則不可能予人以幸福。在這樣的脈絡裡，幸福有了新的意義。它不再是 *eudaimonia, eu zén*（good life），也就生活得好的**活動**，幸福的意義成為 *euroia biou*（順暢的生命之流）。這是斯多噶學派的一個隱喻，指涉著自然流動的生活，不受雷雨、風暴與困境的干擾。它的特性是一種寧靜，*galēnē*，那種暴風雨過後的靜謐及安詳，*eudia*，風和日麗，[32]這些隱喻是不為古代人所知的。它們旨在形容靈魂的情緒，而這情緒卻最好由反面的語句來描寫（如 *ataraxia*〔無感靜定〕）。因而也就有著反面的意義：在此「幸福」意味的是「不痛苦」。哲學所教導的是「理性的程序」，那些議論「就像光亮待發的武器」，[33]可用來對抗現實生活中的愁苦。

理性發現使你愁苦的，並不是從外界威脅著你的死亡，而是你內在對死亡的恐懼。使你愁苦的不是疼痛，而是對疼痛的懼怕——「使人害怕的，並不是死亡或是痛苦，而是對死亡與痛苦的恐懼。」[34]所以唯一真正可怕的事物，是那恐懼本身。人不能逃避死亡或痛苦，但他們可以消除恐懼在心智上所製造的印象。以此將勸導自己遠離內在的恐懼：「假如我們不將恐懼賜予死亡或放逐，卻把恐懼還諸恐懼本身，那我們就應練習避開我們認為之邪惡者。」[35]（要了解這牽強的理論對心理的實際價值，我們只需回想起對恐懼的恐懼在靈魂的屋舍中所引發的事例，或想像經驗過的疼痛若是不留痕跡——即愛比克泰德所說的「印象」——人的勇氣將會如何不計後果地盲目前進。）

理性一旦發現這內在的區域——在此，人所面對的是外界事物在心智上留下的「印象」，而不是實際的經驗——它的功能就已然完成。哲學家不再需要去審察每一件發生在他身上的事件；他只需要訓練自己，不論身在何處，永遠不去「面對外在的事件」。對於此種態度，愛比克泰德舉了一個極為有用的例子。他讓哲學家像其他人一樣地去觀看一場球賽，但是哲學家卻不能像其他那些「粗野」的觀眾一樣，在那兒，他只能「關心」自己以及自己的「福祉」；因而，他必須強迫自己「只期望要發生的發生，只期望要贏的人贏」。[36]這種在現場卻迴避著現實的方式，比諸思我遁離獨處與自我對話、因而所有思考物都是思考後之物的情況，有著更深遠的意義。它意味著，當一個人前往某處，對自己的目的地毫不在意，卻只專注地走著這個「自身的活動」，「或在考量一件事時，〔只〕對考量那行為有興趣，而對他所計畫要達到的事物毫不在意。」[37]在那球賽的寓言中，這些看來像是用盲眼觀賽的觀眾，在表象世界裡，只是鬼魅般的幻影。

在此我們可能可以參照畢達哥拉斯有關節慶賽會的寓言；最佳者不是角逐名利的參與者，而是在旁觀看的觀察者，他們出席純粹是為了觀看比賽。畢達格拉斯那無利無涉的態度，在此卻蕩然無存。自我成了唯一的專注，而絕對統領著自我的推論理性，卻不是古老的 *nous*——那真理的內在器官，那看向有形世界中之無形事物的無形之眼——而是 *dynamis logikē*（論理的機能）。它的最大特性就在於「審視自我及其他之物」，並有「同意或不同意自己行動的權力」。[38] 這初看像是蘇格拉底的二合一在思考過程中的被實現，事實上，這與我們現稱為「意識」者更為接近。

愛比克泰德發現，心智既可貯存外來的「印象」（*phantasiai*），「外在事物」就可以當成所謂的「意識的數據」來處理。*Dynamis logikē* 所檢視的，是自身及刻印於心智上的「印象」。哲學旨在教導我們如何「正確地處理印象」；測試它們，並「對之加以區分，丟棄那未經測試者」。注視著一張桌子並不能告訴我們它的好壞；視覺不能告訴我們，其他的感官也不能。只有處理桌子印象、而非真實桌子的心智，能告訴我們。（「什麼告訴我們金子是好東西？因為金子本身不會說。明顯地，能告訴我們的，是那處理印象的機能。」[39]）要點在於，如果你所關注的是和自我有關的事務，你不需向外找尋。只有那些能被心智收納的事務，才有任何的價值。

心智一旦從外在的事務遁離而轉到內在掌握的印象中，就發現它可以完全獨立於外界的影響：「有人能阻止你同意真理嗎？沒有。有人能強迫你接受虛假嗎？沒有。你看到了嗎，在這領域中，你的機能完全超脫了阻撓、障礙、局限與強制？」[40] 真理的本質就在它是「強制著」心智——這是一個古老的見解：「*hōsper hyp' auēs tēs alētheias anagkasthentes*」（真理的暴烈性），如亞里斯多德所說的，自明的理論，靠著自身即可成立，而不需要特殊的論證。[41] 但在愛比克泰德的理論中，這個真理以及它動態的邏輯（*dynamis Logikē* 即論理）卻與知識或認知毫無關連。對於知識或認知而言，「邏輯的過程是毫無助益的」[42]——實實在在地一點用處也沒有（*akarpa*）。知識與認知關切著「外在的事務」，這是自外於人，也超過人的能力，因此，它們不是，也不應是，他所該關心的。

哲學開始於人在「必然的事物前，對自己弱點的自覺（*synaisthēsis*）」。我們對於所應知之事（如直角三角形），並不具有「天生的概念」。但我們可被有知識的人教授而知。而那些尚未認知的人，也**知道**自己的無知。但直接關係著我們，並操縱我們生活的事物，卻又不同。在這領域裡，每一個人有著與生俱來的對我如是（*dokei moi*）以及天生即有的意見。難題就在此：「對於不同心智間所有的衝突的發現」，產生了「找尋標準的企圖，因而發現了解決重量問題的天平，以及衡量彎直的尺矩。這就是哲學之始」。[43]

哲學設下標準與規則，並教導人們如何**使用**他們的官能，如何「正確地處理印象」，以及如何「測試並計算每一印象之價值」。我們用以衡量不同哲學的尺度，就在估量它如何能引導人們過著無痛苦的生活。更確切地說，哲學教導著人用某些思想路線，以戰勝天生的無能。在這普遍性的哲學架構中，理性，即推論的理性，應凌駕於其他的機能之上；但事實卻不是如此。在對「只是在脣舌上論事的哲學家」的激烈批評中，愛比克泰德指出了哲學家所教授的、與他真正行為之間的鴻溝。這亦暗示著那古老的對理性的看法，也就是理性本身並不足以推動或成就任何事。最能成事者，不是理性，而是意志。「考量你是誰」似乎是一個朝著理性方向的指令，但是我們卻發現，「人沒有比意志〔*proairesis*〕更有主權〔*kyriōteros*〕的機能了……其餘的都得臣服於此，意志不受奴役與隸屬。」理性的確使人有異於禽獸，故禽獸「生即為要服侍」，而人則「適於指揮」；[44]但那有能力指揮的器官，不是理性，而是意志。如果哲學所處理的是「如何生活的藝術」，而它的先要性是建立於它在這領域中的用處，那麼「哲學的意義就存於此——找尋如何行使意志力的途徑，使其得其所欲得，而避其所欲避」。[45]

理性能教意志的第一件事，就是區辨人力範圍內的事物（即亞里斯多德的 *eph' hēmin*），與其他事物之間的分別。意志的力量是它對人力可及事物的自主權，而這些事物又都完全位於人的內在。[46]因此，意志的第一決策，就是不欲求那不可得者，並停止抗拒那不可避免者——簡言之，即不涉入它所不能掌控的事物。（「這世界是由原子組成，或是由無垠的火與土組成，和它有關嗎？只知道意志求取與趨避的界限……而放棄那些超出我們能力的事物，難道不夠嗎？」[47]）就因為「我們不可能使要發生之事有所變更」。[48] 也因為人在真實世界裡是全然地無能，他因此被賜予了奇蹟似的理性與意志的機能。這些機能使他能將外在的世界除去了真實感後，再完整地重造於他內在的心智裡。在內在的心智裡，他是不可質疑的主人。在那兒，他駕馭著自己以及與己有關之事物，因為能阻撓意志只有它自己。表象世界以及看似真實的事物，必得我同意後，才**對我**是真實的。這種同意亦不能被強迫：如果未予同意，世界的真實就將如鬼魅般消失。

這避開外在而朝向內在的機能，自然需要相當的「訓練」（*gymnazein*）與不停息的議論，因為人的日常生活不僅是發生在外在的世界，而且只要他活著，他的內在也位於那外在的、他所不能掌控的身體之內，身體亦是一「外在之物」。在此，問題永遠是意志力是否夠強大，不僅能將注意力由外在險惡的事物上移轉開，同時還能在痛苦與不幸當中，將想像力專注於不同的「印象」上。拒絕同意，或將現實放置於括號中，並不是單純的思考活動；它仍必須向自己做實事的證明。「我必死，我必被囚禁。我必被放逐。但是：我必須呻吟而死嗎？我必須哀泣嗎？有誰能阻止我臉帶微笑地前往放逐之路？」那主人威脅著要加手銬於我：「你說什麼？要箝制我？你可箝住我的腳——是的，但不能箝住我的意志——不，就連宙斯也不能那樣征服我。」[49]

愛比克泰德還舉了許多其他的例子，我們不必在此一一列舉；它們讀來冗長無趣，像是教科書裡的習題。而且結局都是一樣的。困擾著人的並不是真正發生在他們身上的事物，而只是他們自己的「判斷」（意見或信仰式的獨斷**教條**）：「只有在你想著會受傷害時，你才會被傷害。未經同意，沒有人能傷害你。」[50]「比如說，什麼是被毀謗？你可以站在一塊石頭旁邊，盡情地毀謗它：你會得到什麼反應？」[51]如果你能像那石頭一樣，就沒有人能傷害你。*Ataraxia*（無感靜定）是你所需要的，如此你就可以**感到**自由，你發現現實完全要靠著你的認同，才能如是地存在。

像多數斯多噶學派的哲學家一樣，愛比克泰德也意識到，身體脆弱的本質必為這內在的自由設下某種限制。我們無法否認，使我們不自由的，不只是期待或欲望，同時也是「身體所附加於我們的枷鎖」，[52]而斯多噶學派的哲學家也立意要證明，這些枷鎖不是全然不可被打破的。對於什麼能阻止我們自殺這個問題的答案，就成為這些陳述的必要考慮。總之，愛比克泰德似乎十分清楚，無限制的內在自由預設著這事實，即「我們必須牢記且把握此要點，也就是，**門是永遠敞開的**」。[53]對於一位完全隔世的哲學家而言，卡繆第一本著作開始的第一句話，有著不少的真理：「沒有比這更嚴肅的哲學問題了：就是自殺這件事。」（*Il n'y a qu'un problème philosophique vraiment sérieux: c'est le suicide.*）[54]

初看，這永不受傷與無感不覺（*apatheia*）的教條——如何在現實中保護自己，不受其影響，不論現實是好壞，是幸福或哀傷——似乎是如此明顯地易於被駁斥。所以斯多噶學派對西方主要哲學家在議論上與情感上的深長影響，實在令人不解。在奧古斯丁的著作中，我們找到了對這教條最簡短也最可信的反駁。對奧古斯丁而言，斯多噶學派只是找到了一個如何假裝幸福的技巧：「一個人既然得不到他想要的，他就轉向想要他所能得到的。」（*Ideo igitur id vult quod potest, quoniam quod vult non potest.*）[55] 此外，斯多噶學派假設「所有的人都想幸福」，但他們卻不相信永生。至少不相信那肉身復活的永生，也就是不相信未來那沒有死亡的**生命**。奧古斯丁認為這是完全自相矛盾的。因為，「如果所有的人都意欲幸福，他們必然要欲求不朽……因為，要幸福地**生活**，你必先要活著。」（*Cum ergo beati esse omnes homines velint, si vere volunt, profecto et esse immortales volunt... Ut enim homo beate vivat, oportet ut vivat.*）[56] 換言之，會死的人是不幸福的。斯多噶派強調對死亡的恐懼是幸福或不幸福的根源，其實也證明了此點；因此，在對幸福的追求上，他們最多只能做到「無感不覺」，不被生活或死亡所干擾。

奧古斯丁這樣的反駁，雖然在推理的層面上十分可信，卻遺漏了幾個相當重要的論點。第一，為什麼一定要先有意志力，才能**不**立意，為何不能以優異的推論去說服自我放棄使用意志的機能？畢竟，以我們所知，放棄思考的習慣（而不是思考機能），應是十分容易的事。所需要的僅是永遠的分心，或永遠不離開人群的伴隨。當然，我們可以推論，要放棄對能力以外事物欲求的習慣，應比放棄思考的習慣要難。但對於一個有足夠「訓練」的人而言，不行使意志力這件事似乎不必一而再、再而三地被重複——在這種訓練中，*mē thele*（即「不欲求」那些不可防止其發生的事物），至少和單純的行使意志力有著同樣的重要性。

與我前面所述相關但卻更令人迷惑的是，愛比克泰德也並不滿意於意志**不**立意的力量。對於能力所不能及的事物，他其實並不僅教導我們要冷漠以待，亦堅持著人應立意於那些將會發生的事件。我已舉了球賽的例子，在那寓言中，那些只以自己良好感覺為念的人，被教導著「只期望要發生的發生，只期望要贏的人贏」。在不同的著作裡，愛比克泰德更進一步讚揚著「哲學家」（未列名）所說的，「善良之人如預先知道將要發生之事，他們必會配合自然，即使那意味著病痛、死亡以及殘疾的到來。」[57]可確定的是，在這樣的議論裡，他返回了斯多噶派的 *heimarmenē*，即關乎命運的教條。這教條強調著事件都應和諧地遵照宇宙的本性。每一個體，人或動物，植物或岩石，都有著被整體所派定、並被整體合理化的責任與義務。但很明顯地，愛比克泰德對自然或宇宙根本沒有絲毫的興趣。而那古老的教條亦從未顯示人無用的意志力，能在「宇宙的整治」上有任何的用途。愛比克泰德主要興趣是發生在他自己身上的事物：「我想要一事，它卻不發生；還有比我更不幸的嗎？我不想要的，它發生了，還有比我更不幸的嗎？」[58]簡言之，為要「生活圓滿」，光是「**不**求事順己願發生」是不夠的，你還必須「讓己願順從所要發生之事」。[59]

只有當意志力到達頂點，欲求著真正**存在**之事物而不與「外界之事有何齟齬」時，它才是萬能的。但所有意志萬能的論點，都隱含著一理所當然的假設，即現實**對我**的真實性是取決於我的同意；而保證著這假設的有效性的，卻只是一個單純的事實，也就是當我發現生命不可忍受時，我可以自殺——「門是永遠敞開的」。在這脈絡中，自殺這個解決的方法並不是卡繆著作裡對人類處境的宇宙性所提出的叛逆手勢；對愛比克泰德而言，卡繆所描寫的叛逆是毫無意義的，因為「我們不可能使要發生之事有所變更」。[60]這是無法想像的。即使是絕然的否定，也要依恃著一個單純且不可解釋的客觀存在，這包括了我自己。愛比克泰德卻從未要求對這不可解釋事物的合理化。因此，如奧古斯丁後來所提出，[61]那些把自殺當作對非存有所做的選擇的人，犯了錯誤；他們選擇的是一種將來必然會發生的存在方式，而他們所選擇的安寧，當然也仍是一種存在。

唯一可阻撓意志不給予同意的，只有意志本身。因此，正當行為的標準應是「意志被取悅，你亦對自己心悅」（*thelēson aresai autos seautō*）。於此，愛比克泰德再加上這句：「意志在神前是尊貴的。」（*thelēson kalos phanēnai tōtheō*）[62]但這附加的句子完全多餘，因為愛比克泰德並不相信有那在一切之上的神。他相信靈魂就是神，神「在你的內在，你是神的一部分」。[63]看來，這意志自我之間的分裂，並不比蘇格拉底對柏拉圖思想對話所描寫的二合一嚴重。但是，如我們在保羅身上所見，這意志自我的二元，並沒有一友好的關係存在，它們之間亦無和諧的交流進行。只是愛比克泰德所描述兩者坦然敵對的關係，並未使它們陷入保羅所哀嘆的那種極端的絕望。愛比克泰德所形容的它們經常的「彼此鬥爭」（*agōn*），是一種奧林匹克式的鬥爭，它要求著我對自我有常據心頭的懷疑：「一言以蔽之，〔那總在自己身上尋求好處與壞處的哲學家〕，要像**自己的**敵人〔*hōs echthron heautou*〕一樣地偵察與防衛著自己，潛伏等待著他。」[64]我們只要想到蘇格拉底的明見（「所有對他人的友好，都是對自己友好的延伸」），就可度量出自古典時期起，人的心智已遊走了多遠的距離。

哲學家的自我受制於意志自我，他們並被告知，除意志本身，別無他物可對之進行阻撓或設立限制。自我於是陷溺在一場永不結束與反意志的爭戰裡。而陷它於危及的，正是他自身的意志。意志萬能的索價極高；被思我視為二合一的最壞情況——即「與自己爭戰」——卻成了人類的處境的常態。這樣命運也並不是落在亞里斯多德所形容的「低下之人」的身上，它落在那些有良善智慧且學習不顧外在世界的人身上，這使我們懷疑，此項對人類苦痛的「治療」方法，是否比那疾病本身更壞。

然而，在這不幸的議題裡，我們至少有一決定性的發現。它不能被任何議論註銷，它解釋了何以會有意志萬能的感覺，它也解釋了何以人類的自由會從意志自我的經驗衍生而出。我們在討論保羅時，對此曾稍有觸及，也就是服從必預設違叛的命題。這是愛比克泰德理論的中心，也是意志能行使同意或反對的權力所在。它能在與己相關的事物上，說是或說不。這也是為什麼事物的純粹存在——即，外在事物的「印象」——是完全取決於我，也完全在我的掌控之內；我不但能以意志改變世界（雖然這個命題對於一個完全自外於世界的個人而言，其有興趣的程度是極可懷疑的）。我也可以用「我不要」來否定任何事物或所有事物的真實性。這否定的力量，必對於心智有著壓倒性的強力。因為凡曾對肯定中暗藏否定有過注意力的哲學家或神學家，都必然會回轉而要求一強化的肯定。並教導人們——用埃克爾引塞內加的話——「接受所有發生的事件，就好像那是他自己所欲求並期待的。」的確，假如一個人在這共有的認識中，只看到了意志自我最後與最深的、對自己在實務世界中無力存在的怨懟，那他必然也會在此理論中看了意志這一機制的虛幻性。而據此以做為肯定意志乃「人造理念」的最終證據。在這種情況下，人確實承認有這「怪異」的機制（奧古斯丁語），而它天性所強行要求的那股力量，也只能用在充滿幻影的虛幻領域裡——也就是那心智在不止息的對寧靜的追求中，成功地將自己與外界表象隔離後所造成的內在地域。對這努力最終的與反諷的報酬，乃是心智與德謨克利特所說的「邪惡的貯藏與寶藏」，或是與奧古斯丁所說的深藏在「善良與邪惡心靈」裡的「深淵」之間，[65]所形成的那令人不安的親密關係。

10 奧古斯丁，第一位意志哲學家

——Augustine, the first philosopher of the Will

因為經文，才有基督宗教傳統的哲學，
卻因為希臘傳統，基督宗教才能擁有那哲學。
——吉爾松（Etienne Gilson）

奧古斯丁是第一位基督宗教哲學家，我也想說他是羅馬唯一的哲學家，[66]同時他也是第一位因為哲學的繁複性而轉向宗教的思想家。像許多同時期的知識份子一樣，他成長於基督宗教的背景中；但他後來描寫自己最終皈依的經驗——成為《懺悔錄》的主要題材——卻完全不同於保羅如何由那激進的法利賽人掃羅變成拿撒勒基督門徒的經驗。

在《懺悔錄》中，奧古斯丁描述西塞羅的《霍登修斯》（*Hortensius*，現已佚失）如何「點燃」了他對哲學的熱情，終其一生，他都未曾停止引用這部著作。他之可能成為第一位基督宗教哲學家，那是因為他一生都謹慎固守著哲學。他的《三一論》（*On the Trinity*）不但為基督宗教教義辯護，也為自己獨特的哲學見解做了最深奧也最清楚的闡釋。但這部著作的起點，仍是羅馬與斯多噶派對幸福的追求——「西塞羅說，確實，我們都希望能幸福。」[67] 年輕時，奧古斯丁試圖在哲學中找尋紓解內在煩憂的出路，成年後，他轉向宗教，因為哲學不能給他滿足。這種要求哲學提供「生命引領」（西塞羅語）[68] 的實際取向，是典型的羅馬態度；而它對奧古斯丁影響，遠超過了來自希臘哲學的普羅提諾（Plotinus）或其他新柏拉圖派的學者的影響。倒不是因為希臘哲學對追求幸福毫不關心——所有羅馬的格言其實都是來自希臘的翻譯——但是對幸福的追求卻並非希臘人最初想從事哲學的原因。只有羅馬人會認為，「除了追逐幸福，人類沒有從事哲學的理由。」[69]

這對個人幸福的實際關切，瀰漫著整個中古世紀；它也暗藏在對永生的期盼與對地獄恐懼的情緒中。而這普遍的心態卻有助於在思想史上釐清許多原本令人費解的哲學思辨。無此，這些思辨的羅馬根源已不易追溯。羅馬天主教會之所以在深受希臘哲學影響後，仍能維繫著它的羅馬本色，大部分的原因就在於它的第一位哲學家，正好是從拉丁的來源與經驗中吸取靈感。被視為至善（*summum bonum*）的對永生的追求，與被視為至惡（*summum malum*）的對永恆的死亡的詮釋，在奧古斯丁的著作中達到了最清晰的闡明。因為他的理論含括了那新時代對**內在**生活的發現。他了解到對內在生活的專注興趣，意味著「我成了自己的問題」（*quaestio mihi factus sum*）。而這個問題，卻從未被當時教授與學習的哲學提出或回答過。[70]《懺悔錄》第十一卷中那著名的對時間觀念的分析，是對這新議題一個具代表性的示範：只要沒有人問什麼是時間，它對於我們是再普通也再熟悉不過的概念——但這問題一被提出，就成為一個「複雜的謎題」，難處就在，它似是全然地平常，卻又是全然地「隱晦」。[71]

奧古斯丁無疑是一位偉大且有獨創性的哲學家，但他卻不是一位「有系統的哲學家」。他的主要著作，除了充滿重複的觀點，也「確實遍布著未完的篇章，及零落尚未證成的思想」。[72]在這樣的情況下，他探討議題的持續性，著實令人驚異。這些議題一直到接近他生命尾聲時，才被蒐集在《撤銷前言》（*Recantations*）的題目下仔細審察，好像教會的主教或公爵成了他的審判者。在這些一再出現的題目中，最重要的可能是「意志的自由選擇」（*Liberum arbitrium voluntatis*）如何不同於欲望與理性的論述，雖然這題目只出現在以「意志的自由選擇」為題目的章節裡。這是他早年的作品，所以雖然是寫於他戲劇化的皈依與受洗之後，這作品的第一部分卻仍有著早年的風格。

我認為這種寫作方式透露了奧古斯丁做為一個人與做為一個哲學家的特質。他必須花十年的時間，才能以詳明敬謹的態度，寫出他生命中最重要的事件——這並不全是為了記憶與虔敬的考量，也是為了這事件在心智上的深重意義。奧古斯丁的作傳人布朗（Peter Brown）

說這話時，可能過於簡化：「奧古斯丁絕不像早期拉丁世界裡多數知識份子那樣，只是一位模板信徒（*type croyant*）。」[73] 對奧古斯丁而言，重要的不是棄置哲學中的不確定以擁抱被彰顯的真理，重要的是發掘出這新信心之中所含有的哲學隱意。在這龐然的追索工作中，奧古斯丁所最先依恃的，就是保羅的《羅馬書》。而他的成就可用一件事實估量，也就是在後來幾個世紀的基督宗教哲學裡，奧古斯丁的權威，幾乎直追中世紀的典範哲學家亞里斯多德。

讓我們先由奧古斯丁早期對意志機能的興趣著手，這記錄在先前論述的第一部分（後來兩個結語的部分，寫在將近十年之後，和《懺悔錄》差不多同時）。此一論述所探討的最重要問題是邪惡的來源：「因為邪惡不可能無因而生」，而上帝又不可能是惡的肇因，因為「神是良善的」。這在當時仍是十分相關的問題，「自年輕時就極端困擾著〔他〕……甚至將〔他〕逼上了異端」，這指的是他投向摩尼教。[74] 在提出這個問題之後，他以對話的形式寫下一些理性論證，類似於我們在愛比克泰德的著作中所見。這些重寫於他晚期的摘要，讀來都像是為了教學的目的。一直要到結論部分，才有學生提問：「我懷疑自由意志……是否是造物主所給予我們的。因為如果沒有自由意志，我們似乎就不會犯罪。如此看來，恐怕神才是我們惡行的原因。」在此，奧古斯丁雖一意安撫著這提問者，卻遲遲不再討論這個問題。[75] 要到三十年後，在《上帝之城》（*City of God*）中，他才再以不同方式繼續了這個問題，而結論「意志的目的」乃是「人的目的」。

奧古斯丁延遲了這麼多年才回答的問題，也就成了他的意志哲學的起點。對保羅《羅馬書》的細密詮釋，是他對這問題最初組建的框架。在《懺悔錄》，以及《意志的自由選擇》中的後兩節，他對這奇異的現象（也就是，人可以行使意志力，但在沒有外力的阻撓下卻不能有所作為）做出了哲學上的推理，並清晰地陳述了它的後果。保羅以敵對的律法來形容這特異的現象。奧古斯丁所談的卻不是兩種律法，而是「**兩種意志**」，一舊一新，一屬肉體，一屬精神」。他也像保羅一樣，仔細地描述了這兩種意志如何在他的「內在」鬥爭，以及它們之間的「不和諧，如何摧毀著〔他的〕靈魂」。[76]換言之，他極小心地想避開自己早年信仰的摩尼邪說。摩尼教講述的是統馭世界的兩個敵對的原則，一為良善，一為邪惡；一是肉體，一是精神。此時的奧古斯丁卻認定世界只有一個律法。所以他的第一個洞見，雖最為明顯，也最令人驚心：「行使意志力與能夠行事，是完全不同的兩回事。」（*Non hoc est velle quod posse.*）[77]

這令人驚心的理由，是因為意志與行事這兩種機能是緊密地連接的：「必有意志，行事的能力方能運作」；當然也必要有行事之能力，意志才有所依靠。「你若要行動……就不能沒有意志」，即使是在做「一件你不情願且是被強迫著去做的事」。而若「你不行事」，可能是因為「意志的缺乏」，亦可能是「能力的缺乏」。[78]令我們驚訝之處，是奧古斯丁雖然基本同意斯多噶學派所說的意志操縱一切，也就是說，「在我們的能力之內，除意志外並無他物，其中沒有間隙，我們行使意志力的那一刻——一切就在那兒了。」[79]他卻認為僅有意志力是不夠的。「如果沒有意志，律法不能發令，但如有足夠的意志，恩典將無法協助。」重點是，律法不與心智直接溝通，否則它盡可出現並發號施令；與律法直接溝通的是意志，因為，「心智不被移動，直至它行使意志力之後才能被移動。」而這也是為什麼只有意志，而非理性、嗜求或欲望，才「在我們的能力之內；並且是自由的」。[80]

意志的自由是見證於內在之肯定與否定的能力，與執行意志指令的實際能力（*posse*）或權力（*potestas*）無關。這見證的可信度，彰顯在意志與理性或欲望的對比上，因為理性或欲望都是不自由的。（我們看到，亞里斯多德在講述*proairesis*的概念時，盡量地避開這困難，他不說「良善之人」**強拉著**自己離開欲望，或是「低下之人」**強拉著**自己遠離理性。）不管理性對我說什麼，從理性的角度看來都是有強制性的。我可能對向我顯現的真理說「不」，但我卻不可能站在理性的基礎上做這樣的事。欲望自動地從我的身體中升起，但它是被我身外的事物所激發；我可能可以基於理性的勸說或神的律法，而對它們說「不」，但是理性卻不能啟動我起而反抗。（受奧古斯丁影響甚深的斯考斯特，後來繼續對此一論點的探討。的確，在保羅的了解中，屈服於肉體的人永遠不可能自由；但是傾向精神的人也不自由。知性對心智所施加的力量，有著必然性；但知性卻不能向心智證明，心智不僅應該臣服於它，還應該願意臣服於它。[81]）

決定著自由意志的抉擇機制，並不是在可達成目標的適合手段中做斟酌與選取，而是——尤其在奧古斯丁裡——在立意（*velle*, willing）與逆意（*nolle*, nilling）之間做出選擇。這逆意與不行使意志力的意志（will-not-to-will）無關，也不能被翻譯成我不願意（I-will-not），因為我不願意暗指著意志的缺席。而 *nolle* 卻並不比 *velle* 缺少活躍的轉移力量，它也是意志的機制：如果我立意於不欲求某一事物，我就取消了欲望；以同樣的方式，我也能取消理性告訴我是正確之事物。每一意志行為都牽扯著我立意（I-will）以及我逆意（I-nill）。而奧古斯丁所說「摧毀了〔他的〕靈魂」的，也就是這兩個意志之間的不和諧。的確，「立意之人，必然意欲著某事」，而這某事「若非經由感官被知覺，就是由隱藏著的其他途徑及至心智」。重點是，這樣的事物並不能決定意志。[82]

那麼，是什麼決定意志？是什麼發動意志？這是一個不可迴避的問題，但它的答案卻會引至無窮後退。假設這個問題被回答了，「你難道不會再追問，你所發現的原因又是什麼？」你難道會不想知道，「那意志前的意志的原因為何？」意志難道不可能是天生沒有原因的？「因為意志如果不是自己的肇因，就不能成為意志。」[83]意志是一項事實，在它本是單純偶發事件的本質中並沒有因果關係可言。或者——在此預告海德格後來的理論——因為意志**造成**了那些本來不會發生的事情的發生。那麼有沒有可能，隱藏在我們對原因追索的背後的，並非知性或是對知識的飢渴（這可被直接的資訊滿足），而正是意志——好似在每一個問為什麼的問題後面，都存在著一個隱密的意願，它不僅想學習，想知道，並想知道如何行事？

在最後，追索著《羅馬書》中曾描寫卻沒有解釋的一個難題，奧古斯丁開始詮釋保羅恩典教條中那難堪的一面：「律法的設立適足以增加罪愆，而罪行越是增多，恩典越是彰顯。」根據這教條，我們很難不做下這樣的結論：「讓我們犯罪，如此那良善才能到來。」或較溫和一些地說，不行善是值得的，如此才能得到宏大的神恩——奧古斯丁自己就曾如此說過。[84]在《懺悔錄》中，他試圖回答這個問題，他描寫著靈魂即使沒有任何特定的宗教經驗，也有它特異的行為方式。靈魂「特別樂意於找到或重得它的所愛，這種喜愛甚至高出對一直擁有的事物的喜愛……勝利的統帥會那樣地雀躍……戰場上的危險越大，勝利的歡欣也越大……一位病著的朋友……康復了，雖然他不再能用從前的體力行走，但這歡喜卻比他能平穩地行路時更大」。其他的事物亦如是，人的生命中「充滿了這樣的證據」。「最大的喜悅是由最大的苦痛所引進」——這是所有活著的生物「被指定的生存方式」，從「天使到蟲類」。連神亦是如此，因為他也是一活著的神，神「歡喜著一個罪人的懺悔，多過於九十九個不需要懺悔的人」。[85]這種存有的樣態（*modus of beings*）無論是對卑賤的或高貴的，無論是對平凡的或神聖的，皆同樣成立。

這的確就是保羅想說的，只是用了沒有形容詞的概念語言表達：保羅並不訴諸任何純粹神學的詮釋，故他的悲嘆與暗責的銳利性頓失。在保羅的陳述中，竟只有那 *argumentum ad hominem*（人身攻擊的謬誤）——像約伯所問的「**你**是誰，膽敢質問」那樣的問題——才能為他解圍。

在奧古斯丁對斯多噶學派的反駁中，我們可以看見一個藉由概念性的思考所引發之類似的變形（transformation）與定型（solidification）。斯多噶派教條的真正難堪所在，不是在於人可以立意對實在界說不，真正的難堪是，根據教條，僅只說「不」是不夠的，為求安寧，人還需要訓練自己的意志說「是」，並「讓己願順從所要發生之事」。奧古斯丁了解到這種意志中的順服，預設著對意志力強烈的限制。雖然在他的觀念裡，每一 *velle* 都有一 *nolle* 伴隨。但是意志機能的自由之所以有限制，並沒有其他的原因。而只是因為沒有任何被創造的生物能夠否定創造。不然這種否定——包括了自殺的情況——不只是對反意志的反對，更是對行使意志力以及行使反意志力的主體的反對。做為一個生物的機能，意志不能說「我情願不**存在**」，或說「我偏愛虛無」。任何說著「我情願不存在也不要不幸福」的人是不能被信任的，因為當他說這話時，他還是活著的。

因為存活永遠意味一種想繼續活下去的意願；因此所有的人都情願「不幸福，也不願意完全不存在」。但是我們將如何回答提這樣問題的人：「如果在我存在之前，有人問過我，我就會說我情願不存在，也不情願不幸福？」提問的人沒有想到，即使是這樣的命題，也是穩固地建立在存在的基礎上；假如適當斟酌這個議題，他們會發現，不幸福將減低想存在的程度；所以不幸福剝奪了一些他們的存在。「他們不幸福的程度，是與遠離最高**存有**〔*quod summe est*〕的距離成正比」，也就是與那被非存有所截斷的時序外的距離成正比——「存於時序中的事物在存在前並不存在；而當它們存在時，它們也漸在消亡；一旦消亡後，就不可能再存在。」所有的人都畏懼死亡，這情緒是比任何引領你「想不存在」的意見都要「真實」，事實是，「開始存在與朝向不存在是同樣的一件事。」簡言之，「所有的事物，只要是**存在**就是良善的」，包括邪惡與罪；不僅只是因為它們的來源是對造物者的信心，更也是因為存在阻止了對絕對不存在的思索與欲望。在這討論中，我們必須注意的是，奧古斯丁（雖然我在此所引述的，是來自他《意志的自由選擇》的最後一部分）從未像埃克爾那樣地要求「一個良善之人必臣服神的意志，欲神所欲，若神欲我犯罪，我就不可立意不犯罪，這是我最真誠的懺悔」。[86]

從這存有理論中，奧古斯丁導出的不是意志，而是讚美：「為你的存在感恩」；「讚美眾物，只因它們存在。」不僅要避免說「『他們〔犯罪者〕最好不存在』，同時也要避免說『他們應被創造成不同的式樣』」。萬事萬物亦是如此，因為「所有事物都是依秩序而造」，如果你「膽敢找沙漠的不是」，只是因為你能將之與「更好的事物」比較。這就「好像對有理性的人而言，完美的圓圈變得討厭」，因為在自然中找不到它。但他卻應該為有這圓的概念而感恩。[87]

在前一卷中，我曾提到古典希臘的觀念，即所有的現象一旦**顯象**，這行動所暗指的不僅是有知覺生物對它們的知覺，同時也是對它們的認識與**讚美**。這是用哲學概念將詩與藝術合理化；但發生於斯多噶學派與基督宗教之前的與世隔絕的主張，卻將此概念從哲學的傳統中泯除，不過它並沒有完全從詩人的思想中消失。（你仍可在奧登的詩中找到十分強烈的表現：「那獨一的使令／我不能了解／**為存在而讚美存在之物**／那必要被服從，因為／我的存在還為其他原由嗎／不論同意或不同意？」，[88]或在蘇聯詩人曼德斯坦〔Osip Mandelstam〕的詩裡，當然還有里爾克〔Rainer Maria Rilke〕。）然而在基督宗教的傳統裡，這觀念已有了令人不安的議論性色彩。好似這只是從對造物者不可置疑的信心中所必然會得到的結論；好似基督徒在被創造後，就只有重複神的話語的義務——「神看到一切……而……一切都是美好。」總之，奧古斯丁所觀察到的，是一個人不可能絕對逆意。因為在逆意時你不能逆意掉自己的存在——故即使是自殺，也不能絕對地逆意——這是對斯多噶學派的有效反駁。斯多噶學派的哲學家教導著各樣的心理技巧，以使人有能力將自己從所生活的世界裡撤離。

我們再回到《懺悔錄》中所討論的意志問題，那幾乎完全是以非議論的方式寫成，充滿我們現今所稱的「現象性」描述。奧古斯丁雖然以概念化保羅做為開始寫作的方式，他卻遠遠地超越了那一步，也遠遠地超越了他自己最初的理念結論——「立意與能夠實行是不同的兩件事」，「如無意志，律法亦不能下指令，若無足夠之意志，神的恩典亦不能有所助益」，心智的知覺方式，是經由一連串相反的事物，白日成為黑夜，黑夜成白日，從不公義的經驗中學得公義，從懦弱中學得勇氣，等等。根據他在皈依前對「內在激烈鬥爭」所做的沉思，奧古斯丁發現保羅對肉體與靈魂鬥爭的詮釋是錯誤的。因為「要身體服從靈魂最弱的意志並依其號令移動，也比要靈魂遵守自己以實現意志中最強的意志容易得多」。[89] 因此，困難並非來自人的肉體與靈魂二元的天性，困難是存在於意志本身。

「這怪異是從何而來？它為何如此？……心智命令身體，立即被服從；心智命令自己時，卻被抗拒？」（*Unde hoc monstrum, et quare istud? Imperat animus corpori, et paretur statim; imperat animus sibi et resistitur?*）身體沒有自己的意志，卻服從著與它不同的心智。但是當「心智命令著與它同為一物的心智行使其意志力，心智卻不服從〔立意〕。這怪異從何而來，且為何而來？我要說它命令著自己必要立意於某事，除非它行使意志力，否則它不能下命令，而它也不會做那些被命令著去做的事」。他繼續又說，也許這可以用意志的軟弱，意志的缺乏承諾來解釋：也許心智「並沒有全然地立下意志，故也不能全然地發號施令……因此它所命令的並不**存在**」。但是在此發號施令的到底是誰，是心智還是意志？心智（*animus*）是否命令著意志，它是否遲疑，所以意志並沒有接收到一確切的命令？答案是否定的，因為「發命令的是意志，〔它〕指令著意志的發生，並不是另外一個意志〔好似**心智**被分裂為兩個相互衝突的意志〕，而是同一個意志本身」。[90]

這分裂在意志本身內發生；衝突並非來自心智的分裂，也不是來自肉體與靈魂的分裂。這可見證於意志永遠是以命令句發言：「你必須行使意志力」，意志對自己說。只有意志本身有發出此命令的能力，而「如果意志本身是『完整』的，它必不會命令自己存在」。意志的天性中有著重複為二的傾向，基於此，有意志之處，就必有「兩個意志，而沒有一個是完整的〔*tota*〕，出現於其一者，必不在另一者中出現」。基於這個原因，在行使意志力時，你永遠需要兩個敵對的意志力；是故「部分立意，部分逆意，並不是一件怪異之事」（*Et ideo sunt duae voluntates, quia una earum tota Non est……Non igitur monstrum partim velle, partim nolle*）。問題在於，同時立意與逆意的，是同一個意志自我：「那立意的是我，逆意的也是我，都是我自己；我並不全然立意，亦不全然地逆意」——這並不意味著我「有二心，一為善，一為惡」，而是那在同一心智中的兩個怒吼的意志，「將我撕裂。」[91]

摩尼教以相反的善惡天性，來解釋這種衝突。但是，「如果相反天性的數量與意志的數量對等，我們就不應只有兩種天性，而應有多種。」因為我們也可在毫無善惡可言的抉擇，或都是良善的、或都是邪惡的抉擇中，發現意志的衝突。當一個人企圖在這類事務中做下一個決定時，「你可看見一個靈魂在多種不同的意志間擺盪。」假定有人想決定「去看馬戲團表演，或去看舞台劇」，兩者在同一天開演，或第三個可能，去搶劫別人的房子……或者，第四，去犯姦情，這所有的事件都發生在同一時間，也同樣被欲想著，但卻不能在同時被實行。在此，我們有了四個意志，都是壞的，互相衝突，且「撕扯」著意志自我。同樣的情形亦可能發生在「那都是良善的意志裡」。[92]

在此，奧古斯丁並沒有告訴我們這些衝突將如何化解。他只提到在某時刻，某一目標將被選定，「由此，從那分裂的意志中，將有一完整的意志生出。」但這有著決定性的意志的癒合，卻不是來自神聖的恩典。在《懺悔錄》結束時，他再度回到了這個問題，卻依據了某些非常不同的考量，這些考量在《三一論》（他將花十五年的時間寫成此書，由四〇〇年至四一六年）中被仔細地陳述，他認定統一意志而最終決定人行為的是**愛**。

愛是「靈魂的權衡」，其引力定律即在於使靈魂的運作平息。這多少受了亞里斯多德物理學的影響，在亞里斯多德的物理學理論中一切活動的目標都是最終的平息，情感（emotions）——那靈魂的活動（motions）——亦可類比於物理世界的活動而亦需要平息。因為，「身體以其重量而想望者，無異於靈魂以其愛所想望者。」因此，在《懺悔錄》中，他寫道：「我的重量即我的愛；依此我將自我所生成處生成。」[93]那靈魂的重量，也就是一個人的本質，雖然不能為人眼識見，卻在愛中顯現。

讓我們記住以下幾點。第一：意志的分裂是一種衝突，而不是對話，也與欲望的內容無關。一個邪惡的意志並不比一個良善的意志分裂得少，反之亦然。第二：對身體發號施令的意志，只是心智的執行器官，此一角色並無太大的問題。向自身發號施令的意志，激起反意志，因為這交流是全然在心理的層面；只有對等的兩者，才能有競爭。一個沒有反意志的「完整」意志，不能算是真正的意志。第三：因為下命令與要求服從是意志的天性，故被抗拒亦成為意志的天性。最後：在《懺悔錄》的架構中，對「怪異」機能謎題的解答並未出現；那與自己分裂的意志最終如何又再到達「完整」的一刻，仍是一個謎。如果這是意志作用的方式，那它如何能到達推動我行動的地步——比方說，選擇了搶劫而放棄姦情？奧古斯丁所形容的在眾多同樣欲想與目的間「靈魂的擺盪」，是極不同於亞里斯多德的斟酌考量。亞里斯多德的考量是針對達到目的的手段，目的已被人的天性決定。我們在《懺悔錄》的分析中卻找不到這樣的仲裁者。直到快結束時，他突然將意志描寫成了一種愛，是「靈魂的重量」，卻沒有對這奇怪的對等做任何說明。

某種解答是有必要的，因為我知道這些衝突最終都得以化解。事實上，我將在以下的章節中闡明，《懺悔錄》中這種神明介入（*deus ex machina*）的解決方式，是來自另外有關意志的理論。但在討論《三一論》之前，也許有必要暫時停下，以審視現代哲學家如何從意識的角度來處理這同樣的問題。

彌爾（John Stuart Mill）在審察意志自由時曾指出，當前哲學對此一議題所有的「理念上的迷惑」，「對人的心智而言……必定是很自然的」，他用了我們才聽到過的熟悉字句，並不十分生動或精準地對意志所經歷的衝突做了形容。但他堅持把那衝突形容成是「發生在我或能克服、或被克服的外物之間」的說法是極不正確的；「〔因為〕很明顯地，『我』是衝突中的兩方；這衝突發生在我與我自己之間……那使我——或應說我的意志——與一方認同，而不與另一方認同的，是一方比另一方有著更能代表情感中較為**持續**的部分。」

彌爾需要「持續」這個概念，因為他「完全不相信我們能意識到自己抗拒最強的欲望與排斥的能力」；他因此必須解釋悔恨這個現象。他發現，「當我們臣服於誘惑後〔也就是當時最強的欲望〕，那『欲望的我』走到了終點，但是那良知打擊著的我卻可能**持續**到生命的盡頭。」這個被良知打擊著的我，雖然並沒有出現在彌爾後期的著作中，在此它卻暗示著我們稱為「良知」或「性格」的中介，它將在獨一且短暫的意志與欲望消逝之後依然留存。根據彌爾，這個顯現於意志消失之後的「持續的我」，必定是非常類似於那使布里丹的騾子，免於在兩束同樣味香的草料間餓死的動力：「出於純然的疲憊……加上飢餓」，那畜生「將完全停止去想那敵對的物件」。但彌爾所不能承認的，因為那「持續的自我」當然是「爭戰者」的一方，所以當他說「道德教育的目的是在教育那意志」，他假設在這爭戰中是有可能教育一方以贏得爭戰。在此，教育成為了那介入的神明（*deus ex machina*）：彌爾的命題是建立在一未經審察的假設之上——這假設常被道德哲學家十分有信心地採用，實際上，它卻不能被證明，也不能被反駁。[94]

我們卻不能期待奧古斯丁有這樣的信心；至少在倫理的領域，這種奇特的信心要到後來的年代才出現，也就是要到那被尼采正確地稱為「懷疑的年代」的現代才出現，為了中和那時代所特有的普遍懷疑。當人不再**讚美**，他們只能以最大的努力，在自然神學論中，對神與他的創造物做理念上的**合理化**。但奧古斯丁當然也需要某種方式，以求意志的救贖。當他發現邪惡與良善的意志所造成的損害是完全一樣時，神聖的恩典就不能有所助益了；我們很難想像那無來由的神恩，能為我們做類似於到底是去看戲還是去犯姦情的決定。而奧古斯丁卻從一全新的方向，找到了他的解答。他決定不將意志從其他的心智活動中孤立起來研究，卻專注於意志與其他心智活動之間的相關性；在這樣的前提下，最主要的問題於是成為：在整個心智生命中，意志的功能是什麼？在答案尚未被發現或被條理化之前，指向答案的現象與數據卻和彌爾所描述的「持續的自我」有著奇異的相似性。用奧古斯丁的話來說，「在我內裡有著一體（One），它比我的自我更像我自己（who is more myself than my self）。」[95]

《三一論》的主要洞見，是來自基督宗教教義中三位一體的神祕。天父、天子、聖靈這三種各與己相連的本體，卻同時也能相互連接形成一體，因而確保著不脫離一神論的教義。這統一之所以可能，是因為三個本體是「相互相對地表述」（mutually predicated relatively），因而也不在統一中失去「在自己本質中」的存在。（比如，這種關係就不存在於顏色與著色體之間，雖然兩者彼此「相互表述著」，但是顏色「並沒有合宜的本質在其之內，著色體是一本體，顏色卻只在本體**之中**」。[96]）

友情可以做為這獨立「本體」之間相互表述關係的一種典範：兩個是朋友的個人，各自都是一「獨立的本體」，與自己有著某連接；而他們只在與彼此的友情中成為朋友。一對朋友，只要有友情連接，就可以形成一個結合為一體的一統；在友誼中斷那一刻，他們又成為兩個「本體」，獨立於彼此。這顯示了事物或人類在與自己連接時可以是一體，但也能與另一個體連接，因而親密地彼此**結合**，兩者雖看似一體，但卻無改各自的「本體」，也沒有失去各自實質的獨立與身分。這就是三位一體的連接方式：神仍是一體，只與自己連接，但他也與天子及聖靈連接，成為統一的三位一體。

重要的是，相互表述的關係只能存在於處於「平等」地位的個體；故不可能存在於肉體與靈魂，或是肉體之人與精神之人的關係裡，它們雖然經常一起出現，但靈魂明顯居於統領的地位。對奧古斯丁而言，這神祕的三位一體必可在人性中找到對應，因為神是以自己的形象造人；而區別人與其他物種的是人的心智，這三位一體就更可能是存在於心智的結構之中。

這探討方向，最早出現在《懺悔錄》的結尾處，《懺悔錄》正是在《三一論》之前的著作。在這部分的著作中，他第一次發現可以引用神學的教義，做為一般的哲學原則。他要求讀者「思量這三件事物，它們本身……〔並〕不同於三位一體……我所指的是存在、認知以及意志〔三者相互連接著〕。因為我存在，我知道，我立意；我也知道並立意；我知道我自己存在並立意；我也立意要存在並知道。讓那有辨識能力的人仔細觀察這三者，生命、心智、本質，它們之間的區別難以分割，但區別卻仍確實存在」。[97]此處的類比並不意味著存在對應天父，認知對應天子，而意志對應聖靈。奧古斯丁感興趣的，是那個心智的「我」，一起包含了這三件不同的事物，它們不可分離，卻又各自地不同。

存有、意志與認知的三足鼎立，只短暫地出現在《懺悔錄》的公式裡：很明顯地，存有並不應該屬於這結構，因為它不是心智的機能。在《三一論》中，心智最重要的三元素就成為記憶、知性以及意志。這三種機能並「不是三種心智，而只是一個心智……它們彼此相互指涉著對方……而且任何一個都可藉著其他兩者來理解」，進而關連到它自身：「我記得我有著記憶、認知以及意志，我也知道我能認知、立意並記得；我亦立意著要立意、記得並認認知。」[98]這三種機能站在平等的地位，而他們的一體性卻來自意志。意志告訴記憶什麼該記住，什麼該忘記；它告訴知性如何選取認知的對象。記憶與知性兩者都是反思性的，因此也是被動的；意志使它們起作用，最後將它們「結合於一處」。只有當三者經由其一（也就是意志），「而結合為一之後，我們才能提到**思想**」——*cogitatio*，奧古斯丁引用字源學，而認為這個字是出自 *cogere*（*coactum*），也就是強置於一處或強迫結合的意思。（*Atque ita fit illa trinitas ex memoria, et interna visione, et quae utrumque copulat voluntate. Quia tria [in unum] coguntur, ab ipso coactu cogitatio dicitur.*）[99]

意志的結合力量不僅限於單純的心智活動中，它也表現在感官的知覺上。它使得感覺有了意義：在每一個視覺的行動裡，奧古斯丁說，我們必須「區別著以下這三件事……我們所看到的對象……在我們看到它前就已自然地存在；第二，知覺到的視景，在我們看到那對象之前是不存在的……。第三，將視覺固定在對象上的力量……是心智的注意力」。沒有心智的注意力，就是沒有意志的功能，我們只能有著感官的「印象」，卻不能真正地感知它們；一對象只有在我們將心智專注於其上時，才真正被**看見**。我們可能視而不見，聽而不聞，就像我們心不在焉時常發生的情形。這「心智的注意力」是將感覺轉變為感知的必要條件；那「將視覺固定在我們看視的對象上，並將其結合一處」的意志，在本質上是不同於肉眼與實物對象；它是心智而非肉體。[100]

更進一步地說，將心智固定在我們所見所聽的那一刻，我們也告訴了記憶力該記住什麼，告訴了知性該了解什麼，什麼對象該被追蹤，以求得知識。記憶與知性都自外界的表象遁離。它們並不直接處理外物（那棵真正的樹），而只處理影像（被看見的樹）。很明顯地，這些影像是位於我們的內在。換句話說，意志藉著**注意力**，首先有意義地結合了我們的感官與真實世界；然後將外在世界拉進了我們的內在，將之準備好以進行更進一步的心智作業：被記憶，被了解，被認可，被否定。因為內在的影像並不是幻象。「專心注意著內在的幻想，且將心之眼完全由圍繞著我們感官的身體上移開」，我們就「看到了和來自記憶的肉體經驗極端類似的影像」，以致我們難以分辨是真正看見，還只是想像。「心智對身體的力量是如此之大」，單純的想像「甚至能激動性器官」。[101] 而這心智的**力量**，並非來自知性，亦非來自記憶，而是來自那結合了心智內在與外在世界的意志。人之所以在萬事萬物中有著特殊的地位，完全是由於心智的力量，「心智的內在盡情想像，而它所想像的事物卻是來自外在。沒有人能使用這些〔外在的〕事物……除非它們的影像被保留在記憶中，除非……同樣的意志力被應用於外在的身體，也應用於它們內在的影像。」[102]

這統一著感官與外在世界，並結合不同心智機能的意志，有兩個特點，這兩個特點卻從未曾出現在其他對意志的描寫中。這個意志可被了解為「行動的泉源」；它指揮感官的注意力，管制那些影像如何被刻印在記憶裡，並為知性提供需要被了解的材料，這個意志為將發生的行動奠定基礎。我們可能想說，忙碌不堪地為行動做準備的意志，不可能有時間捲入那與反意志的爭戰中。「正如我們所說人的一體二心，所以心智〔意志〕的天性之一就在於擁抱我們的知性與行動，我們的策略與執行……故如我們說那些是『二融於一體』，我們也能如此說著這些〔內在之人與外在之人〕：『二融於一心』。」[103]

這個理論，初露了某些後來董思高將吸取自奧古斯丁意志主義的結果：意志的救贖不可能只在心智的層面，也不可能來自神聖的介入；意志的救贖是來自行動——像柏格森所巧妙地形容成的「**政變**」（*coup d'état*）——它阻撓了 *velle* 與 *nolle* 之間的衝突。而我們將看到，這救贖的代價是**自由**。如董思高以現代詮釋者的語言所概約的，「我現在可能書寫，就如同我現在可能不書寫。」我還是完全自由的，我之所以自由是因為意志永遠同時在立意與逆意之間擺盪：在這情況下的心智活動不排除它的對反。「但是我書寫的**行動**卻排除了它的對反。經由一個意志的行動，我可以決定我要書寫；而以另一個行動，我亦可決定我不書寫。但在行動中我卻不能同時有著兩者。」[104]換言之，意志被救贖所意味的是意志的停止與行動的開始。但那停止了意志的，卻不是那不行使意志力的意志之行動，因為那已是另外一個意志了。

在奧古斯丁以及董思高後來的著作中，意志內在衝突的解決辦法，是意志本身的蛻變，即意志的轉化為**愛**。意志——這有著結合與綁束功能的化合劑——可被定義為愛（*voluntas: amor seu dilectio*），[105]因為愛乃是最有效的黏合劑。在愛裡，我們也有著「三個物件：愛者，被愛者，以及愛……〔愛〕是某種生命，它結合了……兩者，也就是愛與被愛者」。[106]意志做為注意力，造成了知覺，也就是結合著注視的眼睛，與那被注視的視景；只是愛有著更強大的力量。因為由愛而結合者「極巧妙地被黏合」，使愛與被愛者間有著凝聚力——「*cohaerunt enim mirabiliter glutino amoris*」。[107]意志變為愛的轉化有著極大的好處，不只是因為愛有著超強的結合那些分離事物的力量——當意志結合著「被看見的身形，與升起於感官的影像，也就是視景……它的力量強烈到可被稱為愛、欲望，或是激情」[108]——也是因為愛所不同於意志與欲望的所在，是在於到達目的後，它並不立即熄滅，卻使心智「**堅定不移**並**心悅**之」。

意志所不能做到的就是這堅定的喜悅；意志之所以成為一心智機能，是因為心智「本身的不足」，「因為需要與欲望，使它過分專注於自己的行動。」[109]意志決定如何**使用**記憶與知性，也就是說它「將職務派給它物」，但它卻不知如何「以喜悅使用之，這不是希望的喜悅，而是對實物的喜悅」。[110]那就是為何意志永遠不能滿足的原因，因為「滿足意味著意志的安息」，[111]「除了堅定不移」那安靜與持續地對某物存在的喜悅，沒有任何一件事——包括希望——能安定意志的焦躁；只有「愛的力量是如此之大，能使心智將那些它長久以愛沉思之事物吸納於己內」。[112]如是，整個心智「將浸淫於那些它以愛思考的事物中」，「若無此事物，心智將無法自思。」[113]

此處的重點是心智**思考**著自己，而能安定意志澎湃的焦躁的愛，並不是對有形事物之愛，而是對那些「可感事物」在心智內在所遺留的「足跡」之愛。（在此論述中，從頭到尾奧古斯丁都非常小心地區別著思考與認知，或是智慧與知識。「不自知是一件事，而不自思則是另一不同之事。」[114]）在愛裡，被知性轉化為可知之物的持續「足跡」，並不是愛者或被愛者，而是那第三個元素，也就是愛本身，那愛人用以彼此相愛之愛。

而這些「可知之物」的問題是，它們「出現在心智的凝視中……就如可感之物出現……在身體的感官中」，當人「與之邂逅，它們並不久住於人心之內……游移之思於是對那非游移之物形成。而此游移之思被記憶貯存……故能有一特定位置使思想能重回取出」。（他對這游移人世中的駐留所舉的例子，是來自音樂。「好像人想攫取那在時段中過境的〔旋律〕，當它站在時間以外的一種祕密與崇高的安靜裡」；若無記憶錄下這聲音的序列，我們根本無法「了解這旋律，只要那歌聲還能被聽到」。[115]）愛所帶來的是長久的持續，一種心智除此無能達到的不滅。奧古斯丁概念化了保羅在《哥林多前書》中的話語：「愛是永不止息」；信望愛那三樣能「常存」者，「其中最大的是愛。」（《哥林多前書》13: 8）

總論：奧古斯丁的意志，並不是一個別的機能，而在整個心智中作業，其中的單一機能——記憶，知性，意志——都「彼此相互指涉」，[116]意志在蛻變為愛的過程中找到救贖。持久且無衝突的意志所成為之愛，類似於彌爾最終統領決定的「持續的自我」。奧古斯丁的愛以「權衡」——「意志如一權衡」[117]——施展其影響力，它加諸靈魂之上，使其不再擺盪。人並不因對公義的知識而變得公義，人變為公義是因對公義之愛。愛是靈魂的重力，或者反著說，「眾體所特有的重力就是它們的愛。」[118]此外，自這早期的蛻變理念中所遺留下的，是意志肯定與否定的力量；對某人或某事的最大肯定，毋寧是對它的愛，也就是說：我立意要你存在——*Amo: Volo ut sis*。

到目前為止，我們完全沒有處理純粹神學上的問題，或是它們在基督宗教哲學中所呈現的意志自由的問題。在耶穌基督後的幾個世紀裡，散發論是解釋宇宙存在的理論，即宇宙的形成是來自神聖與非神聖力量的外洩，故並不需要一特定的神的存在。或者，遵循著希伯來的傳統，宇宙是被一神聖之作者所創造。那神聖的作者依照自己的自由意志，從無有中創造出這世界。他以自己的形象造人，故也賜予人同樣的自由意志。此後，散發的創造理論就只與宿命論或以必然統籌的決定論掛鉤；而創造論則要面對神決定創造這個世界的自由意志，並且需要融合神的自由與他所造的人的自由。問題在於只要神是萬能（他能否決人的意志），並有著先知先見，人的自由就被雙重地取消。對此問題的標準答案成為：神只是先知；但他並不強制。在奧古斯丁中我們也找得到這樣的答案，不過，在他論理最精彩的章節中，他卻提出了一項十分不同的思考路線。

先前，我們曾談論過決定論與宿命論的主要理論。它們對古世界心理有著巨大的影響，尤其是對古羅馬。我們也看到，隨著西塞羅的推論，它最終都有著矛盾與悖逆的結果。你應該還記得那所謂的停頓理論——當你生病時，你是否能康復都已注定，因此何必叫醫生；但是你叫不叫醫生也是早已命定的，如此等等。換句話說，如果你誠實地遵循這樣的推論，你所有的機能都將**停頓**。這推論所依據的是前設的原因；也就是說，它依恃的是過去。但你所真正感到興趣的，卻當然是未來。你希望能預測未來——「它本該如此」——但你一旦遵循那樣的推論，你就將面對另一層矛盾：「如果我預知我將於明天死於空難，那我明天就不起床。但我就因此不會如所預測的那樣死去。因此也就沒有能夠準確地預知未來。」[119] 這兩個理論——一關乎過去，一關乎未來——中的謬誤是一樣的：第一個理論將現在移植於過去，第二個理論則將現在移植於未來。兩者都假設那移植者是站在真實事件發生的領域之外，而這外在的觀察者是完全沒有行動的能力——他自己不是一個肇因。換句話說，因為這個人是時序過程中的主要部分，他有著過去，也有著一稱為「記憶」的處理過去的特別機能。也因為他生活在現在，並期盼著未來，他因此不能從時間的秩序中跳出。

我也曾在前面的章節中指出，決定論的力道只有在先知介入時，才能有某種的強度。這位先知站在時序之外，以永恆的角度觀察著發生的事件。藉著引進這樣一位先知，奧古斯丁才能導出他那最可疑且最糟糕的訓示，也就是救贖前定的（predestination）教條。在此，我們感興趣的，不是這教條，它基本上是對保羅所提出「救贖不在努力而在信心、且全靠神之憐憫」的教條，做了極為乖張的激烈化。如此一來，連信心也不再在人的掌握之內了。我們可在奧古斯丁最後的論述《恩典與自由意志》（*On Grace and Free Will*）中找到這樣的觀點。《恩典與自由意志》是為反對皮拉斯基人（Pelagians）的觀點所寫。皮拉斯基人根據奧古斯丁早先的教條，強調在接受神恩典時，「先前之善可有的優勢」，他們認為神恩只有在赦免罪惡時是毫無理由地分派的。[120]

哲學上有關神之全知與人的意志自由共存（而非關救贖的先定）的論述，可在柏拉圖《蒂邁歐篇》中找到。人類的知識「各式各樣」；人知道：

> 尚未來到的事物，在眼前的事物，與那已發生過的事物。〔但〕祂卻不以我們的方式看向前方的未來，也不看現在，或是過去，而是以一種全然且極端不同於我們思想的方式。因為祂並不從這到那〔在思想中隨著由過去到現在再到未來的〕，祂以不變動的方式看待一切；所以以時間先後〔對我們〕顯現的事物——那尚未到來的未來，以及那已在眼前的現在，以及不再存在的過去——都被祂以穩定及永恆的形式了解。而祂以身體或心智之眼所見亦無不同。因為祂並不是由身體和心智所組成：〔祂所見之〕現在、過去及未來，亦不以不同方式顯現；因為祂的知識，不同於我們的，並不是有現在、過去與未來三個時態的知識。我們的知識卻被這不同的時態

> 影響……祂也不需從思想到思想間的傳遞。在祂那沒有身體的直覺中，所有祂所知道的事物都在同時一起出現。因祂知道所有沒有時序概念的時間，就如同祂能移動著所有時序裡的事物，卻不依照有時序的動作。[121]

在這樣的脈絡裡，我們不能再說神有**先**知；對祂而言，過去與未來根本不存在。永恆在人類的了解中是一持續的現在。「假如現在永遠存在……就沒有時間，而只有永恆。」[122]我在此長段地引述這個論證，因為我們假想有這樣一個**人**，對他而言，時間的秩序並不存在，那麼神的全知與人的自由意志，就不再是一個不可解的問題。至少，這可由人的時序感著眼，也就是考慮著所有機能與時間的關係。這個在《上帝之城》中被詳細解釋的新觀點，在著名的《懺悔錄》的第十一卷中已被論及，我們現在就將檢視這著作。

在時序的範疇裡審視，「過去事物的呈現（present）是在記憶中，現今的事物在心智的直覺中〔*constuitus*——那蒐羅事物的凝視，並「給它們注意力」〕，而未來之事則在期盼中。」[123]但是心智這三重的呈現，並不能獨立地組構成時間；它們之所以能構成時間，只因它們過渡到彼此之間，「從未來到現在，經由現在再到過去」；現在是最不能持續者，因為它沒有自己的「空間」。因而時間流動「從尚未存在者，經由沒有空間者，進入已不存在者」。[124]時間因此不可能經由「天體的運行」被建構；身體的移動是「在時間裡」，僅只是因為它有一個開始與一個結束；而那可被度量的時間，只存在於心智中。也就是，「從我看到的那一刻，到我看不到的那一刻。」因為「我們所度量的是一個時段，從某種開始到某種結束」。這之所以可能，是因為心智能以即刻的形式保留住那對尚未發生事物的期盼，然後對此「給予注意力，並在它移走時，將之記下」。

在日常行為中，心智操演著這整序時間的動作：「我將朗誦一篇讚美詩……在這行為的生命中，被誦讀的部分擴張到我的記憶之中，而將要誦讀的部分到了期盼中。注意力是在現在，經由它，未來被輸運〔*traiciatur*〕，而可成為過去。」如我們所見，注意力是意志最重要的功能之一，是那偉大的統一者，在此被奧古斯丁稱為「心智的擴張」（distention），它將不同的時態束紮在一處，而成為心智的現在。「注意力留滯，經由它，那將為即席者，繼為缺席者」，也就是過去。「同理可用於人的整個生命」，沒有心智的擴張，生命永不可能完整；「人之子孫的年代亦是如此，所有人的生命都是那年代的重要部分」，只要這個年代可被敘述成是一個統一持續的故事。[125]

從人的機能的時間觀著眼，奧古斯丁在他最後的論述《上帝之城》中，又再回到了意志這個議題上。[126]他陳述了主要的難題：神「他自己雖是永恆，**且無開始**，卻使時間有一開始；他在時間裡創造著他從未創造過的人類」。[127]宇宙的創造與時間的創造發生在同時——「這世界並非在時間裡被造，只是與時間同時被造」——並不只是因為創造本身隱含著開始，也因為生物的創造發生在人被創造之前。「在生物的移動不造成持續的所在，不可能有時間……沒有生物就沒有時間。」[128]但是，神造人的目的何在，奧古斯丁問道；神何以「決定要在時間裡造人」，「那他所從未創造過的？」他稱此問題為「真正的深沉」，並談到創造「從未存在過的有時間性的人〔*hominem tempora-lem*〕」、其「目的中那不可探尋的深沉」，也就是說，那不僅生活在「時間裡」，也有著時間特性的生物，其實就是時間的本質。[129]

為了回答「永恆之神創造新物的難題」，奧古斯丁以為首先要反對的，是哲學家的週期時間觀，因為新的事物是不可能發生在週期裡的。對在各種生物之外、人為何要被創造的問題，他提出了一個令人吃驚的答案：為了要有新的事物，一個**開始**必然要存在；「而這個開始從未存在過」，也就是在人被創造前從未存在過。因此，這樣一個開始「有存在的可能，人因此被創造，在他之前無人存在」（*quod initium eo modo antea nunquam fuit. Hoc ergo ut esset, creatus est homo, ante quem nullus fuit*）。[130]為區辨其他生物的被造，奧古斯丁將人的創造稱為「*initium*」，天地的創造則是「*principium*」。[131]至於那些在人之前的其他生物，他們是以物種被「大量」創造，不同於人，人是以單數被創造，且繼續「由個人繁殖」。[132]

也就是因為人的這種個別的特性，使奧古斯丁說「無人」在他之前，也就是無人可被稱為是一個「個人」；這種個別性表現在意志裡。奧古斯丁舉了雙胞胎的例子，兩人「在肉體與靈魂裡，都有著同樣的性情」。我們如何區辨他們？唯一能區辨他們的是他們的意志——「如果兩人受到同樣的誘惑，一位降服而順從了那誘惑，而另一位則不為所動……當他們的性情原是完全相同，除了意志還可能有什麼其他原因？」[133]

我們可用不同的語言稍微擴張此一概念：人之被置於這變更與移動的世上是為一個開始，是因為他知道自己有一開始，也將有一結束；甚至知道他的開始也就是他的結束的開始——「我們的一生只不過是一朝向死亡的競賽。」[134]在此層面上而言，沒有任何動物，或任何物種有著開始或結束。而人，依照神的形象所造，來到這個世界，因為這是一個朝向結束的開始，他被賜予了立意與逆意的能力。

在這方面，他是創造神的形象；但是因為他是暫時而不是永恆的，這種能力必然趨向著未來。（奧古斯丁在講到三種時態時，他總是強調著未來的先要性——如我們所見的黑格爾一樣；意志在心智機能的先要性，要求著未來在時間思辨中的先要性。）因為他的個別性，每一個人在出生時就是一個新的開始；如果奧古斯丁引證這種思辨的結果，他應會將人定義為「出生者」（natals），而不是希臘人所說的「將死者」（mortals），而他亦不會將意志的自由定義成「*liberum arbitrium*」；即在決定與不決定之間取決的自由，他會將自由定義成是康德在《純粹理性批判》中所談到的自由。

他的「在時間中自發地啟動一系列事件的機能」，「發生在這世界裡，就只能是一個相對的初始」，但仍是一「絕對性的初始，不是在時間上，而是在因果上」，必須再度在此被提及。「假如，比方說，我此刻完全自由地從座椅中站起……一個有著無限（*in infinitum*）自然的後果新系列就從此一事件開始。」[135]這對「絕對」與「相對」初始的區辨，對應著奧古斯丁對天地之始（*principium*）與人之始（*initium*）的區別。如果康德熟悉奧古斯丁這新生的哲學，他可能也會同意，相對的絕對自發性，在理性上，並不比人之被**出生**更為難堪——那不斷的新到者，來到存在於他們之前的世界之中。自發的自由是人類的處境的主要部分。它的心智器官是意志。

1 《心智的概念》（*Concept of the Mind*），New York, 1949, pp. 62 ff。

2 參見孔柏可（E. H. Gombrich）對這題目的精彩闡述：《藝術與幻覺》（*Art and Illusion*），New York, 1960。

3 《靈魂論》（*De Anima*），433a21-24，以及《尼可馬格倫理學》（*Nicomachean Ethics*），1139a35。

4 這一段及下一段，參見《靈魂論》，bk. III, chaps. 9, 10。

5 《艾克哈特大師》（*Meister Eckhart*），ed. Franz Pfeiffer, Göttingen, 1914, pp. 551-552。

6 引自耶格（Werner Jaeger），《亞里斯多德》（*Aristotle*），London, 1962, p. 249. 耶格也注意到「《靈魂論》的卷三」，即我在此所引，「特別顯得有柏拉圖性」（p. 332）。

7 《尼可馬格倫理學》，1168b6。

8 同上，1166b5-25。

9 請參閱《安蒂岡妮》（*Antigone*）的最後幾行。

10 《尼可馬格倫理學》，1139b1-4。

11 引自格拉色（Andreas Graeser），《普羅提諾與斯多噶派》（*Plotinus and the Stoics*），Leiden, 1972, p. 119。

12 《尼可馬格倫理學》，1139a31-33, 1139b4-5。

13 同上，1134a21。

14 同上，1112b12。

15 《尤底米安倫理學》（*Eudemian Ethics*），1226a10。

16 同上，1223b10。

17 同上，1224a31-1224b15。

18 同上，1226b10。

19 同上，1226b11-12，參閱《尼可馬格倫理學》，1112b11-18。

20 康德對意志與自由的精彩討論，可見於貝克（Lewis White Beck），《康德實踐理性批判評論》（*A Commentary on Kant's Critique of Practical Reason*），Chicago, London, 1960, chap. XI。

21 見上引，p. 551。

22 約納斯（Hans Jonas），《奧古斯丁保羅的自由議題》（*Augustin und das paulinische Freiheitsproblem*），2nd ed., Göttingen, 1965；特別在 app. III 以〈對保羅羅馬書第七章的哲學沉思〉（"Philosophical Meditation on the Seventh Chapter of Paul's Epistle to the Romans"）發表，被收入《我們宗教歷史的未來》（*The Future of Our Religious Past*），ed. James M. Robinson, London, New York, 1971, pp. 333-350。

23 《蛻變》（*Metamorphoses*），bk. VII, ll.20-21: "*Video meliora proboque, / deteriora sequor*"。

24 Chagigah II, 1。引自布魯門柏格（Hans Blumenberg），《隱喻的典範》（*Paradigmen zu einer Metaphorologie*），Bonn, 1960, p. 26, n. 38。

25 Bk. XI, chaps xii, xxx.

26 請參閱《論述》（*Discourses*），bk. II, chap. xix。

27 《殘篇》（*Fragments*），23。

28 《手冊》（*The Manual*），23 & 33。

29 《論述》，bk. II, chap. 16。

30 包括《論述》在內的所有著作，「都是演說及討論的紀錄，由他一位名叫阿瑞安（Arrian）的學生所編纂。」見歐慈（Whitney J. Oates）所寫之序，《斯多噶及伊比鳩魯學派的哲學家》（*The Stoic and Epicurean Philosophers*），Modern Library, New York, 1940，這是我常用的譯本。

31 《論述》，bk. I, chap. xv。

32 同上，bk. II, chap. xviii。

33 同上，bk. I, chap. xvii。

34 同上，bk. II, chap. i。

35 同上，bk. II, chap. xvi。

36 《手冊》，23 & 33。

37 《論述》，bk. II, chap. xvi。

38 同上，bk. I, chap. i。

39 同上。

40 同上，bk. I, chap. xvii。

41 《物理學》（*Physics*），188b30。

42 《論述》，bk. I, chap. xvii。

43 同上，bk. II, chap. xi。

44 同上，bk. II, chap. x。

45 同上，bk. III chap. xiv。

46 《手冊》，1。

47 《殘篇》，1。

48 同上，8。

49 《論述》，bk. I, chap. i。

50 《手冊》，30。

51 《論述》，bk. I, chap. xxv。

52 同上，bk. I, chap. ix。

53 同上，bk. I, chap. xxv，粗體字為強調。

54 《薛西弗斯的神話》（*Le Mythe de Sisyphe*），Paris, 1942。

55 《三一論》（*De Trinitate*），bk. XIII, vii, 10.

56 同上，viii, 11。

57 《論述》，bk. II, chap. x。

58 同上，bk. II chap. xvii。

59 《手冊》，8。

60 《殘篇》，8。

61 《意志的自由選擇》（*De Libero Arbitrio*），bk. III, v-viii。

62 《論述》，bk. II, chap. xviii。

63 同上，bk. II chap. viii。

64 《手冊》，51, 48。

65 《殘篇》，149；《聖詠漫談》（*Enarrationes in Psalmos, Patrologiae Latina*），J. P. Migne, Paris, 1854-66, vol. 37, CXXXIC, 16。

66 克里斯泰勒（Paul Oskar Kristeller）較為謹慎地稱奧古斯丁「可能是古典拉丁傳統中最偉大的哲學家」。見《文藝復興時對人的概念》（*Renaissance Concepts of Man*），Harper Torchbooks, New York, 1972, p. 149。

67 《三一論》，bk. XIII, iv, 7: "*Beati certe, inquit* [Cicero] *omnes esse volumus.*"

68 "*O vitae philosophia dux*"，《托斯卡倫爭論》（*Tusculanae Disputationes*），bk. V, chap. 2。

69 引自一羅馬作者（Varro），《上帝之城》（*The City of God*），bk. XIX, I, 3: "*Nulla est homini causa philosophandi nisi ut beatus sit.*"

70 要了解這個問題的重要性及深度，請特別參閱《三一論》，bk. X, chaps. iii, viii：「心智將如何找尋並在一了不起的問題中找到自己；它將至何處找尋，而將從何處來方可尋獲？」

71 《懺悔錄》（*Confessions*），bk. XI, chap. xiv, xxii。

72 布朗（Peter Brown），《奧古斯丁傳》（*Augustine of Hippo*），Berkeley and Los Angeles, 1967, p. 123。

73 同上，p. 112。

74 《意志的自由選擇》，bk. I, chaps. i, ii。

75 同上，chap. xvi, 117 , 118。

76 《懺悔錄》，bk. VIII, chap. v。

77 同上，chap. viii。

78 *voluntas* 是由 *velle* 衍生出，而 *potestas* 是由 *posse* 生出，對此詳細的解釋見於《精神與字母》（*The Spirit and the Letter*），arts, 52-58，這是一晚期的作品，專注討論「信心是否在我們掌握之內？」的問題，收於上引 Morgenbesser and Walsh, p. 22。

79 《意志的自由選擇》，bk. III, chap. iii，227；同時參閱同上，bk I, chap. xii, 86，以及《重思》（*Retractationes*），bk. I, chap. ix, 3。

80 《書信集》（*Epistolae*），177, 5；《意志的自由選擇》，bk. III, chap. i, 8-10; chap. iii, 33。

81 參見吉爾松（Etienne Gilson），《董思高：基本立場導論》（*Jean Duns Scot: Introduction à ses positions fondamentales*），Paris, 1952, p. 657。

82 《意志的自由選擇》，bk. III, chaps. xxv。

83 同上，chap. xvii。

84 《神恩與自由意志》（*On Grace and Free Will*），chap. xliv。

85 《懺悔錄》，bk. VIII, chap. iii, 6-8。

86 《意志的自由選擇》，bk. III, chaps. vi-viii；上引 Lehmann, sent. 14, p. 16。

87 《意志的自由選擇》，bk. III, chaps. v。

88 〈珍貴五者〉（"Precious Five"），《詩選》（*Collected Poems*），New York, 1976, p. 450。

89 《懺悔錄》，bk. VIII, chap. viii。

90 同上，chap. ix。

91 同上，chaps. ix., x。

92 同上，chap. x。

93 《書信集》，157, 2, 9; 55, 10, 18；《懺悔錄》，bk. VIII, chap. ix。

94 引自《對漢彌爾頓哲學的審察》（*An Examination of Sir William Hamilton's Philosophy*），〈意志的自由〉（"On the Freedom of the Will"）（1867），見上引 Morgenbesser & Walsh, p. 57-69，粗體字為強調。

95 《懺悔錄》，bk. III, chap. vi,11。

96 Bk. IX, chap. iv.

97 Bk. XIII, chap. xi.

98 Bk. X, chap. xi, 18.

99 同上，bk. XI, chap. iii, 6。

100 同上，chap. ii, 2。

101 同上，chap. iv, 7。

102 同上，chap. v, 8。

103 同上，bk. XII, chap. iii, 3。

104 布同尼（Efrem Bettoni），《董思高：他哲學的基本原則》（*Duns Scotus: The Basic Principles of His Philosophy*），trans. Bernardine Bonansea, Washington, 1961, p. 158，粗體字為強調。

105 《三一論》，bk. XV, chap. xxi, 41。

106 同上，bk. VIII, chap. x。

107 同上，bk. X, chap. viii, 11。

108 同上，bk. XI, chap. ii, 5。

109 同上，bk. X, chap. v, 7，粗體字為強調。

110 同上，chap. xi, 17。

111 同上，bk. XI, chap. v, 9。

112 同上，bk. X, chap. v, 7。

113 同上，chap. viii, 11。

114 同上，chap. v, 7。比較 bk. XII, chaps. xii, xiv, xv。

115 同上，bk. XII, chap. xiv, 23。

116 同上，bk. X, chap. xi, 18。

117 同上，bk. XI, chap. xi, 18。

118 《上帝之城》，bk. XI, chap. xxviii。

119 達維斯（William H. Davis），《自由意志的問題》（*The Freewill Question*），The Hague, 1971, p. 29。

120 奧古斯丁在生命晚期相信著這激烈形式主張，而認為在受洗之前就死去的孩童，將永不得救贖。這種主張不可以用保羅的理念來合理化，因為這些孩童並沒有機會對自己的信心有所了解。只有神恩在經由教會施行的洗禮而實現，或是信心被制度化後，這種先天的救贖理論才能被合理化。制度化後的信心當然就不再是意識的數據，因為意識是完全的內在經驗，因此，它也不是哲學所關切的；嚴格來說，它也是無關信心的。毫無疑問，這是基督宗教教義中最政治化的元素，但並不是我們在此所關心的。

121 《上帝之城》，bk. XI, chap. xxi。

122 《懺悔錄》，bk. XI, chap. xiv。

123 同上，chaps. xx, xxviii。

124 同上，chap. xxi。

125 同上，chap. xxiv, xxvi, xxviii。

126 特別參閱《上帝之城》，bks. XI-XIII。

127 同上，bk. XII, chap. xiv。

128 同上，bk. XI, chap. vi。

129 同上，bk. XII, chap. xiv。

130 同上，chaps. xxi, xx。

131 同上，bk. XI, chap. xxxii。

132 同上，bk. XII, chaps. xxi, xxii。

133 同上，chap. vi。

134 同上，bk. XIII, chap. x。

135 B478.

第三章

意志與知性

Will and Intellect

11 多瑪斯・阿奎那與知性的先要性

——Thomas Aquinas and the primacy of Intellect

四十多年前，優秀的基督宗教哲學學者吉爾松（Etienne Gilson）也在亞伯丁季佛講座出席過，他的講題是希臘哲學在十三世紀時所歷經的輝煌復興；我認為他對「中古思辨的基本原則」的論述——被收於《中世紀哲學的精神》（*The Spirit of Medieval Philosophy*）一書中——已成為經典，也將會有持久的影響。吉爾松參引安瑟姆「信心求助於知性」（*fides quaerens intellectum*）的說法，而將哲學定位成「神學的女僕」（*ancilla theologiae*）。然而女僕總有成為「情婦」的危險，教宗額我略九世（Pope Gregory IX）曾如是地警告過巴黎大學。這比路德對此愚昧（*stultitia*）火爆的攻擊要早出現兩百多年。我在此提及吉爾松，當然不是想和他較量——這種比較對我將是致命的——而只是出於感恩的心情。並希望藉此解釋何以在下面的章節中，我將跳過他在很久以前就已經嫻熟地討論過的題材。因為那些討論的結果現已極易取得——甚至有了平裝版。

多瑪斯·阿奎那與奧古斯丁在時間上，相隔著八百年。在這冗長的時間裡，奧古斯丁被封了聖，且由希波主教（Bishop of Hippo）敬尊為教會之父，更積累了足可匹敵亞里斯多德、甚至使徒保羅的權威。在中世紀，權威有著至高無上的重要性；彼時，一位學者對自己的新教條所能做出的最大傷害，就是誠實地宣稱它是新創；吉爾松所謂的「獨斷主義」（ipsedixitism）在此時亦有著前所未有的權威性。因此，阿奎那就是在明顯不同意某種意見時，仍需要藉著對權威的引述，將他反對的教條在傳統裡安置妥當，才能對之進行反駁。當然，這種風氣多少和神權有關，記錄在新舊約中的神的話語有著絕對的權威。但事實上，幾乎**每一位**有名的作者——不管他是基督徒、猶太教徒或是回教徒——都成為了可被引用的「權威」。這權威可能建立在他所說的真理，或是重要的非真理。

換句話說，我們在研讀這些中世紀的著作時，必須謹記它們的作者是生活在修道院裡的——若不如此，西方世界所謂的「理念的歷史」（a history of idea）就根本不可能存在——也就是說這些著作是來自一個被書籍充斥的世界。與此傳統形成對比，奧古斯丁的沉思默想卻是和自己的經驗緊密地連接著；對他而言，詳實地記錄下自己的經驗是極端重要的。就連在討論像邪惡的來源這樣的題目時（這是在《意志的自由選擇》前部分的對話中），他也從未想到要去引述一大篇有學問或有地位的人對這題目的意見。

但是，在這些經院學者的著作中，經驗卻只被用做為支撐理論的例證，從來就不是任何論證的靈感來源。這些著作因此呈現了一種奇怪的詭辯法，就是以有普遍性的法則籠罩於個別案例的技巧。我們所能見到的最後一位，不受當時書本所關注的干擾而仍能清楚地描寫著他的心智或靈魂的種種困惑的作者，就是安瑟姆（Anselm of Canterbury）了，這還比多瑪斯早了兩百年。當然，這並不代表經院學者完全不關心實際的議題，卻只在論證中找靈感，我只是想說，至此，我們的確進入了吉爾松所說的「論述者的年代」（age of commentators）。這些學者的思想永遠是被已成書的權威所引導。但我們卻也不能輕易地假設這權威完全是來自教會或經文，那將是一項嚴重的錯誤。然而，一向與他的研究專題水乳交融的吉爾松，雖然意識到「因為經文，才有基督宗教傳統的哲學，卻因為希臘傳統，基督教才能擁有那哲學」，但他依然嚴肅地提出，柏拉圖與亞里斯多德之所以不能穿透真理，是因為他們不幸地「沒有機會讀到《創世記》開始的幾行字句……否則，整個哲學史都將被改寫」。[1]

多瑪斯未完成的傑作《神學大全》（*Summa Theologica*）最初是為教學而寫，以做為新建大學的教科書。它嚴格且有系統地列舉了所有可能的問題，所有可能的論證，繼之也提供著每一問題的最後答案。據我所知，後來再也沒有出現任何系統，在真理條文化及列舉知識的**總和**上，可與之媲美。所有哲學系統的目的，都是要為焦躁的心智提供一個心靈上的休憩之所及穩固的家園。但卻沒有任何其他的系統能如此地成功，或是——依我個人的意見——能如此地剔清與祛除矛盾。願意花心力以求得進入那宅域的人，都將獲得心安的報償，在那些巨大的房舍中，他永遠不再會感到疑慮或疏離。

我們閱讀多瑪斯，目的就在於了解這安心的感覺是如何被建立起來的。論述通常是這樣被組建：首先，問題以最抽象但非思辨性的方式被提出；然後，有關這問題的各項要點被整理清楚，隨後，每一種可能回答的反證被列舉；循著「反之」這樣的轉折，相反的立場被提出；只有在這所有的布局完成後，多瑪斯自己對這問題的答案才會出現，並附帶著對所有反證的確切回覆。這系統化的順序從無任何變化。耐心的讀者，願意追蹤這連串的問題、連串的答案，考量每一反證以及相反的立場，最後終會發現自己被這龐然的、似乎全知的智力所傾倒。在此，每一層演繹都有著權威的支撐。最令人訝異的是，連最終被反駁的理論，最初也是藉著權威之口被引述而出。

但引述權威並不是唯一，甚至不是最普遍的推論方法。在此，推論永遠是以一純然理性的示範進行，且經常是斬釘截鐵的。修辭學或是勸說的技巧從不被使用；因此，讀者不得不服從，因為只有真理能使人不得不服從。中世紀哲學對強制真理的普遍信任，無止境地瀰漫在多瑪斯的著作中。他區分著三種不同的必然性：絕對的必然，它是理性的——如三角形的三個角應全等於兩個直角；相對的必然，它是有效用的——如食物對存活有必要或馬匹對旅行有必要；還有就是來自外力的強迫。三者中，只有最後一項是「意志所厭惡的」。[2] 真理雖然強制，它並不像意志那樣發出命令，它也不用強力迫使人就範。它是後來董思高所謂的「*dictamen rationis*」（理性的指令），以語言的形式（*dicere*）寫定，它的力量也就被局限在理性交流的範圍內。

多瑪斯以無比的清晰區辨著兩種「悟知」（apprehensive）的機能，即知性與理性；兩者均有應對的智力欲求（appetitive）機能，即意志以及「*liberum arbitrium*」（自由選擇）。知性與理性處理的都是真理。知性又被稱為「普遍理性」（universal reason），處理數學性的或自明的真理，也就是不需被證明卻只需被同意的第一要義，而理性，即個別理性（particular reason），是像三段論法中從一般命題導出個別結論的機能。普遍理性有著反思的天性，而個別理性的職務則在「從一事導向對另一事的知識，如此……我們推證著從原則中可知的結論」。[3]這種推理論證遍布在他的著作中。（啟蒙時期〔Age of Enlightenment〕曾被稱為理性時期〔Age of Reason〕，這可能是、也可能不是一個妥善的形容；但中世紀卻最適宜被稱為推理時期〔Age of Reasoning〕。）知性與理性的區別在於，真理只能被知性知覺，然後在不需任何心智活動的情況下，呈現給心智並強制心智遵從，而在推理論證的過程中，心智卻是強制著自己的。

但這推論過程卻要從有理性者的信心開始。他的知性自然會向創造者求助，以得到「那有關真正存有的知識」，關乎神的，「願它能落於我天然論證的能力之內。」[4]經文所透露給信心的題目不容置疑，就如同自明的第一要義從未被希臘哲學懷疑過。真理有強制性。而多瑪斯這強制力量與希臘「*alētheia*」（真理）的必然力量之間的不同，並不在於那決定性的顯現是來自外在，而是「對應著那以顯現而外放的真理，有內在的理性之光應合。傾聽（*ex auditu*）的信心〔例如，摩希傾聽著神聖的聲音〕，立刻喚醒了對應的和弦」。[5]

如果我們從奧古斯丁直接跳到多瑪斯與董思高，我們會發現最令人驚心的遽變，是後來這兩位哲學家對意志做為一獨立機能的結構問題毫無興趣；對他們而言，意志與理性或意志與知性之間的關係才是重要的，而他們所最為關心的問題，是決定哪一項心智機能較為「崇高」，而有著超越它者的先要性。在奧古斯丁對這兩位哲學家的巨大影響的脈絡中觀照，此處更有意義者，則是奧古斯丁的三項心智機能——記憶，知性，意志，有一項在此已消失。那消失的也就是最有羅馬性格、將人與過去連接的記憶。這佚失竟成終極；在哲學傳統中，記憶從此就失去了與知性或意志平起平坐的地位。除了在純粹政治哲學上的後果，[6] 記憶這機能——*sedes animi est in memoria*——的喪失，亦包含著人類天性與存有中那徹底的時序感，也就是奧古斯丁的「*homo temporalis*」。[7]

對奧古斯丁而言，知性關乎所有呈現於心智中的事物，但對多瑪斯而言，知性卻只關乎**第一要義**，也就是處理個別案例的推論過程的源頭。[8] 意志的正當對象應是目的，但這目的並非指涉著未來，就像「第一要義」並非指涉著過去；原理與目的都只是邏輯上的範疇，而不是時間上的範疇。至此，在意志的議題上，多瑪斯憑恃《尼可馬格倫理學》而堅持著手段與目的的討論範圍，如在亞里斯多德中，目的——那意志的目標，是由悟知機能，也就是知性，所賦予意志的。因而正當的「行動順序」應是如此：「先有對目的的悟知……然後參商〔斟酌〕相關的手段；最後才有對手段的欲求。」[9]在每一步驟裡，那悟知的力量都是領先，它超過了欲求的行動，因而有著先要性。

所有這些區辨的理念基礎，都建立在「良善與存有」只在思想中有變奏的信念；它們是「同一**本體**（realiter）」，故可彼此「互換」：「〔一個人的〕存有與他的良善等量，而當一物在〔他〕存有的完整上有欠缺，在良善上的短少就被稱為惡。」[10]沒有任何存有在**存在**時，可被稱為邪惡，「只有當它欠缺著存有」，才可稱惡。這些雖然都只是對奧古斯丁觀點進一步的鋪陳，但立場卻被擴大，理念也更被銳利化。從認知機能的角度，存有是在真理的方位呈現；從欲求機能的角度，它卻呈現在「存有並不表現的欲求的方位上」。邪惡不是原理，因為它只是一種**欠缺**，它可被陳述在「泛乏與否定的方式裡。但良善的欠缺，負面觀之，並不是邪惡……就像一個人欠缺著馬匹的快速；邪惡只是它在本質上的所屬（也就是良善）被**剝奪**——就像一個盲眼的人被剝奪了視力」。[11]由於它欠缺的本質，絕對或激烈的邪惡不可能存在。「良善全然缺失」的邪惡也並不存在。因為，「**如果全然的邪惡可以存在，它必將自我毀滅。**」[12]

多瑪斯並不是第一位將邪惡視為「欠缺」的哲學家。對這些哲學家而言，邪惡好像只是一種視覺上的幻影，只是因為它所屬的整體未被看見。亞里斯多德其實已經有這樣的概念，他的宇宙是一「事事有序的所在」。所以那天生為善的火，只是意外地「造成那為惡的水」。[13]這就成為了最耐久，也最被重複的，對惡不存在的傳統理論；甚至連製造了「激烈之惡」這詞的康德，也並不相信一個「不能愛戀」的人，就「必然要成為一個惡棍」。引用奧古斯丁的語言，***velle*** 及 ***nolle*** 是兩相連接，意志的真正抉擇，是在立意與逆意之間。但這古老的本位（***topos***）哲學，似乎在多瑪斯的思想（比諸其他的哲學系統）中更顯示了它的意義。因為多瑪斯系統的中心，它的「第一要義」，就是存有。如吉爾松指出的，在他的哲學脈絡中，「要說神不只創造了世界，也創造了邪惡，就等於說神創造了虛無。」[14]

所有被創造物種的本質就是它們的存在，因而必會「以各自的方式努力達到存有」。但只有知性能擁有對存有整體的「知識」；感官「除**此地**與**此時**之外，不能對存有認知」。[15]而知性「能對存有做絕對的、在所有時序裡的認知」。具有知性稟賦的人類，因此不能不「時時欲求著存有」。這是意志的「自然傾向」，此一終極目標對它的必然性，就如同真理對知性的強制性。正確說來，意志的自由只是相對的，取決於「個別的物件」。欲望雖為其所動，但意志並不「必然為其所動」。但知性對永遠存有之終極目標的欲求，卻制約著欲望。在此，人與動物的分別於是顯現。人「並不立即被〔他與動物共有的欲望〕聳動……他**等待**著意志的命令，意志是更高的欲望……所以低等欲望不能以己力開啟行動，除非有著高層欲望的同意」。[16]

存有，這多瑪斯的第一要義，很明顯地只是一對生命與生命本能的概念化——也就是說所有的生物基本上都本能地想保存生命，避開死亡。類似的想法其實也出現在奧古斯丁一個較為試驗性的公式中，但這思想中所含帶的結果，亦即意志與生命本能的對等，卻要到十九世紀才被普遍討論。叔本華就曾明白地做如是的陳述；在尼采的權力意志中，真理只是生命程序中的一個功能：我們稱為真理者，只是繼續生活時所必要有的命題。使得真理具有強制性的並不是理性，而是我們生存的意志。

現在我將轉向討論那比較的問題：這兩個心智力量中到底何者是「絕對地處於高位，並有較崇高的特質」。初看，這個問題似乎毫無意義，因為兩者最終的目的是同一的；存有對意志而言是良善可欲的，對知性而言是真實的。多瑪斯也同意此點：這兩種力量「在行為中彼此涵蓋，因為知性了解意志力必要立意，而意志力也立意要知性了解」。[17]就算我們區別著「良善」與「真實」以對應不同的心智機能，它們最終仍是極端相似，因為兩者都有著**普遍性**的格局。就如同知性是在「了解宇宙性的存有與真理」，意志即在於「欲求那宇宙性的良善」；而正如知性有推論能力（reasoning）做為附屬的處理個別性的機制，意志亦有自由選擇（*liberum arbitrium*）做為附屬於它的幫手，以整序而達到宇宙性目標的個別方法與手段。更進一步說，因為兩者都以存有為其最終極的目標——以真理或上帝的面貌顯現——它們似乎是平等的，也各自有著合宜的僕役，協助處理有個別性的事物。

因此，唯一可以區別這兩種機能高下的，只有藉著「長官」與「從屬」的角色分際，這樣的區辨法從未被質疑過。對多瑪斯——以及他所有在哲學上的繼承人，其數量遠超過明白宣稱自己是多瑪斯主義者——而言，普遍性永遠有著比個別性更「崇高且高尚」的地位。這概念是理所當然，甚至是哲學做為一獨立學問的試金石。而支撐此一概念所需的唯一證據，就是亞里斯多德那古老的有關整體永遠比它部分總和要大的假設。

董思高的偉大及最獨特的卓著，就在於他曾對這假設提出質疑與挑戰：有著宇宙性的存有，只不過是一種思想，欠缺著**真實**；只有那些具有「此性」（thisness, *haecceity*）的個別事物（*res*），對人類而言才可能是真實的。因此董思高敏銳地對比著「直覺認知，其對象是被知覺存在著的單獨存有，與抽象認知，其適當對象是 *quiddity*，即可知事物的本質」。[18] 因此——此乃一具有決定性的觀點——心智的意象（那被見之樹），即使是知識獲得的必要條件，因為喪失了真實的存在，所以比諸真實之樹，實應有著較低的本體地位。這種對傳統假設的逆反，指陳著**這**有個別性的個人，在活生生的存在裡，領先著對人類或物種的思想，故應有較高的本位排行。（齊克果後來也提出了一個極為類似的議論，以駁斥黑格爾。）

這種逆轉，對於以《聖經》為靈感泉源的哲學而言，似乎應是一個十分明顯的結果。也就是說，那靈感是來自造物者／上帝，他是一有個別性之個人，以自己的形象造出人類，故所造出者亦必是個別之人。多瑪斯是個十足的基督徒，所以認為「那個別之人象徵著整個自然中最完美者」（*persona significat id quod est perfectissimum in tota natura*）。[19]如奧古斯丁所昭示的，《聖經》的基礎是《創世記》。在《創世記》中，所有的自然物種都以複數被創造——「神說要滋生繁多」（*plura simul iussit exsistere*）。只有人是以單數被造，因此人種（當成一動物物種）必要由一個體繁殖：「*ex uno... multiplicavit genus humanum*」。[20]而在奧古斯丁與董思高的著作中（這卻不見於多瑪斯．阿奎那的著作），意志就是實現這單一特性——即*principium individuationis*——的器官。

讓我們回到多瑪斯．阿奎那，他堅持：「如果根據其對象的普遍性來比較知性與意志，那麼……知性是絕對比意志高超且崇高。」這命題的意義十分重大，因為這違反了他的存有的一般哲學。對此，多瑪斯也做了某種程度的承認。對他而言，知性超越意志的先要性並非取決於它們的對象——真理超過良善——因為這兩種心能「同時發生」在人類心智內：「意志的每一活動都有認知在前」——沒有人能立意於他所不知道的事物——「然而……認知卻不需要有意志行為在其前。」[21]（此處，他與奧古斯丁分道揚鑣，奧古斯丁認為意志以注意力的方式，決定著感官知覺的作業。）這先後秩序幾乎出現在每一意志行為裡。比如說，在「自由選擇」中，要達到目標的手段被「選擇」時，這兩種力量是同時出現在選擇中的：「認知的能力……我們用之以判斷哪一方式較為可取……至於欲求的力量〔因而〕必要求著欲望接受抉擇考量所做出的判斷。」[22]

假如我們採取奧古斯丁與多瑪斯議論的角度，而從純粹心理的視角來審視他們的立場，我們會發現他們之間的對立只是表面的，因為這兩種論點是同樣地可信。誰能否認沒有人能在沒有知識前就立意於某事，或相反地，必先有某種意志力，才能決定我們認知的方向，與認知的對象？多瑪斯決定知性先要性的理由——正如奧古斯丁何以最終決定意志的先要性——都暗藏在那不可示範的、中世紀所有哲學家想問的那個問題的答案裡：「人最終的目的與幸福」到底存在於何物之內？[23]我們知道奧古斯丁對這問題的答案是愛；他希望來生能處於靜謐中，無欲無求且永不分離地與他的創造者結合為一體。然而，應對著奧古斯丁及其繼承人，多瑪斯卻說：雖然有人以為人類最終的目的與幸福，存在於「不是對神的了解，而是對神的愛，或是其他能引至神的意志行為」，多瑪斯卻認為，「要擁有良善——我們的目的是一回事，去愛它又是另一回事；在我們擁有它之前，愛是不完美的，唯有在我們擁有後，愛才能完美。」對他而言，沒有欲望的愛是不能想像的，因此他的答案十分絕對：「人類最終的幸福就在於以知性去了解神；這並不是一項意志的行為。」在此，多瑪斯遵循了他的老師曼格魯斯（Albertus Magnus）的想法。曼格魯斯宣稱，「至美的喜悅發生在知性處於沉思的狀態。」[24]在此我們也值得一讀但丁那雷同的詩句：

因而可見那神聖之喜悅
乃在見到神的作為裡，
不是那愛的作為，那是後來的事。[25]

在這些討論的開始，我企圖強調意志與欲望之間的不同，也暗指著奧古斯丁意志哲學中的愛不同於柏拉圖《饗宴篇》中的 *eros*。*eros* 所指的是愛戀本身所欠缺者，以及嚮往著擁有自己所欠缺之物。從上面的引句中，我們可以看出，阿奎那欲求機制的概念，在某方面還是隱設著欲求在來生**擁有**今生所欠缺者。因為仍被視為是欲望的意志，在欲求的對象被擁有的那一刻就停止。所以「意志擁有其所意欲者時乃得福賜」[26]的說法是不真確的——因為這正是意志停止意欲的時刻。據阿奎那說是「被動力量」[27]的知性，被保證著它超越意志的先要性。不僅只是因為它「將對象呈現給欲求機制」，故在其先；也是因為它留存在意志消逝之後，意志在得到對象那一刻就將熄滅。意志的轉化為愛——在奧古斯丁及董思高中——一部分是來自意志與欲望及嗜求的分離，一部分也是來自對「人最終目的與幸福」所持的不同觀念。即使是在來生，人還是人，他「最終的幸福」不可能只是純然的「被動」。愛被激發而成為意志的救贖。雖然它並不焦躁不安，也不追逐特定目標，也不害怕失去，但它還是主動的。

多瑪斯卻從未考慮過，也許有某種**活動**，它的目的就在於活動本身，因而應在目的與手段的範疇之外被了解。對多瑪斯而言，「每一行事者都是為了一個目的而行事……動作的原理都在目的裡。因此，那專注於目的的技能，必要指使著專注於手段的技能；就**如同航行的技能指使著製船的技能**。」[28]這概念確實來自《尼可馬格倫理學》。只是在那著作中，亞里斯多德只將那理論用在一種活動之上，也就是 *poiēsis*，製造的藝術。這和表演藝術不同，在表演藝術中，活動的目的就是活動的本身——吹笛和製笛的比較，或只是散步，而不是走到一個事先決定的目的地。在亞里斯多德的哲學裡，*praxis*（意志行動）明顯必須在表演藝術的類比中被了解，而不能在目的與手段的範疇中被了解；令人驚異的是，多瑪斯如此借重於亞里斯多德，尤其是《尼可馬格倫理學》這本著作，卻忽略了 *poiēsis* 與 *praxis* 之間的分野。

不管這種分野的好處為何——我認為它對任何有關行動的理論都是非常重要的——它卻與多瑪斯終極幸福的理論無關。多瑪斯反對沉思應有任何行動，在這一點上，他和亞里斯多德的看法是一致的。對亞里斯多德而言，*energeia tou theou*（神的活力）是沉思性的，因為行動或製造這些活動「瑣碎而不值神顧。」（「假如我們將行動從生物的生活中除去，更不要說製造活動了，那麼除了沉思外，還餘留了什麼？」）因此，在人的層面上說，沉思是「什麼也不做」，是被賜予著純然的直覺，故能喜悅地安息。亞里斯多德說過，「幸福是來自閒適，我們忙碌〔行動或製造〕的目的就在於能得到閒暇，我們發動戰爭，為的就是能得到和平。」[29]對多瑪斯而言，只有這最後一個目的——那沉思的喜悅——必然能「推動意志力」；「意志不可能會不立意以得之。」因之，「意志推動著知性的活動，是以行事者的方式推動，但知性推動著意志，卻是以目的的方式推動。」[30]——亦即亞里斯多德所說的以「不動的發動者」的方式推動，但除了經由「被愛」，除了像愛人被那被愛者推動，它將如何能夠推動？[31]

亞里斯多德所描寫的「最持續的快感」，在此被期望是一永恆的喜悅，而不是那種可以喚醒意志力的快感。它是可使意志安息的愉悅，以至於意志最終極的目的，在本身參照中，就是可以停止行使意志力——簡言之，也就是達到它存在的終止。在多瑪斯的思想體系中，因為只要有活動，目的就未被到達。這暗示著每一行動都朝向著自我毀滅的目標前進；目標到達時，手段就將中止。（這就好像在寫一本書時，我們被想寫完這書與銷毀書寫這動作的欲望所驅趕著。）在他認為沉思是純然的凝視與無作為的固執中，多瑪斯願意走向各種極端。這可見於他在研讀保羅時不經意地寫下的一個意見中，這是有關兩人之間的愛的段落。愛著他人的「樂趣」可不可能意味著那意志最終極的「目的」事實上是位於人間？他的答案是「不可能」，因為，多瑪斯寫著，保羅所說的其實是「他對弟兄的愛悅只是朝向心悅於神的**手段**」[32]——而如我們所見，神不能以人之意志或愛到達，只能以知性。

這與奧古斯丁所描述的愛已相距甚遠了，奧古斯丁的愛，是愛那被愛之人的愛，對熟悉康德哲學的人而言，多瑪斯對愛的描述是十分刺耳的，熟悉康德的都深信我們應「待人如人，不管是我們自己，或是他人……終是一目的，而絕不能是一手段」。[33]

12 董思高與意志的先要性

——Duns Scotus and the primacy of the Will

現在轉向討論董思高。這次不需要跳過幾個世紀，因而省去了跨越巨大時間空隙所不可避免的脫序與不協調。董思高與多瑪斯之間的距離不到一個世代，幾乎可以算是同時代的人。這仍是經院哲學的全盛期。所以董思高的著作，仍有著那怪異地延引古代著作以為權威，以及經院哲學一貫推理議論的策略。雖然沒有寫一部 *Summa*（大全），董思高議事的方式卻和多瑪斯完全一樣：首先，總以問題的形式陳述論點（比如，對一神論的討論以這問題開始：「我要問是不是只有一位神存在？」）；問題之後是引用權威以提出正反意見；下一步是列舉其他哲學家的理論；最後，在 *Respondeo*（回答）的標題下，董思高才陳述自己的意見，並列舉出他所謂的 *viae*，也就是思考列車與正確義理可以行駛的軌道。[34] 初看之下，董思高與多瑪斯的不同，最多只是在他對意志先要性的判斷，他對意志先要性的「證明」，其論證的可信度並不下於多瑪斯對知性先要性的論證，他們甚至有著等量的對亞里斯多德的引用。對於這兩個理論間的對立，我們可做如是的簡述：多瑪斯認為意志只是一個執行的器官，故在執行知性的洞見上有其必要，但它終究只是一個「從屬」的機能；董思高則認為「*Intellectus...est causa subserviens voluntatis*」，知性是為意志服務，它不僅為意志提供所需的對象，也為意志提供必要的知識，知性因此是一個「從屬」的機能。知性需要意志的注意力，只有在對象被意志「肯定」後，它才能正常地運作。沒有意志的肯定，知性就將停止操作。[35]

在此，我們沒有必要引進那古老的、有關董思高到底是「亞里斯多德派」還是「奧古斯丁派」的爭議——在這爭議上，學者甚至認為「董思高和奧古斯丁一樣，都是亞里斯多德的門徒」[36]——因為董思高兩者都不是。從傳記的層面上講，這爭議也許有它的意義。對此，義大利的董思高學者布同尼（Bettoni）講得極對：「董思高是奧古斯丁派，但他從亞里斯多德論事的方式中獲益至多，是由亞里斯多德詮釋思想與教條的方法中，他才能發展出對真實的形上視景。」[37]

這些以及其他類似的、對董思高的評估，都只觸及表面且十分膚淺。不幸的是，它們卻成功地掩蓋了董思高的獨創性，及他思想的重要性，好似，這位 *Doctor subtilis*（精微博士）所應該引我們注意的，只不過**是**他的精微，以及他論事方式中所特有的繁複性。董思高屬於聖方濟修會，而聖方濟的文獻卻背負著一個重大的傳統與影響，那是來自屬於道明修會的多瑪斯。多瑪斯在早年的困境後，終被封聖。他所著的《神學大全》普遍被使用，最後成為所有天主學校規定的教科書。換言之，聖方濟的文獻在本質上有著不可避免的辯護性質，且常以謹言慎行的方式從事護衛，雖然董思高所辯護的對象是根特亨利（Henry of Ghent），而不是阿奎那。[38]

但稍微仔細地閱讀立即能驅散那最初的印象；董思高的卓越在他遵從經院哲學方式時最為凸顯。在一段冗長的對亞里斯多德的討論後，他會突然提出「加強這位哲學家的推論」，在討論安瑟姆對神的存在的「證明」時，他亦會落入那自然的傾向，而對之加以「潤飾」，但最後他的加強與潤飾都有著極重的分量。重要的是，董思高一向堅持要「用推論建立」那些導自權威的理論。[39]

十四世紀早期是歷史的一個轉捩點上，那是中世紀逐漸進入文藝復興的時期。董思高完全可能會說出米蘭多拉（Pico della Mirandola）在十五世紀末、文藝復興鼎盛時所說的話：「我不向任何人的教條效忠，我徘徊在偉大的哲學家之間，在書中探討，對所有學派也漸有所知。」[40]所不同的是，董思高並沒有後來那些哲學家對理性說服力的天真信任。在他沉思與虔信的核心裡，一直有一穩固的信念，也是「關乎我們的終極與永生的問題，連那最有學問或是最聰明的人，也不能經由自然推理而獲任何的知識」。[41]因為「對那些沒有信心的人而言，正確的理性只能顯現出他有生死的本性，其肉體與靈魂皆為如此」。[42]

而也正是對那些他不全然相信的意見的密切注意（對這些意見的審察及詮釋成為他著作的主要部分），可能引起讀者對他的誤解。董思高絕不是一位懷疑主義者——不論是依照古典或是現代的標準——但他有著難得一見的敏銳批判心靈。使他大部分的著作，讀來都像是要不顧一切、以推論的方式**證明**他懷疑不能被證成者；除非遵循所有推理議論的規則，並將之承受奧利維（Petrus Johannis Olivi）所說的「*experimentum suitatis*」的測試（心智與自身所做的實驗）。不如此，他將如何保證自己不同於眾人的意見是對的？這也就是為什麼他總覺有必要「加強」舊有的理論，或予以「潤飾」。他對自己的所為是十分清楚的。他曾說：「我希望盡我所能，對〔其他哲學家的〕用語最合理的詮釋。」[43]只有在這裡本質上非論辨式的方式上，論證式先天的弱點才能被證實。

在董思高成熟的思想中，自然理性如此顯現著的弱點從未曾被用來做為非理性機能之優越性的論證；他不是一位神祕主義者，所以「人是非理性」的概念對他而言是「不可思議的」（*incogitabile*）。[44]根據董思高的說法，我們所面對的是本質上**有限制性的**物種所具有的天然局限。「在參議其他的本質以前」，這種有限是絕對的。「因為，在受其他事物限制之前，身體就已受到了自身邊界的限制……所以這有限的形式，在受它物限制之前，就已受自身所限。」[45]人類知性的有限性——這與奧古斯丁的 *homo temporalis* 有著相似性——來自一單純的事實，即，人雖可像其他物種一樣繁殖，人卻不能創造自己。對董思高而言，問題因此從來不是如何從神聖的無限導出（下引，或歸納）人的有限，或是從人的有限上升到神聖的無限，問題是如何解釋一絕對有限的存在，可以孕育出某種無限，並稱之為「神」。「知性……為何不認為那無限的概念是可憎的？」[46]

換個方式來說：到底是心智中的何物，使它能超越自己的局限與自己絕對的有限？不同於多瑪斯，董思高對這問題的答案是意志。的確，沒有任何一項哲學可以取代神聖啟示，基督徒憑信心接受對它的見證。創造與復活都是信心的條款；它們不能用自然理性加以證明或反駁。如是，它們既是**偶發**的實事真理，與其相反者就並非不可想像；它們亦和可能不會發生的事物同屬一類。對成長於基督宗教信心中的人而言，這些事物和我們靠他人的見證而相信的事物一樣地有效——這些事物包括：世界在我們出生之前就已存在，地球上有著我們從未去過的地方，或某人是我們的父母。[47]

人不可能一味拒絕他人的見證，而只依靠理性的激烈懷疑處事；那只是唯我主義在修辭學上的設計，被懷疑者自己的經驗不停地反駁。人類共同生活在一 *fides acquisita* 的基礎上，也就是他們所共有的、那學來的信心。要測試我們視為當然事物的可信性，我們只能訴諸於它們是否契合人的天性的標準。以此標準，復活的教條就要比哲學家靈魂不朽的概念合理：對於一個有身體與靈魂的個體而言，來生是有意義的，因為復活意味著他能由死裡回復到他現在的樣子，或是他所認知的自己的樣子。而哲學家對靈魂不朽的「證明」，就算在邏輯上是正確的，也與他毫不相關。要在存在的層面上對「*viator*」（旅人或世上的朝聖者）有意義，來生就必須是「第二個生命」，而不是一解體的單元，或全然不同形式的存在。

然而，對董思高而言，神聖啟示中所號稱的「真理」顯然不可能由理性得之。但不可否認的是，神聖的概念早在基督宗教前就已存在。這意味著人的心智中必有某種能力，使他得以超越感官所予，也就是超越存有的實事性。他似乎也能超越自己。在董思高的理論中，因為人與存有一起被造，存有於是成為他極重要的一部分——正如奧古斯丁所說，人不是在時間裡被造，而是與時間一起被造。他的知性因而與存有同步協調，就如同感覺器官與現象的感知同步協調；他的知性是「自然的」（*cadit sub natura*）；[48] 知性之建議，人**被迫**要接受，是對象所提出的證據強制著他：「*Non habet in potestate sua intelligere et non intelligere.*」[49]

意志卻不同。意志可能發現它難以不接受理性的指令，但這是也不是不可能的，就如同意志並不是那完全不可抗拒的強烈的自然欲望：「*Difficile est, voluntatem non inclinari ad id, quod est dictatum a ratione practica ultimatim, non tamen est impossibile, sicut voluntas naturaliter inclinatur, sibi dismissa, ad condelectandum appetitui sensitivo, non tamen impossibile, ut frequenter resistat, ut patet in virtuosis et sanctis.*」[50] 組成人類自由的，在一方面有可能對欲望的抗拒，另一方面則有可能對知性與理性指令的抗拒。

意志的自律性，也就是它超越眾事眾物的全然獨立，被經院哲學家稱為「漠不關心」

（indifference）——他們所指的是意志對呈現於它的事物的「不能取決」（indeterminata）——這種自律性只有一個限制：它不能完全否定存有。這限制最明顯地表現於此一事實，也就是心智（包括了意志的機能）可以把握神自無物（*ex nihilo*）中創造出存有的信心，卻無法想像「虛無」。是故，意志的漠不關心與對立有關——*voluntas autem sola habet indifferentiam ad contradictoria*；只有意志自我能夠知道，「一個被做下的決定，並不是必然的決定，那沒有被選擇的，也有被選擇可能。」[51]

　　這就是對自由的測試了，欲望與知性都無法通過這樣的測驗：一個呈現給欲望的對象只能激起喜愛或厭惡，一個呈現給知性的議題也只能被證成或反駁。而意志的基本性格，卻使它能對欲望或知性所呈現的對象，有立意或不立意的選擇：「*in potestate voluntatis nostrae est habere nolle et velle, quae sunt contraria, respectu unius obiecti*」（意志有能力對同一對象立意或不立意，這兩者是完全相反的）。[52]在這種言說裡，董思高並不否認，必須有兩個相繼的意志力存在，才能對同一對象立意與逆意；但他仍舊認為意志自我在行使其一時，必然是知覺到它有行使另一的自由：「意志力的最重要性格……就是知覺到在相反事物中做選擇的可能，**並在決定做下的那一刻，棄絕那可能**。」（粗體字為強調）[53]這種只在心智活動中的自由——意志力一旦行使，那棄絕的能力就消失——也正是我們在前面章討論過的意志的分裂。

　　除了面對矛盾，意志還能**暫停**自己，而這暫時的停息只可能是另一個意志力的後果——

這和我們將在後面討論的尼采與海德格的不行使意志力的意志不同——這個選擇「漠不關心」的第二個意志力，是人類自由的一個重要見證，見證著心智有能力避開來自外在的逼迫。而他們讚美著神的創造——雖然他們也是被造的存有的重要部分——就是因為那自由；因為如果讚美來自理性，它將只不過是對人與宇宙萬物之間既有和諧的自然反應。但他們若能自由地讚美神，他們也同樣地可以拒絕讚美神，甚至「憎恨著神，且對此種憎恨自得」，他們至少可以拒絕去愛神。

董思高雖並未在可能憎恨神的討論中提及這種拒絕，但這卻已暗藏在他反對傳統的「人皆要幸福」的意見中。他承認所有的人天生地希望幸福（雖然對幸福的共識並不存在），但是意志——這是最重要的一點——卻能夠超越天性，在我們的討論中，意志甚至可以自行暫停：人天生對幸福的傾向，是不同於刻意地選擇幸福以為人生目標；人並不是不可能要立意削減幸福的價值。至於天生的傾向，以及自然對意志機能所設定的限制，它們最多也只能讓我們肯定沒有人會「立意要痛苦」。[54]董思高避免直接回答憎恨神是不是可能的問題，因為這個問題和邪惡有著親密的關係。和前人與後繼者一樣，董思高也否定人可以立意著真正的邪惡，「而能不激起對相反立場存在的懷疑。」[55]

意志的自律性——「除了意志，沒有任何其他的事物可成為意志力的肇因」（*nihil aliud a voluntate est causa totalis volitionis in voluntate*）[56]——有決定性地限制了理性的力量，因為理性的指令不是絕對的。但意志的自律性卻不能限制自然的力量，不論這自然指的是被稱為內在的自然「傾向」，或是外在的自然情況。意志力並沒有萬能的效力：它的力量只存在於它不能被迫行使意志力的事實。為示範這心智的自由，董思高舉了這樣的例子：一個人「將自己從高處摔下」。[57]這個舉動是否終止了他的自由，因為他現在必然地要落下？董思高的答案卻是否定的。他認為這人雖然因為地心引力而注定要下落，但他還是可以自由地「立意要下落」，同時他也當然可以改變心意，只是此時他已不能註銷他自願開啟的事件，而發現自己已落入了必然的掌握之中。我們還記得史賓諾莎那個滾石的例子。那石頭若有知覺，可能幻想著是自己推動著自己，是因自由意志而滾動。這樣的比較，使我們了悟到這種命題及其示範，在可信推理的掩飾下，其實都假設自由或必然是自明的事實。比如我們現在討論的例子——沒有任何地心引力的法則可以統馭那內在經驗所保證著的自由；但也沒有任何內在經驗能對外在經驗或正確知性推理所建構的世界有直接的效用。

董思高區分著兩種意志：遵循自然傾向、可被理性或欲望激起的「自然意志」（*ut natura*），以及正確說來是自由的「自由意志」（*ut libera*）。[58]他同意其他哲學家所說，也認為人的天性向善，而將邪惡解釋成是心性的弱點，「從無中創造」（*creatio ex nihilo*）而有落回虛無的傾向（*omnis creatura potest tendere in nihil et in non esse, eo quod de nihilo est*）。[59]自然意志像是「身體中的地心引力」，他稱之為「*affectio commodi*」，也就是說，人受著正確與方便的影響。假如人只有自然意志，他最多也只能是 *bonum animal*，即被啟蒙的動物。理性幫他選取適宜的手段，以達到天性所定義出的目標。但自由意志卻不同於只是在先定目標下選取方法的自由，它自由地設計著**只是為己**的目標，而也只有意志能做如是的追求：「*[voluntas] enim est productive actum*」，「意志製造著它自己的行動。」[60] 問題是，董思高雖然了解這自由設計的行動是意志的最終實現，他卻從未提及這被自由地設計出的目標到底是什麼。[61]

可惜我必須承認，這並不是一個適合闡明董思高思想中之獨創性的所在（即使是，我可能也沒有足夠的資格）。尤其是有關「散布他衷忱作品中、對有建設性思考的熱情」，[62] 他不僅沒有足夠的時間完成這些作品——對一個哲學家而言，他死得太早——也可能並沒有欲望將它們做有系統的呈現。我們很難想像有另一位偉大的哲學家是像董思高這樣，仍然「等待著被發現，等待著我們的注意力及了解的協助」。[63]

但這種協助，雖然亟需卻難尋得，正是因為在其先導與後繼者之間，為董思高在理念歷史（history of idea）上做一適當的定位，幾乎是不可能的事。光是避開教科書中稱他為「多瑪斯在系統上的敵對」的那類陳腔濫調是不足的。而且他的意志比知性更崇高的理念，亦已被不少前人提及——其中最重要者是奧利維（Petrus Johannis Olivi）。[64] 仔細列舉他對萊布尼茲與笛卡兒的影響也是不足的，雖然維恩班德（Windelband）在七十年前所說的話語仍然正確。他說，萊布尼茲及笛卡兒與「那位最偉大的經院哲學家」之間的連繫，「不幸地尚未得到該有的考慮與處理。」[65]當然，奧古斯丁對他的影響太過明顯而不容忽視——沒有任何其他的哲學家，曾對奧古斯丁做過更具同情與了解的解讀——但在亞里斯多德與多瑪斯之間，前者對他的影響卻更大。最重要與最單純的事實是，董思高思想的精髓——即偶發性是自由必付的代價——在影響與承繼上，卻是前無古人後無來者。連他的方法亦是如此：在思想實驗上，他延伸了奧利維的 *experimentum suitatis*，以做為心智批判與己之內在與外在交易（*experimur in nobis, experientia interna*）[66]最終極的測試。

在以下的章節中，我將略述這些重要且有著驚人的獨創性的思想序列——或稱思想實驗——它們雖然明顯地與哲學及神學的傳統逆向而行，但因為是如此地埋藏在經院哲學那套不止息的推理議論裡，故極易被人忽視。我已提過他幾項極具獨創性的洞見：首先，是他對那陳腐的「所有人都立意要幸福」的說法的反對（但他卻也只留下「沒有人會立意要痛苦」這樣的文字）；第二，是他那驚人的對偶發性的證明（「那些否認某種存在是偶發的人，應受酷刑，直至他們讓步，承認他們的不受折磨也是一種可能」）。[67]在充滿掉書袋的迂腐氛圍中讀到如此務實的語句，我們很可能只把它們當成是詼諧的穿插。但它們的有效性卻是建立在董思高所說的 *experientia interna*（內在經驗，此處指的是心智的經驗）之上。只有不曾有那經驗的人會否定它們，正如一個盲眼之人會否定顏色的存在。這些直接且挑釁的言論所暗示的，是洞見的靈光，而不是思想的序列，但這突現的火花，卻只發生在智思物中，那簡潔單一的句子常是冗長批判與審察的結果。儘管董思高有著「對建設性思考的熱情」，他卻不是一個系統的建造者；他令人驚異的睿智讀來好似毫不經心，也因而不能與上下文接榫；他必然知道自己這種劣勢，因為他明白地警告我們，千萬不要與那「好辯」卻欠缺「內在經驗」的對手開展辯論，因為他們很可能會贏得爭辯，卻輸去了重要的議題。[68]

讓我們先開始討論這偶發是自由之代價的議題。董思高是唯一使用「偶發」這字時不含貶抑意味的哲學家：「我認為偶發並不是存有的被剝奪或缺陷，像畸形……或罪惡。反之，偶發是一種正面的存在，正如必然是另一形式的存在。」[69]對他而言，在知識的完整上，如要保有自由，這幾乎是一種不可避免的立場。而知性先要於意志的理念也必要被駁斥，「因為那樣的立場不可能保有自由」——「*quia hoc nullo modo salvat libertatem*」。[70]基督徒與異教徒之間的主要區分，是《聖經》所楬櫫的宇宙之始：《創世記》中的天地並不是必然力量的發散，卻能有著必然的存在。《創世記》的天地是來自於無物（*ex nihilo*），是經由造物者的決定而被創造。所以我們必須假設這位造物者有著創造出另一全然不同的世界的自由。在那全然不同世界中，數學真理或道德格言都可以無效。由此，我們更可推論，所有存在的事物都有著不存在的可能——除了神自己。神的存在，對於祂所自由「設計」的非必然世界是必要的。但此必要並非指涉神在創造時是被某種必然性所強制或激發；此種強制神的必然性，在神是萬能與高乎一切的參照下，勢必為一矛盾。

人類是創造物中極重要的一部分，他們的自然能力，包括智力，也自然地遵循著神聖命令所列下的律法。然而人類與其他的創造物相反，他不是被自由地設計的，他是依神的形象而造——好似神不只是需要天使在超自然的世界裡，祂也需要和他相像的人類在世間與他為伴。但人與神最為接近的標記，不是創造性；如果人有創造性，他就可能成為一「會死的神」（我認為這可能就是為什麼董思高並沒有進一步細述「意志自由地設計的目標」，雖然他似乎認為這樣一個「無內容而能自由設計的能力」是「真正的完美」）。[71]相反地，人類似神的標記，是他能自由地肯定或否定的心智能力。因為有這樣的自由，心智能完全不受欲望或推論的強制。正如存有在形成後，仍需要神對它的實現做最後的判決——「神看著一切所造的都甚好」——這樣的判決，也必從依照神形象所造的生物那裡得到。

總之，意志自由的代價就是相對於所有事物的自由；人可以「憎恨神，並在其中找到滿足」，因為所有的意志行使都有某種快感（*delectatio*）伴隨。[72]意志的自由並不在選取達到預設目的——*eudaimonia* 或 *beatitudo* 或 *blessedness*——的手段，只因為目標已為人的天性所**預設**；意志的自由是在於自由地肯定、否定或是憎恨所有它所遭遇之事。這在心智上自由地**採取立場**的自由，使人異於其他被神創造的事物；無此自由，他最多只是一隻啟蒙的動物（*bonum animal*），或如奧利維先前所說的，是一隻有智力的野獸（*bestia intellectualis*）。[73]心智的奇蹟就在於經由意志，它可以超越一切（*voluntas transcendit omne creatum*，如奧利維所說）[74]，這也是人乃依神形象所造的印記。《聖經》中說神對人偏愛，並要他管理他手所造的（《詩篇》8），這只在顯示著他是被造中的最高者，卻不將他與眾物分離。意志自我的最高顯現，就是當它說著：「我愛你，我立意要你存在」（*Amo: Volo ut sis*）——而不是「我要擁有你」或「我要統治你」——這宣言表現了神愛人類那樣的愛，神造世人是立意要他們存在，**他愛他們卻並不欲求著他們**。

這是從基督徒的觀點所導證；也是為何「基督徒要說神的作為是偶發的……自由且偶發的」。[75]但董思高認為，對偶發的估量亦可以哲學的方式得之。畢竟，將偶發與意外（*to symbebēkos*）定義為「可能不存在者」（*endechomenon mē einai*）的是哲學家。[76]而意志自我在每一意志力中所最能感知的，就是它可以不行使意志力（*experitur enim qui vult se posse non velle*）的可能。[77]如果沒有這內在的測試，人類如何能夠區分意志的自由行為與強大壓勢的欲望？

制止著意志立意與逆意自由的是因果律，董思高對亞里斯多德對這理念的看法也知之甚明：一連串能夠解釋行動的原因，最終將導致啟動所有行動的那個不自移動的來源，即那「不動的發動者」，它是一個不需要原因引發的原因。這個議論的力量，或說它的詮釋力量，是假設一項原因就足以牽動事物，而對事物何以存在而非不存的解釋也不需要超過一項以上的原因，這也就是說，一項原因就足以解釋事物的移動與變化。董思高挑戰這因果鎖鏈的概念，他質疑那成串的充分與必要的理由，與為了要避免無窮的回退而最終所到達的那第一無因之因。

他首先提出的問題是：「意志行動是被激動它的物件所引發，還是由自身引發？」他進而否定意志是被外物引發，因為那樣的假設不能保證自由（*quia hoc nullo modo salvat libertatem*）。他也拒絕了相反的答案，意志如果是全能，我們就無法解釋意志行使的後果（*quia tunc non possunt salvari omnes conditiones quae consequuntur actum volendi*）。因此，他歸結出一「中間立場」，這是唯一可同時保有自由與必然兩者的立場。以這樣的形式呈現，董思高的理論讀來像是一項尋常的經院哲學的邏輯習作，只不過是一場十分空洞的理念遊戲。然而，董思高在此卻做了進一步的追索，而導出了部分肇因的理論，「這些部分肇因……〔它們〕可能占有相等的地位，並彼此獨立。」

他以生殖功能做為主要例證，在生殖過程中，兩種獨立的物質，陰性與陽性，必須結合於一處才能發生，以此，他認為變化的發生是因為多重原因正巧同時存在，而這種巧合，也給予人類事務以真實的質地。[78]由此，問題的重心不在堅持神創造世界時有原始的自由，因而可能可以創造出一全然不同的世界，重心在於最初導致亞里斯多德因果論（*aitiai*與*archai*）的變動現象，是被偶發性所制約著。

董思高曾說：「我所謂的偶發性事物，並不是指不必要或不能永遠存在的事物，我指的是它的對反也可能同時發生的事物。因此我不說某事偶發，而說某事是**被偶然地引發**。」[79] 換言之，是人類事物中的因果性，使它們永遠地被判定為偶然或不可測。沒有比這堅持偶然性格的理論，更與所有哲學傳統形成對立。（我們只要想到那汗牛充棟、解釋著兩次世界大戰的必然性的書籍，書中的每一種理論都挑選著不同的個別原因，解釋戰爭的發生——事實上，更可信的理論似乎是好幾個原因的碰巧結合，再加上最終那額外的原因，而「偶然地引發」了那兩起災難。）

這偶發性的概念對應著意志自我的經驗。意志自我在行使意志的行動中知道自己是自由的，不受制於追求目標的行動或不行動。但是它同時也與另一力量處於無從解決的相對立場，即心智以及常理所告知的，我們生活在一現實且被**必然性**統馭的世界裡。一件事可能隨意發生，但一旦發生而有了真實性，它就失去了偶發性，改以必然的面貌向我們顯現。即使那事件是由我們所引起，或至少是因我們而發——比如結婚或犯罪——在存在的層面而言，一件事一旦存在，就已形成（不管是基於什麼原因），就將抗拒著所有對它原本偶然性的沉思。那偶發事件發生後，我們不能釐清在成為一**事件**之前、纏結著它的線團，或能將其視為是可能發生或不發生。[80]

這視角的奇異轉移——也就是所有相關於自由問題的矛盾的根源——其原因來自存在經驗的不可替代。的確，時間的移動與變化可能可以融化事實與事件；但即使是最激烈的融化，仍預設著事件之前的真實。用董思高的語言來說，「**過去的所有事件物都有著絕對的必然性**。」[81]它已成為我存在的必要條件。我不可能在心智上或以其他方式想像著我的不存在，因為我是存有的重要部分。因而我無法想像虛無，正如我想像著神是那存有的創造者，而不是那處於 *creatio ex nihilo* 之前的神。

換句話說，亞里斯多德認為現實（actuality）乃生成於先存之潛能（potentiality）的概念，只有用回轉的方式才可能被驗證，亦即，至少在心智的層面上，將現實逆向演化回潛能；但這是不可能的。我們對真實所能說的，至多是它**不是**不可能；我們卻永不能證明它是必然，只因為事後我們無法想像它沒有發生的情況。

這也是為什麼彌爾會說「內在意識告訴我們，我們有著某種力量（也就是自由），而人類所有的外在經驗卻告訴我們，我們從未使用過這個力量」，因為這所謂的「人類所有外在的經驗」，除了史家的紀錄還有什麼？他們回顧的目光看向的是那**已發生的**——*factum est*——也因而成了必然的事物。此時，「外在的經驗」取代了「內在的意識」，但卻沒有摧毀它們。其結果是，對於希望能調節並平衡這「內在的意識」與「外在的經驗」的心智而言，那必然性的基礎，看來就像是要依恃偶發性了。

反過來說，假如心智對於它所面對的矛盾感到不安，而決定只聽從內在，因而進入了對過去的沉思狀態，它會發現，在此，由更變產生的實事已被重組，隨意性被袪除後被排列成必然的型態。這是思我思索著事物演變、而今**存在**的必要條件。若不假設前所發生之事物乃遵循必然而非偶發的線性軌道，任何對一致性的解釋都是不可能的。最明顯的——也是唯一可能的——的敘事方式，就是袪除任何「意外」的成分。當然，忠實地列舉所有可能的意外，本就是不可能的，即使是電腦化的腦子也無法做到。

據說董思高曾十分明朗地承認，「自由與必然該如何和解的問題，沒有真正的答案。」[82]當然他不可能知道黑格爾的辯證法，若遵照辯證法的程序，必然是有可能製造出自由的。但對他的思考方式而言，這種和解也並沒有必要。因為自由與必然是心智中兩個全然不同的面向；假如它們之間有所衝突，那麼意志與思考自我之間將發起一場內戰。在那爭戰中，意志將指令著知性問為什麼的問題。理由很簡單：因為如尼采後來所說的，意志不能「向後立意」；因此要讓知性去找出問題的根源。那為什麼的問題——什麼是**原因**？——是由意志提出，因為意志是以肇始者的方式經驗著自己。

當我們說「意志是行動的泉源」時，我們所強調的就是意志的這種特性；或以經院哲學家的語言來說，「我們的意志……製造行動，而它的擁有者也依靠著它以正式地從事立意的活動。」[83]以因果律的語言來講，意志先引起意志力，而意志力製造某些意志力不能挽回的效果。知性為意志提供著解釋的原因、以安定意志自己無助的不安，然後意志才能製造出的一個使數據看來因果有序的故事。因為沒有那必然的假設，這敘述將無法有內聚力。

換句話說，過去因為是「絕對地必然」，故已超出了意志的掌控。對董思高而言，這看來更簡單：那有著決定性對峙的，並非自由與必然，而是自由與自然——是自然意志（*ut natura*）與自由意志（*ut libera*）。[84]就像知性一樣，意志的**自然**傾向朝向必然，所不同的是，意志不像知性，它可以成功地抗拒這樣的傾向。

和偶發性義理緊密相關的，是董思高對古老的自由的問題（當它們自意志的機能中升起）所提出的驚人地簡單的答案。我們曾花了不少的篇幅討論過意志的分裂，也就是那最早在思考過程中被發現——蘇格拉底與柏拉圖——的二合一的分裂，成為了我立意與我逆意（*velle* 與 *nolle*）之間的致命鬥爭，但這兩者必須同時出席，才能保證自由的存在：「一個經驗著意志力的人，必要有選擇逆意的能力」（*experitur enim qui vult se posse non velle*）。[85]經院哲學家遵循著保羅與奧古斯丁的意志哲學都同意，意志愁苦的癒合必要靠著神的恩典。而他們之中最虔誠的董思高卻不同意這種想法。意志自我的救贖並不須仰賴神的介入。

意志知道如何自癒為了那無償且可疑的自由所必要償付的代價。這自由之所以可疑，是因為意志雖是自由而不受任何外在或內在事件的限制與干涉。但人卻不能擁有無限的自由。人逃離自由的方法，是將意志的命令付諸**行動**：「我現在可能書寫，就如同我現在可能不書寫。」我還是完全自由的，我之所以自由是因為意志永遠同時在立意與逆意之間擺盪：在這情況下的心智活動並不排除它的對立。「但我書寫的行動卻排除了它的對立。經由一個意志的活動，我可以決定我要書寫，而以另一個意志活動，我亦可決定我不書寫，但在行動中我卻不能同時有著兩者。」[86]換句話說，人類的意志是猶疑不決的，它面對著矛盾。因此只要形成意志力是它唯一的活動，它就保持著分裂；但當它停止行使意志力，而開始執行意志的指令的那一刻，它就失去了自由——意志自我的擁有者，卻為這自由的喪失高興。就如同布里丹的騾子高興以本能解決了選擇草料的問題：停止選擇而開始吃草。

在這看似簡單的解決下，董思高區辨著——這可能是來自亞里斯多德的影響——*activum* 及 *factivum* 的不同。前者是單純的活動，也就是亞里斯多德的 *energeia*，它的目標與 *ergon* 都位於自身之內；後者是製造，*facere*，旨在「製作或造就出某種外在的物件」，它暗示著「這操作是暫時性的，有著位於操作者之外的條件。人類的工藝文物是被暫時性的活動所製造的」。[87]思考或意志這些心靈活動，則是前一種的活動。這些活動雖在現實世界裡沒有成果，董思高卻認為它們有著更高的「完美」，因為它們不是暫時的。它們停止，並不是因為到達了目標，而只是因為在有限的條件下，人不能無止息地繼續這些活動。

董思高將這些活動比喻成是光的「活動」。它「永久地被自身的資源更新，因而能保有其內在的持續性，並單純地存活著」。[88]因為這自由的意志是一降臨在 *ens creatum*（被造之物）身上的福賜，而這被造者為了存活，有必要從單純的活動轉換到有產品出現的製造活動。這種轉換之所以可能，是因為每一「我願」之中都隱含著一個「我能」，而「我能」也為意志活動之內的「我願」設定著限制。「意志是一種力量，因為它**能**成就某事」（*Voluntas est potentia quia ipsa aliquid potest*），而那天生存在於意志中的能力是「對反於亞里斯多德學派所說的 *potentia passiva*。它是主動的……那強而有力的我能……被自我經驗著」。[89]

意志做為心智成事者的經驗，它的力量，並不像愛比克泰德的理論所說，是來自心智對真實的躲藏。相反地，它激發著心智，並賦心智以自信。這樣的理論使我們覺得走到了一段特定歷史的盡頭。那段歷史由保羅開始，也就是當他發現 *velle* 與 *posse* 不能共存的那一時刻，在前基督宗教的古典時期中，這兩者的共存是被視為理所當然的。董思高對意志做為一心智活動的最後意見，和幾個世紀之後尼采與海德格所探討的同一現象有關，那就是意志與權力的對等——只是董思高尚未察覺到這種現象中的滅絕取向，也就是那否定所激起的力量。他並沒有把未來看成是對現今的否定——而可能只有著一般性的、對世事皆是徒然的知覺（如奧古斯丁所說：「存在於未來中者，都被期待成為將是已存在者」〔*quod futurum est, transiturum expectatur*〕）。[90]

人類有能力超越存有的世界，超越著那與他同時被造、他在死去前必要居住的世界；他的心智活動並非全然與感官所予的世界無關。因而，知性「與感官不能分割」，而且「它天生的功能就在於了解感官數據」；同理，意志「也與感官的欲望不能分割」，而它天生的功能是「對自己的愉悅」。「*Voluntas conjuncta appetitui sensitivo nata est condelectari sibi, sicut intellectus conjunctus sensui natus est intelligere sensibilia.*」[91]在此，具有決定性的字詞是 *condelectatio sibi*，也就是先天存於意志活動中的喜悅。它不同於欲望在得到所欲之物後的快感，後者是短暫的——占有熄滅了欲望與快感。*Condelectatio sibi* 因接近欲望而得喜悅，董思高明白地說過，沒有任何心智的喜悅能勝過感官欲望滿足後的快感。但那快感極為短暫，幾乎和欲望同樣的短暫。[92]因此，他強烈地區辨著意志與欲望，因為只有意志不是短暫的。而意志對自己所有的先天喜悅，和知性必要了解與知道的天性，是一樣地自然。那喜悅甚至能在憎恨中找到痕跡；但是它天生的完美，以及二合一之間最終的和平，卻只有在意志轉化為**愛**後，才能發生。假如意志只是想占有的欲望，它就將在欲望的對象被擁有的那一刻停止存在：我不會欲求我已擁有的事物。

在董思高臆想來生的範圍內——來生是人「理想」的存在——最具有決定性的，就是那被希求著、意志轉化為有著先天 *delectatio*（喜悅）的愛。意志轉化為愛並不意味著一旦達到目的，愛就將休止；未來的福賜，那來生能享有的美好，不能存在於休息與沉思。對 *summum bonum* 那最高「事物」——如 *ergo*，神——的沉思對知性是理想的，知性立足於直覺，掌握事物的「此境」（*haecceitas*），此生的不完美，不僅是來自對最高者的無知，也由於對此境直覺的不完美：「知性……可依恃著普遍性的概念，那是因為它無法掌握此境。」[93]那「永恆的和平」或休止，主要來自有欲望之生物可在心智活動中超越欲望與嗜求製造出的焦躁不安的經驗，但他們卻沒有能力完全逃離這些經驗。但處於福賜狀況——也就是在來生裡——的意志，不再需要也不再能夠做到的，是**拒絕**與憎恨，但這並不代表在那福賜狀態中的人失去了說「是」的能力。

這種無條件的接受被董思高稱為「愛」：「*Amo: volo ut sis*」。「福賜就是意志遇見知性呈現於其面前之對象時，珍愛那對象，對它的自然欲望得以完全地滿足。」[94]此處，愛仍是一活動，但卻不再是心智的活動，因為它的對象不再與感官離異，亦不再是不為知性所知。「福賜中……被完全地與完美地獲得者，是對象本身，而不是只存於心智中的對象。」[95]當心智超越了世上朝聖「旅人」的存在狀況，而在其單純的活動中時——也就是意志轉化為**愛**的活動——已對這未來的福賜稍有所感。本著奧古斯丁對 *uti* 與 *frui* 的區分——前者是利用某物得到另一物，後者是愉悅於物之本身，董思高將福賜的本質定為「*fruitio*」，「為神之故而愛神的完美之愛……因而不同於為己之故愛神。」即使是為了個人靈魂的救贖，後者形式的愛仍是 *amor concupiscentiae*，是帶著欲望之愛。[96]我們在奧古斯丁的著作中讀到意志成為愛的轉化。這兩位哲學家很可能都受了保羅「愛是永不止息」的影響。即使是「那完全的來到」，當其他所有都「歸於無有」（《哥林多前書》13: 8-13），愛仍不止息。在奧古斯丁中，這種轉化之所以可能，是由於意志黏合的力量；沒有比愛更強大的黏合劑了，它將相愛的愛人黏合於一處（「極巧妙地被黏合」）。[97]但對董思高而言，愛不止息的經驗基礎，是出於對某種愛的構想。那種愛並不只是將欲望與需求清除與滌淨，而是在那愛中，意志的**機能**被轉化成為了單純的活動。

假如在現世中，心智的奇蹟使我們能暫時在心理上超越俗世的境況，而享有純然以自身為目的的活動，那麼對來生的期望，也就是整個存在的被精神化。董思高所提及的「榮耀的肉體」，[98]不再依恃「實事的存在」。在實事的存在中，它的活動永遠地被打斷，或是被*factivum*，即製造物件的活動，或是被與生俱有的眾多欲望打斷；愛的持久力量並非來自活動的全然停息——像戰爭怒火後的平靜——而是出於自足與自我實現的持續活動。這並不是完美運作後的安寧與幸福，而是活動休憩於其目的裡的安適。在此世的 *experientia interna*（內在經驗）中，我們曾知悉這樣的活動。董思高認為，我們可將之視為一種暗示，暗示著在那不確定的未來裡，這將可永遠地持續。那時，「運作的機制將在自己的目的中安定下來，經由那完美的活動〔愛〕，擁有它的對象。」[99]

可能有一種活動可在自身內找到靜止的概念，具有驚人的原創性——這在西方哲學史中，既無先驅，亦無後繼者——這觀念和董思高在本體中對偶發性超於必然性的偏愛，以及對個別性超過普遍性的概念一樣地有獨創性。我所試圖呈示的，是董思高的理論並不只是單純的概念的逆反，而是真確的創見，亦都可被視為是對自由議題的思辨。據我所知，在哲學史中，也只有康德在對自由議題的涉入，能與董思高有著同等的分量。然而十分確定的是，康德卻並不熟知董思高。在此，我將以《純粹理性批判》中的一個段落做為本章的結束，這一段落雖然沒有提到自由或是意志，但卻是談論著同樣的問題的：

我們一旦假設某事存在，就不能避免假設它是必然地存在，這情形中有著極為怪異的成分……相反地，假如我處理是事物的概念，不管是什麼樣的事物，我發現被我所描述事物的存在，卻永不可能有必然性。而對於存在的事物，不管它是什麼，卻也沒有任何事物可以阻止我去思考它的不存在。因而，雖然我必要假設某事的必然性，以做為它普通性的存在狀況，但我卻無法認定任何個別的事件是必然。換言之，除非我假設一必然的存有，否則我絕不能**完成**存在境況的回退，但我卻永遠不能有**開始**此一假設的立場。〔在數頁的演繹後〕……沒有任何事物能強制著理性去接受這樣的存有；與之對反的理性永遠可在思考中毫無矛盾地取消它；絕對的必然性是一種必然，只能存在於思想中。[100]

本著董思高對的教導，我們可在以上的段落之後加上這句話，絕對的虛無卻是不可能存在於思想中的。在後面的章節，當我們討論到意志機能在現代末期不確定的命運時，我們將再回到這個題目。

1 《中世紀哲學的精神》（*The Spirit of Medieval Philosophy*），pp. 207, 70。

2 《神學大全》（*Summa Theologica*），I, qu. 82, a. 1。

3 同上，qu. 81, a. 3, and qu. 83, a. 4。

4 吉爾松（Gilson）引董思高，《中世紀哲學的精神》，p. 52。

5 吉爾松，《中世紀哲學的精神》，p. 437。

6 收入在《過去與未來之間》（*Between Past and Future*）中的〈什麼是權威〉（"What Is Authority"）一文裡，我企圖示範過去對羅馬對政治了解的重要性。特別參閱對羅馬三大主柱的說明：權威（*auctoritas*），宗教（*religio*），傳統（*traditio*）。

7 《上帝之城》（*De Civitate Dei*），bk. XII, chap. xiv。

8 見上引，I, qu. 5, a. 4。

9 同上，I-II, qu.15, a. 3。

10 同上，I, qu. 5, a.1, and I-II, qu.18, a.1。

11 同上，I, qu. 48, a. 3。

12 同上，qu. 5, a. 5; qu. 49, a. 3。

13 引自同上，qu. 5, a. 5; qu. 49, a. 3。

14 《中世紀基督教哲學史》（*History of Christian Philosophy in the Middle Ages*），New York, 1955, p. 375。

15 《神學大全》（*Summa Theologica*），I, qu. 75, a. 6。

16 同上，qu. 81, a. 3。

17 同上，qu. 82, a. 4。

18 吉爾松（Gilson），《中世紀基督教哲學史》，p. 766。

19 《神學大全》，I, qu. 29, a. 3, Resp。

20 奧古斯丁，《上帝之城》，bk. XII, chap. xxi。

21 《神學大全》，I, qu. 82, a. 4。

22 同上，qu. 83, a.3。

23 被阿奎那在《反異教大全》（*Summa contra Gentiles*），III, 26 中提出。

24 引自卡爾（Wilhelm Kahl），*Die Lehre vom Primat des Willens bei Augustin, Duns Scotus und Descartes*, Strassburg, 1886, p. 61 n。

25 《神曲》（*The Divine Comedy*），〈天堂篇〉（Paradiso），Canto xviii, line 109 f., trans. Laurence Binyon, New York, 1949。

26 引自施威爾（Gustav Siewerth），《多瑪斯．阿奎那》（*Thomas von Aquin, Die menschliche Willensfreiheit. Texte...ausgewählt & mit einer Einleitung versehen*），Düsseldorf, 1954, p. 62。

27 《神學大全》，I, qu.79, a. 2。

28 同上，I-II, qu. 9, a. 1。

29 《尼可馬格倫理學》（*Nicomachean Ethics*），bk. X, 1178b18-21;1177b5-6。

30 《神學大全》，I-II, qu.10, a. 2；如上引《反異教大全》。

31 《形上學》（*Metaphysics*），1072b3。

32 《神學大全》，I-II, qu.11, a. 3; 比較《保羅羅馬書注釋》（*Commentary on St. Paul's Epistle to the Galatians*），chap. 5, lec.3。

33 《道德之形上學奠基》（*Grundlegung zur Metaphysik des Sitten*），Akademie Ausgabe, vol. IV, 1911, p. 429。

34 比如參閱第四節（sect. IV），雙語版的董思高（Duns Scotus）《哲學論著》（*Philosophical Writings*），ed. & trans. Allan Wolter, Edinburgh, London, 1962, pp. 83 ff。

35 引自卡爾（Kahl），見上引，pp. 97 & 99。

36 見布同尼（Efrem Bettoni），〈董思高之綜合的獨創性〉（"The Originality of the Scotistic Synthesis"）收於瑞安及彭南席（John K. Ryan & Bernardine M. Bonansea），《董思高 1265-1965》（*John Duns Scotus, 1265-1965*），Washington, 1965, p. 34。

37 《董思高 1265-1965》，p. 191。在同書（p. 144）不同的討論中，布同尼提到：「有大一部分……董思高（有關神存在的）理論，是在於他綜合了多瑪斯與安瑟姆。」

38 除了上引的項目，我主要使用了：Ernst Stadter, *Psychologie und Metaphysik der menschlichen Freiheit*, München, Paderborn, Wien, 1971; Ludwig Walter, *Das Glaubensverständnis bei Johannes Scotus*, München, Paderborn, Wien, 1968; Etienne Gilson, *Jean Duns Scot*; Johannes Auer, *Die menschliche Willensfreiheit im Lehrsystem des Thomas von Aquin und Johannes Duns Scotus*, München, 1938; Walter Hoeres, *Der Wille als reine Volkommenheit nach Duns Scotus*, München, 1962; Robert Prentice, "The Voluntarism of Duns Scotus," in *Franciscan Studies*, vol.28, Annual VI, 1968; Berard Vogt, "The Metaphysics of Human Liberty in Duns Scotus," in *Proceedings of the American Catholic Philosophical Association*, vol. XVI, 1940。

39 引自 Wolter，上引，pp. 64, 73, 57。

40 引自克里斯泰勒（Kristeller），上引，p. 58。

41 引自 Wolter，上引，p. 162，作者自譯。

42 同上，p. 161，作者自譯。

43 同上，n. 25 到 sect. V, p. 184。

44 同上，p. 73。

45 同上，p. 75。

46 同上，p. 72。吉爾松認為「無限」這個概念是來自基督宗教。「基督宗教前的希臘，除了認為那是一種不完美，從未有過無限的概念。」見《中世紀哲學的精神》，p. 55。

47 見 Walter，上引，p. 130。

48 引自 Stadter，上引，p. 315。

49 引自 Auer，上引，p. 86。

50 引自 Vogt，上引，p. 34。

51 同上。

52 引自 Kahl，上引，pp. 86-87。

53 布同尼（Bettoni），《董思高》（*Duns Scotus*），p. 76。

54 見彭南席（Bernardine M. Bonansea），〈董思高之意志主義〉（"Duns Scotus' Voluntarism"），收於上引收於瑞安及彭南席（Ryan & Bonansea），p. 92. "*Non possum velle esse miserum;...sed ex hoc non sequitur, ergo necessario volo beatitudinem, quia nullum velle necessario elicitur a voluntate,*" p. 93, n.38。

55 同上，pp. 89-90，以及 n.28。彭南席列舉這段落，它「似乎指陳著意志全因邪惡而尋求邪惡的可能」（p. 89, n.25）。

56 引自 Vogt，上引，p. 31。

57 引自彭南席，上引，p. 94, n. 44。

58 見 Vogt，上引，及彭南席，上引，p. 86, n.13: "*Voluntas naturalis non est voluntas, nec velle naturale est velle.*"

59 引自 Hoeres，上引，pp. 113-114。

60 同上，p. 151。所引來自 Auer，見上引，p. 149。

61 Hoeres，見上引，p. 120. 只要董思高的著作沒有確定的版本，他對某些問題的看法就無法有著定論。

62 布同尼，《董思高》，p. 187。

63 同上，p. 188。

64 見 Stadter，上引，特別是有關 Petrus Johannes Olivi 的段落，p. 144-167。

65 布同尼，《董思高》，p. 193, n。

66 這類句子出現在各處。有關這「內向」的討論，參閱 Béraud de Saint-Maurice, "The Contemporary Significance of Duns Scotus' Philosophy"，收於瑞安及彭南席（Ryan & Bonansea），上引，p. 354。以及 Ephrem Longpré, "The Psychology of Duns Scotus and Its Modernity"，收於 *The Franciscan Educational Conference*, vol. XII, 1931。

67 為「證明」偶發性，董思高借用了 Avicenna 的權威，引自他的《形上學》（*Metaphysics*）：「那些否認這第一義〔即，有些存在是偶發〕者，應被鞭打並被烤炙，直到他們承認被烤炙與不被烤炙，或被鞭打與不被鞭打是不同的事。」見漢門及華許（Arthur Hyman & James J. Walsh），《中古世紀哲學》（*Philosophy in the Middle ages*），New York, 1967, p. 592。

68 所有熟悉中世紀不同學派之間爭論的人，仍不免會驚訝於它們極富爭議的精神，這種「爭議式的學習」（培根語），只是為了短暫的勝利。從伊拉斯謨斯（Erasmus）及拉伯雷（Rabelais）的嘲諷，培根的批評，見證了當時好戰的氣氛，對於真正想研究哲學的人來說，是十分惱人的。有關董思高，見瑞安及彭南席（Ryan & Bonansea）中 Saint-Maurice 之作品，見上引，pp. 354-358。

69 引自漢門及華許（Hyman & Walsh），上引，p. 597。

70 彭南席，上引，p. 109, n. 90。

71 Hoeres，上引，p. 121。

72 彭南席，上引，p. 89。

73 Stadter，上引，p. 193。

74 同上。

75 Wolter，上引，p. 80。

76 亞里斯多德，《物理學》，256b10。

77 Auer，上引，p. 169。

78 有關「並發之因」，參閱彭南席，上引，pp. 109-110。所引主要來自 P. Ch. Balie, "Une question inédite de J. Duns Scots sur la volonté"，收於 *Recherches de théologie ancienne et médiévale*, vol. 3,1931。

79 Wolter，上引，p. 55。

80 比較柏格森對此的看法，本卷第一章，p. 31，（中文版第三三七至三三八頁）。

81 引自 Hoeres，上引，p. 111。不幸的是，他並沒有注明下列句子的拉丁出處：「*Denn alles Vergangene ist schlechthin notwendig*」。

82 見彭南席，上引，p. 95。

83 引自漢門及華許（Hyman & Walsh），上引，p. 596。

84 見 Vogt，上引，p. 29。

85 Auer，上引，p. 152。

86 布同尼，《董思高》，p. 158。

87 Wolter，上引，p. 57, 177。

88 Hoeres，上引，p. 191。

89 Stadter，上引，pp. 288-289。

90 被引於海德格，《什麼叫思考？》（*Was Heisst Denken?*），Tübingen, 1954, p. 41。

91 引自 Vogt，上引，p. 93。

92 Hoeres，上引，p. 197。

93 布同尼，《董思高》，p. 122。

94 見彭南席，上引，p. 120。

95 同上，p. 119。

96 同上，p. 120。

97 《三一論》，bk. X, chap. viii, 11。

98 布同尼，《董思高》，p. 40。

99 我對以下的拉丁段落的詮釋，是來自 Opus Oxoniense IV, dist. 49,qu. 4, nn. 5-9: "*Si enim accipiatur quietatio pro… consequente operationem perfectam, concedo quod illam quietationem praecedit perfecta consecutio finis; si autem accipiatur quietatio pro actu quietativo in fine, dico quod actus amandi, qui naturaliter praecedit delectationem, quietat illo modo, quia potentia operative non quietatur in obiecto, nisi per operationem perfectam, per quam attingit obiectum.*"

我建議以下的譯法：「假如靜謐是來自一完美的運作，我承認對一目的完美的達成，將發在這靜謐之前；但是如果靜謐是來自一項行動休憩於它的終點，我要說那自然發生於愉悅之前的愛的行動，其所帶來靜謐的方式是如此特別，那行動的機能並不在它的目的中得到休憩，而必要經由那以之達到目的的完美運作。」

100 B643-B645，史密斯（Smith）譯本：pp. 515-516。

第四章

結論

Conclusions

13

德國觀念論與「概念的虹橋」

——German Idealism and the "rainbow-bridge of concepts"

做結論前，在這被僭越地稱為是意志歷史的素寫與鈎畫中，我將做跨越數個世紀的最後與最大的跳躍。上文提及，對所謂「理念歷史」（*Geistesgeschichte*）是否能合理地存在，我一直心存懷疑，因為這歷史假設理念乃隨時間的順序延展衍生。但這種假設也只有在黑格爾的辯證系統中才可能合理。但不論此架構是否合理，我們卻確實擁有著偉大哲學家的思想紀錄，以及他們在歷史中不變的定位。他們對意志肯定與否定的陳述，我也都簡略提及——一邊有笛卡兒及萊布尼茲，另一邊有霍布斯及史賓諾莎。

數世紀中唯一與我們的討論無關的偉大哲學家，卻是康德。康德所說的意志並不是思考之外的另一**獨特**的心能，他的意志是實踐理性，即 *Vernunftwille*，近似亞里斯多德的 *nous praktikos*；「純粹理性可用於實踐，這是康德道德哲學的主題」，[1] 對康德的哲學做這樣的評估是全然正確的。康德的意志不是自由選擇（*liberum arbitrium*），也不是自由選擇的肇因；對他而言，單純的自發性，也就是那應被稱為「絕對的自發性」者，只存於思考中。康德的意志是理性為行事而選派的執行器官。

在此，較難堪因而需要解釋的，是我們從討論中略去的康德之後的德國觀念論，其中包括了為現代哲學奠基的費希特、謝林與黑格爾。現代的興衰並不是「理念歷史」的虛造，而是被一系列確切的實際事件所刻畫：對地球及部分宇宙的新發現，新科技的興起，世俗化及啟蒙運動所引發的教會權威的衰退。

歷史上這重大的事實突破，已有著從不同卻合理的觀點出發，而做出的刻畫與詮釋；但在我們討論的網絡中，近世紀來最有決定性的發展，首推認知的主觀化與形上學的思想。只在幾個世紀中，人儼然成為了科學及哲學的主要關懷。這種現象並不見於從前的世紀裡。雖然，我們已看到，意志機能的發現發生於「內在之人」被發現的同時，也就是人成為「自己的問題」的那一刻。也只有當科學證明人的感官容易犯錯——這種錯誤可用新發掘出的證據予以更正，故「真理」得以被彰顯——感官的機制永遠無法擁有自明的確定性時，人的心智（現在被拋回給了自己）才開始（從笛卡兒起）找尋那純粹意識數據的「確定性」。尼采稱現代為「懷疑的年代」，他所指的就是（至少從笛卡兒起）人不能確知任何事，甚至不能確定真實；人需要證明，不僅是對神存在的證明，也是對自己存在的證明。對自己存在的確定，可

在笛卡兒的 *cogito me cogitare* 中找到，也就是，在心智的經驗中找到，在那經驗中，我們完全不需要那給予我們外在世界與自我真實的感官。

這種的確定，顯然有它的問題。受笛卡兒影響至深的巴斯卡就曾對此提出反對，他認為意識甚至不足以區分夢境與真實：一位工匠每晚可以有十二個小時夢想著他是國王，享受著和國王一樣的生活（以及等量的「幸福」），而那國王每晚則夢見他只是一位貧窮的工匠。更進一步說，因為「人常夢見他在做著夢」，所以沒有任何事可以保證我們的一生並不是一個夢，將醒於死的那一刻。而「這新的、置一切於懷疑中的哲學」（鄧恩，Donne），要求時時刻刻的懷疑，並在懷疑中找尋確定。但這樣的取向似乎也於事無補。因為懷疑者難道不也非得懷疑他所懷疑的事物？當然，沒有人會走向如此的極端，但那也只意味著「從來沒有一位真正完美的懷疑者〔即巴斯卡所說的 *pyrrhonien*〕」，不是因為他被理性強化，而是受制於「自然，〔自然〕助長著無能的理性」；因而，笛卡兒的理論也就「只能像是唐吉訶德的故事」。[2]

幾個世紀以後，以同樣模式思考的尼采，懷疑也許是笛卡兒式的、「將〔思考〕『自我』視為唯一真實的信心……〔使得我們〕將真實交付給了有著普遍性的事物」。[3]的確，在形上學的後期，沒有比這更能代表議論方式的逆轉。而尼采毫不留情地以誠實的思想實驗，成為此中的高手。但這種遊戲——還是一種思想遊戲，而不是語言遊戲——一直要到德國觀念論興起、所有通往異向的橋梁都被截斷時才有可能。橋梁完全斷去，只留有「那概念的虹橋」。[4]

或者不那麼詩意地說，直到哲學家了解到，「當代哲學的新意存在於一前所未有的信念，亦即我們無法擁有真理。而所有前代的人，即便是過去的懷疑者，卻能都『擁有真理』。」[5]

我認為尼采與海德格對此現代信念在時間上的定位是不正確的。那個現代的新信念是伴隨著現代科學的興起，並被笛卡兒式的取代真理的「確定」所強化。之後，這信念又被康德以及經院哲學的遺緒摧毀。後者所恃的是其邏輯習作的形式，及各學派的專斷主義，故只有十分薄弱的引經據典的存在。一直要到十九世紀末期，真理不能被擁有的信念，才成為知識階級普遍同意的意見。並將之樹立為時代精神，尼采就是這種精神最無懼的代表。

這反應延遲了數世紀才出現的最大原因，與科學的新興有關。那是面對知識長足與劇烈進步時、哲學家所必有的自然反應。這快速的進步使古代之後的幾個世紀，相較之下，看似全然的呆滯。**進步**的概念，在求取知識的領域中，廣泛地成為一種共同的動力。「成為過去、現在與未來的科學家所共有……它最先在培根（Francis Bacon）的著作中出現。」[6]隨著進步的概念，幾乎是自動地，時間的觀念也以不同的方式被了解。未來急湧而出，取代了現在與過去的位置。每一新世代必要比前人擁有更多的知識、且這進展將永不停止的觀念——這觀念直到當代才被質疑——已足夠重要；但對我們目前的討論更有意義的，卻是另一單純與理所當然的看法，也就是「科學知識」的獲得，一向是「循序地累積，**不同世代**研究者的貢獻，逐漸附加並更正前人的發現」。

科學的興起始自天文學上的新發現。科學家們「最系統化地使用」前人的發現成果。而他們的前人，若無前代遺留下的可靠紀錄，亦不可能有任何「進步」。因為科學家的生命或是整個世代的科學家的生命，顯然都過於短暫。不足以完成核對數據與證成假設的工作。但是「天文學家編纂星座總目，以供後代科學家之用」，也就是說，他們為科學的進展定下了基礎。（天文學當然並非唯一推動進步者。多瑪斯・阿奎那亦意識到「科學知識的增進」〔*augmentum factum est*〕，他卻將之歸因於「最初發明科學的人在知識上的缺失」。實驗求進的工匠們，亦能意識到他們技藝的進步。但是工藝的同業卻只「強調技藝的傳承，而非技藝的進步」。在「現存文獻中唯一明確顯示著知識進步或技術更新概念的，只在有關砲火學的論述裡」。[7]）但是，給予現代科學突破動力的，仍然是天文學。此後普及到其他學科，最終甚至籠罩著同樣現代的歷史學的進步概念。它最初所指的也就是集合數據、交換知識、緩慢累積紀錄等方法，以做為天文學演進的必要條件。直至十六與十七世紀的那些驚人發現，天文學的動態，才引起了探討一般人類處境的學者的注意。

因此，當「新哲學」正證明著感官的不足、「對一切存疑」、因而引發懷疑與絕望時，我們卻有著同樣顯著的、知識不斷前移的現象。引發著無比的、對人可知與可學的龐然樂觀態度。但這樂觀的態度卻不能用在個人的身上，甚至不能用在少數的科學家小組；它只能用在世代的演進，也就是整個人類。用巴斯卡的語言來說——他是第一位覺察到進步乃是人類

（Mankind）這概念的必要附設——它是「〔人類〕所有的特權〔區分著人與動物〕，不僅使個人在知識上日有長進，並使所有的人一起，在逐漸老去的宇宙裡，共同求進……因此在世紀中綿延的人類**可被視為一體，視為同一個人，他永遠活存**，且不斷學習」（粗體字為強調）。[8]

在這公式化的陳述中，最具決定性的是那「所有的人一起」的概念。這當然是一種想法，而不是現實，是直接地建立在「人」做為「主詞」的模式上。也就是可做為任何以動詞表現之活動的名詞。這個概念嚴格說來不能算是隱喻，而是一徹底的**擬人化**。類同於我們在文藝復興敘事詩中所讀到的寓言。換句話說，**進步成為了人類的計畫**，在真實的人的背後發揮著作用——這擬人化的力量，我們可在後來亞當．斯密（Adam Smith）那「無形之手」、康德的「自然的策略」、黑格爾的「理性的機智」及馬克思的「唯物辯證法」中找到。的確，在觀念歷史學家的眼中，這些觀念只不過是神聖天命的世俗化。這種詮釋因為是在巴斯卡中讀到而更應被質疑，因為巴斯卡是最後一位會想以世俗頂替神為世界統治者的哲學家。

總之，進步與人類這兩項觀念的緊密連接，要到法國大革命之後，才真正在哲學思辨的領域中占據顯著的地位；因為法國革命成功向從事思考的心智示範了自由、博愛與平等這些無形理念能付諸實現的可能，而以此挑戰哲學家傳統對人類事務起伏與歷史興衰的輕視態度。（柏拉圖《律法》中那出名的格言，主張嚴肅之人應將其精力投注於正經之事，而「不浪費在瑣碎的世事之上」[9]的說詞，現代人聽來如此地極端，但這種態度卻一直持續著，要到維科〔Vico〕才被質疑，而在十九世紀之前，維科卻絲毫沒有任何影響力，他的質疑亦也不曾激起任何回響。）從各個不同的方向考量，法國大革命都可被視為現代的高潮。它改變了整個世紀「思想蒼白的面容」。亦使以憂鬱著稱的哲學家群體，突然變得開朗樂觀。他們開始相信未來，而把年代長久的悲調留給歷史學家。科學在幾個世紀所不能求得的進步，卻在數十年內發生。這些科學上的躍進，雖然只有涉身其中的科學家知之甚詳，但卻也並非超出哲學家的一般領悟能力。由此，哲學家們皈依了這對進步的信心，信心所及，不僅止於知識的領域，且到達了一般性人類事務的領域。

當開始以前所未有的投入來沉思**歷史**的軌跡時，他們立即覺察到呈現這題目的最大謎題：也就是沒有任何行動能到達它最初所設立的目的。而進步——或歷史過程中任何其他的使命感——乃是源自無意義的「錯誤與暴力的混合」（歌德），或是「人類事務那無意義的軌道」中的「悲傷的災難」（康德）。意義只能在事過境遷後，被智慧察覺。也就是當人不再行動，而開始講述那所曾發生過的事件時；只有在那個時刻，追逐目標的人們看來才像是被「自然的企圖」或「理性的線索」所引領前進。[10]我引述康德及歌德，這兩人都停在德國觀念論那新世代的門檻之前，對德國觀念論的哲學家而言，法國大革命是他們生命中最具決定性的經驗。但是那些「已被確知的歷史事件」本身，卻「不具有共同的基礎、持續性或內聚力」，這現象已被維科提出，但多年後，黑格爾卻仍堅持「激情、私有目標與自私欲望的滿足，才是最有效的行動泉源」。因而，有條理意義的，不是過往事件的紀錄，而是那被講述的故事。康德死前的言論所以叫人驚異之處，就在於他即時了解了歷史行動的主題是人類（Mankind），而不是個人或任何可被定義的人類團體。同樣令人驚異的是他對這歷史計畫最大漏洞的認知：「令人迷惑的是，前一代的人執行他們沉重的事業，似乎只為了後代的好處……那也就只有最後一代的人能福氣地休憩在那〔被完成的〕居所之中。」[11]

也許只是純然的巧合，在十八世紀革命影響下成長的一代，在心智上亦在康德對思想解放的氛圍下成形。康德以理性的自我批判，化解了長久存在的、專斷主義與懷疑主義之間的兩難。革命激勵著他們將進步的概念由科學轉向人類事務的領域，並將之解釋為歷史的進步。他們也很自然地將注意力轉向意志，將之視為行動的泉源與處理未來的器官。其結果是，「使自由成為哲學總合內容的思想，解放了人類的精神及它所從屬的所有關係。」而這結果亦解放了思我，使之能以思想序列從事思辨，其最終的目的就在「證明……不僅自我即是全部，反之亦然，全部即是自我」。[12]

巴斯卡對人類擬人化的概念中所具有的限制與不確定，現在開始以難以置信的的速度繁衍。人的活動，不論是思考或是行為，完全被轉化為擬人化理念的活動——這使哲學變得無比困難（黑格爾哲學最困難處，就在它的抽象性，對其所指涉的數據或現象，僅偶有暗示），卻也無比活潑。這是一場名符其實的臆想狂歡會，和康德的理性批判形成強烈的對比，滿溢的歷史實事卻掩蓋在極端抽象的裝飾之下。因為被擬人化的概念本身能行動，故看來（謝林語）哲學好似被「提升了立足點」，到達「更高的真實感」。在其中，智思物，康德的*noumena*，以及思我對真實數據——黑格爾的歷史數據，謝林的神話或宗教數據——所做沉思被戲劇化後的產物，開始它們被解體後的鬼魅之舞，其步調與節奏毫不受理性的節制與限定。

也就是在這純粹思辨的範疇中，意志短暫地出現在德國觀念論的哲學裡。「在最後與最高的例證中，」謝林宣稱，「除意志外，別無其他存有。意志是原始的存有，而所有的述詞都只應用於它——無基底、永恆、在時間之外、自我肯定！所有的哲學的努力都在於找尋這最高的表現。」[13] 海德格在《什麼叫思考？》（*What Is Called Thinking?*）中引用這段話，並如此說道：「那些形上學自古就應用在存有上的述詞，謝林為它們在意志活動（willing）中找到了最終、最高與最完美的形式。然而，**這意志活動中的意志，並非來自人類靈魂的能力**；『立意』（willing）這個字在此指陳的，是那所有存在成為一體的存有。」（粗體字為強調）[14] 海德格毫無疑問是正確的；謝林的意志是一形上的體制，但是不同於其他更普遍的古老形上學的謬誤，它是被擬人化的。在另一不同的討論中，海德格更精準地簡述了這被擬人化的概念的意義：**不正確的**「想法〔極易〕產生，而認為人類的意志力是那立意之意志（will-to-will）的根源，其實正相反，人是被立意之意志所立意（being willed by the Will-to-will），卻從不曾經驗此種立意的本質」。[15]

海德格以這些語詞堅決地反對著近世的主觀主義，以及現象學的分析，它們的主要目的一直都在「拯救」意識所與的「現象」。在進入這「理念的虹橋時」，海德格轉向了德國觀念論，連帶也技巧地避開了人及他的機能，而偏向了擬人化的概念。

尼采卻以無比的精準，診斷出了康德以後德國哲學的靈感泉源；他對這樣的哲學再熟悉不過，他自己最終也走向了一個類似卻更為極端的路徑。

〔尼采說，德國哲學〕最基本形態……的鄉愁：是對那曾有過的、最美好者的嚮往。人無處可安身立命；最後都渴想著回到那唯一可安身立命的所在：也就是**希臘**的世界！但所有通往那方向的橋梁都已倒塌——除了那座理念的虹橋……的確，一個人必然要十分輕巧，十分精緻，十分纖瘦，才能踏上那座橋！但此中已有精神化的意志，幾乎是鬼魅〔*Geisterhaftigkeit*〕似的！……我們想**回去**，經由教會的神父們而到達希臘……德國的哲學是通向文藝復興的意志，是發現古典的意志，是挖掘古典哲學的意志，尤其是蘇格拉底前的哲學——那希臘廟堂中被埋藏至最深者！幾個世紀之後，德國哲學將被視為對古典土壤的逐漸回收……我們逐日地越變越希臘；在概念與判斷上，如希臘化的鬼影一樣蒼白……[16]

無疑地，擬人化概念的根源是存在於真確的經驗，但在人背後作用的那個被解體的精神偽王國，卻是建立在對另一個世界的鄉愁之上，只有在那已逝去的世界裡，人才能安居樂業。

這也是為什麼我略去德國觀念論的原因，形上學的純粹思辨在德國觀念論中達到了它的最高峰，但卻也達到了它的終點。我並不想跨過那「概念的虹橋」，可能是因為我並沒有足夠的鄉愁。總之，我並不相信有那樣的一個世界——不論是過去或是未來——在那兒，具備著遁離於表象世界能力的心智，可以或是應該安適地休憩。此外——至少在尼采及海德格的例子中——以人類機制而非本體範疇來面對意志，才使這兩位哲學家首先駁斥了這機制的存在，**然後**將信心轉放於那擬人化概念的鬼屋，而「建造」與裝潢著這擬人化概念的，很明顯地是思我，而非意志自我。

14 尼采對意志的駁斥

——Nietzsche's repudiation of the Will

在對意志的討論中，我重複地提出了對此機能兩種全然不同的了解：一是在多數物件中做**選擇**的能力，即 *liberum arbitrium*，也就是仲裁所予之目的，經衡量後自由地選取可達目標的方法；二是「開動一系列事件與狀況的**自發**力量」（康德），[17] 或是奧古斯丁的「*initium ut esset homo creatus est*」（人本身即是開始，因而有著開始的能力）。隨著現代進步概念的發展，對未來的了解也連帶地有了改變（未來不再是迎面而來者，而是意志之計畫所決定的事物），意志的激動力必然變得顯著起來。根據我們對當時普遍想法的所知，它的確有著這樣的地位。

然而在另一方面，我們稱為「存在主義」的思想起源，卻又非常欠缺這樣樂觀的高調。對尼采而言，只有「缺乏歷史意識」的人——對他而言，這種缺乏是「所有哲學家最初始的錯誤」[18]——才可能有樂觀態度：「讓我們不要受騙！時間向前進；我們情願相信所有在其中的事物也跟著向前進——發展必是向前的。」至於與進步相關的人類：「『人類』並不向前進；它根本不存在。」[19]

換言之，雖然現代初期普遍顯現的懷疑態度，先被進步的概念，後被法國大革命的象徵，劇烈地中和與阻遏；但這反應也僅只是一種遲緩，它的力量最終耗盡了自己。如果想在歷史的脈絡中審察此一發展，我們只能說尼采的思想實驗——「這種基於生活的實驗哲學，甚至可實驗性地期待最基本的虛無主義是有可能」[20]——最終完成了由笛卡兒及巴斯卡在十七世紀時所開始的運動。

人類永遠面對著欲揭示未來罩紗的誘惑——經由不同的，如電腦、占星術、或是祭祀動物內臟的助力——但在預估未來這門學科中，他們卻有著比任何其他科學研究都要糟糕的紀錄。如果我們讓這時代裡的未來學家公平地競賽，得獎者應是鄧恩（John Donne），鄧恩是一位詩人，他沒有任何從事科學的野心，只在一六一一年寫下了他對科學現況的立即反應（科學在很長的一段時間裡，仍是以「自然哲學」為名）。鄧恩不必等著笛卡兒或是巴斯卡來為他做下他早已知覺到的結論。

新哲學對事事皆懷疑
火的元素已滅

太陽迷失了，而地球，或人的智慧
可能引導他去找尋
所有都成碎片，沒有凝聚的力量
一切只供有，一切只關係
君，臣，父，子，都是被遺忘之事

這詩悲嘆的尾音，卻要到三百年後才再被聽到：「你若知此……就了悟到這個世界是一介如何醜陋的怪獸……如何蒼白的鬼魂……如何乾枯的薪材。」[21]

我們也必須在這樣的歷史背景下，來討論最後的這兩位哲學家。他們與西方哲學傳統還有著足夠的親熟，以致能在意志中看見它做為心智重要機能的特性。我將以尼采開始，在此需要謹記的是，尼采並沒有真正寫一本名叫《權力意志》的書，以此為題的書出版於他死後，只結集了一些斷簡殘篇，包括他的隨筆、手記、格言，以及一些彼此不相連接、甚至相互矛盾的說辭。但這其中的每一章節，都是尼采的成熟之作，也就是他思想實驗的敘述，這種文體在歷史的紀錄中是極為少見的。另一明顯可與之比擬的著作，是巴斯卡的《沉思錄》（*Pensées*），《沉思錄》和尼采的《權力意志》一樣，都有著編纂鬆散的特色，使得後來的編輯愛將之**重新**編列，這是十分惱人的，到後來，讀者在對章節的指認與日期的確認上，都有著極大的困難。

首先，我們將閱讀幾段簡單的、以描寫為主的陳述，它們並沒有任何哲學或形上學的隱意。這些章節多數是讀者所熟悉的，但我們最好先不要輕易做下結論，以為這是學究氣的影響。在閱讀海德格時，我們會有做此結論的傾向，一方面是因為他對中古世紀哲學的淵博知識，另一方面則因為他在《存有與時間》（這我已提過）中對未來的先要性所做的堅持。因此更值得我們注意的是，在他對意志的討論中（主要是以對尼采哲學做詮釋的形式寫成），竟然完全沒有提到奧古斯丁在《懺悔錄》中所做的發現。是故，以下章節讀來所以熟悉的原因，可能要歸諸意志機制的獨特性格；連叔本華對年輕的尼采的影響，我們也可輕易地不必考慮。尼采深知，「叔本華雖然講到『意志』；但他哲學的本色中，卻根本沒有意志行使這回事。」[22]他也正確地看出這是出於「一基本的、對**意志**的誤解（好似，渴望、本能、欲求是意志的**本質**）」，然而「意志卻是各種欲望的主人，決定著它們的方向與度量」。[23]

因為，「意志不同於欲望、追求、想望：它不同的特色，表現在統馭的成分……事物被它統馭，此乃意志行使的天性。」[24]對此，海德格解釋道：「在尼采的著作中，沒有任何其他的語句比這樣的句子出現得更為頻繁……行使意志即是發出命令；意志所天生具有的，就是統馭的思想。」[25]和此同樣顯著的特色，是這統馭的思想，很少是以馭服他人為目的：命令與服從兩者都發生在心智之內——這和奧古斯丁構思的方式有著奇異的相似處，但尼采對此當然毫無所知。

對此，他在《善惡之外》（*Beyond Good and Evil*）中，有著詳細的解釋：

> 行使意志力的人，對他內在的某物發出命令，命令就被服從……在我們稱為「意志」的眾多現象中最怪異者，就在於我們只有一個字來稱呼它。特別是只有一個字來描述這現象。也就是**在每一事例中，我們同時是發命令者，與服從命令者**；在服從時，我們經驗著被迫、激動、壓力、抗拒，這些情感幾乎是在行使意志的活動發生後立即顯現；然而……在發布命令時……我們卻經驗著一種快感。這種快感特別強烈，因為我們已習慣於經我與自我的概念去克服這種二分。我們視那內在的順服為理所當然，因而能分辨出意志與執行，以及意志與行動（粗體字為強調）。

這只存在於心智中的意志作業，克服了心智的二合一，以及發令者與服從者之間的爭戰。所用的方法是指認出「我」的整體有一命令部分。並期待另一抗拒的部分服從並執行命令。「那所謂的『意志自由』就是對必要順服的某人所擁有的優勢。『我必自由；**他**必須服從』——對這情況的知覺，就是意志的行使。」[26]

我們不可能期望尼采相信神恩能癒合意志的分裂。但上引的段落，出乎我們預料之外的，卻顯示了他能在衝突的「意識」中覺察出一種「我」用以避開衝突的伎倆。也就是與下命令的部分認同，卻忽視那不悅的、令人癱瘓的、因感覺被迫而時要抗拒的情緒。尼采卻常將這種優越的感受斥為一種幻覺，雖然它是一種有益健康的幻覺。在其他的章節中，他解釋著這整個現象的「怪異」，稱之為一種「〔意志〕在是與不是之間的擺盪」，但他堅持著「我」的優勢，而將此擺盪形容成是由快感到痛苦的擺盪。這快感（pleasure），不同於董思高的*delectatio*，很明顯地是意志活動中「我能」所預期的愉悅。這無關執行，也自外於表現良好的勝利感，亦不在意讚賞或觀眾。尼采曾在其著作中列舉諸多負面的、被奴役的感覺，如在障礙中所感受到的被迫、抗拒、忿懣。但若沒有這些障礙，意志就不可能知道自己的力量。只有克服內在的抗拒中，意志才能意識到自己的生成：它之生成並不是為了權力；但權力卻是它的來源。在《善惡之外》中，他又說：「『意志自由』這字眼是用來形容行使意志之人的多重快感，**行使意志之人位於發號施令的地位，同時**認定自己亦是那命令的執行者——如此，他享受著克服抗拒的勝利，並擁有那適宜的判斷力，以覺察到克服抗拒的是自己的意志力。以此方式，那行使意志之人在發號施令的快感之上……又加上了執行的愉悅之感。」[27]

這樣的描述，融合了意志的二合一，將抗拒之「我」與勝利之「我」集結於一處，成為意志力量的來源，這種理論的可信性，來自於討論中所意外含括的苦樂原則：「將快感與痛苦設定為基本事實。」[28]就如僅是沒有痛苦絕不可能導致愉悅，同樣地，若不須克服阻力，意志亦不能成就權力。就此而言，尼采不自覺地跟隨著縱欲哲學的步伐，而非當代對快樂——痛苦的計算。在他的描寫中，他所根據的是**解脫**痛苦的經驗，而非僅只是沒有痛苦或者只是快樂的出現。那解脫的感受之強度只與痛苦的感受之強度相當，而且永遠是超過與痛苦無關的快感的強度。品嚐最可口之美酒的快感，絕對比不上一個快渴死之人初嘗一口清水的快感。如此說來，愉悅與快感之間有著明確的分別，愉悅獨立且無關於需求與欲望，而快感卻與生物的感官欲望連接，只有在欲求著不能得到的事物時，那生物的身體才是存活的。

也只有在無痛苦與無欲望時，一個人才能感覺到愉悅；是故，愉悅是在苦樂的計算程式之外，尼采鄙視這種計算，因為它有著利益主義的暗示。而被尼采歸於戴奧尼辛原則（Dionysian principle）的愉悅感，是來自**充沛**（abundance）。故所有的愉悅感的確是一種奢侈；它淹沒著我們，也只有在所有生計的需要被滿足後，我們才能享受這愉悅。但這並不意味著我們要否定愉悅中的感官成分；充沛仍是屬於**生命的**充沛，戴奧尼辛原則在感官欲望中會有摧毀的能力，就是因為充沛有著摧毀的餘力。在這方面，不斷地製造也不斷地摧毀的意志力，難道不正與這生命原則有著最為親近的類同？因此，尼采將戴奧尼辛定義為「與生命原則的暫時認同（包括了烈士的沉迷肉欲）」，「是在毀滅中的愉悅……面對著那漸近的廢墟……將至的、暗藏在未來的愉悅，戰勝了現有的一切，不論現今如何地美好。」[29]

這尼采式的轉折，由我願（I-will）轉為被期待著的我能（I-can），否定了保羅的「我願而我**不能**」（I-will-and-I-can*not*）。也因此否定了所有基督宗教的道德準則。這樣的轉折是建立在一毫無保留的、對生命的肯定。也就是將在所有心智活動之外所被經驗的生命，提升到最高的價值。並以其做為衡量所有事物的標準。這之所以可能與可信，是因為每一我願之中的確含藏著一個我能。如我們在對董思高的討論中所讀到的：「意志之力量在於它能成事。」（*Voluntas est potentia quia ipsa alquid potest.*）[30]尼采的意志卻並不被它的我能限制；比如說，它可以立意要著永恆，而尼采期望著可以產生「超人」的未來，就是有著新人種，他們可堅強地活在「恆久重現」（eternal recurrence）的概念中。「我們製造了最有分量的思想——**現在讓我們製造那最有價值的生命**，對這生命而言，那些思想是容易的、也是一種福賜！……歡慶未來，而不是過去。唱頌〔*dichten*〕有關未來的神話。」[31]

有最高價值的生命當然是不能被示範的；這只是一個單純的假設，是常理對意志自由的假設。因為沒有這樣的假設——如我們曾不斷描述過的——所有道德的訓誡，不論是在宗教上或在法律上，都不能有任何的意義。但這又與「科學假設」相反。根據「科學假設」——如康德指出的——每一行為一旦發生於世，就掉入了因果的網絡之中，並呈現為事件系列的一環，而這系列只能在因果的脈絡中被解釋。對尼采而言，重要的是，常理的假設構成了一種「統攝一切的情緒，即使有科學假設的示範，我們也無法從中逃脫」。[32]但是視意志與生命為一物，並認為生活的衝動與行使意志力的意志最終乃為同一。這概念在尼采的權力理念中，將有其他更嚴重的後果。

《愉悅的知識》（*The Gay Science*）中的兩個最主要的隱喻，使這情況更為清晰。一個隱喻是有關生命，另一個隱喻介紹了「恆久重現」的主題——尼采在《瞧，這個人！》（*Ecce Homo*）中稱「恆久重現」是「查拉圖斯特拉的基本理念」，它也是收集在《權力意志》中的所有格言的基本理念（《權力意志》出版於尼采死後，它的書名十足地非尼采）。第一個隱喻出現在以「意志與海浪」（*Wille und Welle*）為名的篇章：

> 海浪貪婪地迫近，好似在追求著什麼！它如何爬進這迷陣似的峭壁的最內裡的孔道！……似乎有什麼有價值的東西，有極高價值的東西，藏在那裡。——現在它又回來了，稍慢了些，但還是興奮地發白；它失望了嗎？它找到了它在找尋的東西嗎？它假裝失望嗎？——但另一個浪已接近了，比第一個更貪婪，更狂野，同樣地，它的靈魂亦充滿了挖掘寶藏的祕密與欲念。**就像這些海浪一樣，那些行使著意志的人是活生生的**……隨興所至，以自負的快感及惡意的怒吼……或再沉下水去……甩動著你無垠的泡沫白鬃，噴灑它們……凡事都合我意。因為凡事都合你意，而**對你，我**有著對凡事皆**如此契合**的性格……因為……我知道你以及你的祕密。我熟知你的族類！你和我——我們難道不是同一族類？——你和我——我們難道沒有一個祕

密？（粗體字為強調）[33]

初看之下，這是一個完美的隱喻，一個「兩件完全不同事物間關係中的完美相似性」。[34] 海浪無企圖亦無目的地從海中爆發，製造出巨大無目的的激奮。這關係類似、因此也剖析了意志在靈魂的屋舍中所製造出的騷動——似乎永遠在找尋著什麼，直到它安靜下來。但它卻不全然地熄滅，永遠伺機以動，展開另一場攻勢。意志享受著意志的活動，就如同大海享受著巨浪，因為「與其完全不行使意志，人類會選擇立意**虛無**」。[35] 但在仔細審視後，我們發現，在這原本是十分標準的荷馬式的隱喻裡，其實有著更重大的意義。我們所見過的隱喻是不能反轉的：風暴的海面，令你想起了內在的情感；但那內在的情感卻不能給你任何有關海上風暴的訊息。在尼采的隱喻裡，這兩件不相似的事物卻被結合在一處，不僅顯示出它們之間可能的相似性，對尼采而言，它們根本就是完全相同的事物；而他引以為傲的「祕密」，也就是對這認同的察覺。意志與海浪是相同的，我們甚至很想逆反著隱喻的解讀方式，而做出這樣的假設：也許是意志自我的經驗使得尼采發現了海面的騷動。

換言之，在此，世界的現象成為了內在經驗的**象徵**。而本是連接表象世界與思考或意志自我的隱喻橋梁，在此倒塌。引發倒塌的，並不是我們給予了處理人類生命的「對象」過重的負荷，而是我們對人類靈魂機制的偏重，使靈魂機制的經驗有了絕對的高超性。尼采著作中的許多章節也都透露著這基本的擬人化傾向。舉其中的一例：「所有力學理論〔在尼采的作品中，這與「科學假設」同義〕的前提——物質，原子，重力，壓力，應力——都並非『獨立的事實』，而是依賴著心靈虛構所得的詮釋。」[36] 現代科學在對其科學研究結果的思辨中，似乎也有著類似的結論：今日的「天文物理學……必須要接受……這個可能，亦即他們的外在世界，只不過是人類內在世界向外的翻轉」（曼姆佛德，Lewis Mumford）。

現在轉向第二個故事。事實上，這並不是一個隱喻或象徵，而是一個**寓言**，是一個有關思想實驗的故事。尼采將之定名為「*Das grösste Schwergewicht*」，其中的想法能使你感到無比的沉重。

> 假如，有一天，或是一個夜晚，有個魔鬼尾隨你，進入你最孤獨的寂寞中，它對你說：「你所過的生活，你將重複地再過無數次；沒有新事物加入。每一痛苦，每一快樂，每一思想，每一口嘆息，以及每一件大或小得不可形容的事都將重新回到你的身上。且完全以同樣的次序，同樣的時段發生——包括樹與樹之間的這隻蜘蛛以及這月光，甚至此刻，還有我自己。那存在的永恆沙鐘，將不停地被翻轉再翻轉，連你也包括在內，那群沙中的一粒沙塵。」
>
> 你難道不會摔倒在地，咬牙切齒，詛咒說這話的魔鬼？抑或是，你曾有過某種

完美的時刻，使你想回答他說：「你是神，我從未聽過比這更有神性的話。」假如這樣的想法占據了你，它可能完全地改變你，將你壓倒。在每一事每一物中的問題，「你想再要一次，無數多次？」將成為最大的重量，壓伏著你的行為。**你要多愛你自己以及你的生命，才能不顧一切地熱切想望著**這樣的終極、永恆的肯定與誓約（粗體字為強調）。[37]

後來出現的「恆久重現」理念，沒有任何一項能如此毫不含混地展現出這理論的主要性格，亦即，它不是理論，不是教條，甚至不是假設，而是單純的思想實驗。如是，它暗指著一個對古典週期時間概念的返回，而似乎與意志的概念完全地相反，因為意志永遠指涉著線性的時間以及一未知而可能改變的未來。基於尼采對意志的陳述，以及他所假設的從我願到我能的轉換，這兩個故事唯一可能的關連，就在於那滿溢著「善意」的「完美的時刻」——那「熱愛著」生命的生物——明顯給了兩者同樣的想法。

以尼采對意志的理念來觀察，這應是「我能」的感覺處於最高峰的時刻，它散發著「有力量的感覺」（*Kraftgefühl*）。那感覺，如尼采所察覺到的，自我們的內在升起，「甚至在行動之前，即被將臨的任務所激起（比如看到了敵人，或是見到了我們自以為可以匹對的障礙）。」對運作的意志而言，這種感情並沒有太大的意義；它只是那「永遠伴隨的感覺」，但我們卻常錯誤地將此感覺歸於「行動的力量」，而認定那是它的肇因。「我們對因果的信任，是建立在對力量與成果的信心之上；因為我們將力量與力量的感覺視為同一物。」[38]休謨的著名發現即因果關係係立基於由習慣與聯想導致的信念，而非立基於知識，在此被尼采以不同的形式重新陳述著，雖然尼采並不知道這個看法，早已有先驅提及。

尼采自己的審察卻更深入，也更具批判性。他用「我願」的經驗以及緊隨的效果來取代休謨的利益算計與「道德情操」。也就是說，他引用了這項事實：人在行事之先，已知覺到自己可能是因果的經紀人。但尼采並不認為這減低了意志的無關性；對尼采以及休謨而言，意志自由是人與生俱有的幻覺，而哲學這門以批判的方式審察人類機能的學問，理應治癒這樣的幻覺。只是對尼采而言，這治療本身的道德後果卻是更嚴重的。

假如我們不再能把「行動的價值歸諸於……**意向**，或人生活與行事的所據……〔假如〕事件沒有企圖與目的的現象，在意識中越發顯著」，那麼「無事有意義」就幾乎是不可避免的結論了，因為「這悲哀的句子意味著『所有的意義都存在於企圖裡，假如企圖無存，那麼意義也就無存』」。因此，「為什麼『一個目的』不能只是一系列由有目的的行為所造成改變中的偶發現象，它只是我們意識中蒼白的影像……是事件的症狀，而**不是**它們的導因？——但以此我們是在批評**意志本身**：將起自意識的意志行為當成一肇因，這難道不也是一種幻覺？」（粗體字為強調）[39]

這段文字與有關「恆久重現」的文字寫於同時。基於此，我們可以很合理地提出這個問題：這兩種思想，就算不能相互融通，卻如何被同時思成而不相互衝突。讓我們簡短地解釋幾段尼采對意志所做的描繪性、而非思辨性的敘述。

首先，我們有看來十分明顯卻從未被明白指出的「意志的不能向後立意」的概念；意志不能停止時間的巨輪。這是「我願而我**不**能」的尼采版本，因為向後的立意，才是意志力所願意與企圖達到的。從這不能中，尼采導出了所有人類的惡行——怨懟，報復的飢渴（我們處罰，是因為我們不能取消已做成的事物），以及對壓制他人的權力的飢渴。這個「道德系譜」之上，我們還可以再加上這一條，意志的這項無能使人在偏愛向後看、記憶與思考。因為，在向後的眼光中，一切事物**看來**都是必然的。做成之事不能被取消，所以對意志的駁斥將人們從那不可忍受的重負中解放而出。總之，也許就是意志與過去之間的這種格格不入，使尼采開始了他對「恆久重現」理念的實驗。

第二，「意志權力」（will-to-power）這個概念是多餘的：意志經由立意的活動製造力量，因此，以謙卑為目的的意志與以統治他人為目的的意志，應有著同樣的力量。意志活動本身，就是力量十足的行動，也已顯示了在應付日常生活需要之後所剩餘的力量（「有力量的感覺」，*Kraftgefühl*）。假如尼采的思想實驗中有所矛盾，那就是意志在現實裡的無能——它立意卻不能向後立意——與這有力量的感覺之間的不協調。

第三，不論它是向後立意而感到自己的無能，或是向前立意而感到自己的全能，意志都超越著世界所予。這超越是無來由的，是對應著生命龐然的飽足。是故，意志的真確目的是充沛：「『意志的自由』這字句意味著力量過剩的感覺。」而這感覺也並不只是意識的幻覺，因為它的確對應著生命本身的過於充沛。因此，生命可被了解為是「意志權力」。「有生命之處，必有意志：並非生命權力……而是意志權力。」[40]因此我們可以將「滋養」解釋成是「意志權力不停分配的後果，〔而〕『繁殖』則是統領細胞不能組織的分配所遺下的餘緒」。[41]

這意志活動中的超越過程，被尼采稱之為「克服」（Overcoming）。克服所以可能，是因生命的充沛：這活動被視為創作，而對應著這繁富理念中的「美德」，就是慷慨（Generosity）——即是對報復飢渴的克服。也就是那「滿溢與放蕩意志的不羈〔*Übermut*〕」及奢華，開展了一個超越過去與現在的未來。**過剩**（Surplus），對尼采與馬克思（即單純的勞力過剩，在應付個別生活及物種存在所需後餘留的勞力）而言，都是組構文明的最主要條件（*conditio-per-quam*）。所謂的超人，也就是能超越並「克服」自己的人。但我們不能忘記，這克服是純然的心靈運作：「是從『事本如此』中創造出『我願其如是』」——此舉已可被稱為救贖。」[42]因為「人所找尋的……是一個不自相矛盾、不欺瞞、不改變的**真實**世界……」。處於世界現況的人類，如果誠實，必然是一位虛無主義者。因為「根據世界的現況，一個人將判定它不應存在，而那應存在的卻並不存在……〔要克服這虛無的傾向，一個人需要〕足夠的力量，翻轉價值系統，將現世神化為那唯一的世界，並稱之為善」。[43]

很明顯地，我們所需的並不是改變世界或改變人類，而是改變他們「評估」這世界的方式。換句話說，也就是他們對這世界思考與反省的方式。用尼采的話說，需要被克服的是那些哲學家，也就是那些「以實驗認知生命」[44]的人；他們必須被教導如何自處。如果將尼采這些觀點發展成一系統，我們所得的可能就是被強化了的愛比克泰德式的教條。它們再一次地教導「如何生活的藝術」，而這藝術在心理上的伎倆，就是**立意**某事的發生，而那事就等於發生。[45]

重要的是，尼采對愛比克泰德知之甚詳，對他也有極高的評價，但他卻沒有只停留在愛比克泰德那意志萬能的理念上。他更開始企圖建造一合理的現世，適合人的居住，那人「必有〔足夠的〕意志能力，以能面對事物的無意義……能夠存活在一個沒有意義的世界裡」。[46]「恆久重現」就是這終極救贖的思想，只要它能宣告「所有生成的**無邪**」（innocence of all Becoming, *die Unschuld des Werdens*），隨之而來的，也就是生命先天的無終點與無目標，以及生命不受罪惡感與責任干擾的自由。

「生成的無邪」與「恆久重現」並非來自心智機能；它們根植於一不容爭辯的**事實**，也就是我們的確被「拋」入此世（海德格），沒有人問過我們是否願意到此，或願意存在於我們所存在的位置。據我們所知或我們所能知，「沒有人能對人類的存在於世，或成為某人某事，或處於某種環境及境況負責。」因此，對於存有的本質的基本洞見是「我們**毫無任何道德的事**

實」，這是尼采所說的「第一個必要建立的觀點」。它的後果極為深遠，不只是因為基督教以及它的「『道德秩序』，用『處罰』及『罪惡』〔因而可被視為是〕那劊子手的形上學，汙染了生成的無邪」，同時也因為隨著企圖、目的，以及某人「該負責」的概念的泯滅，因果的概念也因此消除；「主因」（*causa prima*）一旦被消除，就沒有任何事可被「回溯」到它的起因。[47]

隨著因果概念的消除，線性的時間觀也失去了意義。因為在線性的時間觀裡，過去永遠被視為是現在的起因，而現在是為未來所做的準備及企圖，未來的時勢則是這兩者的結果。此外，時間的建構也在另一同樣現實的洞見下崩潰，即「所有事物都將流逝」，未來所帶來的只是那**終將成為過去者**。因此，所有存在的事物「都應當流逝」。[48]正當每一個「我願」在與二合一的統領部分認同、而勝利地期待著「我能」的部分時，意志所感染到的靈魂情緒，亦混雜著這不久即**將成為過去**的憂傷，預見這藏在未來裡的過去，使過去成為了最顯赫的時間狀態。在過去將吞噬一切的境況裡，唯一的救贖就是凡事皆將回轉的想法，也就是週期的時間建構，這種建構使得存有得以在己身之內擺盪。

生命難道不也是如此建構的，一天難道不是被另一天銜接著，季節接著季節，以同樣的型態不停地重複？這樣的世界觀與哲學家的世界觀相比，難道不是一「更真實」的現實？「如果這世界的運作是朝向一個終極的階段，那個階段應已到達。而最根本的事實卻在於，它並不是朝向一個終極的階段；對於所有做如此假設的哲學及科學論點……我們可用此一根本的事實予以**反駁**。我所找尋的世界觀必要包容這一事實。生成不必以最終極的意向來解釋；生成在每一時刻都能被合理化（或無法被評估；這是同樣一回事）；現在絕對不能以對未來的參照被合理化，過去也不能以現在……」尼采將這些要點簡述如下：「一、生成並不朝向一**終極階段**，也並不流向『存有』。二、生成並不只是處於**現象的狀態**；存有的世界才可能只是現象。三、生成在每一刻〔都有著同樣的價值〕……換言之，它根本沒有價值，因為所有衡量它的事物都是……不足的。**世界的總值是不能被衡量的**。」[49]

我上引長段章節的重要性，很難在《權力意志》中的格言、陳述及思想實驗的波濤中定位。本著內在的證據，我認為這可能是尼采對這題目的最終想法；而這最後的判斷很明顯是駁斥意志與意志自我。意志自我的內在經驗誤導思考者假定現實有因果、企圖及目的的存在。超人就是那能克服這些謬誤之人。他的識見堅強，使他足以拒絕意志的提示，解救意志於搖擺不定，並安定著意志。在那情況下，只有「偏轉目光」是「唯一的否定」。[50]因為所剩下的只有「希望成為一位說『是』的人」，祝福所有存在的事物，「祝福並且說阿門。」[51]

15 海德格不行使意志力之意志

——Heidegger's Will-not-to-will

三〇年代中期，海德格的思想出現了所謂的轉向（*Kehre*），也就是哲學上的大轉彎，在這之前的著作中，「立意」（willing）以及「思考」（thinking）這兩個字都不曾出現過；尼采的名字也沒有在《存有與時間》中被提及。[52]因此，海德格對意志機能的立場——即他堅持「不立意之意志」（willing "*not to will*"）的結論，這當然與意志在立意（*velle*）與逆意（*nolle*）之間擺盪的情況無關——主要是來自對尼采著作的詳盡審閱。在一九四〇年以後，他曾不斷地重讀尼采的著作。然而，一九六一年所出版的兩卷《尼采》（*Neitzsche*），在某些方面卻最能顯示出海德格在這題目上的演變與轉折。這部書包含了他在一九三六年到一九四〇年間的課程講稿，這也正是他的「轉向」發生的時期。所以海德格在這議題上的轉向，尚未經過他自己的詮解。假如我們在讀這兩卷著作時，不顧及海格德後來所做的再詮釋（這是在《尼采》

一書的出版之前），而為「轉向」這具體的生平事蹟在時間上定位，它就正好落實於寫作卷一與卷二的中間時段。因為，說得露骨一些，在第一卷中，海格德完全依照了尼采的路數來詮釋尼采；但第二卷卻用了較為收斂且明顯有爭議性的語氣寫成。這重要的情緒上的轉折，據我所知，卻只有梅塔（J. L. Mehta）觀察到，而記錄在他優異的著作《海德格的哲學》（*The Philosophy of Martin Heidegger*）中。[53]舒茲（Walter Schulz）對此也曾略微提及。這事件在時間定位上的相關性似乎極為明顯：海德格的轉向最初所要反對的，主要是那權力意志的概念。在他的了解裡，統馭與壓制他人的意願是一種原罪。在企圖圓解自己與納粹運動的牽連時，他發現自己亦有此原罪。

到他後來公開宣布——最初是在《人文主義書簡》（*Letter on Humanism, Brief uber den Huamnismus*, 1949）中[54]——自己的轉向時，那已發生經年之事。在更廣義的層面上，他已更改了對從希臘到現今的、整個歷史的觀點。焦點不再是意志，而是人與存有的關係。在那幾年中，這「轉向」所要反對的則是人對自我的獨斷（出現在一九三三年，海德格成為費堡大學〔Freiburg University〕校長時所發表的著名演講辭裡）。[55]普羅米修斯（Prometheus）是這種態度的化身，海德格稱普羅米修斯為「第一位哲學家」，但他的名字卻從未出現在海德格的任何作品裡。現在，他所要反對的卻是《存有與時間》裡的主觀主義，以及書中對人存在、與存在模式的關切。

以粗略並簡化的方式來陳述這議題：雖然海德格一向關切著「存有的意義問題」，但他首要的「急迫」目的，卻在於分析人的存在。因為人是唯一可提出這問題的實體，它觸及了人自身的存在。是故，當人問著「什麼是存有」這個問題時，他被迫回到自己。但當他被迫回到自己而問「這人是誰」的問題時，相反地，存有就移到了前台；如今浮現的是存有，命令著人從事思考。（「海德格被迫遠離他在《存有與時間》中的原有取向：他不再由人天性中所具有的開放與超越的能力來接近存有；相反地，他嘗試著以存有來定義人性。」[56]）存有要求人思考的第一個問題，就是「本體的差異」（ontological difference），也就是區辨著存在事物中單純的如是性（isness）。與這如是性本身的存有，也就是存有的存有。如海德格自己在《人文主義書簡》所說：「簡單地說，所謂思考就是思及（think of）存有，而此處的介系詞『及』（of）有兩重意義。思考是屬於存有（of Being），亦即被帶至存有之前，而歸屬於它。同時，既是屬於存有，當它想著存有（thinking of Being）時，它唯存有是聽。」[57]人對存有的傾聽，再將存有靜默的宣言轉化為語句，而「語言是存有的語言，就如同雲是天上的雲」。[58]

如此觀之，海德格在哲學上的「轉向」有兩種重要的後果，都與對意志的駁斥沒有任何關係。首先，思考不再是「主觀性的」。的確，如果不被人思考，存有永遠不能顯現；它依靠著人，人給了它一個住所：「語言是存有的居所。」但是人思考的對象，並非自發與自造；思考是對存有命令的順從回應。第二，表象世界所予之實體，干擾著人的思考，而使它看不見存有，存有躲在後面——像一棵樹躲在樹林裡，從外面看來，樹林卻的確是由樹所組成。

換句話說，「對存有的遺忘」（oblivion of Being, *Seinsvergessenheit*）是人與存有之間關係的本質的一部分。至此，海德格不能只自足於消除意志自我，而保留思考自我——比如他在《尼采》一書中仍然主張，意志對未來的堅持，迫使人對過去**遺忘**，因而剝奪了思考最重要的活動——也就是記憶，*an-denken*——「意志從未擁有過初始，它以遺忘的方式將之拋棄並遺留於後。」[59]他對思考從事著「去主觀化」（desubjectivize），奪去它的主詞，也就是將思考的人轉化為一存有的功能，在存有中「積累著所有的效力……從那兒流向存在者〔*das Seiende*〕」，以此決定世界的方向。「思考轉而允許存有對它之擁有〔那是發生在存在者身上的真意〕，以能陳述存有的真理。」[60]這種對「轉向」的再詮釋，而不是轉向本身，決定了海德格後期哲學發展的方向。它基本被濃縮在《人文主義書簡》裡。在這些書信中，海德格解釋《存有與時間》其實是對「轉向」的必要期待與準備。它的中心思想是認定「說出存有所未說的話語」的思考，乃是人類唯一真確的「作為」（*Tun*）；而超越所有其他人類活動的「存有的歷史」（*Seinsgeschichte*），就在這種作為中成形。只要能在過去的偉大哲學家的言說中聽到存有的聲音，思考就回憶著過去。但是過去亦由另一個方向走來。故「降至」（*Abstieg*）過去，與對未來（*avenant*）耐心和慎思的期待，成為同一件事。[61]

讓我們先來討論海德格最初的「轉向」。就連在《尼采》卷一，海德格小心翼翼地追隨尼采對意志特質描繪性的陳述時，他仍然用了後來被稱為「本體的差異」的概念：即存有之存有，與實體的如是性（*Seiendheit*）之間的區別。根據這種詮釋，意志權力所代表的是如是性，也就是所有事物**如是存在**的主要模式。如此視之，意志只是生命過程的一種功能——「世界成形於生命過程的實現」[62]——而「恆久重現」則是尼采的存有之存有。藉之，時間被暫時消除，而生成（Becoming）那實現權力意志之目的性的媒介，有了存有的印記。「恆久重現」是最肯定的思想，因為它對否定做了全然的否定。如是，權力意志只不過是一種生物性的衝動。它維持著生命之輪的轉動，但意志卻超越了這只對生命說「是」的生命本能。如我們所見，尼采認為：「生成並無目標；它並不以『存有』為終點……生成在每一刻都有著同樣的價值；換言之，它根本沒有價值，因為沒有可衡量其價值之物，或任何對它而言『價值』能有意義者。」[63]

依據海德格的看法，尼采理論真正的矛盾所在，並不是權力意志與恆久重現預設相反的時間觀念。前者有著強烈的目的性，故預設一線性的時間觀；後者則預設週期的時間觀。對海德格而言，真正的矛盾是尼采的「價值的超衡量」（transvaluation of values）。對尼采自己而言，這觀念只有在權力意志的架構中才講得通。但他卻又將之視為是「恆久重現」思想最終極的結果。換句話說，在最後的分析裡，是「自身界定價值」的權力意志，決定著尼采的意志哲學。權力意志最終「評估」永恆重現裡的生成，將之認為是逃離現世與生命之無意義的唯一途徑。但此種轉移，不僅回返至「以評估為其特色的主觀性」，[64]同時也和尼采翻轉的柏拉圖主義一樣，欠缺徹底的性格。它們只是顛倒了原有理論的秩序，或倒置，或翻轉，卻保有逆轉後仍能操作的範疇架構。

海德格在《尼采》卷一中對意志純粹現象式的分析，緊密地依循著他早先在《存有與時間》裡對自我的分析。只不過是在此，意志取代了關懷（*Sorge, Care*）在早先作品中的地位。我們於是讀到這樣的段落：「自我觀察與自我檢視，並不能使自我現身，或顯示我們如何成為自我。但透過立意與逆意，我們卻可做到；我們在立意活動所點燃的亮光中顯現。行使意志力永遠意味著將自己帶到自我的面前……在行使意志力時，我們遇到了真確的自我……」[65]因此，「立意在本質上就是立意著自我，這個自我並不是所予如是的自我，而是被欲想成為真確自我的自我……想遠離自我的意志，是逆意的行動。」[66]我們將在後面的章節中看到，這對《存有與時間》中自我概念的回歸，對那「轉向」或「情緒轉移」有著相當的重要性，這表現在卷二裡。

在第二卷中，重點決定性地從「永恆重現」的思想，轉移到幾乎完全是對權力意志的詮釋。意志在此特別是指它統馭與壓制的力量，而不是生命本能的表現。卷一所提出的理念顯示著所有的立意行動，因其命令的本質，必然製造出一反意志（*Widerwillen*）——也就是每一意志行為中都必有阻礙的概念，故意志必先要克服一非意志——這種理念在此被普遍化，並應用到所有的製造行為裡。比如，對一位木匠而言，木材就是一阻礙，是在將木材打造為一張桌子的過程中所必要被「克服」的事物。[67]這概念又再進一步地被一般化：所有客體在成為「客體」——而不只是自外於人類評估、計算與製造的事物——之前，都必先被一主體克服。現代的主觀化在權力意志中達到頂點；所有人類的機能都在意志的掌控之下。「所謂意志力就是立意要成為統領者……〔它是〕基本並全然地：施發命令……在命令中，發令之人服從著……自己。因此發令〔的自我〕是它自己的上司。」[68]

這樣的意志概念已完全失去了它的生物特性。這特性在尼采將意志視為單純生命現象的了解中占著極重要的地位。權力的天性——而不是生命豐裕與過剩的天性——是開展與延拓：「只有在增進，以及〔權力意志〕命令著增進時，權力才能存在。」意志以發布命令激勵著自己前進；所以權力的本質「不是生命，而是權力意志。只要意志能在與權力的關係中存在，那本質，而非〔限制〕數量的權力，就永遠是意志的目的。這是為什麼意志必然需要這樣的目的。這也是為什麼對虛無的恐懼總是瀰漫在所有意志行使的行為裡……從意志的觀點觀之，……〔虛無〕是在不行使意志力裡的意志消亡……因此……〔引述尼采〕我們的意志『情願立意虛無，也不願意毫不立意』……『立意虛無』**在此所指的是立意著……否定，毀滅，以及耗損**」（粗體字為強調）。[69]

海德格對意志機能的最後論述，關乎著它的毀滅性；而尼采的最後論述卻關乎意志的「創意性」以及它的豐餘。意志的毀滅性顯現在它對未來的執念裡，這執念迫使**遺忘**。為了對未來行使意志力，以成為未來的主人，人必須遺忘過去，而最終毀滅過去。從尼采對意志不能「向後立意」的發現中出現的，並不只是挫折與怨懟；同時也有正面與主動的力量，意在註銷過去。因為所有真實的事物，都已「成為」，也就是說，都包含著過去。這毀滅性最終將波及所有存在的事物。

海德格在《什麼叫思考？》中，有如是的簡述：「面對『已過去者』，意志無話可說……那『存於過去者』拒絕意志力的行使……『存於過去者』反抗著意志，並與意志對反……但因為這種反抗，那相反者卻在意志裡生根。意志活動因此受苦——也就是說，意志因己而受苦……因為那已消逝的……也因為那成為過去的。但是，已過去者由正消逝者中生出……因此，意志立意著消逝……意志對『存於過去者』的憎恨，表現在**使一切事物消逝的意志**中，以此而立意所有事物都該當消逝。自意志中升起的憎恨，然後成為對一切消逝事物的反意志——**一切事物**，也就是那將要發生自正發生者，以及那**持續者**。」（粗體字為強調）[70]

這種對尼采的極端詮釋，將意志的本質描述為是有毀滅性的。而海德格最初的轉向，就在於反對這毀滅性。依照這種詮釋，科技的天性是在立意的意志，也就是使整個世界臣服於它的勢力與統治之下。它最自然的結局就只可能是全然的毀滅。統治之外的另一路徑，是「由它去」（letting-be），這由它去的活動，是依從著存有號召的思考。在由它去的思想中瀰漫著的氣氛，完全不同於行使意志力時充滿目的性的氣氛；海德格在後來對「轉向」的再詮釋中，稱此為「*Gelassenheit*」，也就是應對著由它去的平靜，可「預備好我們」以從事「一種不是行使意志力的思考」。[71]這種思考「位在主動與被動的分界以外」。因為它在「意志的範疇」之外。也就在因果的範疇之外。在此，海德格和尼采的看法一致，都認為因果論是來自意志製造成果的經驗。因此只是意識的一種幻覺。

思考與意志並不只是被稱為「人」的神祕生命、所擁有的兩種不同的機能，它們實是兩種相對的機能。尼采與海德格兩人都意識到了這一點。但在他們的解說中，那致命衝突的發生，卻是當意識的二合一落實於我與自我的靜默對話中，或是原有的和諧與友誼，轉變為意志與反意志間、命令與抗拒間的持續爭戰。我們可在歷史的每一個時期中，找到對這種衝突的見證。

與前人立場不同，海德格認為人之心智為存有所據有，故能將存有的真理轉化為語言，但心智卻是必須臣屬於存有的**歷史**（*Seinsgeschichte*），這歷史決定著人將用意志、或是思考來面對存有。存有的**歷史**，類似於黑格爾的世界精神，在人背後主導著一切行為，並決定著人類的命運。只有當思我克服了意志的衝動，並實現由它去的態度時，它才能對其顯現。

初看之下，這似乎只是一個較為精緻的版本，重述著黑格爾的理性策略、康德的自然策略、史密斯的無形之手，或是神聖的天命。這些無形的力量，引導著人類事務的興衰，直達那預先設定的目標：也就是黑格爾的自由，康德的永恆靜謐，亞當．斯密市場經濟中不同利益間的和諧，以及基督宗教教義最終的救贖。這類的概念——即人的行為無法靠自身解釋，而必然被了解為是某種隱藏目的或力量的運作——可追溯到更早的時期。柏拉圖早已「想像著每一個活著的人，都只是神造的玩偶，造來做玩具，或是有更正經的用途」，而我們認為的事務的肇因，如追求幸福避開痛苦，都只不過是「神用以操作我們的細線」。[72]

我們並不需要任何歷史影響力的示範，才能了解這個理念固執的持久性。從柏拉圖輕淡的虛構故事，到黑格爾的心智建構——這建構產生於對世界歷史史無前例的重新思索，刻意地從實事紀錄中除去了所有「只是」實事者，將之視為偶發與無足輕重。事實卻是，人的行為的動機雖然可能是私有的設計、欲望、激情或目標，但人卻不可能單獨行動。我們也不可能完全依照著計畫成事（即使是當我們，做為 *archōn*，成功地引領與開展，並希望後繼者與幫手能執行我們所開始的事業）。這些觀念再加上我們認為能夠製造後果的意識，成就了這樣的理念——真實的結果必是由某種外來的、超自然的力量所造成。它們自外於人類的繁複，而提供最後的成果。這謬誤和尼采在人類必然進步的概念中所覺察到的謬誤，十分相似。在此重複尼采：「『人類』並不向前進；它根本不存在……〔但因為〕時間向前進；我們情願相信所有在其中的事物也跟著向前進——發展必是向前的。」[73]

海德格的 *Seinsgeschichte* 使我們不得不想到黑格爾的世界精神。然而兩者卻有著決定性的不同。黑格爾在耶拿的拿破崙身上，看到了「騎在馬背上的世界精神」。他知道拿破崙並沒有意識到自己是那精神的化身，他也知道拿破崙的行為只是來自人類尋常的短期目標、欲望以及激情的混合。但對海德格而言，在人思考中顯現的，卻是那**不停地改變**的存有。如此，**思考與行動**得以發生於同時。「假如行動意味著協助存有的本質，那麼思考實際上就是一種行動。也就是在眾多實體中為存有的本質做準備〔建造居所〕，藉著這些實體，存有將自己及自己之本質轉化為語言。沒有語言，那僅只是行動，缺少能更有效率與遵循指示的向度。然而，語言卻並不是思考、情感或意志的單純表現。處於原本向度的語言，使人類得以回應存有的召喚，並因為回應而歸屬於存有。思考就是那原初回應的實現。」[74]

從轉化的觀點來看，我們很想將海德格的立場視為是對梵樂希的合理化。梵樂希以格言式的說辭反轉了笛卡兒：「我思故我在——宇宙如此地說」（*L'homme pense, donc jesuis'-dit l'universe*）。[75]這樣的詮釋有它的誘惑力，因為海德格當然同意梵樂希所說的「事件只不過是事物的泡沫」（*Les évènements ne sont que lécume des choses*）。但是他不會同意梵樂希的假設：那真實者——藏在泡沫表層下的真實——就是終極不變的存有的穩定真實。同時，不論是在「轉向」之前或之後，他都不會同意梵樂希所說的「所謂新者，照定義，即事物會腐朽的部分」（*Le nouveau est, par définition, la partie périssable des choses*）。[76]

自從重新開始詮釋他的轉向，海德格堅持自己思想是有承續性的，也就是說《存有與時間》預備並包含了他後期著作的主要方向。這大體是正確的。但這樣的說法卻削減了轉向的激烈性，以及它對後來哲學所有著的明顯意義。讓我們先討論那些可在後期著作中找到的最驚人的研究結果，首先，孤獨的思考是在記錄實事的歷史中唯一重要的行動，第二，思考（thinking）和感謝（thanking）是同一件事（不只在字源上如是）。在例舉了這些成果之後，我們將試圖追索《存有與時間》之中的幾個關鍵詞的發展，並審視它們最終的結果。我想提出的三個主要詞，是關懷（Care, *Sorge*）、死亡及自我。

關懷——在《存有與時間》中，它是人類在存在的層面上對自己存在關切的最基本模式——並沒有被意志取代而完全消失，這兩者有著明顯的相同特性；關懷只是激烈地改變了它的功能。它幾乎完全喪失了與自己的關係，失去了對自身存在的關切，順帶地，也失去了當人被「拋」入那以「虛無」對存在者顯象的世界時——「*das nackte Dass im Nichts der Welt*」，「那在世界虛無中的赤裸的彼境」[77]——所有的「焦慮」的情緒。

至於*Sorge*的重心，亦從憂慮及關切轉而為**照料**的意思，憂慮及關切的對象是自己，照料的對象卻不是自己，而是存有。那不做任何事的「照管者」（*Platzhalter*），才能將己暴露於存有，因而成為了存有的「監護者」（*Hüter*）或「牧者」（*Hirte*），他的語言成為存有的居所。

反觀**死亡**，對人而言，它原本的真實性只不過是那最終的可能性——「死亡如果被實現〔比如，用自殺的方式〕，人就喪失了在死亡面前存在的可能性」[78]——現在它卻成為「神殿」，它「收集」、「保護」並「撿拾」的人類的本質。人之所以為凡人，並不只是因為他的生命有那在終點等待的死亡，也是因為「會死」（to-be-dead）仍屬於他們最內裡的存在。[79]（這些聽來極為怪異的描寫，指涉著眾所周知的經驗，被那古老的箴言所見證：*de mortuis nil nisi bonum*〔沒有人會說死者的壞話〕。使我們生畏的，不是死亡的尊嚴，而是那奇異的由生至死的轉化，那對死者人格的突襲。在緬懷中——也就是生者追想死者的方式——似乎所有非關鍵的品質都隨著它們化身的肉體的消失而腐朽。死者被「供奉」在記憶中，如同他們自己的珍貴遺物。）

最後，那**自我**的概念，它在「轉向」中所歷經的轉變是最出乎意料之外，也有著最大的影響力。在《存有與時間》裡，「自我」這個字，只是對「『誰〔是人〕？』這個問題的答案」，這個問題不同於「他是什麼？」；「自我」這個字是形容人的存在，而不是形容人可能有的品質。這種存在，「真確地成為自我」，在理論上，其實是導自「他們」的概念。（*Mit dem Ausdruck 'selbst' antworten wir auf die Frage nach dem Wer des Daseins...Das eigentliche Selbstsein bestimmt sich als eine existenzielle Modifikation des Man.*）[80] 將日日生活中的「他們」，轉化為「做為自我」，人類的存在製造了一個「孤獨的自我」（*solus ipse*）。海德格在這脈絡中提到「存在的唯我論」，也就是對 *principium individuationis* 的實現。這種實現，我們在別的哲學家的著作中也讀到過。它被視為意志的一種功能。海德格最初將它歸予關懷（Care），關懷是他早期指派給未來器官的用語。[81]

要強調關懷（在「轉向」前）與意志在現代格局中的相似性，我們可求助於柏格森——他確實不受前期哲學家的影響，而完全根據意識的立即數據。早在海德格數十年前，柏格森就提出了兩個並存的自我理論：一個自我是社會的（即海德格的「他們」），另一則是「根本的」（即海德格的「真確的」）。意志的功能就在從「社會生活的一般要求，特別是語言的要求」中「將根本的自我恢復」。此處的語言指的是日用的語言，每一字句都已有了「社會的意義」。[82]這是充滿了陳腔濫調的語言，但卻需用於與他人的溝通。「在那〔和自我〕極端不同的外在的世界裡，這是有意識的個體所共有的特質。」與他人共同的生活製造出了特有的語言，而這語言逐漸塑造出了「第二個自我……矇蔽了第一個自我」。哲學的職務就在於將此社會的自我，引領「回到那真實與具體的自我……後者的活動不能與任何力量相比」，因為這力量是全然的**自發**（spontaneity）。對此，「我們每人都有直接的知識」，這知識只能得自於自我對自我即時的觀察。[83]而柏格森，和尼采極為一致，也與海德格同調，認為對此的「證明」可見於藝術的創作。藝術作品的生成，不能以先設的原因來解釋，好像它現今的存在，是先前已隱存或已有的潛力，不論這是來自外在的原因或是內在的動機：「一位作曲家譜作一部交響樂，在實現前，那作品是可能的嗎？」[84]在寫作《尼采》卷一時（也就是在「轉向」之前），海德格基本是遵循著這樣的立場：「行使意志力永遠意味著將自己帶回自我……行使意志力時，我們遇到了是真確自我的自己……」[85]

但是我們最多也只能指出海德格和他的前人之間有著這樣的相似性。除了在一項旁注，他指出詩的語言「可能是存在的揭示」，[86]他從未在《存有與時間》中提及有關藝術的活動。《尼采》的卷一兩次談到了詩與哲學、詩人與哲學家之間的緊張又緊密的關係，但卻絕不是尼采或柏格森所指的純粹的創作活動。[87]相反地，《存有與時間》中的自我，是在「良知的聲音」中顯現。這良知的聲音將人從纏結在日常生活的「*man*」（德文裡的「人」或「他們」）中喚回，而良知在它的呼喚中所彰顯的人的「罪咎」（*Schuld*），這個字在德文中有兩種意義，它可以指對某種行為的犯下（也就是有責任），也可以指對某人欠負著某物。[88]

海德格「罪咎概念」的最主要論點是，人只要「實事地存在」就有罪；它「不必經由疏忽或刻意；〔它只要被叫出〕就真確地實現了本就在那兒的『有罪』」。[89]（顯然海德格並沒有想到，當他將所有聆聽「良知呼喚」的人都列入有罪的行列時，他其實是宣布了普世的無辜：當所有的人都有罪時，也就沒有人有罪。）這存在的罪狀——由人之存在所予——以兩種方式形成。一是來自歌德「行動者永遠有罪」的說法，海德格示範著每一行動，因其實現了一種可能性，也就一舉扼殺了所有其他可被選擇的可能性。每一實現都遺留下數種放棄。但更重要的卻是人「被拋入此世」的概念，它蘊含著人類的存在是基於某種非屬於己的元素；而存在本身已暗藏著**欠負**：***Dasein***——以其存在之現況——「已被拋入；就在那兒，但**並非**

因己之力而到此。」[90]

良知要求著人接受「欠負」，接受意味著自我將引領自己「行動」（*handeln*）。這行動在理論上是完全相反於公共生活中「大聲」與可見的行動——那真實之上的泡沫。這行動是無聲的，是一種「讓自我在欠負中行動」，而使人能面對自我真確的被拋於世的全然內在「行動」。[91]這只可能發生在思考中。這也是為什麼海德格在所有的著作中，「刻意地避免著」[92]處理行動。他對良知的詮釋最令人感到意外的，是他對「良知一般詮釋」的激烈駁斥。良知通常被了解為一種獨白，是「我與自己的無聲對話」。海德格認為這樣的對話，只能被解釋為是在「他們」的訴求中為自我辯護的企圖。這說法特別令人驚異。因為海德格在另一不同的著作中——當然只是稍稍帶過——提及了「每一 *Dasein*〔人的存在〕都攜帶著友人的聲音」。[93]

不論海德格對良知詮釋聽來多麼怪異，而最後的分析亦多麼沒有現象證據的支撐。但將人的存在與原始欠負的連接，卻含藏了他後來將思考與感謝對等的契機。良知的呼喚所成就的，是從生活事件與歷史紀錄（*l'écume des choses*）中，將個別的（*vereinzeltes*）自我重新發掘出來。一旦召喚回來，自我轉向感恩的思考，感激著「赤裸的彼境」（naked That）曾被給予。面對存有時，人的態度應是感謝（thanking），這樣的想法可被視為是柏拉圖的 *thaumazein*——也就是哲學的第一因——的蛻變。我們已處理過那讚嘆的驚奇，故在現代的格局中遇到這個概念，是不值意外或驚異的；我們只需要想到尼采對那些「說是的人」（Yessayers）的讚賞，或是將我們的注意力由學院轉向偉大的詩人。至少詩人們提示著，肯定也許是對俗世之全無意義的解答。此處我引了兩行由蘇聯詩人曼德斯坦（Osip Mandelstam）寫於一九一八年的詩：

> 在忘川冷洌的河水中，我們將記得
> 對於我們，今世與一千個天堂同價。

這些詩行可以與里爾克（Rainer Maria Rilke）寫於同時的詩行並讀，以下的詩行出自詩作《杜英諾哀歌》（*Duino Elegies*）：

> 大地，親愛的，我會。噢，相信我，你
> 不再需要用春天來贏取我；一個單獨的，
> 只要一個，也多於我的血液所能容納。
> 我早已歸屬於你，有很久，很久。
> 你永遠是對的……
> ——〈第九哀歌〉

Erde du liebe, ich will. Oh glaub es bedürfte
Nicht deiner Frühlinge mehr, mich dir zu gewinnen.
Einer, ach ein einziger ist schon dem Blute zu viel.
Namenlos bin ich zu dir entschlossen von weit her,
Immer warst du im recht...

最後，做為一備注，我將再引奧登在二十年後所寫的詩行：

那單一的指令
我不明白，
賜福那存在的，只因其存在
必被服從，因為
還有什麼別的，是我的組成，
同意或不同意？

這些來自非學院卻見證著現代末期難題的詩行，可能可以解釋海德格的作品對菁英知識份子的吸引力。雖然《存有與時間》出版後曾在不同的大學中引發了幾乎一致的敵意。

思考和感謝為同一物可能為真，但行為與思考的融合卻不能為真。後者對海德格而言，不僅只是消除主體與客體的分裂，而將笛卡兒的自我客觀化，更是將「存有的歷史」（*Seinsgeschichte*）中的不同變化、與思考者的思考活動做一融合。「存有的歷史」暗中激發並引導著發生在表層的事物，而藏匿並自外於「他們」的思考者，回應著存有，將之落實。在此，這個有若鬼魅般擬人化的概念至此已然完全被具體化。這個概念曾為德國觀念論帶來一股最後的震撼。我們有一個所謂的某人（Somebody），讓存有的隱含意義得以**付諸實踐**，而且也做為在事件鉅變過程中的中流砥柱。

這個某人，那已戒絕立意要「由它去」的思想者，其實就是《存有與時間》中「真確的自我」。在此它卻聽從存有的呼喚，而不是良知的呼喚。和自我不同，這思考者並不是被自己召喚到自我面前；但「真確地聽到那召喚，還是意味著將自己引領到實事的行動中」（*sich in das faktische Handeln bringen*）。[94]在這參照中，那「逆向」意味著自我不再在自己之內行動（被放棄的是 *In-sich-handeln-lassen des eigensten Selbst*），[95]而是服從著存有，而以單純的思考，激發起在存有者「泡沫」——那單純的現象，其流向為權力意志所掌控——之下的存有逆流。

那個「他們」重新在此出現，但它的主要特色不再只是「瑣碎的談話」（*Gerede*）；而是潛藏於意志中的毀滅性。

這種改變的發生，是出於決定性地將思考與意志之間的緊張關係激烈化（最終以「不行使意志力的意志」解決），以及觀念的擬人化。而擬人化的觀念就以最具體的形式出現在黑格爾的「世界精神」中，也就是那鬼魅似的無名之人（Nobody）賜予所有真實發生的事物以意義，雖然那些事物本身並無意義，且僅**是**偶發。對海德格而言，在行動之人背後作用的無名之人，現已有血有肉，且在思考者的存在中找到了化身。他在什麼也不做的時候才是真正在行動。他的確是一個人，甚至可被認定是那個大寫的「思考者」（Thinker）——但他卻不返回表象世界。他仍是「存在的唯我主義」中「孤獨的自我」（*solus ipse*）。只是現在世界的命運，也就是那存有的歷史，完全要依靠他了。

至此，我們遵照著海德格一再的要求，而將他自《存有與時間》之後的思想當成一持續發展的系統來研讀，即便有那發生在三〇年代的「轉向」。我們也依照他自己在三〇年代後期與四〇年代初期對這「轉向」所做的詮釋——這些詮釋被仔細地陳述在他五〇及六〇年代出版的作品中。但是他生命及思想中尚有另一個更激烈的中斷，據我所知，包括海德格自己，至今還沒有人對它公開地注意過。

這個中斷與納粹的慘敗發生於同時。緊接著，海德格又與學術界及占領權威有了極大的衝突。在差不多五年的時間裡，他有效地被噤聲。所以在這年間的出版物，只限於兩篇稍長的論文——《人文主義書簡》（*Letter on Humanism*），寫於一九四六年，於一九四七年在法國與德國發表，另有《安拿黑曼德斷篇》（*Der spruch des Anaximander*），亦寫於一九四六年，被收入一九五〇年出版的《林中路》（*Holzwege*），是該書的最後一篇。

在這兩篇文章中，《人文主義書簡》精緻地簡述並澄清了他對最初轉向的詮釋；但《安拿黑曼德斷篇》卻有著全然不同的的性格：它提出了全新且出人意表的對存有問題的看法。但這篇文章的主題——我將在此略述——卻沒有再在他後期著作中被提及或解釋。在《林中路》的出版旁注裡，他卻提及這篇文章的來源是另一篇寫於一九四六年的「論文」（*Abhandlung*），不幸的是，那篇論文卻從未被出版。

對我而言，這新的觀點，因為和其他的思想如此地分離，故勢必是另一「情緒」濾變下的產物。這改變的重要性，可能不下於發生在寫作《尼采》卷一與卷二之間的轉向——從「權力意志」做為「行使意志的意志」轉化至新的 *Gelassenheit*，那「由它去」的靜謐，以及充滿矛盾的「不行使意志力的意志」。這改變的情緒反映著德國的戰敗，那「零點」（如容格〔Ernst Jünger〕所說）似乎應允著數年後可能的新開始。用海德格的話來說：「我們是否站在地球最大變遷的陰影之下……？〔或是〕我們凝視著將成為另一個黎明的黑夜前的黃昏？……我們**是**遲到者……同時也是新時代清晨的先到者，那新的時代早已把當代的歷史表象拋在身後？」[96]

雅斯培於同一年在日內瓦一個出名的座談會上，表現出了同樣的情緒：「我們所活在的環境，感覺像是站著敲那仍然緊閉的大門……今日所發生之事，也許會在未來創建出一個新的世界。」[97]但是這充滿希望的情緒，卻在德國經濟與政治從「零點」恢復的迅速中消失；面對著阿登奧耳（Adenauer）的德國，海德格與雅斯培都沒有系統化地細述出他們不久就能看出的、那對新時代的全然誤讀。

至於海德格，我們至少還有《安拿黑曼德斷篇》這篇著作，暗示著對主體思辨的另一種可能。這些暗示埋藏在對希臘哲學極端技術性的討論中（這些希臘典籍十分隱晦，也可能已遭改寫）。我想從這些討論中，對他在哲學上的蛻變做一詮釋。對於希臘簡短的原文，海德格做了這樣的暫時與字意的翻譯：「造成事物生成〔*genesis*〕者，也造成它們的消逝〔*phthora*〕，這乃依據必然的法則；因為事物執行正義〔*dikēn, didonai*〕而對彼此的不公義〔*adikia*〕償付懲罰〔*tisin*〕，這是依據時間的命令。」[98]此處的主題，是所有存在者的生成與消逝。存在者存在時，它「徘徊」於現在，「夾在雙重的不顯現裡」，也就是在它的到達與離去之間。在不存在的時段中，它隱藏著；只現身於短促的現象裡。生活在表象世界裡，我們所知、或所能知的，只是「一種動向，它使得所有浮現的存在者拋開隱匿，而進入彰顯」。存在者徘徊須臾，直至它「再轉而拋棄彰顯，離開，再退入隱匿」。[99]

即使是這非思辨性的、全然現象式的形容，亦明顯地與海德格慣常對主體差異的義理相異。根據他對主體的分際，*a-lētheia*，也就是不藏匿與不掩飾的真理，永遠是在存有的那一邊；在表象世界裡，存有只在思考中以語言顯現。以《人文主義書簡》中的語言來說：「語言是存有的居所」（*Die Sprache [ist] zumal das Haus des Seins und die Behausung des Menschenwesens*）。[100]而在《安拿黑曼德斷篇》的詮釋裡，彰顯的卻不是真理，而是屬於那來自存有，並將隱於存有的存在者。這轉變的原因，或說助長著這轉變的原因，乃源自希臘哲學家（尤其是前蘇格拉底時代）將存有想為是 *physis*（自然）的傾向，*physis* 原有的意義來自 *phyein*（成長），也就是從黑暗來到光明。海德格說，安拿黑曼德以自然來思索 *genesis* 及 *phthora*（生成與消逝）「是明顯的興衰的模式」。[101]而根據赫拉克利特常被引述的斷章，*physis*「性喜躲藏」。[102]

雖然海德格在《安拿黑曼德斷篇》中並沒有提到赫拉克利特的斷簡殘篇。但它的主旨卻有著受赫拉克利特影響的痕跡，而非來自安拿黑曼德的影響。最重要的是它思辨的內容；主體的差異在此全被倒置，陳述在下列的句子中：「存在者彰顯，那〔被存有〕所賦予的明亮，使存有的光亮黯淡。」因為「**當在存在者中顯現時，存有立即遁離**」（*Das Sein entzieht sich indem es sich in das Seiende entbirgt*）。[103]我以粗體字所寫的句子，在原文中不斷被重複加強。這個句子在德文原文中的可信性，完全是依靠 *verbergen*（躲藏，掩隱）、*bergen*（包藏或遮蔽）、*ent-bergen*（彰顯）這幾個字在語言上的同根關係。我們如果嘗試著詮釋海德格藉這同字根的關係所建造出的思辨內容，我們可將之簡述如下：存在者的來去、出現與消失，永遠以一彰顯開始，也就是 *ent-bergen*，存有使原初的包藏（*bergen*）的褪除；生命在顯現的「光亮」中「徘徊須臾」，最終再回到存有保護的包藏裡。「據推測，安拿黑曼德論及 *genesis* 和 *phthora*〔生成與消逝〕……〔說的是〕*genesis estin*（這是我選擇的讀法）與 *phthora ginetai*，『生成**是存在**』（coming-to-be *is*），而『消逝將成存有』（passing-away comes to be）。」[104]

換言之，我們毫無疑問地有所謂生成（becoming）的存在。一切我們所知的生成的事物，都必然是從原有的黑暗中浮現到白日的光明裡。只要它存在，生成就是法規：它的持續也同是它的消逝。生成那統籌著生命的法規，此時是與存有相對。在消逝時，生成止息，再度進入它所來自的存有。存有那包藏與庇護的黑暗是它的原初。在這思辨的脈絡中，那主體的差異是在有著最強持續的存有與生成之間。存有只在遁離時，能夠「把持住它的真理」，並對之加以庇護；它所要抵擋的，是那「使存有光亮黯淡」的存在者的「明亮」，即使這明亮最初是由存有所予。這導出了一則看似矛盾的陳述「正如〔存有〕提供著生命的彰顯，它也〔建構著〕存有的隱蔽」。[105]

在這思辨的過程中，海德格慣有的對「存有的追求」（*die Seinsfrage*）與「存有的遺忘」（*Seinsvergessenheit*）的追索方式，出現了轉向。使人「遺忘」存有而投向「*man*」（這是德文中「他們」的複數）的，不再是不真確或任何人類經驗中的個別性；人的遺忘也不是因為被實體單純的充裕而分散心力。「存有的遺忘來自存有自我掩隱的本質……存有的歷史〔並非一般哲學史或特定形上學的歷史〕始自存有的遺忘。因為存有——包括它的本質，以及它與存在者的不同——是內斂的。」[106]由於存有自存在者的領域中隱退，由存有賜予顯現可能的存在實體。因而開始了「在迷失中的飄搖」，這**迷失**組建「錯誤的領域……在那空間裡，歷史發生著……**沒有這迷失，就沒有命運與命運之間的銜接**：**也就沒有歷史**」（粗體字為強調）。[107]

簡言之，我們仍然面對著主體的差異，以及存有與存在者在範疇上的分離。但這種分離現在有了歷史，有開始與結束。開始時，存有在存在者中揭露自己。而這揭示發動了兩個相反的動向：存有遁離至自身之內，而存在者「開始飄搖」，以組成那「錯誤的領域」。這錯誤的領域也就是人類歷史的空間。在這空間裡，實事的命運被連接，經由「錯誤」而組合成有序的形狀。在這設計裡，在人背後操作的「存有的歷史」（*Seinsgeschichte*）沒有存在的空間；存有，藏匿在自己的隱密中，沒有歷史可言，而「世界歷史中的每一個新紀元，都是一個迷途的紀元」。但是歷史領域的持續能被分解成不同的時期。這件事實顯示著實體迷失的飄搖也發生在不同的世紀裡。而海德格認為，由一個紀元轉為另一個紀元，從一命運轉向另一命運的轉折，似乎發生在某種特殊的時刻。在那時刻裡，存有做為真理能夠切入那持續的錯誤中，而使「紀元的存有本質徵收 *Da-sein* 狂喜的天性」。[108]對於這徵收，思考可有回應，一旦它意識到「對命運的指認」：也就是說，整個時代可能開始「知覺到它的命運」，而不致迷失在人類日常事務中個別實體所犯的錯誤中。

在此，海德格從未提及思考與感謝的關連。他也意識到，從能契合布卡哈德（Burckhardt）及尼采對希臘深層經驗[109]的詮釋中，所導出的可能是悲觀（「且不要說是虛無」）的結論。值得指出的是，在此他似乎完全沒有興趣去強調哲學與詩之間親近且緊張的關係。反之，他以這從未在他處出現過的陳述來結束這篇論文：「假如人的本質存在於對存有真理的思考〔注意，存有現已遁離，已遮掩並躲藏了自己〕，那麼思考必須詩化存有的謎題」（*am Rätsel des Seins dichten*）。[110]

我曾很約略地提到死亡的概念在海德格晚期著作中所歷經的激烈變更。在那些著作裡，死亡成為人的本質的解救者。「*Gebirg des Seins in dem Spiel der Welt*」，也就是，「存有在世界戰戲中的休憩之所」。[111]我亦曾企圖解釋，也就是企圖用一些著名的對某些熟悉經驗的見證，來合理化這陳述中的怪異性。而那些經驗，據我所知，從未被概念化。在《安拿黑曼德斷篇》中，死亡這個字眼並沒有出現，但有關死亡的理念卻被明白地呈現，因為生命的定義界定在兩種缺無之間，出生時的到來，與死亡時的消逝。在此，我們的確在概念上澄清了死亡是人類存在本質的庇護所。那存在短暫且無常的顯現，可被了解為是在兩種不顯現狀態間的徘徊，與在一迷失領域中的漫步。至於「迷失」的來源——在此，我們當然可以見到，這個轉化只不過是海德格持續的基本哲學信念中的一個變奏——是此一事實：一個生命在兩種不顯現的中間「須臾徘徊於顯現中」，它有超越自己顯現的能力，這樣的生命「〔只有〕當它允許自身屬於那不顯現者時，才能被稱為是真正的存在」。[112]

這是它有機會做到的，如果它能掌握住在不同紀元之間轉折的時刻。當歷史的機緣改變，而潛藏在下一個迷失紀元的真理浮現，並顯現給思想。而那毀滅者的意志也在此出現，卻不以此命名；它是那「對堅持的渴想」，「固持的欲望」，與過分地想「握持住自己」的嗜求。如此，它們的所為更超過了只是犯錯：「徘徊做為一堅持的表現……是以純粹持續為名的復興。」[113]這復興抗衡著「秩序」（*dikē*），它製造著瀰漫「迷失領域」的「非秩序」（*adikia*）。

很明顯地，若我們將這些非秩序解讀為是「悲劇性的」，且不是人所需負責的事件，這些陳述又將我們帶回了熟悉的領域。我們不再有「良知的呼喚」，呼喚著人們回到真確的自我，或喚回到一種了悟。不管他做過什麼，或沒有做什麼，他已有罪了（*schuldig*）。因為他的存在是他被拋入此世界時，已「欠負」的債務。但就像在《存有與時間》中一樣，這「有罪」的自我，將被死亡解救。所以那「犯錯」的 *Dasein*，在迷失的現有領域中「徘徊須臾」時，可經由思考的活動，將自己與那未顯現者連接。不同的是，在此那未顯現者（存有在它持續的遁離中）在迷失的領域裡並沒有歷史。而思考與行動也並不是同一件事。行動意味著犯錯與迷途。我們也必須記取，早期那種不考慮特定行為而將有罪視為 *Dasein* 主要特質的概念，如今已被「犯錯」（erring）的概念取代，「犯錯」成為全人類歷史的一個具有決定性的標籤。

（這兩種公式，都使德國讀者想起了歌德的「*Der Handelnde wird immer schuldig*」及「*Es irrt der Mensch solang er strebt*」[114]）

在這些獨特的自我回聲中，我們將再加上以下這些選自安拿黑曼德文章中的句子：「每一思考者都依靠存有的使令。依靠的程度將決定一人能否獨立於不相關影響力的自由」[115]——海德格在此所指的，顯然是那實事的、由犯錯的人類所引發的日常事務。當我們將這些對應集合起來考慮時，我們似乎只是在處理著海德格基本理論的一個變奏而已。

總之，我目前的詮釋有著極端的不確定；它不可能取代《安拿黑曼德斷篇》所脫胎的、卻從未出版的那篇論文。基於我們目前所有的文本知識，一切都還是很有疑問的。不論我們將此看作一種蛻變，或僅是一種變奏，海德格對自我保全本能（為所有生物所有）的駁斥，而將之視為是有意對創造「秩序」的叛逆的說法，在理念歷史上是極為少見的，因此我想在此引三行不太為人知的歌德詩句，這是我所知的唯一的類似陳述，這詩的題目是「*Eins und Alles*」，寫於一八二一年：

永恆在凡事中作用，攪動；
因為凡事必皆墜入無物，
如果它將堅持於存有中。

Das Ewige regt sich fort in allen:
Denn alles muss in Nichts zerfallen,
Wenn es im Sein beharren will.

16 自由的深淵與時代的新秩序
——The abyss of freedom and the novus ordo seclorum

在開始討論意志機能時，我已警告過這研究領域裡所不能避免的一項缺陷。在列舉特定的論點與反論點時，它雖十分明顯，卻常被忽視：簡述之，這項缺陷就在於，思索與論述意志**哲學**者，通常不是行動之人，而是哲學家，也就是康德所說的「職業思考者」。這些人大多過著 *bios theōrētikos*（理性生活），自然傾向「詮釋」世界，而非「改變世界」。

在我們閱讀過的哲學家與神學家之中，也只有董思高願意以對偶發性的認可來償付自由這禮物的代價——這份禮物指的是那能開展新事物的心智福賜。而我們亦知，這被開展的新事物可能完全不應該存在。無疑地，哲學家一向對必然性有著超過對自由的「偏愛」。因為在他們的行業裡，他們需要萊布尼茲所說的 *tranquillitas animae*，亦即心靈的靜謐，這靜謐是建立在史賓諾莎的 *acquiescentia sibi* 之上，也就是與自己的一致與統一，但這種靜謐也只有在對世界運作方式默許後，才能被有效地保證。同一個自我，在思考活動遁離表象世界時被離棄，卻因意志的反身性而被認可與確定。思考訓練自我做為一名不涉入的觀察者，意志卻將之製造為一「恆在之我」，指揮所有意志力的活動。它創造了自我的**性格**，這時被稱為 *principium individuationis* 者，是一個人獨特認同的來源。

而意志對個別性的製造，就在自由的概念上，引發了嶄新的與嚴重的問題。被意志製造的個人，意識到自己可以有不同於如是的存在（因為性格，不像身體、相貌或天分能力那樣與生俱有），於是永遠希求在無限的「他們」——也就是我所**不是**的所有人們——之中，彰顯出一個「我自己」。但同時，卻沒有比自由之孤獨這概念更令人恐懼——也就是「感覺」到我之所以遺世而獨立，與所有的他人隔離，完全是因為意志自由。因此，除了我自己，沒有人能為此負責。以未來為計畫的意志，挑戰對必然的信心，以及對世界運作的默許。意志認為那只是一種自滿。然而，難道不是每個人都知道，世界並不是、也從來都不是它原**應該是**的樣子？而又有誰知道或曾知道過，這所謂的「應該」又是什麼樣子嗎？這「應該」是烏托邦式的存在，在世上全無合宜的**座標**與方位。對必然的信任，也就是對事物「本該如是」的信心，難道不是遠比以偶發性換得的自由更要可取？在這樣的情況下，自由看來豈不像是一種掩飾，掩飾著那片明記著「棄絕」的焦土，「以此棄絕，〔人的存在，*Dasein*〕被拋棄給自己」（*die Verlassenheit in der Überlassenheit an es selbst*）？[116]

只要它有著反身性與回返於己的心能——*volo me velle, cogito me cogitare*，或以海德格的話語來說，在存在的層面上，人的存在被「拋棄給自己」，意志就會引起這些難題與焦慮。這些焦慮卻從不干擾處理認知與真理的知性心能。認知的能力，和感官一樣，並不回返於自身；它們完全以目的行事，因而全然地投注於追求的對象。因此，當我們在本世紀偉大科學家身上也找到了類似的對自由的偏見時，初看起來，是極令人驚異的。如我們所知，天文物理學，或是核子物理學上那些可被示範的發現，引發了科學家的疑慮。他們懷疑我們所在的宇宙，是被一位——用愛因斯坦的話來說——「擲骰子」的神所掌控。或如海德格提示的，我們所以為的「外在世界，只不過是人類內在世界向外的翻轉」（曼姆佛德，Lewis Mumford）。這些都使得科學家極度不安。

然而這些思想，或是後思想，當然都不是科學性的陳述；它們並不自稱是可被示範的真理，是待證的定理，或是它們作者所最終希望轉化的可被證成的假設。反之，它們是對意義追索所做的沉思，其思辨性並不下於思我的成品。愛因斯坦在一常被引述的陳述中，非常清楚地在認知敘述與思辨假設之間畫下了分界線：「自然最不可被了解的所在，就是它竟然能被了解。」在此，我們幾乎可以看見思我如何地侵入了認知活動，干擾它，並以沉思中斷它。它回返於自身，思索著自己活動中最基本的不可解，以此而使自己「失序」於科學家日常的活動中——這不可解，即使不能有解答，也是一個值得被沉思的謎題。

這樣的沉思可能製造出不同的「假設」，而某些假設甚至可能在被檢視後產生知識；總之，這些沉思的品質與分量，將取決於其思考者在認知上的成就。但不可否認的是，創立現代科學的那些偉大科學家的沉思——如愛因斯坦、普朗克（Planck）、波耳（Bohr）、海森堡（Heisenberg）、薛丁格（Schrödinger）——卻引發了「現代科學基礎的一大危機」（*Grundlagenkrise*），「他們的中心問題」（這世界必須像什麼樣子，才能使人對它有所認知？）「和科學一樣古老，也一直未被回答。」[117]

似乎很自然地，緊隨於這一代偉大的開創者——他們的發現建立了現代科學的基礎，但他們對自身活動的沉思卻引發了一「基礎的危機」——我們卻有著幾代平庸的仿效者。這些仿效者反而容易回答那些不可回答的問題。主要是因為他們並不十分清楚地意識到，日常活動本身以及對活動的沉思之間的分野。我也曾經提過，緊隨著康德解放了理性的需要而使它在知性認知的能力以外從事思考後，我們卻有著狂縱的思辨思考。如德國觀念論所玩弄的擬人化概念及科學可證性的宣稱等遊戲，都已遠離康德的「批判」甚遠。

從科學真理的角度衡量，理念論者的思辨其實是偽科學的；但在另一極端，類似的事件也發生著。物質主義者在電腦、電腦控制、自動化的助力下，也從事著思辨的遊戲；他們的推論所製造出的，不是理念論遊戲中出現的鬼影，而是全然的物質化，像靈異者的顯靈會。令人驚異的是，物質主義的遊戲所製造出的結果，竟和理念論者的結果如此的相似。是故，黑格爾的「世界精神」最近被物化於組建一「神經系統」，仿造於一巨大的電腦模型之上：路易斯．托瑪斯（Lewis Thomas）[118]所提出的方案，是以一巨大的頭腦為模型，以了解全世界的人類團體如何能快速地交流思想，「人類的頭腦看來像是歷經著功能上的融合。」以人做為它的「神經系統」，整個世界因此「成為……一呼吸的有機體，有著精細分工的局部零件」，都在地球大氣層這「保護的表皮」之下生長著。[119]

這些概念既不是科學，也不是哲學，而是科幻小說；它們流行甚廣，也只顯示出物質思辨的過度，與理念論形上學的愚昧，在程度上是不相上下的。這所有謬誤——物質的或是理念的——的公約數，（除了演化自歷史的進步概念，與它相隨的其他概念，還有被稱為人類的那個不可被示範的實體）就在於它們有著相同的情感上的功效。以路易斯．托瑪斯的話來說，它們消除了「個人自我的觀念——那了不起的、古老的、有意志自由、自由運作、獨立、孤島的自我」，那個「神話」。[120]而這個我們被各方告誡必須要消除的神話，他適當的名稱，就是自由。

職業思考者，不論是哲學家或是科學家，都不甚「滿意自由」或自由所不能免除的隨意性；他們不願為自發那件可疑的禮物，或是可做亦可不做的能力，付出偶發性的代價。讓我們暫時把這些思考者放在一邊，而把注意力轉移到行動之人的身上，因為行動的天性在於「改變世界」，而不在詮釋或了解。

就概念上而言，我們從哲學的自由這個觀念轉向到政治學上的自由觀念。這兩者間的明顯不同，據我所知，只有孟德斯鳩論及，但他也只是在以哲學對自由的概念做為背景，企圖對政治自由做一勾勒時，約略地提及了這兩者的不同。在一題為「公民之自由」（*Da la liberté du citoyen*）的章節中，他說：「*La liberté philosophique consiste dans l'exercise de sa volonté, ou du moins (s'il faut parler dans tous les systems) dans l'opinion où l'on est que l'on exerce sa volonté. La liberté politique consiste dans la sûreté, ou du moins dans l'opinion que l'on a de sa sûreté*」——「哲學的自由是意志的行使，或至少（如果我們必須考慮所有的系統）認為是意志的行使。政治的自由則是安全，或至少被認為是安全。」[121]公民的政治自由是「心靈上的安寧，也就是一般人都認為自己很安全；為要保有這種自由，政府必須使市民之間沒有一個人會懼怕另一個人」。[122]

哲學上的自由，也就是意志的自由，只關係著活在政治團體之外的孤獨個人。而使個人成為公民的政治團體，卻為法律所製造與保存。但人造的法律可能極端地不同，因能形成不同形式的政府。但所有的政府，或多或少地都必須限制它公民的自由意志。但除專制政府以一專斷的意志統治所有人的生活之外，多數政府都開放著行動自由的空間，這才使得公民的行動成為可能。激發公民行動的原則可因政府的形式而異。但如傑佛遜（Jefferson）所正確地形容的，它們都是「有著活力的原則」；[123]而政治的自由「*ne peut consister qu'à pouvoir faire ce que l'on ne doit vouloir et à n'être point contraint de faire ce que l'on ne doit pas vouloir*」——「只可能存在於做我們應立意去做某事的權力，以及不被限制去做我們不應立意去做的事。」[124]

此處的重點很明顯地是能力，也就是我能夠的意義；和古人的想法一致，對孟德斯鳩而言，一個人若是缺乏做他想做之事的能力，他就不能算是自由，不管這種不能是來自外在或內在的原因。更進一步地說，能將自由與狂縱之人轉變為公民的律法，在孟德斯鳩看來，並不是上帝頒布的十誡，也不是良知的聲音或啟蒙人類理性的 *lumen rationale*，而是人為的 *rapports*，也就是「關係」，而因為這些關係所指涉的是多變的眾人事務——不同於神的永恆或宇宙的不滅——故它們必然「受著意外的牽制，意外的發生更是隨人的意志、成比例地改變」。[125]對孟德斯鳩、前基督古典時期的人，以及那世紀末建立了美利堅共和國的人而言，「權力」與「自由」這兩個字幾乎是同義字。行動的自由，也就是能移動而不受疾病或主人限制，是自由初時最基本的要求，也是所有自由的先決條件。

因此，政治自由最不同於哲學自由的所在，就是它明顯的我能、而非我願的特質。又因為它只能被公民、而不是一般人所擁有，它就只能在團體中顯現。在團體中眾人共同生活，在言行上相互交流，所依恃的是各種不同的 *rapports*——法律、習俗、習慣等等。換句話說，政治自由只可能在人類複數的領域中發生，假設這領域並不僅是我與自我這二元延伸而成的複數「我們」（We）。在行動裡，「我們」（We）所從事的、永遠是如何改變我們共有的世界，而在思考中那卻是我與自我的對話。所以行動是站在與孤獨的思考事業最相對的另一極端。在特別順利的情況中，自我的對話，如我們曾見，可延伸到另一友人，但也只有當那位友人，是亞里斯多德所說的「另一個自己」。但這對話卻永遠不可能延伸到「我們」（We）那行動的真正複數。（那些堅持著交流是保證真理的現代哲學家——主要是雅斯培及巴伯〔Martin Buber〕的「我與你」〔I-thou〕哲學——他們所共有的一個錯誤，就在於相信那對話的親密性——即我與自己，或與「另一個自己」。那亞里斯多德的友人，或與雅斯培的「所愛」〔beloved〕，或與巴伯的你〔Thou〕「請願」的「內在行動」——可以延伸，而成為政治領域的模式。）

只要人們共同生活於一處，這個「我們」（We）就會出現；它最主要的形式是家庭；它也可有許多不同的組合方式，但這些方式最終都有著某種形式的同意書。對此，服從是最普通的表現方式。就如同不服從是最普通且最沒有傷害力的表現異議的方式。同意含蘊著沒有人能單獨行動。一個人如要在這世上成就任何事，他必須夥同他人一起行動。這說法聽來真是陳腔濫調，但是在一團體中總有些份子會置之不顧，出於傲慢或是失望，他們決定獨行。他們可能是暴君，也可能是罪犯，全看他們最終的目的為何；這些人和團體中其他份子所不同的地方，就在於他們相信暴力的使用，並以此為能力的代替品。這種伎倆只適用於罪犯的短程目標。犯罪後，他們還是要歸回到那團體之內；另一方面，暴君卻永遠是穿著狼皮的綿羊。他只能靠著搶奪領導者的地位才能持久。他也必須仰賴幫手，才能完成自我立意的計畫。心智意志力的肯定與否定的力量，有自殺的手法做它最終極的保證，但政治權力卻不同，即使暴君的支持者同意使用恐怖——也就是使用暴力——它的力量卻永遠有限。而因為在複數的領域裡，權力與自由是同義字，這意味著政治的自由永遠是有限的自由。

個人必須與群眾——這沒有面容的「他們」——分離才能獨處。群眾可被分為許多不同的單元。但只有成為這單元中的一員，也就是成為團體的一份子，人才能行動。這些團體的多重性，以許多不同的形式與形狀顯現。每一單元遵守著不同的法律，有著不同的習慣與習俗，珍藏著對過去不同的記憶。也就是說，有著多重的傳統。孟德斯鳩也許是正確的。他假設每一如是的實體都依據不同的靈感原則運作與行動。而這靈感的原則也將做為團體行為最終的判決標準——比如理想國中的美德，君主立憲中的榮譽與榮光，貴族政體的中庸，以及獨裁政體的恐懼與多疑——只不過這樣的列舉，是依循著最古老的、對政府體制的分類（從一人統治、多人統治、最優份子統治，到全體人民統治）。故也當然不足以含括居住於世的人類的繁複團體。

這些不同形式與不同形狀的團體，唯一共有的特性是它們形成的方式。也就是說，必然是在某一時刻，基於某種原因，一群人開始將他們自己視為一個「我們」。不論這個「我們」是如何形成，或如何被表現，它似乎總需要一個開始。但卻沒有任何其他的問題比「在那初始」更被籠罩在黑暗與神祕之中。不僅在異於其他有機體的人種中如此，亦見於人類社會裡龐然的多樣性。

這個問題的持續隱晦，也幾乎未因近代生物學、人類學及考古學上的新發現，而有所稍減。即便是這些發現，成功延伸了時間的領域，而使我們與遙遠的過去有著更大的阻隔。看來也不可能有任何實際的資訊，能幫助我們了解各種假設所堆疊出的令人困惑的迷陣。所有這些假設都暗藏著那不可避免的懷疑。也就是假設的可能性與可信性也許正是摧毀假設的元素。因為整個存在——地球的生成，生命在其上的形成，人自無數物種中的演化而出——都是在統計學龐然的或然率裡發生的。所有在宇宙中與在自然中是真實者，都曾是一「無窮」的不可能。在日常的世界裡，過著細小微分的真實，我們所能確定的僅只是身後時間的縮減，這和地球上空間的縮減同樣地具有決定性。數十年前，記起歌德的「三千年」（*Wer nicht von dreitausend Jahren / Sich weiss Rechenschaft zu geben, / Bleib im Dunkel, unerfahren / Mag von Tag zu Tage leben*），我們稱為的古代，它和我們祖先的距離，似乎比與今日的我們的距離更遠。

這個不能全知的困境，可能永遠不能被解決。它正對應著人類的處境中的其他限制。這種限制也為我們對知識的飢渴，設下了不能超越的範圍——比如，我們知道有關宇宙的宏大，但我們卻永不能真正地確知宇宙——在這困境中，我們最多也只能轉向傳統中的軼聞傳奇。這些傳奇曾經幫助過前人了解神祕的「在那初始」。我所指的是創建的傳奇（foundation legend），它們所描述的時代，自然早在任何政府形式或任何啟動政府的原則出現之前。但它們處理的時間，是人類的時間。它們所敘述的開始，不是神聖的創造，而是人所造成的一系列事件，經由想像對古老故事的詮釋，記憶將之喚出。

西方文明有兩大創建傳奇，一是羅馬的，一是希伯來的（雖然有著柏拉圖的《蒂邁歐篇》（*Timaeus*），古希臘卻沒有可與此二者比擬的傳奇存在）。這兩個傳奇極端地不同，但卻來自對過去有著相似想法的族群。他們將自己的過去視為一個故事，並相信過去的起源可被確知，亦可在時間上定位。猶太人知道世界被創造的年代（至今仍以此估算時間）。羅馬人和以奧林匹亞到奧林匹亞計時的希臘人相反，他們知道（或相信他們知道）羅馬建國的年代，並以其估算時間。但更令人驚異且對政治思想的傳統有更重大後果的，是這兩者（和眾所周知、能在組構團體中激發政治活動的原則形成強烈的對比）都相信在創建這活動中——也就是那組構成「我們」這可被認同的身分的至高活動——激起行動的靈感原則是對自由之愛。這自由可從兩方面來看，負面的是自被壓迫中解放，正面的，則是將自由建立為一穩定且具體的真實。

這兩者——因被解放而得之自由，與因自發開啟新事物而有之自由——之間的不同與互通，範例式地被呈現在那兩個指引著西方政治思想的創建傳奇裡。我們在《聖經》中讀到了以色列人出埃及的故事，這故事發生在摩西立法組構希伯來之前。而維吉爾（Virgil）的伊尼亞斯（Aeneas）的流浪故事，發展到羅馬的建立——「*dum conderet urbem*」（當建造那城的時候），維吉爾在開始的幾行詩中，已為他那偉大的史詩定位。這兩部傳奇都以一解放的行動開始，從埃及壓迫性的奴役出走；以及從特洛伊燃燒的戰火中逃離（也就是從滅絕中脫身）。而在這兩個故事中，這解放的行動，都是從新獲得之自由的角度來敘述。新征服的「應許之地」（promised land）比埃及更能使人豐衣足食；因戰敗而新建的城市，注定能消除戰爭的傷害，如此，荷馬敘述中那些事件的秩序，在此得以被翻轉。維吉爾對荷馬的翻轉是刻意並徹底的。[126]在這些重述的故事中，阿基里斯（Achilles）以圖努斯（Turnus）出現（「在此你也能說普萊姆（Priam）找到了他的阿基里斯」）。他逃走時卻被以伊尼亞斯出現的漢克特（Hector）所殺。而在故事的中心，那「所有苦痛的根源」又是一個女人，但這次這個女人卻是一位新娘（娜維妮亞，Lavinia），而不是一位淫婦；戰爭結束時，並不像平常那樣將勝利歸給戰勝者、毀滅歸給戰敗者，而是有一個新政體產生——「兩個未被征服的國家，在平等的法律下永遠合作共存。」

我們如果將這些傳奇當成故事來讀，無疑地，以色列出埃及後在沙漠中倉皇無寄的流浪，與伊尼亞斯和他特洛伊的夥伴精彩的探險故事，是極端不同的。但對後世那些在古籍中找尋指引的行動者而言，這種不同並非決定性的。有著決定性的，是在災難與救贖之間、在從舊有秩序中被解放而到新自由的建立之間，有著*hiatus*（罅隙）的存在。它包含在*novus ordo* *saeclorum* 即「時代的新秩序」之中。因為它的興起，世界有了結構上的改變。

這傳奇裡的罅隙，介於已不再有之事與尚未到來之事的中間，清楚地顯示著自由並不是解放的自動結果。舊有的結果並不必然地帶來新的開始。那時間延續不斷的概念只是一種幻覺。過渡時期的故事——從奴役到自由，從災難到救贖——更能吸引人。因為這些傳奇所專注的是那偉大領袖的事蹟。這些在歷史上有著重大意義的人士，通常就是在這歷史時期的縫隙中出現於世界的舞台之上。那些因受外在因素壓抑或受烏托邦思想激勵而想改變世界的人，通常不能滿足於對舊有秩序的漸進改革（這對漸進改革的排斥，正是將十八世紀——那第一個完全世俗化而有著菁英知識份子的世紀——中的行動之人，轉化為革命之士的原因）。他們幾乎是被迫地接受著存在於時間持續流動中的罅隙的可能性。

我們還記得康德的難題，那「處理……開動一系列事件與狀況的自發力量」，也就是那「**絕對的**開始」。因為時間序列不可打破的持續性，這開始將永遠只是「前發系列的延續」。[127]「革命」這個字應該可以化解這難題。在十八世紀的最後十年，它改變了在天文學中原有的意義，而意指著一從未發生過的事件。在法國，這甚至導致了一項在曆法上的短期革命：一七九三年的十月，共和國的成立被視為是人類歷史上的新開始，因為它開始於一七九二年的九月，故新曆法宣布一七九三年九月是新曆法中的第二年。這在時間裡建立絕對開始的企圖最終失敗，但並不完全是因為它所含有的強烈反基督教的情緒（在這新曆法中，所有的基督教節日，包括星期日，都被取消，一個月中的三十日被分為十日一單元；而那十日中的最後一日取代了原有的星期日，做為安息日）。這新的曆法到了一八〇五年就漸不為人使用，而這個日期，卻連職業歷史學家也不記得了。

在美國革命中，那古老傳奇中時序上的罅隙，似乎要比一個曆法「革命」更適合於做一橋梁，連接著承繼有序的時間之流，與新事物自發的開始。的確，我們很想用美國做為古老傳奇中那真理的歷史例證，印證洛克所說的，「在初始，世界就是美國。」那在殖民時期被視為是由奴役到自由的過渡，也就是在離開英國與舊世界，與在新世界建立自由之間的罅隙。

這也驚人地接近傳奇故事中的平行發展：在兩個傳奇中，創建的行動都源自在放逐中的作為與苦難。《聖經》故事中亦是如此；應許之地迦南，並非猶太人原來的居所，而是猶太人從前「寄居」的所在（《出埃及記》6: 4）。維吉爾更堅持著流放的主題：伊尼亞斯及他的夥伴，是被「驅逐……到遙遠的流浪的荒地」，哭著離開「那曾是特洛伊的堤岸與安居之所」，流浪者「不知命運將帶他們往何處，或者，安居之所是否會被給予」。[128]

美利堅共和國的創立者，自然熟知羅馬與《聖經》，他們也可能從那些古傳奇中吸取了決定性的、分辨解放與自由的知識，但他們卻不可能用那傳奇中的罅隙來解釋自己的行為。這是基於一個非常簡單的理由：那土地雖然最終成為了眾人「安居之地」，以及放逐者的收容所，但他們卻並不是以放逐者的身分來到新土地，他們是殖民者。直到最後，與英國的衝突已不可避免，他們仍然認可祖國在政治上的權威。他們以做為英國子民為榮，直到反抗著那不公義政府——「無代表權的課稅」——的勢力將他們推向一全面的「革命」。這包括了改變政府的形式，建立共和國使之成為唯一的政治體系。至此，他們才終覺能勝任地統治這片自由的土地。

也就是在這樣的時刻，那些從行動者轉為革命者的人士，將維吉爾的偉大詩行「時代的偉大秩序重生，正如它的初始」（*Magnus ab integro saeclorum nascitur ordo*），[129]「新秩序」改成（*Novus Ordo Seclorum*）。這字句至今還印在美金一元的紙幣上。對共和國的創建者而言，此處的變更暗示著改革政治體系並將之還原到最初的完整（建立「更新的羅馬」），而最終能引進那意外且全然不同的事業，也就是組創一全新的事物——建立「全新的羅馬」。

當立意改變世界的行動之人，開始意識到如此的改變，而要求時代的新秩序與未曾發生過的新開始，他們將求助於歷史。他們重新思索「摩西五經」（Pentateuch）與《伊尼亞斯》中的思想，並重讀那些創建的傳奇，期望這些經典能有助於他們解決開始的難題，因為開始永遠含帶著全然隨意（arbitrariness）的元素。此時，面對著自由的深淵，他們深知不管他們決定做什麼，他們所做的都是可以不做的，他們也清楚並準確地相信，某事一旦被做下，就不能取消，而人講述故事的記憶，將同時倖存於悔恨及毀滅之後。

這只能應用在「人類集眾於一」[130]的領域裡。也就是「我們」已被建立，成為共同探索歷史時刻的團體。那些創建的傳奇中所揭示的解放與自由建立間的罅隙，只指出了問題，卻沒有提出答案。它們指向那虛無的**深淵**，橫裂在每一項無法以因果解釋的行為之前，這行為不能依恃因果的鎖鏈，亦不能以亞里斯多德潛在與實現的理念來解釋。在正常的時間延續中，每一事件在成為後果之後，就立即成為了未來發生事件的原因。但這因果的鎖鏈一旦被打破——這發生在解放被實現之後，因為解放雖然可能是自由的必要條件（*conditio sine qua non*），卻不是造成自由的主要原因（*conditio per quam*）——創建者就將無物可恃。絕對初始的念頭——來自無物之創造（*creatio ex hihilo*）——和絕對終結的念頭一樣，註銷了時間的秩序，它所指涉的確實是「想像著那不可想像者」。

希伯來對這難題的解決辦法，已為我們所熟知。它假設一創造之神，這創造者創造時間及宇宙，卻置身於自己的創造之外。「祂即是祂」的唯一（「耶和華」的字面翻譯就是「我就是我」），存在於「從永恆到永恆」。在時間中的創造者所建構出的永恆概念，是時序的極致。這是當時間被「解除」——即自相對性中解放——後的遺緒。由觀察者從外觀之，時間不再遵循它的法則，那是因為祂的唯一與時間無關。宇宙及其中的所有事物，多少都能回溯至這絕對的唯一。這唯一所根植者，雖超越在時序中的人類的論理能力，但仍持有它自己的理由：它能夠**解釋**，也能對在存在上不可解釋者給予一個邏輯性的陳述。而對這解釋的需要，在面對新的開始時尤為強烈，在那時，不與任何事物接續的新事件，強入時間之流，劃破了時間的順序。

這似乎是為什麼那些很有理智而不能相信猶太基督教創世主的人們，在面對「世紀新秩序」而要處理創建問題時，卻完全一致地轉而使用擬似宗教的語言。洛克認為所有從「自然界」浮出的新團體的人，都必要「祈求天國裡的神」，傑佛遜（Jefferson）的「自然之法與自然之神」，約翰．亞當斯（John Adams）的「宇宙的偉大立法者」，羅伯斯皮爾（Robespierre）的「不朽的立法者」，以及他對「至上的存有」的膜拜。

他們的解釋顯然採用了類比的方式：正如神「在起初創造天地」，卻存在於祂的創造之先，並自外於其創造，故人類的立法者——是以神的形象被創造，故能模仿神的方式——當他為一團體**奠基**時，也創造了未來政治生活與歷史發展的情況與條件。

的確，希臘或是羅馬都沒有造物主的概念，這創造者與任何事都不掛鈎的唯一性，可做為絕對初始的模式。但是羅馬人卻用建立羅馬的七五三年，做為歷史的元年，他們似乎已意識到這創建事業的本質，需要某種超世的原則。否則西塞羅也不會認為「人的優異中與神最近者，莫過於建立新的、與保存已被建立的人類團體」。[131]對西塞羅與他哲學所根源的希臘人而言，創始者不是神，而是神聖之人，他們行為的偉大處，在於建立律法，以做為權威的來源，這律法將成為一個不移的標準，用以衡量人類其他的律法誡命，也因此，他們能獲得合法的道統。

如果令人擔心的只是新律法的權威性，那麼在啟蒙的全盛時期回返宗教信仰的現象，就已能做為充份的解釋；令人驚異的卻是，美國各州州法中都明白地提及「未來賞罰國度的存在」，雖然《獨立宣言》與美國憲法中都沒有這種對來生的指陳。然而在政教分離的領域中，緊迫地抓住那不能長存的宗教信心，這種企圖完全是基於現實的考慮。一七九四年五月七日，羅伯斯皮爾在他那以至上存有與靈魂不朽為主題的演講中曾提出這個問題：「勸服人們相信有某種盲目的力量主控著他們的命運，並隨意降下罪惡與美德，這樣的做法有無任何的好處？」（*Quel avantage trouves-tu à persuader l'homme qu'une force aveugle préside à ses destins, et frappe au hasard le crime et la vertu?*）在《達維拉論述》（*Discourses on Davila*）中，亞當斯也用同樣怪異的語調如此說過：「所有教義中最令人沮喪者，就是人不過是螢火蟲的態度，**萬物**皆無父……〔這可能〕使得謀殺一個人與射死一隻雎鳩之間沒有什麼不同，消滅整個羅利拉國（Rohilla），就如同吞食掉一塊奶酪上的小蟲。」[132]

簡言之，我們在此所見到的是俗世政府所做的短暫努力，旨不在保存猶太基督教，而只是以此為政治統治的工具。這工具在中古世紀十分有效地防治犯罪，而保護著人類的社區。回顧之下，這方式幾乎像是少數的知識階層所施展的伎倆，以之勸說大眾不要踏上啟蒙的滑溜道路。總之，這樣的企圖完全地失敗了（在我們的世紀之初，極少的人還真正相信那「未來的賞罰國度」），也許早就注定要失敗。然而對未來賞罰國度信仰的喪失，再加上那古老的對死亡的慌張恐懼，自然為我們這世紀文明社區的政治生活，引進了大量的犯罪元素。世俗團體的司法系統有著一種天生的無可奈何；他們的死刑，只不過是在人類遲早要面對的命運上，加上速度以及一個確定的日期。

總之，當行動之人被解放或被激勵，而誠摯地預備創建一全然的新開始 *novus ordo seclorum* 時，他們並不求助於《聖經》（「起初，神創造天地」）。他們卻翻遍了羅馬的古籍，找尋著「古典的指引」，以求能領導他們創建共和國。也就是一個「以法治而非人治」的政府（哈林頓，Harrington）。他們所需要的不僅是對一新形式的政府的認識，也是有關創建藝術的指導，如何克服所有的開始都必有的困惑。他們當然意識到了自由行為中的令人困惑的自發性。如他們所知道的，一件行為只有不受發生於其前的事物影響或被它引起，才能算是自由。但是，如果這行為要成功地成為任何繼起事物的肇因，它必要被顯示為是前面系列的延續，這基本就取消了自由與新創的經驗。

羅馬古籍在這方面給他們的教導，是極令人安心的。我們不知道為什麼在前三世紀，或更早的年代，羅馬人決定將他們的祖先溯源至伊尼亞斯，而非羅慕路斯（Romulus），伊尼亞斯來自特洛伊，他帶著「伊利安及她征服的家神來到義大利」，因而成為「羅馬族的源頭」。明顯的是，這項事實不僅對維吉爾及他同時代的奧古斯都極為重要，對那些自馬基維利起就捨超越之神、而從羅馬古籍中學習治理人類事務的人而言，亦是極端重要的。這些行動之人從羅馬的古籍中學到的，是一現象的主旨，而那現象，自羅馬帝國衰亡與基督宗教盛行起，就一直為西方文明所熟知。

這根本算不上是全新的重生與復興的現象。早自十五世紀及十六世紀起，就籠罩著歐洲文化的發展。甚至在此之前，就已有一系列的小型復興。這些復興終止了現被稱為的「黑暗時代」，也就是自羅馬亡國到卡洛林文藝復興（Carolingian renaissance）之間。每一次的復興，都牽涉著重振學習。這學習是以羅馬——也稍及希臘——的古籍為中心。但這些復興所更改與重振的，卻在十分有限的範圍內，不超出修道院內外知識階級的菁英份子。一直要到啟蒙時期——也就是在那全然世俗化的世界裡——對古典的復興才不再是學院裡的事業，而有了極為實際的政治目的。而這事業的唯一先驅，只有寂寞的馬基維利。

這些行動之人所必須解決的問題，是**創建**事業中的困惑。對他們而言，羅馬永遠是一個成功的模式。因此，極端重要的是，他們必須覺察到，羅馬的創建，即使在羅馬人自己的了解中，也並非是一絕對的開始。根據維吉爾，羅馬不過是特洛伊的再現，是對那在羅馬之前的城市國家的再建立。因此，時間持續所要求的延續、傳統的線索、以及記憶的機能（對時間性的生物而言，那天生不使我們忘記的傾向，似乎與形成未來計畫的能力並存）從未被打斷。以此觀之，羅馬的創建實是特洛伊的復生。是一系列復興中的第一項，那一系列的重生與復興構成了歐洲的文化與文明。

我們只要回想維吉爾著名的政治詩田園詩之四（Fourth Eclogue），就能了解以重建一個開始來詮釋組織與創建，對羅馬人的國家觀有多麼重要。而那做為絕對初始的開始，卻永遠籠罩在神祕之中。如果奧古斯都的統治，是「不同時代的偉大週期，又重新被生出」（正如標準的維吉爾現代語言翻譯，都如此地處理他那偉大的第一行詩「*Magnus ab integro saeclorum nascitur ordo*」），也是因為「時代的秩序」並不是**全新**，而是返回到過去曾有的時代。對奧古斯都而言，在《伊尼亞斯》中展開這項重生的人，甚至承諾他將遠溯至更古遠的過去，而「再度在拉齊奧（Latium）建立起黃金時代，跨越原是賽騰（Saturn）的土地」。換句話說，也就是特洛伊人來到之前的古義大利的領土。[133]

總之，田園詩之四所喚起的秩序之所以偉大，是因為它回返到了更早先的初時，並從中得到靈感：「現在女神（Maid）回返，賽騰的統治再回到我們中間。」然而，從現在活著的人的觀點，回返**過去**，就是一個真正的開始：「從高高在上的天堂，新生的一代被送下。」[134]這首詩無疑是一有關聖子降臨的讚美詩，讚頌著嬰兒的降生，以及*nova progenies*，一個新生代的來臨。但有很長的一段時間，它被誤解為是一首有關從救世主（*theos sōtēr*）得到救贖的預言，或至少是基督宗教前的宗教上的想望。但這首詩全然不在預測聖嬰的來到，它只是肯定一神聖的新生；我們如果要從中找出普遍性的意義，那只能是詩人所相信的、人類的救贖在於人類可以不斷地更新與重生。但這意義並不是那麼明顯：詩人只說，每一個生在羅馬歷史中的孩童必須學習「英雄的榮耀，與父輩的作為」（*heroum laudes et facta parentis*），以便能做到所有羅馬男童都該做的事，那就是協助「治理父輩們的美德所安置下的世界」。[135]

對我們討論有重要性的是創建的概念。也就是從 *ab urbe condita*（羅馬城的建立）開始計時，是羅馬歷史觀的中心。隨附的是同樣重要的羅馬觀點，也就是所有的這些創建——只在人類事務的領域裡發生，在此，人們扮演故事以茲講述、記憶並保存——都是再造與重組，而不是絕對的新開始。

如果我們將《伊尼亞斯》有關創建羅馬城的詩，與《農家樂》（*Georgics*）並讀，這就變得十分明顯。《農家樂》是四首讚美著農事的詩，那「對田野、畜群及樹木的照管」，「安靜的大地」被照料著，在「農夫周而復始的操作下，〔它〕不斷地回返，正如時間循著熟悉的軌跡返回自己」：「她安居，不被侵擾，在孩子的孩子之後仍然存活，看著幾個世代的人們，從她身邊流過。」這是在羅馬之前的古義大利，是「賽騰的土地，人們的力量的泉源」；活在那裡的人，「熟知鄉野的眾神，牧神（Pan），西爾瓦諾斯（Silvanus）及水神的姊妹（Nymphs）」，他永遠愛著「溪流與林地」，對「功名毫無所知」。「人民的權斧，國王的紫衣，他對之毫不所動……亦不動心於羅馬的國事，或任何可能腐朽的領域；窮人的憐憫或富人的豔羨，亦不使他悲痛。他只採集那慈善的大地所自願生出的……果實，他無視法律的鐵石或瘋狂的政壇，或人們的歷史。」這在「神聖純粹」中的生活，是「那金色的賽騰在世上所過的生活」。這充滿神奇與有著豐裕動植物的世界的唯一問題，就是「那兒沒有多樣的**故事**，或它們的名字，那故事也不真正值得講述；知道那故事的人，讓他……也知道一下，席捲利比亞平原的西風中有多少粒細沙，或數一數……有多少浪花跨過愛奧尼亞的海域來到這岸邊」。

歌頌著生活於羅馬與特洛伊之前的人，他們周而復始的勤力雖未製造任何值得講述的故事，但卻造出了所有自然的神奇，永遠愉悅著人們。在維吉爾的詩中讚嘆著「賽騰的土地」與創造神話的人（主要在第七首田園詩及《伊尼亞斯》的卷一）。他們所歌頌的是一個神話的國度，自己也只是在邊緣的人物。黛朵（Dido）的「長髮」詩人，賽勒努斯（Silenus），「血脈賁張，漲滿昨日之酒」，娛樂著年輕嬉戲的聽眾，講述那些古老的故事。「流浪的月亮，與勞頓的太陽；人類及暴力從那兒來，水與火從那兒來」，「土地、大氣、海洋的種子，同時還有那流動的火焰，如何在廣袤之中聚集，從這元素中，眾物的初始與年輕運轉的世界，如何凝聚而生。」

然而——這是有決定性的——這歷史之外的烏托邦神話，有著永恆性，並將常存於自然不可毀滅的特性中；看管著田地與畜群的農夫及牧者，仍在羅馬與特洛伊的歷史中見證古義大利的過去。那時人民還是「賽騰的子民，不被律法綁束於公義，在自己自由的意志與古老神明的習俗中，保有正直」。[136] 那時也沒有任何羅馬的野心，被託付以「統治國事及設立和平的法律」（*regere imperio populos...pacisque imponere morem*）。也沒有羅馬的道德，以「豁免被征服者，並使高傲者謙卑」（*parcere suiectis et debellare superbos*）。

我花了很長的時間在維吉爾的詩上，是出於幾項考慮。總括而論，當人們從教會的保護中走出後，轉向了古典，他們在世俗世界中所踏出的第一步，就是依靠古籍研讀的指引。面對著創建的謎題——如何在時間不可逃避的持續中，重新計算時間——他們自然被羅馬創始的故事吸引。而從維吉爾的詩中，他們得知，這西方歷史的起點其實已是一種復興，它是特洛伊的再生。這等於告訴自己，創建一個「新羅馬」的希望，只是一個幻想：他們最多只能希望去重複一個原初，而創建一個「更新的羅馬」。在第一個創建行為之前者——它自己也是某種前提的重生——位於歷史之外；它是自然，它周而復始的永恆，提供著向前直行的一個休憩之所。當人們倦於公民事業的忙碌（照定義是*neco-otium*），這垂直的線性歷史是一個休閒的所在（*otium*）。但它的根源卻不是人們有興趣想知道的，因為那是在行動的領域之外。

的確，令人感到困惑的是，這些行動之人唯一的目的與企圖是改變世界的整個結構，並創立一*novus ordo seclorum*。但他們卻必須回到那遙遠的古代。他們並沒有要「刻意地〔翻轉〕時間的主軸，並〔命令〕年經的一代『走回過去純粹的光輝裡』（佩脫拉克，Petrarch），因為古典的過去**就是**真正的未來」。[137]在找尋著適合自己「進步」的時代的新政府模型時，他們並沒有自覺到自己是在往後找尋。我認為比他們翻遍古籍的行為更令人困惑的是，當他們發現羅馬所給的「古典謹慎」的答案竟然是，救贖永遠來自過去，而他們竟也絲毫沒有對古典產生叛逆，古人乃是*maiores*，那確切的「偉大者」。

此外，同樣令人驚異的是，未來的概念——也就是孕育著終極救贖的未來——所帶來的竟是最初始的黃金時期。而這概念竟又在以進步做為歷史動向的年代裡被普遍地接受。而能示範這古老的夢想富有彈性最驚人的例子，就是馬克思對無階級與無戰爭的「自由境地」的幻想。這自由的境地被刻畫於「最初的共產主義」中。事實上，這與賽騰統治下的古義大利，有著不止於表面的相似性。那時，沒有法律可將人「綁束於公義」。做為歷史的最初，以原始形式出現的黃金時代，是一個令人感到憂鬱的想法；似乎我們的祖先在千年前已能預見，被進步觀念醺醉的十九世紀必會發現這單向原則（entropy principle）——這項發現，如果不被質疑，將使所有行動都失去意義。[138]而為在十九與二十世紀中發動革命的行動之人解決這單向原則問題的，不是恩格斯（Engels）對其所做的「科學化」的駁斥，卻是馬克思的轉向——當然也是尼采的轉向——於週期性的時間觀，在這時間觀裡，初始史前的天真最終將會回返，這返回的勝利感，並不下於救世主的再現（Second Coming）。

但這卻不是我們在此所要討論的。當我們將注意力轉向行動之人，希望能在他們之中找到有關自由的概念，以祛除思考之人因心智活動的反思——意志自我所不能避免的向內遁離——而在這問題上引起的困惑，我們並沒有完全得到我所希望得到的。自發的深淵，雖被創建傳奇中介於解放與自由建構之間的罅隙所接合，卻被西方傳統（只有此一傳統視自由為政治存在的理由）中對**新**建的了解所掩蓋，新建永遠被了解為是改進與對舊有的重建。原始意義的自由，在政治理論——即為政治行動而建構出的理論——中，就只能存在於那烏托邦式的、或毫無根據的對最終「自由國度」的保證裡。而「自由國度」，至少在馬克思的版本中，的確意味著「所有事物的終極」。在那永恆的平靜中，所有特定的人類活動都將枯竭。

得到這樣的結論，毫無疑問是很有挫折感的。但是據我所知，在整個政治思想的歷史中，也只存在著一個另外可能的選擇。如果像黑格爾所相信的，哲學家的工作是在理性概念的恢網中、在最捉摸不定的顯現中，捕捉住一個時代的精神，那麼奧古斯丁，那位第五世紀的基督宗教哲學家，就是唯一捕捉住羅馬精神的哲學家。他並非出生於羅馬，卻在羅馬受教育。而也就是他的羅馬教育，驅使著他回到前一世紀羅馬共和國的古籍中。這些古籍在那時也已只存在於學術研究的領域中了。在他那了不起的著作《上帝之城》（*City of God*）中，他提到了（卻並沒有解釋）羅馬或維吉爾式政治哲學本體基礎的可能式樣。我們已知，奧古斯丁認為神把人造成了一時間性的生物（*homo temporalis*）。時間與人是同時被創造的。這種時間性更被這個事實強化：一個人的生命，並不歸屬於物種的繁殖，而歸屬於他的出生，也就是一全新顯現的生物，進入世界的時間續流。人之所以被創造，就為了使一**開始**成為可能：「所以人之被造是為初始，在他之前，無人存在」——「*Initium...ergo ut esset, creatus est homo, ante quem nullus fuit.*」[139]這初始是根植於**出生**（natality），而非創造（creativity）它並不是一項禮賜，而是一項事實，即，人類，新的人們，一次又一次地經由出生，而出現於世。

我很清楚這樣的理論，就是在奧古斯丁中，也是十分模糊的。它似乎只告訴我們，因為被生於世，我們就**注定**了要自由。不論我們喜愛自由，或憎恨它的隨意性；不論我們「欣悅」著它，或情願選擇宿命論以逃離它所牽扯的重大責任。這條死巷，如果我們能這麼說，只能靠另外一項心智機能打開——也就是判斷的機能。它和初始的機能同樣的神祕。但至少判斷機能的分析能告訴我們，那些涉及我們喜愛與憎恨的事物到底是什麼。

1 貝克（Lewis White Beck），上引，p. 41。

2 有關巴斯卡，見《沉思錄》（*Pensées*），no.81, Pantheon ed.; no.438 [257], Pléiade ed.；以及〈巴斯卡語錄〉（"Sayings Attributed to Pascal"）收於《沉思錄》，Penguin ed., p. 356。有關鄧恩（Donne），見〈世界的解剖：第一週年〉（"An Anatomy of the World; The First Anniversary"）。

3 《權力意志》（*The Will to Power*），no. 487, p. 269。

4 同上，no. 419, p. 225。

5 海德格，〈征服形上學〉（"Uberwindung der Metaphysik"），上引，p. 83。

6 有關此及下一項注釋，特別參見茲爾索（Edgar Zilsel），〈科學進步概念的生成〉（"The Genesis of the Concept of Scientific Progress"），《觀念歷史期刊》（*Journal of the History of Ideas*），1945, vol. VI, p. 3。

7 茲爾索發現進步概念的生成，是在「特優藝匠」的經驗與「智性的傾向」。

8 *Préface pour le Traité du Vide*, Pléiade ed., p. 310.

9 VII, 803c.

10 有關康德條目，《由都會的角度觀想一普世的歷史》（*Idea for a Universal History from a Cosmopolitan Point of View*, 1784），序言，《康德的歷史觀》（*Kant on History*），ed. Lewis White Beck, Library of Liberal Arts, Indianapolis, New York, 1963, pp. 11-12。

11 同上，第三篇論文，作者自譯。

12 謝林（Schelling），《人類自由》（*Of Human Freedom*），p. 351。

13 同上，p. 350。

14 Trans. F.D. Wieck & J.G. Gray, New York, Evanston, London, 1968, p. 91.

15 《講稿與論文》（*Vorträge und Aufsätze*），p. 89。

16 《權力意志》，no. 419, pp. 225-226。

17 《純粹理性批判》（*Critique of Pure Reason*），B478。

18 《人性，太人性》（*Human All Too Human*），no. 2，《袖珍尼采集》（*The Portable Nietzsche*），p. 51。

19 《權力意志》，no. 90, p. 55。

20 同上，no. 1041, p. 536.

21 〈世界的解剖：第一週年〉（"An Anatomy of the World: The First Anniversary"）。

22 《權力意志》，no. 95, p. 59。

23 同上，no. 84, p. 52。

24 同上，no. 668, p. 353，作者自譯。

25 《尼采》（*Nietzsche*），vol. I, p. 70。

26 No. 19.

27 同上，粗體字為強調。

28 《權力意志》，no. 693, p. 369。

29 同上，no. 417, p. 224。

30 見 chap. III, p. 142。

31 *Aufzeichnung zum* IV, *Teil von*〈查拉圖斯特拉如是說〉（"Also Sprach Zarathustra"），引自海德格，《什麼叫思考？》，p. 46。

32 《權力意志》，no. 667, p. 352，作者自譯。

33 《愉悅的知識》（*The Gay Science*），trans. Walter Kaufmann, Vintage Books, New York, 1974, bk. IV, no.310, pp. 247-248。

34 見《思考》（*Thinking*），chap. II, pp. 98-110。

35 《道德系譜學》（*On the Genealogy of Morals*），no. 28。

36 《權力意志》，no. 689, p. 368。

37 《愉悅的知識》，bk. IV, no. 341, pp. 273-274。

38 《權力意志》，no. 664, p. 350。

39 同上，no. 666, pp. 351-352。作者自譯。

40 《查拉圖斯特拉如是說》（*Thus Spoke Zarathustra*），pt. II,〈自我克服〉（"On Self-Overcoming"），收於《袖珍尼采集》（*The Portable Nietzsche*），p. 227。

41 《權力意志》，no. 660, p. 349。

42 《查拉圖斯特拉如是說》，pt. II,〈有關救贖〉（"On Redemption"），收於《袖珍尼采集》，p. 251。

43 《權力意志》，no. 585 A, pp. 316-319。

44 《愉悅的知識》，bk. IV, no. 324，作者自譯。

45 見 chap. II, pp. 73-84。

46 《權力意志》，no. 585 A, p. 318。

47 見《偶像的暮色》（*The Twilight of the Idols*），特別是〈四大錯誤〉（"The Four Great Errors"），收於《袖珍尼采集》，pp. 500-501。

48 《查拉圖斯特拉如是說》，pt. II，收於《袖珍尼采集》，p. 252。

49 《權力意志》，no. 708, pp. 377-378。

50 《愉悅的知識》，bk. IV, no. 276, p. 223。

51 《查拉圖斯特拉如是說》，pt. III，〈日出前〉（"Before Sunrise"），以及〈七個封緘〉（"The Seven Seals", or: The Yes and Amen Song），《袖珍尼采集》，pp. 276-279, pp. 340-343。

52 參見費克（Hildergard Feick）對海德格作品的精彩索引，直至並包括了《路標》第二版（*Wegmarken*, 1968），Tübingen, 1968。在「*Wille Wollen*」的條例下，索引指到「*Sorge, Subjekt*」，並從《存有與時間》中引出此句：「*Wollen und Wünschen sind im Dasein als Sorge verwurzelt.*」我曾提及現代對未來時態的重視，這顯示在海德格將關懷特別分出的事實，在他早期的分析中，關懷籠罩著人類的存在。如果閱讀《存有與時間》中的相對部分（尤其是 no.41），很明顯的是，他後來用了許多關懷的特質，用之以分析意志。

53 New York, 1971, p. 112.

54 First edition, Frankfurt, 1949, p. 17.

55 *Die Selbstbehauptung der deutschen Universität*（德國大學的自我斷言）。

56 梅塔（Mehta），見上引，p. 43。

57 〈人文主義書簡〉（"Brief über den Humanismus"），《論柏拉圖的真理學說》（*Platons Lehre von der Wahrheit*），Bern, 1947, p. 57；譯文引自梅塔，上引，p. 114。

58 〈人文主義書簡〉，p. 47。

59 Vol. II, p. 468.

60 〈人文主義書簡〉，p. 53；譯文引自梅塔，上引，p. 114。

61 〈人文主義書簡〉，pp. 46-47。

62 《尼采》，vol. I, p. 624。

63 《權力意志》，no. 708，作者自譯。

64 《尼采》，vol.II, p. 272。上引梅塔，p. 179。

65 《尼采》，vol.I, p. 63-64。

66 同上，p. 161。

67 同上，vol. II, p. 462。

68 同上，p. 265。

69 同上，p. 267。

70 pp. 92-93，作者自譯。

71 《泰然》（*Gelassenheit*），p. 33；《思考論》（*Discourse on Thinking*），p. 60。

72 《律法》（*Laws*），I, 644。

73 《權力意志》，no. 90, p. 55。

74 《技術與轉向》（*Die Technik und die Kehre*），Pfullingen, 1962, p. 40。

75 引自布費特（Jean Beaufret），《與海德格的對話》（*Dialogue avec Heidegger*），Paris, 1974, vol. III, p. 204。

76 梵樂希（Valéry），《如是》（*Tel quel*），收於《梵樂希作品集》（*Oeuvres de Paul Valéry*），Pléiade ed. Dijon, 1960, vol. II, p. 560。

77 《存有與時間》（*Sein und Zeit*），no. 57, pp. 276-277。

78 同上，no.53, p. 261。

79 《講稿與論文》（*Vorträge und Aufsätze*），p. 177, p. 256。

80 No. 54, p. 267.

81 同上，no.41, p. 187，以及 no.53, p. 263。

82 柏格森（Bergson），《時間與自由意志》（*Time and Free Will*），pp. 128-130, 133。

83 同上，pp. 138-143；比較 p. 183。

84 柏格森，《創意心靈》（*Creative Mind*），trans. Mabelle L. Andison, New York, 1946, pp. 27, 22。

85 pp. 63-64.

86 No. 34, p. 162.

87 pp. 329, 470-471。

88 Nos. 54-59，特別參閱 pp. 268 ff。

89 同上，no. 58, p. 287。

90 同上，p. 284。

91 同上，no. 59-60, pp. 294-295。

92 同上，no. 60, p. 300。

93 同上，no. 34, p. 163。

94 同上，no. 59, p. 294。

95 同上，no. 59-60, p. 295。

96 我全篇都引自 David Farrell Krell 之譯文，最初刊於 *Arion*, New Series, vol. 1, no. 4, 1975, pp. 580-581。

97 我所引用自己的翻譯，原文全段如下：「*Wir leben…als ob wir pochend vor den Toren standen, die noch geschlossen sind. Bis heute geschieht vielleicht im ganz Intimen, was so noch keine Welt begründet, sondern nur dem Einzelnen sich schenkt, was aber vielleicht eine Welt begründen wird, wenn es aus der Zerstreuung sich begegnet.*」這在日內瓦的演講辭，應是在 *Wandlung* 雜誌發表的，但主要內容是來自這本書的序：《六篇論文》（*Sechs Essays*, 1948），海德格，這是一集我在一九四〇年代所寫的文章。

98 〈安拿黑曼德斷篇〉（"The Anaximander Fragment"），*Arion*, p. 584。

99 同上，p. 596。

100 〈人文主義書簡〉，現收於《路標》，Frankfurt, 1967, p. 191。

101 〈安拿黑曼德斷篇〉，*Arion*, p. 595。

102 Frag. 123.

103 p. 591.

104 同上，p. 596。

105 同上，p. 591。

106 同上，p. 618。

107 同上，p. 591。

108 同上，p. 592。

109 同上，p. 609。

110 同上，p. 626。

111 未出版的詩，寫於一九五〇年左右。

112 p. 611.

113 同上，p. 609。

114 避免誤會：這兩個問題都極為著名，是德文的一部分。每一位說德語的人，都會立即做如是之想，卻不一定是受歌德的影響。

115 p. 623.

116 海德格，《存有與時間》，no. 57。

117 湯瑪斯．孔恩（Thomas S. Kuhn），《科學革命的結構》（*The Structure of Scientific Revolutions*），Chicago, 1962, p. 172。

118 《細胞的生命》（*The Lives of a Cell*），New York, 1974。

119 見《新聞週刊》（*Newsweek*），一九七四年六月二十四日，p. 89。

120 同上。

121 《法律的精神》（*Esprit des Lois*），bk. XII, chap. 2。

122 同上，bk. XI, chap. 6。

123 引自紐曼（Franz Neumann）為孟德斯鳩（Montesquieu）《法律的精神》（*The Spirit of the Laws*）英譯本所寫之序，trans. Thomas Nugent, New York, 1949, p. xl。

124 《法律的精神》（*Esprit des Lois*），bk. XI, chap. 3。

125 同上，bk. I, chap. 1, bk. XXVI, chaps. 1, 2。

126 參閱路易斯（R. W. B. Lewis），〈荷馬與維吉爾——雙重主題〉（"Homer and Virgil—Double Themes"），*Furioso*, Spring, 1950, p. 24：「在那些〔《伊尼亞斯》〕的章節中不斷出現的，對《伊利亞》的引述，並不是為了平行的對照，而是為了翻轉。」

127 《純粹理性批判》，B478。

128 《伊尼亞斯》，bk. III, 1-12，收於《維吉爾作品》（*Virgil's Works*），trans. William C. McDermott, Modern Library, New York, 1950, p. 44。

129 田園詩之四。

130 這有關人類團體的形容詞是引自一篇極富資訊的文章〈現代歐洲國家的特色〉（"The Character of the Modern European State"，收於 Michael Oakeshott，《人類行為》（*On Human Conduct*），Oxford, 1975, p. 199。

131 《理想國》（*De Republica*），I, 7。

132 《作品集》（*Oeuvres*），ed. Laponneraye, 1840, vol. III, p. 623；《亞當斯著作集》（*The Works of John*

Adams）、ed. Charles Francis Adams, Boston, 1850-1856, vol. VI, 1851, p. 281。

133 VI, 790-794.

134 田園詩之四。

135 在這個題目上，有著極為豐富的文獻；如勞耳（Georg Nikolaus Knauer）的《伊尼亞斯與荷馬》（*Die Aeneis und Homer*）、Göttingen, 1964。維吉爾的「*Homerauffassung scheint mir von der spezifisch römischen Denkform persönlicher Verpflichtung geprägt zu sein, die dem Römer auferlegte, nach dem aus der Vergangenheitüberkommenen Vorbild der Ahnen Ruhm und Glanz der eigenen Familie und des Staates durch Verwirklichung im Heute für die Zukunft der Nachfahren zu bewahren*」, p. 357。

136 《伊尼亞斯》、bk. VII, 206。

137 引自史坦那（George Steiner）、《拜波塔之後》（*After Babel*）、New York and London, 1975, p. 132。

138 R. J. E. Clausius（1822-1888），發表熱力學的第二原理的德國數學物理學家，最先引介了這單向原則（即在熱力學無法使用之能量，以∈代表），「假設宇宙中之單向能量增加，他預測宇宙將因『熱死』而被註銷，當所有物件都有著同樣的溫度。」《哥倫比亞百科全書》（*Columbia Encyclopedia*）第三版。

139 《上帝之城》（*De Civitate Dei*）、bk. XII, chap. xx。

編者後記

一九七五年十一月四日，漢娜．鄂蘭突然去世。那是一個星期四的晚上；她請了朋友在家相聚。前一個星期六，她才寫完了《心智生活》的第二部分——「意志」。在這部著作之前、以「行動生命」（*The Vita Activa*）為副題的《人的條件》，是分為勞力、工作、行動三部分寫成，同樣地，《心智生命》在計畫中也有三個部分：思考、意志、判斷，鄂蘭認為這是心智生活三個最基本的活動。中世紀對行動生命與默觀生命（*vita contemplativa*）所做的區分，必然常在她的思想中出現。然而她所談到的思考者、立意者與判斷者，並不是遁離俗世而從事著僧侶事業的默觀之人。他應是平常人，只是偶爾運用特有的能力，從世事遁離以便能進入無形的心智境界。

默觀生活是否如古代及中世紀所認為的、應有比行動生命更高的地位，這是一個她從未做正面宣言的議題。但我們卻可以毫不誇張地說，她最後幾年的生命，完全奉獻給了這本著作，在她的想法中，這是積極從事思考的人所應承擔下的事業——對她而言，這毋寧是來自最高層次的使命呼喚。在她教學、演講以及各類研討與諮詢工作的忙碌中（她永遠是一位應答行動生命徵召的公民與公共人物，卻從不是一位自願者），她仍浸淫於《心智生命》的寫作裡，好似這部著作的完成，並不只是一項義務的履行——這聽來過於沉重——而是一件盟約的實現。所有的道路，不管多小，日常生活與工作經驗中的機運及企圖總會把她帶上這條路，領她回到這本書。

一九七二年六月，接到亞伯丁大學季佛講座的邀請時，她決定利用那個機會試用她已準備中的幾卷著作。季佛講座對她也是一種激勵。這個講座是一八八五年由蘇格蘭著名的大法官亞當・季佛（Adam Gifford）捐贈之基金而成立，它的成立是「為在四個城市：愛丁堡、格拉斯哥（Glasgow）、亞伯丁、聖安祖（St. Andrew）……能各有一自然神學的講座，此處的自然神學是取其最廣的定義」。曾擔任講座的講員包括：羅伊斯（Josiah Royce）、詹姆士（William James）、柏格森（Bergson）、弗雷澤（J. G. Frazer）、懷海德（Whitehead）、艾丁頓（Eddington）、杜威（John Dewey）、耶格（Werner Jaeger）、巴特（Karl Barth）、吉爾松（Etienne Gilson）、馬歇爾（Gabriel Marcel）及其他——能躋身此榮譽榜使她覺得非常驕傲。如果她平常是迷信的，她也可以把這講座看成是個好兆頭（*porta-fortuna*）：因為《宗教經驗之種種》（*The Varieties of Religious Experience*）、懷海德的《歷程與真實》（*Process and Reality*）、馬歇爾的《存在的祕密》（*The Mystery of Being*）、吉爾松的《中世紀哲學的精神》（*The Spirit of Medieval Philosophy*），這些了不起的著作，最先都是在季佛講座上成形的……一旦接受邀約，她馬上投入勤奮的準備工作，努力想在有限的時間內將講稿預備妥當；她於一九七三春天，發表了第一系列有關思考的演講。但可能是因為工作過度，一九七四年春天，當她返回給第二系列有關意志的演講時，卻在第一場演講後就心臟病突發，演說系列因而中斷。她原來打算於一九七六春天再回來完成整個系列；而同時，她也在紐約的新學院大學，教課講授這些思考與意志的講稿。她當時尚未著手寫「判斷」的那個題目，但她在芝加哥大學以及新學院，教授康德政治哲學時，都曾使用過有關「判斷」的資料。她死後，朋友發現夾在她的打字機中的一頁稿紙，完全空白卻只有著「判斷」的標題，以及兩則題辭。在星期六寫完「意志」，與星期四去世的時間之內，她必定已充分準備好，能夠坐下，開始面對著作的最後一部分。

她原先的計畫是一本有兩卷的書。思考，這最長的部分將占據卷一。卷二則將包括「意志」與「判斷」這兩個議題。她曾對朋友說，「判斷」部分將比其他兩部分短。她也曾說，「判斷」會應是最容易處理的部分。最難的是「意志」。「判斷」之所以最短，是由於資料的缺乏：在所有哲學家之中，只有康德寫過關於這一心能的著作，在他之前，判斷心能只出現在美學的領域裡，在品味（Taste）的題目下被討論。除此之外，哲學家從未給予它任何的注意力。至於她之所以認為判斷應是最易處理的題目，那毫無疑問地是由於，她深覺自己在康德政治哲學的講稿中，已對《判斷力批判》做過仔細的分析，這應已含括了議題大部分的範圍。但是，我們大概可猜到，最後，「判斷」這部分出乎她意料之外地有了必須獨自占據一卷的分量。總之，為了讓讀者對這最後未寫的部分有點感覺，我們在本書卷二之後附加了一節，收入她課堂演講的大綱。除了另一篇座談會的論文討論想像力在判斷過程中的角色，這是我們僅有的、她對這議題的想法（雖然在她的信件被整體編輯後，可能會有更多的資料出現）。可惜沒有更多的了；任何對她心智能力熟悉之人都能確定，當她把那頁稿紙放入打字機的捲筒內時，腦中所激盪著的理法與念頭，絕對不可能僅止於此附錄所涵蓋的。

關於編輯。據我所知，鄂蘭所有的作品，包括她的書籍及論文，在出版前都經過仔細的編輯與修改。我指的當然是她的英文作品。編輯過她作品的人包括出版社的編輯、雜誌的編輯（《紐約客》〔*New Yorker*〕的威廉．尚恩〔William Shawn〕，《紐約書評》〔*The New York Review of Books*〕的羅勃．西爾弗〔Robert Silvers〕，以及很久以前《宗派評論》〔*Partisan Review*〕的菲利普洛斯〔Philip Roth〕），以及她的朋友。有時幾個不同的人，前後互相不知地修改著她的手稿，這通常都是經她同意，也常有她本人的參與；對於她逐漸可以信任的人，她一向採取著放任態度。她稱這些作業為她的「英文化」（Englishing）。鄂蘭是在流亡後，才開始教自己以英文寫作，那時她已超過三十五歲，也因此從未對英文有著像對法文那樣的貼切感，即使是口語英文，她也從未達到完全舒服的程度。她對我們的語言極為懊惱，不愛它諸多龐大卻又神祕的限制。但她卻天生有著能優雅、有力並時而銳利地表現自己想法的能力，她這與生俱來的才分，就是使用蘇族語或梵文也不會被埋沒。她的句子有德文式的長度，有時必須被拆解，並打散為兩三句。並且，像所有使用外國語言的人一樣，她在介系詞的使用上特別有問題。還有就是佛勒（Fowler）所說的「鐵鑄的口語」（cast-iron idiom），以及副詞的適當位置；因為在英文裡，這些都是沒有確切規則的——只有不成文的規矩，這對外國人而言，是極度專制又有威脅力，因為規則有時又可以毫無道理地不算數。此外，她又是一個極沒耐心的人。她的句子之不可制馭，不只是因為她的母語是德文而愛用德文中連串的修飾詞與子句，迤迤邐邐走向等待的動詞，也因為她常企圖在一個句子中擠入太多的內容與想法。匆忙混著奔騰與大度，就成了她的寫作風格。

總之，她的作品一直都被修改著。我就曾幫她修改過幾件文稿，在我之前，有時文稿已歷經數位業餘或職業的編輯訂正。有一年夏天，我們在佛羅爾餐館（Café Flore），一起修改〈論暴力〉（"On Violence"），事後，我還將手稿帶回家繼續修改。我們也曾在瑞士的一家小客店，聚集數日一起編改〈論不合作主義〉（"On Civil Disobedience"）；而我們也一起在馬巴哈（Marbach，席勒的出生地）她所租賃的公寓裡，對她最後所發表的那篇文章〈棲息之所〉

（"Home to Roost"）做最後的修正，這公寓靠近德國文獻檔案室（*Deutsche Literaturarchiv*），方便她整理雅斯培的文稿。我和她也一起在亞伯丁改寫《心智生活》中思考的部分；在原稿的照相影印本中，我還看得到自己當時用鉛筆所做的修改。第二年春天，她住進亞伯丁的醫院，有幾天是罩在一個氧氣罩中，我在她的要求下，獨自編輯了意志部分的某些段落。

她在世時，編輯她作品是最有樂趣的一件事，因為那是一種與她的合作與交流。一般而論，她非常虛心接受改正，有關介系詞部分的修改，她只有謝恩與紓解之感，對於不熟知的語言新用法，她也總是表現出很大的興趣。有時我們也會爭論，在信中還繼續地爭；這發生在她將康德的 *Verstand* 翻譯成「知性」（intellect）的事件裡；我認為照標準的用法應該翻成「了解」（understanding）。但我一直不能說服她，最後只好投降。現在我認為我們兩人都是對的，只是我們的著重點不同：她所抓緊的是那個字的原意，我則側重於讀者的了解。在目前的文稿中，我們用了「知性」。至於我們所不能同意的地方，最後不是妥協，就是刪除。但在這過程中，她的不耐煩遲早會冒出，使她又再度堅持。她不愛在細節上大費周章。「**你**看著辦吧。」她最後總是這麼說，然後忍不住用手去蓋住一個冒起的呵欠。若我說她不耐煩，她卻也是縱容的；對她而言，我是一個「完美主義者」，只要不是勸她改信宗教，她也都隨我去。

總之，我們從未有過任何嚴重的意見不合。我對她文稿中的思路提出質疑時，通常是指出這思路與前幾頁的陳述有互相矛盾的可能。而多數時候，都只是因為我沒有了悟到某種幽微的區劃，或相反地，是她沒有意識到讀者需要對這區劃的提示。說來奇怪，我們的心靈在某些方面異常地接近，相同的想法，隔著一個大西洋，會被我們同時想及，她也會把這事提出來講。有時她在讀我寫的文稿時，會在其中發現一項她早已靜思許久的念頭。這種心靈上相通，她將之歸功於我天主教背景中的神學素養，認為那使我對哲學有著特殊的性向。事實上，我在大學修過的兩門哲學課程，成績都遠遠不算出色——必須補充一句，教的人十分笨拙，讓人昏昏欲睡。除此之外，我們的學習背景其實相去並不太遠。在德國，她博士論文寫的是奧古斯丁的愛的概念；在美國，我大學時也曾在一門中世紀拉丁文的課程中讀過奧古斯丁，愛極了他的《上帝之城》——是我的最愛。也許我對中古世紀及文藝復興時期，經法文、拉丁文及英文所做的研讀，後來又自修過柏拉圖，再加上那天主教的成長環境，這些都稍稍彌補了我在哲學上所欠缺的正式訓練。當然還有一項原因是她沒想到的，那就是多年來，我從她那裡學到了許多。

我提這些事，主要在列舉我編輯《心智生活》這本書的資格。這並不是一個極力申請得來的工作，一九七四年一月，當漢娜指派我做文產執行人時，我懷疑她已預見了這將發生的事情，也就是說，她已預見她將不能完成這幾卷著作，而最終卻是我，要在沒有她的幫助下，完成這些文稿的整理工作，直至出版為止。假如在亞伯丁因心臟病住院後的幾個月，她預見了這樣的可能，她必也知道我會以我所有的特異及嚴格來進行這項事業，她必也以哲學的精神接受了這不可避免的結果。知我甚深，她甚至可能早已預見到了，干涉的自由將如何在我面前誘惑地晃蕩。也就是那種可以完全依照「我的」方法行事的自由。但如果她真正了解我，她必也能預見對此誘惑稍有的一瞥，都能在我這依然天主教的良心中激起的抗拒……簡言之，如果她猜想得到，那她應看得見在這些日子裡，我的內在成了一個戰場：一邊有我對先祖語言的忠心，一邊有對她的責任義務，兩者在這戰場上交戰。然而這內在力量的衝突——那謹慎與誘惑之間的競賽——卻完全不在她的性格之中。所以思及此，她必也會覺得有趣。我必須假設她信任我的判斷力，對結果有信心，並相信文稿最終必會無恙地倖存於這場爭戰之後；假如沒有**她**信任我這樣的信心，我可能早就洗手不幹了。

然而不管她預見了什麼，或是沒有預見什麼，她卻不再在這裡供我詢問與求助了。所以我必須猜測著她對每一項編輯決定的反應。多數的時候，我們從前所共有的經驗，使決定變得容易：假如她了解我，我也了解她。但問題從各處浮現，在從前，我絕不會企圖以猜測的方式獨自解決。凡有不確定的時候，我就在文稿上畫下問號，「你在此想說什麼？」「你能釐清一下嗎？」「是這個字嗎？」如今，那些問題（「你想她是什麼意思？」「她是想重複嗎？」）卻呆呆地瞪視著我。其實那個我已不是我自己了；而是那假裝是她的我，把我自己變為一種心靈閱讀器，或一種靈媒。閉上眼睛，和一個活生生的鬼魂對話。她附在我的身上，停止我轉動的鉛筆，叫我擦掉，再擦掉。實際上，這新的自由的意義，是如今我對她手稿所感到的自由，絕對比她活著的時候要少。我時時發現自己向後傾仰，好像害怕某種想像中的反對，在這時候我必須以此提醒自己：就是在她活著的時候，這個瞪著我看的一頁長的句子，也是不會准許留下的。

或者，在相反的情況下，當我感覺一個句子或片語語意不清時，我會將句子整個刪除，或者用比較清楚的語句代替；但再讀時，我卻有著不安的感覺，回去重讀原稿，卻發現我漏讀了某個隱意，於是文字又再被還原，或被重新再組合成為新的句子。曾從事翻譯的人都能了解這樣的過程——那不停地想**穿透**語言，以到達人並不在現場的作者之心靈。數年前，因為與她的交往，我開始學習德文，那項決定在此卻派上了用場。對她的母語，我已有足夠多的知識，所以能揣摩出文句原有的結構，德文像是一列遠山，遙遙地襯托出她英文的用語；使得許多困難的句子變得「可翻譯」：我先把它們轉為德文，弄懂意思後，再轉回為可讀的英文。

在我所知的範圍內，全書沒有任何句子因改動而影響到了思想。幾處小型的刪除，常是在避免重複，當然那是因為我認為這些重複是意外，而不是刻意。有兩三處，我加上了字句使意思更清晰，比如，「董思高屬於聖方濟修會」這些字詞被加於某段落上，使它不致使沒有此資訊的讀者迷惑。除了這少數的例外，文稿所歷經的改變，也只不過是她習以為常的「英文化」過程。

〈附錄〉中的講稿卻不然。除了打字的錯誤被更正，這些摘要是逐字的紀錄。對我而言，這些康德講稿本來就不是為了出版，而是經口述向課堂的學生講述，對此，任何編輯上的干預都是不合宜的。我的目的不在改寫歷史。這些摘要所取自的講稿，和她其他的論文，都一起收藏在國會圖書館，經執行人同意後可在館內參閱。

我還應該提到另一項改變。「思考」與「意志」這兩部分的文稿都還是以演講的形式存在，在這方面，它們和在亞伯丁及紐約發表時並沒有不同，雖然在其他方面，它們已被大量修改並有新增（「意志」的最後一章是完全新加的）。如果有時間，她當然會在這方面做更多的修改，將聽眾變換為讀者，就像她在從前出書的時候，總會對原有講稿做更改，以便適合閱讀。現在的文稿做到了這點，除了在序中提到季佛講座的部分。假如尚有口語的風味偶爾留存，也是為了文稿的好處。

我必須再加入最後一個有關英文化的注腳。明顯地，個人的品味影響著編輯的決定。我個人認為可接受的英文的標準，就像每個人的一樣，是極端個人化的。比如說，我並不反對在一個句子的最後用介系詞——其實，對此我還頗為偏愛——但我卻不能忍受看到某些名詞如「shower」（用做「淋浴」之意時），或「trigger」，被當成動詞用。所以我不能容許我極崇拜的漢娜·鄂蘭用「trigger」，因為她大可以使用「cause」或「set in motion」。還有當她說「when the chips are down」（賭注被拋下時），我講不出為什麼這個句子讓我坐立難安，尤其從她這位明顯地根本沒打過撲克牌的人嘴裡說出。但我卻可以想像她（香菸臥在菸嘴裡）在輪盤桌邊沉思著，或想著一局九點（*chemin de fer*），所以我把那個句子改為現在的「when the stakes are on the table」——這似乎更合適，也更像是她說出的話。她是否會在意這些小小的對她語言表現自由的干涉？她是否在「triggered」這個字中有著別的涵義？我希望她能縱容我的這些偏見。雖然個人的品味偶爾成為仲裁者，我在整個著作中，用心保持她特有的語調。我個人的用語不准侵入；整本書中沒有一個「瑪莉．馬凱希的用字」。有一次，在找不出更適合的字眼時，我曾用了這樣的一個字眼，但在讀樣稿時，這個字卻跳脫而出，像一枚受傷的大拇指，高高地伸出，等待著被切除。所以讀者所閱讀的文稿完全是她的；這文稿**就是**她。我希望所有的刪除與潤飾，只是把她更顯露出來，就像從石礦取出的石頭切掉多餘的大理石後，展現出大理石內在的形式。米開朗基羅就是這樣形容雕塑（以與繪畫成對比），總之，在這文稿中，沒有添加或裝飾。

這是一樁沉重的工作，它要求我與鄂蘭進行想像的對話，這對話有時也處於辯論的邊緣。雖然當她活著的時候，這從未發生過，但如今我指責她，她也指責我。工作常持續到深夜；然後在夢中，我會突然發現手稿遺失了許多頁，或許多頁突然出現，把所有的事物，包括注釋在內，搞得天翻地覆。這一切，雖不如舊日那樣地有趣，卻仍對我有著極高的報酬。比如說，現在我知道我能夠了解《純粹理性批判》這部從前認為是不能被穿透的巨作。有時在找尋一個注腳時，我會讀完整篇我從未讀過的柏拉圖對話（《提爾泰德斯篇》，以及《智者篇》）。我學到了電鰩（electric ray）及海鰩（sting ray）之間的不同。我重讀了大學以後就沒再讀過的維吉爾的牧歌及田園詩的部分。許多大學的教科書也從架上走下，還不光是我的書，也有我丈夫的書（他在鮑登〔Bowdoin〕大學時，讀的是哲學），還有我祕書的丈夫的書（他有里爾克，還有一些我們沒有的亞里斯多德，及更多的維吉爾）。

這是一樁大合作的事業。我的祕書負責打字，溫柔地為逗點發言，並以較嚴厲的方式對待文法上的疏忽：她是一個謹慎之人，站在誘惑的那一邊打仗。漢娜．鄂蘭在新學院的助教——傑洛．孔恩（Jerome Kohn）——找到了數十條參考資料，他在回答手稿上那些焦慮問號的追問時，也能對之加以澄清，或集合共有的困惑，而達到了某種合理的確定。他甚至曾發現（請見以上所形容的噩夢）我們沒有注意到的一頁，從照相複印的手稿中佚失。其他的朋友，包括我的德文老師，也都幫了忙。在這整個工程裡，我們有過肯定的雀躍，學校的日子又重新到來（那些教科書以及深夜的對哲學論點的討論），我們去世的朋友的理念，則對我們有著重新振奮的效果，她的理念在我們之間製造起紛爭，卻也製造了出人意外的一致與和諧。雖然我在這幾個月——現在已有一年了——的工作中，想念著她，希望她能回來澄清、反對、稱讚或被稱讚，但我相信我尚未真正開始想念她，那肢體被切除的疼痛，可能要到這工作結束為止才能被感覺到。我知道她已去世，但同時我卻又能感到她在這個房間裡的獨特存在，她聽著我寫下的語句，可能點著頭表示贊同，也可能轉換著一個呵欠。

對事實的幾項解釋。因為手稿雖在內容上已經完成，但仍非最後產品，並不是每一項引言或參考資料都有著對應的注解。在這事上，要感謝傑洛・孔恩，蘿伯特・雷德恩（Roberta Leighton）以及她在喬汎諾維奇出版社（Harcourt Brace Jovanovich）的幫手，將許多注釋條列整理出來。我寫這後記時，注釋仍不齊全，假如它們不能及時被找出，這追索將繼續進行，而結果將收入未來的版本。還有，就算在我們找到資料之處，有幾項注腳仍不完整，主要由於原先列舉的頁數或冊數看來並不正確，而我們尚未能找到正確的出處。我希望這最終也能被更正。我們有著漢娜・鄂蘭用做參考資料的圖書，這點對我們大有幫助，但我們卻沒有所有她引用的書。

明顯地，她的引用常來自記憶。她的記憶與列舉資料不合處，都已經改正。只有在翻譯的部分，我們有時更正，有時不更正。這又是一個猜測她想法的問題。當她的譯文不同於標準的希臘、拉丁、德文或法文的翻譯時，我們必須決定，這是因為她刻意地用了不同的譯文，還只是因為記憶有誤？我們常不能確定。在比較下，她的確使用了標準的翻譯本：史密斯（Norman Kemp Smith）的康德，考夫曼（Walter Kaufmann）的尼采，麥肯恩（Richard McKeon）的亞里斯多德，以及在漢彌爾頓（Edith Hamilton）——漢廷頓・科恩（Hungtington Cairns）版——中對柏拉圖的各種不同翻譯。但她自己也熟知所有這些語言，所以當她發現史密斯或是康德不夠精準，或離原文太遠，或因其他文學上考慮，她也會適時地偏離標準版。從編輯的角度來說，這製造出了十分混亂的情況。當她偏向史密斯及考夫曼，但卻不是完全引用他們時，我們是否該在注腳中用他們的名字？不如此做，似乎不公平，但在某種情況下，相反的做法看來也是不公平的：比如說，考夫曼可能不願意接受不是自己文字的功勞。像許多柏拉圖的譯者，史密斯已去世，但這並不表示我們對他們感覺的關照也應死去。

先把這誰該有功勞的事放在一邊，我們只是以片面（*ad hoc*）的方式，處理了翻譯的一般性問題，但這並不足以應付在現實中一般與持續應用的規則可以解決的情況。在可能的情況下，我們將每一章節對照了標準的譯本。這些段落在她的書裡，通常都被劃線或做了記號。當她的翻譯和標準本的出入過大，我們通常使用標準本的譯文。如果史密斯的譯文更接近康德的德文，我們就用史密斯。但是當我們發現鄂蘭的翻譯引出了標準本忽略的較幽微的意義，或是當意義不是那麼確定時，我們就使用她的文字。在執行上，我們不久就十分容易看出她的譯文與標準本的不同處是出於刻意或是疏忽——是記憶的閃失，或是抄寫時的錯誤；比如說，標點符號的不同，我們就視為疏忽。

不幸的是，這種按照常理進行的方式並不能處理所有出軌的案例。除非被引的段落正好出於她的藏書，且是英文，否則我們無法知道她所引用的是哪一種譯文。在沒有進一步的線索下，我們必須假設那譯文是出自她手，為了有更正確的英文語法與文法，我對這類的譯文在文字上會稍做修飾，以我修改她文稿同樣的方式。（偶爾，我自己也試著對原文翻譯。我不敢厚著臉皮翻譯海德格，但我試過埃克爾大師。）至於古典大師的作品，我們有如此眾多不同的譯本，所以簡直不可能找出她引用的版本——像是海底撈針。有一次，完全靠運氣，我正好讀到一本維吉爾的譯本——霎時，一切明白了——我確定她是用了同一譯本。我振筆疾書（有了！），忙用鉛筆在注腳中記下了編者、出版日期等等；然後我再次讀——根本不是。在此，她又如常地引用一則譯文，卻自行做了極大的更動。在短短的注腳中，我們不可能講清她用了哪一部分，或更改了哪一部分。

最後，我們必須建立起這樣的規則，只有逐字雷同的翻譯，才被收入引注。未標明出處的譯文，將視為作者自譯，或是出自我們無法找到的譯本（如果那譯本存在）。但是連這樣的規則也需要偶爾的修正。但讀者必須切記，這些標準譯本（麥肯恩、史密斯、考夫曼、漢廷頓．科恩），就算沒有特地標明了被引注，大體來說（*grosso modo*）它們也都是作者的指引。

《聖經》是一個特別的問題。最初，我們很難看出她所用的是英皇欽定本（King James）、新標準修訂本（Revised Standard）、杜愛本（Douai）、德文本，或是這所有的混合。我甚至打趣地說過，她直接回到了聖傑洛的拉丁聖經（St. Jerome's Vulgate），自己譯了拉丁文原文。我傾向英皇欽定本；除了個人的偏好，作者在「意志」部分不斷重複的「你要」（thou shalt），似乎與古版本的《聖經》中的「thou」、「thee」較為相配，否則聽來滑稽。

但是蘿伯特．雷德恩卻向我出示證據，證明鄂蘭的文稿與改良標準本較為接近；因此除了幾個段落，我們決定使用那個版本，這幾個例外的段落，在英皇本中文字是如此之美，我們無法抗拒，似乎我們的作者也無法抗拒。總之，改良標準本同時也為我們解決了一個難題：在原有的版本中「愛」（*agape*）被翻譯成「慈善」（charity）。但對現代的讀者而言，「慈善」這個字只有減稅上的隱意，或是「用慈善之心以待」的意義，因此每一處它都必須用括號附加而改為「愛」（love），這讀起來實在彆扭。

對參考資料的一致與精準如此的戒慎恐懼，對一般讀者而言是十分奇怪的。這是編輯與學院人士的職業病。或者可以說是學術寫作者之間互相同意的遊戲規則，也就因為它們的嚴苛，而增加了學術探索的妙趣，這是非參與者所不能領會的。以追蹤一躲閃的注腳為門面的找尋仙履遊戲（hunting-the-slipper）必嚴肅以待，就像所有扣人心弦的運動或球賽一樣。但如果這只對少數的專業者有意義，那又為何如此？神在一頁中以「He」出現，下一頁成了「he」，又有什麼關係呢？作者可能只是改變了她的態度，而她也有權改變態度。為什麼一定要追查她未言明的偏愛，而將她的自由精神鎖住，定格在統一的「He」或是「he」中？我們決定了是「He」。意志做為概念是「Will」，在人身上作用時是「will」。

我必須要向一般讀者致歉，講了這一大堆瑣碎的注腳、大寫、括號等等，對一位外行的人而言，這真是毫無趣味，就像運動員處心積慮地斟酌著魚餌，其實只要一條蟲就能釣得到魚。專家常忘了，重點是那條魚；漢娜．鄂蘭馬上會同意這樣的講法。她非常在乎一般讀者，對她而言，讀者是有成人外表的永恆學生。那也是為什麼她特別喜愛蘇格拉底。但是，做為一位教師與學者，她了解遊戲的規則，也大致願意接受它們，雖然是以一種孩子開玩時的耐心，而不是真正參與者的熱切。總之，在這數月的文稿處理中，我削尖的鉛筆已成了一個禿鈍的小木塊。我講夠了專家的話。現在該讓文稿自己發言。

附錄

判斷（摘選自《論康德政治哲學》〔*Lectures on Kant's Political Philosophy*〕講稿）

……從康德自己的敘述中，我們知道他生命的轉捩點，是對人類認知的機能以及這些機能界限（一七七〇年）的發現，此後，他又花了十多年的時間對此從事思索，最後出版了《純粹理性批判》。從他的書信中，我們也得知這持續了多年的事業，強烈地影響了他的計畫與思維。他形容這「主要的題目」，像是一座「水壩」，阻擋並延遲著其他工作的進行，它像是「橫在路中間的巨石」，只有將之移開後，才能繼續前行……在一七七〇年的轉向之前，他的計畫是要寫完並出版《道德形上學》（*Metaphysics of Morals*）這本書，這書的出版卻延後三十年才出版。而這本書最初的題目卻是《道德品味的批判》（*Critique of Moral Taste*）。即使是在康德最後終於開始寫第三批判時，他仍將批判稱為品味。在此，值得記取的有兩件事：首先，他在最為十八世紀偏愛的品味議題中，發現了一全然嶄新的心能，也就是判斷。但同時，他亦將道德的命題撤出於這新的心能。換言之，決定美醜的不只是品味，但決定善惡的卻既不是品味，也不是判斷，而是理性。

・

〔《判斷力批判》〕兩部分之間的相互連接……其政治意味高於任何其他的批判著作。其最重要者，**首先是**人的知性或認知的存在並未在這兩部分中被討論，「真理」這個字也沒有出現過。第一部分以複數論人……也就是生活於社會之中之人，第二部分則以物種論人……《實踐理性批判》與《判斷力批判》之間最大的不同在於，前者的道德律適用於所有具認知能力之生物，而後者規則的有效性卻只限存活於這世界上的人。第二個重要的關連是，判斷所處理的是個別的事物，「因而有著相對於普遍性的偶然性質」。普遍性通常是思考所處理之物。這個別的事物……有兩種：《判斷力批判》的**第一部分**所處理的是所謂判斷的對象，像我們稱為「美好」卻無法將之歸類的事物。（假如你說，多美的一朵玫瑰花！你做下這樣的判斷時並不需要先說，所有的玫瑰花都美，這花是玫瑰，因此它美。）另一種，在**第二部分**中被處理的，則是從普遍肇因中所不可能導出的自然個別物：「人類理性（即基本有限的理性，不論在

程度上做何種的超越）是絕不可能經由機械的因果關係，而了解一根草葉的製造。」（機械性在康德裡指的是天然的原因；與之相對的「技術性」，則是指人造，也就是為了某種目的而被造出之物。）此處的重點在於「了解」：我如何能了解（而不只是形容）為什麼會有草葉，然後，為什麼會有這特定的一根草葉。

·——

對個別事物的判斷——**這**是美的，這是醜的，這是對的，這是錯的——根本不存在於康德的道德哲學裡。判斷不是實踐理性；實踐理性在「論理」後能告訴我什麼該做，什麼不該做；它設定律法且與意志一致，意志發出命令：它以命令句發言。與之相反，判斷乃起自「一純然默想的快感，或靜謐的愉悅〔*untatiges Wohlgefallen*〕」。這「默想快感的感覺被稱為品味」，而《判斷力批判》最先是被稱為「品味批判」（Critique of Taste）。「實踐哲學就算提到默想的快感，也只一筆帶過，這概念不像是它天生的特質。」這聽來不是十分可信嗎？「默想的快感與靜謐的愉悅」怎麼可能會與實踐相關？這難道不是斷然地證明了，康德……決定他對個別與偶然事物的關懷，已成過去，它們只是邊緣的議題？但是，我們又可以看到他對法國大革命的最終立場——這事件在他的暮年扮演了中心的角色，他日日急切地等待著有關消息——是採取了一旁觀者的態度，也就是「自己不涉入賽戲」的態度，旁觀者只以來自「默想的快感與靜謐的愉悅」的那種「期許式」的「熱切參與」的方式觀望。

．——

「心智的擴展」（enlargement of the mind）在《判斷力批判》占著重要的地位。它的完成是靠著「將自己的判斷，與他人可能有的——而不是真實有的——判斷相互比較，並將自己置身於他人的立場」。成就這種可能的心能是想像力……批判性的思考只有在檢視過所有其他可能的立場後才能發生。因此，批判性的思考雖然是一孤獨的事業，卻並未將己與「所有之其他」隔離……以想像的力量，心智可使其他的可能顯現，因而拓展了心智在開闊的公共空間裡活動的潛力；換言之，它採取了康德世界公民的概念。以一擴展的心智思考，意味著訓練你的想像力出遊……

我必須預先警告在此常發生的一種誤解。批判性思考的技術，並不在於擴展移情（empathy），以藉此進入他人心智內在的真實情況。根據康德對啟蒙精神的理解，思考乃係為己思考（to think for oneself），這是做為一個未曾是被動的理性之最高圭臬，而習慣於這種被動性即稱之為偏見。而啟蒙的第一意義就在於自偏見中解放。接受那些與我「立足點」

（真正地也就是他們的站立之點，他們身處的情況，這將因人而異，也因社會階層或地位而異）不同的人的心智活動，就等於是被動地接受他們的思想，也等於是以他們的偏見取代我特有的立足點所給予我的偏見。「擴展的思想」（enlarged thought）的首要條件就是「解脫於偶發性所加諸判斷的限制」，以及「跳脫局限的主觀情況」，也就擺脫我們所謂的私有利益。對康德而言，私有利益不能被啟發，亦無啟蒙的能力，而只有局限的力量。……一個被啟發之人所能移動的空間越大，也就越能做「普遍性」的思考……這普遍性並不是概念的普遍性——並不是那能概括著實際建築的「房子」的概念。相反地，它是緊密地與個別性相連接，也就是在到達你自己的「有普遍性的立足點」前，你所必須檢視的那些個別的立足點。這有普遍性的立足點，就是我們從前提到過的無私（impartiality）。這是一個我們可以靠觀察、判斷，或如康德所說，反思人類事務的立足點。但它卻不告訴你如何**行事**……

康德在此議題的困惑，明顯地表現在晚年對法國大革命看似矛盾的兩極態度，一方面他對法國大革命有著幾乎無止境的崇拜，但另一方面，他又有著也幾乎是無止境的、對公民引發革命的反對……

但康德的反應，初看甚至再看之下，都絕不含混……他對那雄偉的「新近事件」的估量，從未有過搖擺，而對為從事這事件的人的譴責，也從未有過轉移。

這事件的意義並不在於人類重大的作為或是非作為中。這些行為使偉大之人變得微小，微小之人成為重大。它也不在亙古的榮耀政治結構中。這些政治結構神奇地消失，它者貿然取代，好似從地心躍出。不，不是那樣。重要的是那些做為旁觀者思考的模式，在這偉大的轉型過程中，得以顯現於世……

在我們眼前展開的、由天資甚高的人所發動的革命，可能成功，亦可能失敗；它可能充滿了如是的痛苦與暴力，以致有理性的人，就算能大膽地希望在下一次成功地執行，也不願意再做這代價如此高的實驗——這革命，我要說，仍在所有的旁觀者（他們自己完全沒有介入那爭戰）心中注滿了期許式的參與，幾乎是熱切的參與……那未涉身的旁觀者是以高昂的激情觀視與同情，卻絲毫沒有介入或協助的企圖。

若無同情的參與，那事件的「意義」將全然不同，或根本不存在。因為這同情激發著希望：

希望在許多有著轉變力量的革命之後，自然的最高目的，也就是那**普世的存在**（cosmopolitan existence），得以實現，在其中，所有人類原初的能力都能得到發展。

然而由此，我們並不能認為康德是站在未來的革命之士的那一邊。

這些權利……永遠只是一個理念，而這理念只能在執行的手段合乎道德的情況下，才能被實現。人永遠不能違犯這種限制，因此人們可能不該以革命的手段追求這些權利，因為革命永遠是不公義的。

……還有：

假如因為惡劣的憲法而引起的血腥革命，比較合法的憲法以革命的手段被實現了，在這情況下，將人民再帶回舊有的憲法，是不可以的，但是，當革命正在進行的時候，所有公開或私下參與的人，都應受著和發動革命的人一樣的懲罰。

……你在此所看到的，很明顯的是行事原則與判斷原則之間的衝突……康德不只一次地陳述過他對戰爭的**意見**……這沒有比在《判斷力批判》中更強烈的了，在那著作有關壯美（Sublime）的章節，他討論到這個題目：

所有的人、包括野蠻人所崇拜的到底是什麼？那必然是一個無所畏懼的人，沒有任何事使他退縮，他因為不懼怕任何事，所以絕不屈服於任何危險……即使是在最高度文明化的國家裡，對戰士的奇異崇敬依然留存……因為眾人都知悉他的心靈不被危險所壓抑。因而……在比較一位政治家與一位將軍時，審美的判斷會選擇後者。戰爭本身……有著某種壯美在其中……相反地，長期的和平卻通常帶來漫漶的商業精神，隨之而來的，是低下的自私、懦弱、優柔，以此降格了人民的氣質。

這是旁觀者的判斷（即美感上的）……然而，戰爭這「非計畫的事業……被人不羈的激情所引發」，就因為它的無意義，不僅可為最終普世的存在做準備，它最終的疲憊亦能建立起理性與良善之意志都無法成就者，同時──

儘管戰爭為人類所帶來可畏的痛苦，即使和平時期中對戰爭恆常的準備，也可能帶來更大的傷害，但它難道不也是……一種動機，鼓勵著有益文明的各種才能發展到其最高點。

……這些對美感與反省判斷的洞見，對行為卻無絲毫實際的後果。就行動而言，無可置疑地──

我們內裡的道德與實際的理性宣布著這不可抗拒的對立：**絕不可有戰爭**……因此，問題不再是保持恆久的和平是否可能，或者如果恆久的和平可被維持，我們在理論上所做的判斷是否正確。相反地，我們在行事上必須假設這可能是可以成真……即使反戰的企圖的實現，永遠只能停留在一忠誠的希望之上……這是我們責任所要求的。

但這些引導行為的準則，並不能使美感或反省判斷成為無效。康德雖然在行為上會永遠地維護和平，但他亦深知自己的判斷，並銘記於心。假如他依照一位旁觀者所得之知識行事，他將成為一名罪犯。但假如他因為「道德責任」而忘卻了做為一位旁觀者的洞見，他則有那許多涉入公共事務的人所共有的通病——成為一個理想主義的傻子。

因為康德從未寫下他的政治哲學，《判斷力批判》是探索他在這方面思想的最佳來源，在他討論藝術作品的創造如何匯通著定奪審判藝術作品的品味時，他面對著一個類似而可相對

比的問題。我們……可能以為要判斷視景之前，必先要有視景的存在，故與行動者相比，旁觀者是次要的——先且不論，一個神志清楚的人，絕不會在沒有觀眾之前，就先擺放出供人觀賞的視景。康德相信這世界若沒有人類，就是一片沙漠，那是因為一個沒有人的世界對他而言，是一個沒有觀眾的世界。討論美感判斷時所需做的區辨，是天才與品味，藝術品的創造需要天才，但在審判及取決藝術品時，所需者「只不過」（對我們而言，康德可能並不以為然）是品味。「因為在判斷美好的對象時，**品味**是必要的……而在創造它們時，**天才**卻是必要的。」根據康德，天才是有創造的想像力與獨特性，而品味則與……判斷力相關。他提出這兩者之中那一個「較為崇高」的問題，以及兩者之中何者「是在判斷藝術品是否為美時所必須的心能？」——這當然假設多數審美者並沒有創作藝術品所需的、被稱為天才的創造的想像力，而少數有天才的人，卻不乏品味的機能。答案是：

> 對美而言，理念的豐裕與獨創，遠不如想像力在其自由中對認知規則〔此即品味〕的遵守來得必要。因為豐足的前者，在無法則的自由中，只能製造出無序；而相反地，判斷則能使它調整以適應於認知的機能。
>
> 品味，就像普遍的判斷力，是天才所需的紀律（或訓練）；它剪裁羽翅……提供引導，將清晰與秩序……帶至〔天才的〕思想中，使理念易於永久且普遍地被他人

同意，被他人遵循，並處於一恆常演進的文化中。兩者如果衝突而必要犧牲其一，天才那一部分應被保留——否則將無物可被判斷力判斷。

但是康德明白地說過，「要創造美的藝術品……**想像、知性、精神及品味**都是必要的」，他又在一個注裡加上：「前三者要靠第四者連接起來」，統籌三者的是品味——也就是判斷力。精神這特殊的機能，獨立於理性、知性及想像之外，使天才能找到表現他們理念的方式，「經由那表現之方式，主觀的心境……得以向他人溝通。」換言之，精神激發天才，也只激發天才，這「科學或勤奮都無以得之」的精神，就在表現「心境中無以言說的成分〔*Gemütszustand*〕」，而這我們無法找到適當言詞表現的心境，卻藉著某種表象激發我們，因此，若無天才之助，它就無法被傳遞溝通；天才的正當任務，就在於使這心境「被普遍地溝通」。而指引著這個可溝通性的機能，就是品味，但品味或判斷力，卻也不僅為天才所獨有。美的事物存在的必要條件是可溝通性；觀賞者的判斷力製造了空間，沒有這樣的空間，任何對象都無法顯現。構成公共領域的是觀賞者與評鑑者，而非行動者或製造者。但這觀賞與評鑑者亦存於每一個行動與製造者之內；沒有這評鑑與判斷的機能，創製者將如此與觀察者隔離，以致不可被感知。換一種方式來說，仍用康德的語彙：藝術家的獨創性（或是行動者的新穎性）完全要靠他有能力使自己被不是藝術家（或行動者）的他人了解。你可以用單數來談論藝術家的獨創性，但你卻不可能用同樣的方式來談論觀賞者：觀賞者只以複數的形式存在。觀賞者不涉入活動，但他卻永遠與他的觀賞同伴們牽連。他並沒有創作者天才與獨創的能力，或是行動者創新的能力；但這些觀賞者卻共有著一個心能，就是判斷力的心能。

至於製作的概念，這洞見可遠溯至古典的羅馬（有別於希臘）。它首先被陳述在西塞羅的《演辯論》（*De Oratore*）中：

> 因為，在藝術與比例事宜上，每一個人都能藉著一些不需任何藝術與比例知識的靜默感覺即可識別並且區分對錯，這是出於一種靜默的感覺，並不需要多少有關藝術與比例的知識：這不但表現在繪畫與雕塑的鑑賞裡，也表現在其他的、自然似乎並未給予天生了解能力的領域中，如在對節奏與發音的評估上，他們表現出了更大的識別力，這是因為此種能力是根植〔*infixa*〕於常理（common sense），對此，自然立下意願，使無人會被置於感知與經驗〔*expertus*〕之外。

他繼續指出，這現象的神妙與精彩：

> 在對事物的判斷上，有學識與無知之人的表現幾無差異，但在事物的製造上，差異卻極大。

遵循同樣的脈絡，康德在他的《人類學》（*Anthropology*）中，亦提及瘋狂是喪失了使我們能成為觀賞者的常理；與常理相反的是 *sensus privatus*，即私密的感知，康德亦稱此為「邏輯上的自我中心」（logical *Eigensinn*），這暗示著我們的邏輯機能，也就是從假設引證出結論的能力，可以在不與他人溝通的情況下運作——只不過，如果瘋狂引起了常理的喪失，那引證出的結果就必也是瘋狂的，正因為它將己身自外於那可被他人驗證為有效的經驗。

這些討論最令人驚異者，是行使判斷力與識別對錯的機能，竟建立在口味（taste）這個感官上。我們的五種官能中，三種清楚地為我們呈現外在的對象，因而極易與人溝通。視覺、聽覺與觸覺，直接地，因而也是客觀地，處理著外在事物；嗅覺與味覺所給予的內在感覺，卻是完全私密，也無法與人溝通的；我所嚐到與聞到者，無法以文字形容。它們照定義就是私密的感官。更進一步說，三種客觀感官共有的另一特性，是它們的可被表象（representation）——使不在面前之事重現；我能重新喚出一座建築物，一段旋律，或是法蘭絲絨的觸感。這被康德稱為是想像力的機能——卻是味覺與嗅覺不能做到的。但在另一方面，它們卻明顯地是有識別力的感官：對於所看見的事物，你可以暫緩對其之判斷；對於所聽和所觸摸到之事物，雖然較不容易，你也能暫緩你的判斷。但至於味道與氣味，可喜與可憎的感覺卻是立即與強烈的。好惡亦是全然私密的。那麼為什麼味覺——不光是在康德，而且是自希臘起——被升等而成為判斷心能的媒介？而判斷又為何要建立在一私密的感官之上？尤其此處所指之判斷，並不單只是我們和感官動物所共有的官能上的認知能力。此處的判斷，亦指涉衡量對錯的識別能力。可不可能是因為相關味覺之事，只有著如此微小的共通性，故不致引發爭執——「關於品味，無法爭辯」（*de gustibus non disputandum est*）？

……我們提到味覺與嗅覺是所有感官中最私密者。也就是說，在這兩種感官中，被感知的並不是一個對象，而是一種感覺。因為感覺並不以對象為依歸，所以不能被輕易喚出。當你再次感覺到時，你可能可以認出一朵玫瑰的芬芳，或是一道菜餚的味道。但你卻不能憑空使它們出現在眼前，不像你能使曾看見的景物或聽過的音樂重現面前……同時，我們也可以看得出為什麼味覺會成為判斷機能的傳達器官。只有味覺與嗅覺有著識別的天性，而且也只有這兩種感官是與個別性相連接。而客觀官能所予的對象，都有著與其他對象共有的特性：它們並非獨一。並且，在味覺與嗅覺中，它取悅或使人憎恨的感覺是強烈地顯現。那感覺是立即，而不容思考或反省的中介……它取悅或使人憎恨幾乎是完全相等於它合意或不合意於我。重點是：我直接地被感染。基於此，沒有所謂的對錯可被爭論……如果我不喜歡吃牡蠣，

沒有任何理論可以勸服我，使我喜歡吃牡蠣。換言之，口味使人不安的所在，就在於它不能被傳達與溝通。

對另外兩種新機能的命名，可能指向解答這謎題的方向——想像力與常理（common sense）。

一、**想像力**……將物件轉化為我不需直接面對的某物，而此物在某種層面上已被內化，使我對之感受有如一非客觀之感官所予。康德說：「那在單純判斷過程中能給予欣悅者，即是美。」也就是說，感知能否取悅並不重要；只在感知中的取悅，可令人滿足，但卻並不是美的。它必要在表象中取悅：想像力已將之預備妥當，故我可以對之反省：「反省的運作。」只有當你不直接被面對之物感染——不涉入，就像那些旁觀者不涉入法國大革命的真實行動——那些透過表象觸及與感染著你的事物，才能被判斷為是對是錯，是重要是瑣碎，是美是醜，或是介於兩者之間。這時你稱之為判斷，而不是口味。因為雖然它仍如口味那樣影響著你，但經由表象，你已建立了適合的距離、隔膜、不牽涉與無利益性。故能做認可或不認可的決定，或對事物合宜的價值做出衡量。以將物件移走的方式，你才能建立公正。

二、**常理**：康德極早就覺察到，在我們看來最私密與最主觀的感知裡，有著某種非主觀的成分。這意識是如此地被陳述著：有關品味，「美的事物只有在**人群**中才有意思……一個被棄於孤島的人，絕不會想裝飾他的屋舍或他自己……如果不能與眾人共同在其中找到滿意，

〔人〕不會對一物件滿足」，我們在比賽中作弊時，會輕蔑自己，但只有在被抓到時，才會感覺羞恥。或是：「講到品味，我們常放棄自己的意見，反偏愛他人的」，或為取悅他人（*Wir müssen uns gleichsam anderen zu gefallen estsagen*）。最後，也是最激烈的：「在品味中，利己主義被克服」，我們變得善體人意。換言之，在非客觀感官中的非主觀性，是謂相互主觀性（intersubjectivity）。（要思考，你必須獨處，要享受一頓美餐，你必須有伴。）

判斷，尤其是對品味的判斷，永遠參照著他人……並將他人可能的判斷納入考慮。這是有必要的，因為我是一個人，不能離群索居……判斷與品味中以他人為導向的性質（other-directedness），似乎與感官的天性、那最絕然特異的個別性，有著極端的對立。因此，我們可能會傾向於做如下的結論，亦即判斷的機能錯誤地被認為是來自口味這感官。康德，知悉這起源的隱意，依然認為味覺是正確的感官。而支撐他這看法的最可信現象，就是他自己的這項完全正確的觀察，亦即，美的相反並不是醜，而是「那引發**厭惡**者」。不要忘記，康德最初要寫的是一對道德品味的批判……

……想像力的運作：你只能對那不在面前……且不再牽動著你的事物，做下判斷。然而，當事物從你外在的感官移走，它就成為你內感的對象。當你向自己重新呈現那不在面前的事物時，你關閉了給予你事物客觀性的感官。而口味的感覺，是一種使你覺得感覺乃自發的感官，如一內在的感官。……想像力的運作將事物預備好，以從事「反省的運作」。而這反省的運作，也就是對某事做判斷的實際活動。

……閉上眼睛，不直接受到事物的感染，你成為一公正的、對那有形事物的旁觀者。一位盲眼的詩人。而且：當你將外感轉化給內感時，你將感官所予的多重感知壓平並濃縮，你處於可用心眼「觀看」的地位，也就是，你能看到那給予個別意義的整體……

現在的問題是：反省運作的標準為何？……它〔內感〕被稱為品味，因為就像味覺一樣，它**做出選擇**。但這選擇卻受制於另一項抉擇：你可以贊同或不贊同它**取悅**的事實，將它交付於「認可與不認可」（approbation or disapprobation）的選擇。康德為此舉出例子：「一個貧窮且和善的人，在成為他那位有愛心卻十分吝嗇的父親的繼承人時所感到的快樂」；或相反地，「某種深沉的哀傷竟可使人經驗到一種滿足感（如寡婦在她極好的丈夫死時的感覺）；或……一種滿足感能額外地使人愉悅（如在我們所從事研究的科學工作裡）；或是一種悲傷（怨恨，嫉妒，復仇）能加深不悅的感覺。」所有的這些「認可與不認可」都是思考後之物；當你在從事科學研究時，你可能隱約地感到快樂，但是只有在事後對其沉思默想時……你才能有這額外的、對它認可時所感到的「欣悅」。在這額外的欣悅中，愉悅我們的不再是那對象，而是我們對它是欣悅的判斷：如果你將此應用到整個自然或世界，你可以說：我們因自然世界使我愉悅而感到愉悅。認可的動作本身是使人愉悅的原因。不認可的本身則令人不悅。我們因此有了這個問題：你在認可與不認可之間如何選取？如果你衡量那些例子，你可能已經猜到這個標準，也就是可溝通性（communicability），或可公開性（publicness）。你大概不會急著向世界宣稱，你很高興父親死去了，或公開你所有的怨恨與嫉妒的情緒；但另一方面，你卻能絲毫沒有不安地宣布你對科學研究工作的喜愛，而你也不會想在極好的丈夫去世時，掩藏你的哀傷。

是故，判斷的準繩是可溝通性，而決定的標準則是常理。

論感覺的可溝通性。

的確，我們感官的感覺「一般而論是可溝通的，因為我們可假設每一個人都有著和我們一樣的感覺。對於任一單獨的感覺，我們卻不能有這樣的假設」。這些感覺是私己的，亦無關判斷：我們只處於被動，只能反應，亦不能如在任意想像或對之反省時那樣地有自發性。

在另一個極端，則有道德判斷：對康德而言，這些判斷是必要的；它們聽從於實踐理性……就算不能〔被溝通〕，它們依然有效。

第三，我們還有在美感中的判斷或快感：「這種快感伴隨著想像力對事物的尋常了解〔*Auffassung*，非感知〕……這了解乃是來自那對最共有之經驗的判斷。」這類的判斷常見於我們俗世的經驗。它根據「那必被假設存在於所有人中的共有與固實的知性〔*gemeiner and gesunder Verstand*〕」。這「常理」如何不同於我們其他共有、卻不能保證著同一感覺的感官？

品味做為一種共感（Sensus Communis）。

術語在此有所改變。常理（common sense）指一感官，就像其他的感官一樣——它在每一個個人私密的領域中都是一樣的。康德使用拉丁文，以之意指不同的意義：他指的是一額外的感官——像一附加的心能（德文：*Menschenverstand*）——這感官使我們能契合地融入於一個共同體。「人類所共有的了解……是任何宣稱自己是人的人最基本的所有。」……這「**共感**」是人類特有的感官，因為溝通——也就是語言——必仰賴於它……「瘋狂唯一的普遍症狀，就是**共感**的喪失，以及在邏輯上的固執於私人感覺（*sensus privates*）。」

在**共感**的範疇之下，我們必須包含**眾所共有**之感官的概念，也就是一種判斷的機能，它在反省中，能包容（先天）所有其他思考之人的表象模式，以此將己身之判斷比諸於人文的群體理性（collective reason of humanity）……這種比較是將自己的判斷，與他人可能有的、而不是真實有的判斷相互比較，將自己置身於他人的立場，並解脫於偶發性所附加於我們判斷上的限制……這反省的運作看似過於造作，而不該列入被稱為**常理**（common sense）的機能之中，但也只有在以抽象方式表現時，看似如此。僅觀其本身，如要找尋一可做為普世規範的判斷，那麼自離於外飾或情感，似乎是再自然不過的了。

在此之後，是有關**共感**的準則：獨立思考（啟蒙的準則）；在思想中置身於所有他人的地位（擴展心智的準則）；以及一致性的準則（與自己和諧一致，*mit sich selbst einstimmig denken*）。

這些並不屬於認知的領域；真理強制著你，不需要任何「準則」。只有在意見與判斷的領域中，準則才有必要，也才有運用的餘地。正如在道德的事宜中，行為準則見證意志的品質，判斷的準則，見證在常理所統領的俗務中，你的「思想方向」（*Denkungsart*）。

> 不論一個人的天生稟賦能伸展到多大的範圍，或多遠的程度，要衡量一個人是否有**擴展的思想**，完全取於他能否罔顧自身判斷中的主觀私密情況，亦即那局限著眾人的情況，以及能否由**普遍性的立足點**（這只能取決於置身於他人之立足點）從事反省。

……品味就是這「共同體意識」（community sense, *gemeinschaftlicher Sinn*），意識在此的意義是「某一反省對心智的效應」。此反省感染著我，有如一感官感覺感染著我……「我們甚至可將品味定義為一判斷的機能，也就是可使我們表象〔非感知〕的感情〔如感覺〕不需理念中介而可被普遍溝通的判斷。」

如果我們可以假設情感中單純的可溝通性，對我們有著某種益處……我們就能解釋為什麼品味判斷中的情感成分必為所有人擁有，幾乎像是一種義務。

……這些判斷的有效性，永遠不能達到認知或科學命題的有效程度，科學與認知的命題嚴格說來並不是判斷。（如果你說天是藍的，或二加二等於四，你並不在「行使判斷」；你說的是事實，是被來自你的感官或心智的證據所強制。）如是，你永遠不可能強迫他人同意於你的判斷——這是美的，這是錯的（康德並不相信道德判斷是反省或想像的產物，故嚴格說來，它們並不是判斷）——你只能「懇切地說服」，或「追求」著他人同意你的判斷。在這勸說的活動中，你所依恃的，事實上就是這「共同體意識」……你的品味越沒有偏狹性，你就越能成功將之與人溝通；可溝通性再一次成為試金石。公正在康德中被稱為「無利益性」（disinterestedness），也就是對美的事物毫無興趣或利益計較的那種欣悅……因此〔《判斷力批判》〕#41中談到的「對美的興趣」，它所指的實是對那「無興趣之興趣」（"interest" in disinterestedness）……因為當我們說某物很美時，我們有著「**對它存在的欣悅**」，而那也就是「所有的興趣之所在」。（在記事本中的沉思裡，康德曾提到美如何能教導我們無己利涉入的愛〔*ohne Eigennutz*〕。）而這種興趣的特殊性格，就在於它「只對共同體有著興趣」。

……康德強調我們心能中至少有一項，也就是判斷的機能，預設他人的存在。而這也不僅限於術語上稱為是判斷的範圍；和它混合在一起的……其實是我們整個靈魂的機能……向他人溝通你的感情，你的欣悅，以及你祛利的快感時，你事實上是在敘說著你的**選擇**，而你也在選擇你的夥伴。「我情願在柏拉圖之前有錯，也不願在畢達哥拉斯之前完全正確。」〔西塞羅〕

雖然每個人對一事物的愉悅是不可知曉的〔也就是說，如果他不與人分享〕，而那事物本身也沒有明顯的興味，但它可被普遍性地溝通的這種想法，已然無窮地增加了它的價值。

至此，《判斷力批判》毫無痕跡地融入了康德對聯合起來的人類，共居於永恆的和平的討論……假如——

每個人都從他人那裡期望並要求普遍地溝通，這有關〔快感與無利的愉悅，那麼我們就能到達一個境界，在那兒，好似真的存在著〕那原初的、由人類決定的契約。

……也就藉著這存在於每一個個人心中的人類的概念，使人成為人。只要此一概念做為他們行事與判斷的原則，他們就能被稱為是有文明，或有人性的。在這一點上，行動者與觀察者有了連接。行動者的準則，與觀察者的準則，也就是用以判斷世界景觀的「標準」，合而為一。職是，行動的斷言令式可被如此地陳述：永遠依照那可使原初契約實現為普遍律法的準則行事。

在這結論的部分，我將試圖釐清幾項困難：判斷最主要的困難，在於它是一個「思考著個別體的機能」；而**思考**卻意味著普遍化（generalize），判斷因此成為了一個神祕地結合著普遍性與個別性的機能。如果那普遍性能被給予——以規則、原理或律法的形式——那就應該是相當容易的事。判斷的機能只需將個別包容於其下即可。較困難的是，「如果只有個別被給予，而必須從中找出普遍性。」因為準則不能借自經驗，也不能導自外界。我不能以另一個別案例來判斷某一個別案例；為要決定它的價值，我需要第三者（*tertium quid*）或另一個比較基準（*tertium comparationis*），也就是某一個與這兩件個別案例有關、卻又與它們不同的事物。康德對這困難，提出了兩種不同的解決方法：

有關真正的比較基準，康德提出了兩種值得思索的概念，以助成判斷。其一就是那全人類原初契約的概念。這**也**出現在他的政治著作及《判斷力批判》中。從這個概念中引申出了人性的概念，也就是組成人之為人的特質。這些人出生死亡於世，也就是他們所共居的地球，在此共居，共享，共同繁衍後代。此外，在《判斷力批判》中，還有那目的性的概念。如康德所說，任何需要且含藏實現於自身之內的個別事物，都有目的性。唯一看來無目的者，一是美學上的事物，另一是人類。你不能問「有何目的」（*quem ad finem*）？因為它們一無用處。但是……毫無目的的藝術品，以及看似無目的的自然百物，有著那愉悅人的「目的」，使人在世上感到安適。這卻永遠不能被證明。但目的性卻是一個制約的概念，在反省判斷裡，制約著你的沉思。

或是康德的第二個、我認為更有價值的解答。那就是**範例有效性**（exemplary validity）。（範例是判斷的學步車。）讓我們看看這到底是什麼：每一個別事物，比如說桌子，都有著與之相連的概念，我們可據此而認知桌子是為桌子。我們可將此看作柏拉圖的「理型」，或是康德的圖式（schema），也就是必須出現在你心智眼前的所有桌子都必須**符合的型體**（formal table shape）。或者，反方向而行，你可以從你一生所見過的桌子中，除去它們次要的特性，而剩下普遍性的桌子，它含帶著桌子所共有的最低特性。**這抽象的桌子**。另外還有一個可能，它牽涉到了非認知性的判斷：你可能見過或想到了你曾經見過的最好的一張桌子，將這桌子視為所有的桌子都應是的範例——**這模範桌子**。（範例〔example〕來自 *eximere*〔取出〕，即提煉出個別性。）這範例恆是一個別事件，但亦以其特殊之個別性，透露出了別無他法可定義的普遍性。勇氣就如阿基里斯。等等。

我們在此談到行動者的偏執，因為涉入，他不能窺見全局的意義……而美的事物或行為本身卻非如此。以康德的語言來說，美的目的在其自身，不需參照他者，亦不需與其他美的事物連接。而康德自己卻有著這樣的矛盾：無窮的進步是人種的定律；而人的尊嚴同時卻又要求……個人以單一的個別體被看待與考量，不被與他物比較，自外於時間，自外於普遍的人類。換句話說，進步的概念——如果它指的不只是環境的變遷，或世界的改進——與康德對人的尊嚴的概念相互矛盾。

文化思潮 210

心智生命 The Life of The Mind

作者：漢娜．鄂蘭（Hannah Arendt）譯者：蘇友貞｜主編：湯宗勳｜特約編輯：文雅｜美術設計：陳恩安｜企劃：鄭家謙

董事長：趙政岷｜出版者：時報文化出版企業股份有限公司／108019 台北市和平西路三段 240 號 1-7 樓｜發行專線：02-2306-6842 ｜讀者服務專線：0800-231-705；02-2304-7103 ｜讀者服務傳真：02-2304-6858 ｜郵撥：1934-4724 時報文化出版公司／信箱：10899 台北華江橋郵局第 99 信箱｜時報悅讀網：www.readingtimes.com.tw ｜電子郵箱：new@readingtimes.com.tw ｜法律顧問：理律法律事務所／陳長文律師、李念祖律師｜印刷：勁達印刷有限公司｜二版一刷：2024 年 12 月 30 日｜定價：新台幣 780 元

譯稿為國家教育研究院授權利用

時報文化出版公司成立於一九七五年，並於一九九九年股票上櫃公開發行，於二〇〇八年脫離中時集團非屬旺中，以「尊重智慧與創意的文化事業」為信念。

ISBN：978-626-419-114-2
Printed in Taiwan

心智生命／漢娜．鄂蘭（Hannah Arendt）著；蘇友貞 譯一二版 .-- 台北市：時報文化，2024.12；672 面；14.8×21×3.2 公分 .--（文化思潮；210）｜譯自 The Life of The Mind ｜ ISBN 978-626-419-114-2（平裝）｜ 1. 哲學｜ 100 ｜ 113019079